PETITS CLASSIQUES

LAROUSSE

Collection fondée par Félix Guirand, Agrégé des Lettres

Lettres persanes

MONTESQUIEU

...tée,
annotée et commentée
par
Violaine Géraud
Agrégée de lettres modernes,
professeur à l'université
Lyon III-Jean Moulin

www.petitsclassiques.com

© Larousse/VUEF, Paris, 2002 – ISBN 2-03-588148-X

SOMMAIRE

Avant d'aborder le texte

Les Lettres persanes
MONTESQUIEU

Comment lire l'œuvre

Avant d'aborder le texte

Lettres persanes

Genre et thématique :
un roman oriental, un roman du sérail

Écrites par un jeune romancier, un écrivain débutant, entre 1717 et 1720, en pleine Régence, les *Lettres persanes* se présentent comme un roman épistolaire, et surtout comme un roman oriental. Certes l'Orient est à la mode au début du XVIIIᵉ siècle, époque à laquelle sont traduits les *Contes des Mille et Une Nuits* et où fleurissent les récits de voyage peignant complaisamment les mœurs des Orientaux. Ce n'est pourtant pas pour céder à cette vogue que le futur auteur de *L'Esprit des lois*, alors président à mortier (le mortier est un bonnet carré, emblème des plus hautes fonctions juridiques) au parlement de Bordeaux, utilise des héros persans. Du reste, il aurait pu se contenter des deux protagonistes masculins, le grave Usbek et l'enjoué Rica, et de quelques destinataires demeurés en Perse. Mais il a voulu que toute une partie de la fiction ait pour cadre le sérail. On pourrait penser qu'il a ainsi souhaité créer une atmosphère à la fois exotique et érotique, propice à la rêverie des lecteurs, voulant joindre aux dissertations sérieuses un bien agréable divertissement.

Il serait pourtant dommage de réduire le roman du sérail à une simple fonction récréative. Car c'est dans le harem que se pose avec la plus intense acuité la question de la passion, et au-delà, celle de l'humanité, inexorablement déchirée entre sensibilité et raison, entre masculinité et féminité. Le sérail enferme et exhibe les affres du désir et les tour-

ments de la jalousie, et surtout cette peur, viscérale, que les hommes ont des femmes. Montesquieu ose aborder la question de la sexualité avec franchise, quoique d'une autre façon que dans *le Temple de Gnide*, son œuvre considérée comme la plus licencieuse. Éros l'intéresse, comme il intéresse tous ceux qui ont décidé de penser l'homme autrement que par les dogmes et les préjugés qu'impose la religion. C'est pourquoi les *Lettres persanes* entremêlent des satires sociales et des dissertations politiques à des confidences de femmes et d'eunuques, mettant sur un même plan les démonstrations de sagesse et les preuves de folie, les apologues et les jeux d'esprit, posant, de multiples façons, les questions obsédantes de la liberté et de la tyrannie, de la vertu et du bonheur. Les épistoliers orientaux n'offrent donc pas seulement la vision décapante d'un monde occidental confit dans ses éternels errements ; ils renvoient l'homme à sa propre énigme. Une énigme que le dénouement ne résoudra pas, bien au contraire.

Les *Lettres persanes* débordent d'ailleurs très largement le « roman du sérail » qui ne leur sert qu'en partie de cadre. Elles parcourent aussi, quoique fugitivement, la Moscovie, l'Espagne, Venise et l'Angleterre. Elles sont délibérément dans la bigarrure, dans un désordre apparent qui recouvre *in extremis* sa cohérence : celle d'une pensée émancipatrice, parfois grave, parfois badine, mais toujours mue par une volonté de progrès et déjà éclairée par ce qui deviendra la philosophie des Lumières.

L'auteur

Charles de Secondat, baron de la Brède et de Montesquieu n'a pas osé assumer d'emblée la paternité d'une œuvre qu'il savait séditieuse. Après des études de droit qui l'ont fait avocat, il a hérité, à la mort de son oncle, d'une charge de président à mortier, alors qu'il

était déjà conseiller au Parlement de Bordeaux. Il appartenait aussi à l'Académie des Sciences de Bordeaux. Il était marié avec une protestante, Jeanne de Lartigues. Devant l'énorme succès de ses *Lettres persanes*, il voudra bien s'en reconnaître l'auteur.

Premières publications

Les *Lettres persanes* paraissent anonymement, c'est-à-dire sans nom d'auteur, en 1721. Secrètement imprimées en Hollande, elles ont prétendument été écrites par des Orientaux. La première édition ne comprend que 150 lettres.

Une deuxième édition retranche 10 lettres et en ajoute 3 : sans doute date-t-elle de la même année, 1721. En 1754 (les éditions s'étant multipliées entre 1721 et cette date) Montesquieu reprend les 150 lettres de son édition princeps, leur ajoute les trois lettres de 1727, et huit autres, inédites. C'est pour cette édition qu'il écrit *Quelques réflexions sur les Lettres persanes*.

« Petit Cahier » de corrections des Lettres persanes.

MONTESQUIEU
(1689-1755)

18 janvier 1669

Naissance de Charles Louis de Secondat au château de la Brède, situé près de Bordeaux. Charles de Secondat appartient à une vieille famille provinciale d'ascendance protestante. Son grand-père était président à mortier au Parlement de Guyenne et son père, capitaine des chevau-légers (après avoir refusé de rentrer dans les ordres), avait participé à la campagne de Hongrie. Charles est pendant trois ans mis en nourrice au moulin de la Brède.

16 octobre 1696

Mort de sa mère, alors qu'il a sept ans. Celle-ci pratiquait la sévère vertu du Grand Siècle, portant une discipline et une ceinture de fer. Charles est élevé à la campagne avec deux cousins maternels jusqu'à l'âge de 11 ans.

1700-1705

Charles entre au collège oratorien de Juilly dans le diocèse de Meaux, qu'administrait Bossuet. Il faut savoir que les oratoriens étaient favorables au jansénisme, ce qui peut expliquer la méfiance que manifestera Montesquieu durant toute sa vie à l'égard des jésuites. Les pères oratoriens sont d'autre part spécialistes des langues anciennes. Charles compose au collège une tragédie, *Britomare*.

1705-1709

Études de droit à Bordeaux, afin de pouvoir succéder à son oncle, président à mortier, veuf et sans enfant. Il est reçu avocat à 19 ans, mais il ne plaidera pas, préférant approfondir ses études juridiques.

1709-1713

Il va compléter sa formation à Paris où il fréquente des intellectuels tels Fontenelle, Boulainvilliers (historien représentatif de la réaction nobiliaire contre l'absolutisme) qui auront une influence sur sa pensée. Il commence à rédiger son *Spicilège* dans lequel il consigne ses notes de lectures et des observations diverses. Les *Lettres persanes* en reprendront certains passages.

1713

Mort du père de Montesquieu : elle fait de lui l'espoir en même temps que le chef de sa famille. Son frère cadet devient grâce à lui abbé de Nizors, en Comminges, et de Saint-André, qui dépend de l'abbatiale de Bordeaux. L'une de ses deux sœurs, sa préférée, devient religieuse.

1714

Montesquieu est reçu au Parlement de Bordeaux. Il épouse la protestante (calviniste) Jeanne de Lartigue, fille d'un lieutenant-colonel, qui lui apporte 100 000 livres et une parfaite vertu. Il semble qu'il lui soit très attaché. Il est installé à Bordeaux, rue Margaux.

1716

Entrée à l'Académie des Sciences de Bordeaux. Son discours de réception est sa première œuvre connue. Il hérite de son oncle une fortune lui assurant une vie confortable et le titre de baron de Montesquieu (il doit s'engager à porter le nom pour hériter), ainsi que la

charge de président à mortier. Dans la ville très bourgeoise de Bordeaux, éprise de paix et de commerce, Montesquieu peut désormais prétendre aux premiers rangs alors qu'il n'a pas 40 ans. C'est environ à la même époque qu'il envoie au Régent un *Mémoire sur les dettes de l'État* où il écrit : « Il serait à souhaiter que Votre Altesse Royale pût supprimer le dixième et la capitation. Elle sait combien ces impôts sont onéreux au peuple et injurieux à la noblesse. » Il rédige aussi une *Dissertation sur la politique des Romains dans la religion*. Il est alors une gloire dans sa province et hante les salons les plus élégants de Bordeaux. Mais il s'y montre sérieux et timide, manifestant plus de profondeur que de gaieté. Ce qui ne l'empêchera pas de montrer, dans ses *Lettres persanes*, qu'il a aussi l'esprit badin et incisif de son siècle.

1718

Il rédige pour l'Académie des mémoires scientifiques : *Discours sur la cause de l'écho*, *Discours sur l'usage des glandes rénales*…

1721

Parution, sans nom d'auteur, des *Lettres persanes*. Elles ont probablement été imprimées en Hollande. Elles connaissent un tel succès que Montesquieu est découvert comme en étant l'auteur, ce qui lui assure un grand succès mondain dans les salons de Paris où il restera jusqu'en 1728.

1724-1725

Parution du *Temple de Gnide*, poème en prose licencieux soi-disant traduit du grec.

1726

Montesquieu vend sa charge de président à mortier.

1728

Montesquieu est élu à l'Académie française.

1728-1731

Grand voyage en Europe : Vienne, Hongrie, Venise, où il rencontre Law, Milan, Florence, Rome, Allemagne, Hollande, Angleterre. Montesquieu est élu à la Royal Society et reçu franc-maçon.

1731

Retour à Bordeaux où il met en chantier un livre sur les Romains.

1734

Considérations sur les causes de la grandeur des Romains et de leur décadence.

1731-1738

Histoire véritable, un récit, et *Arsace et Arménie* (publié en 1783) ne le détournent guère de l'immense ouvrage sur les lois auquel il s'est attaqué et qui l'occupera jusqu'en 1748.

1748

De l'esprit des lois est publié à Genève, sans nom d'auteur.

1750

Les attaques se multiplient dans les milieux cléricaux, aussi bien chez les jésuites que chez les jansénistes, et *L'Esprit des lois* est mis à l'Index en 1751 (le Pape en interdit la lecture).

1751

Attaques de l'abbé Gaultier contre l'impiété des *Lettres persanes*.

1753

Montesquieu participe à *l'Encyclopédie* de Diderot et d'Alembert : c'est lui qui rédige l'article « Goût ».

1754

Nouvelle édition des *Lettres persanes* : onze lettres s'ajoutent aux 150 que comptait l'édition de 1721. *Quelques réflexions sur les Lettres persanes* répondent à l'abbé Gaultier.

10 février 1755

Mort de Montesquieu à Paris, alors que les jésuites lui réclament instamment son manuscrit des *Lettres persanes*. Diderot est le seul des « philosophes » à suivre le cortège de son enterrement.

1758

Édition définitive des *Lettres persanes*, selon les volontés de leur auteur.

C. DE SECONDAT
DE MONTESQUIEU.

CONTEXTES

Le contexte historique, politique et idéologique

Les *Lettres Persanes* sont une œuvre située au cœur de la Régence de Philippe d'Orléans et à l'aube des Lumières, dans une période où l'individu trouve pour son épanouissement, du moins si l'on en croit ce que dit Paul Valéry (dans une préface des *Lettres persanes*), une époque bénie : « L'individu recherche une époque tout agréable où il soit le plus libre et le plus aidé. Il l'a trouvée vers le commencement de la fin d'un système social. Alors entre l'ordre et le désordre règne un moment délicieux. Tout le bien possible que procure l'arrangement des pouvoirs et des devoirs étant acquis, c'est maintenant que l'on peut jouir des premiers relâchements du système. »

Les *Lettres persanes* ont été écrites entre 1717 et 1721. Il faut se rappeler que Louis XIV meurt le 1er septembre 1715 (Montesquieu a alors 26 ans), date à laquelle commence la Régence qui s'achèvera avec la mort du Régent en 1723 (Philippe d'Orléans meurt à 49 ans). Le règne de Louis XIV se termine dans l'ennui, la tristesse et l'autoritarisme, dans un puritanisme influencé par son épouse morganatique, Mme de Maintenon. Son arrière petit-fils, futur roi Louis XV, a 5 ans. Par testament, Louis XIV désigne pour gouverner le futur roi un régent, son neveu, Philippe d'Orléans, mais avec de sérieuses limitations, car il se méfie de lui. Le Régent a une personnalité complexe, indéfinissable même, si l'on en croit les témoignages de ses contemporains. Il est à la fois le plus intelligent des Bourbons depuis

Henri IV, un véritable homme d'État, un homme politique avisé doté d'une excellente mémoire, libéral, curieux de tout, s'intéressant notamment aux sciences (il a monté chez lui un laboratoire de chimie) et à la peinture (il est le commanditaire de Watteau). Il a aussi la réputation d'être aimable et généreux. Mais il donne l'exemple de l'impiété et de la débauche. C'est cette deuxième face du Régent que retiendra surtout la postérité. Le Régent, comme certains libres-penseurs de la fin du XVII^e siècle, s'est défait du joug de la religion. Le libertinage, qui est d'abord celui de la pensée devenue libre des préjugés, s'est transformé pour Philippe d'Orléans et pour beaucoup d'autres, au temps de la Régence, en libertinage des mœurs. La thématique du sérail, et notamment les lettres III, IV, VII, IX, par leur caractère érotique, témoignent, à leur façon, du relâchement des mœurs qui a investi la cour du Régent.

Celui-ci ne se contente pourtant pas de mener une vie de débauche : il fait casser le testament de Louis XIV par le Parlement – Parlement auquel il rend d'ailleurs son droit de remontrance. Puis il gouverne avec l'aristocratie qui avait été bridée depuis la Fronde et institue, de 1715 à 1718, la polysynodie, système des conseils associant la noblesse de cour aux décisions royales. Il revient ensuite à un pouvoir absolu en 1718, avec un premier ministre, d'abord abbé puis cardinal Dubois, qui avait été son précepteur avant de devenir son compagnon de débauche. La mise en question de l'absolutisme, la réflexion sur la royauté et la tyrannie sont aussi parmi les grands thèmes des *Lettres persanes*, abordés notamment dans les lettres sur l'histoire du peuple des Troglodytes (lettres XI à XIV). La lettre XXIV porte sur la puissance du roi de France ; la

lettre XXXVII, sur la vieillesse de Louis XIV ; la lettre CVII, sur la jeunesse de Louis XV ; la lettre CXXIV, sur la libéralité des princes envers leurs courtisans. Les *Lettres persanes* sont obsédées par la question du pouvoir politique dont l'autoritarisme tend à s'exacerber : absolutisme de l'occident, despotisme de l'Orient représentent le même fléau, répandu dans le monde. C'est d'ailleurs à l'échelle du monde que la question sera reposée dans *L'Esprit des lois*. Contrairement au duc de Saint-Simon (1675-1755), pour qui l'absolutisme est un mal engendré par Louis XIV, Montesquieu pense qu'il s'agit de l'aboutissement d'un mouvement séculaire. Il s'interroge sur le sens de l'histoire que l'on peut éventuellement en déduire : quels sont les droits originels des nobles, du peuple, du roi ? Montesquieu n'est pas loin de penser que tout pouvoir tend naturellement à se durcir, à dériver vers le despotisme ou le totalitarisme. Et s'il défend les privilèges héréditaires et les prérogatives des Parlements, c'est parce qu'ils lui paraissent pouvoir ériger des remparts contre l'extension de l'absolutisme royal.

Durant la Régence a lieu une banqueroute financière extraordinairement célèbre : la fameuse affaire Law (que l'on prononce [las]). Pour résoudre une crise financière due aux guerres désastreuses et à la rigueur des hivers, l'État français, au bord de la banqueroute, fait confiance à un aventurier écossais, Law, qui propose la création d'une banque fabriquant du papier-monnaie gagé sur les compagnies exploitant les ressources des Indes ou du Canada. Les paiements en espèces métalliques sont remplacés par du papier-monnaie. Les prêteurs affluent, l'État peut rembourser une partie de ses dettes, le commerce est relancé. C'est

le premier essai en France d'une système bancaire moderne. Mais la confiance retombe rapidement en septembre 1719. Les prêteurs les plus prudents, appelés des « réaliseurs », se font rembourser leur papier-monnaie en espèces sonnantes, et tout le système s'écroule, entraînant une vague de banqueroutes (et de suicides), un bouleversement des fortunes. Des valets deviennent des maîtres et réciproquement. Les lettres CXXXII (qui relate une rencontre avec des victimes de Law), CXXXVIII (Law est présenté comme un étranger), CXLII (Law vend du vent aux Français), CXLVI (montrant combien est vive la démoralisation que le système Law a produite en France) renvoient à ce célèbre épisode financier.

La religion est, avec la politique, le grand thème des *Lettres persanes* ; il parcourt en effet une quarantaine de lettres. Montesquieu n'est pas franchement athée, mais la question de l'existence de Dieu, créateur du monde ou grand architecte de l'univers, lui semble moins importante que celle des religions, qu'il croit fondamentalement porteuses de fanatisme. Les rites religieux lui paraissent diviser les hommes et rigidifier la pensée par le dogmatisme et les préjugés. Montesquieu ouvre ainsi la voie à Voltaire, sans pourtant croire, comme celui-ci, que le pouvoir religieux puisse être assujetti au pouvoir civil. La querelle du jansénisme (les jansénistes croient en la prédestination des âmes), qui se poursuit sous la Régence, ne pouvait que nourrir le pessimisme que Montesquieu avait conçu quant à la question religieuse. Il faut rappeler que Louis XIV avait obtenu en 1713 une condamnation du pape contre les jansénistes : la bulle *Unigenitus dei filius*. Le Régent semble d'abord favorable aux jan-

sénistes et veut les rétablir dans leurs droits, avant d'être lassé par leurs querelles sans fin. Il finira par sévir contre eux et les emprisonner.

Le contexte culturel et littéraire

Les *Lettres persanes* empruntent à un genre très à la mode au XVIIIᵉ siècle, le roman par lettres. Ce genre partage avec les pseudo-mémoires l'intérêt de pouvoir passer pour un témoignage pris sur le vif. À l'aube du XVIIIᵉ siècle, le roman est considéré comme un genre trop frivole, offrant une lecture amollissante, et de ce fait plutôt destiné aux femmes oisives. On constate une véritable méfiance à l'égard de la fiction romanesque, méfiance parfois interprétée comme une véritable crise du roman. Celle-ci se tiendrait dans la première moitié du XVIIIᵉ siècle. C'est en tout cas une sorte de « réalisme » avant la lettre qui impose alors des genres de récits écrits à la première personne et se donnant pour arrachés à la vie même. Le romancier prend alors le masque de simple arrangeur d'un manuscrit retrouvé par hasard dans un grenier ou une malle. Montesquieu reprend ce stratagème de convention, dont nul n'est dupe, dans l'*Introduction* de son œuvre :

« Les Persans qui écrivent ici étaient logés avec moi ; nous passions notre vie ensemble. Comme ils me regardaient comme un homme d'un autre monde, ils ne me cachaient rien. En effet des gens transplantés de si loin ne peuvent avoir de secrets. Ils me communiquaient la plupart de leurs lettres ; je les copiai. J'en surpris même quelques-unes dont ils se seraient bien gardés de me faire confidence, tant elles étaient mortifiantes pour la vanité et la jalousie.

Je ne fais donc que l'office de traducteur : toute ma peine a été de mettre l'ouvrage à nos mœurs. J'ai soulagé le lecteur du langage asiatique autant que j'ai pu et je l'ai sauvé d'une infinité d'expressions sublimes qui l'auraient envoyé dans les nues. »

Cette réflexion sur les corrections soi-disant apportées au style initial des *Lettres persanes* révèle en partie dans quelles bornes l'écriture doit, dans cette période post-classique, se tenir. L'écrivain est forcé d'employer la langue des « honnêtes gens » qu'il fréquente, c'est-à-dire celle des mondains éclairés qui font la haute société parisienne.

Le style des œuvres de cette époque (parmi lesquelles se place les *Lettres persanes*) se veut sans gravité affichée ni lourdeur inélégante ; il joue en permanence sur la concision, l'implicite et le brio. Il peut se concevoir comme le prolongement de l'art de la conversation qui s'épanouit dans les salons où se retrouvent aristocrates, grands bourgeois et hommes de lettres, où s'entretiennent de beaux esprits de toutes sortes, régnant sur tous les domaines de la création et de la pensée. Montesquieu a habité Paris de 1709 à 1713, période où il complète sa formation de juriste. Les *Lettres persanes*, tout en respectant les codes linguistiques propres à la bonne compagnie des mondains, font la satire des travers de ce microcosme intellectuel où devraient régner l'intelligence et l'esprit. Ce roman épistolaire témoigne de la nouvelle vie mondaine qui s'organise dans les salons des hôtels particuliers et qui accorde de plus en plus d'importance aux femmes : dans les lettres XXVI, XXXIV, Usbek compare les mœurs des femmes en Orient et en Occident ; dans la lettre XXXVIII, Rica se demande si l'on doit subor-

donner les femmes aux hommes ; dans la lettre LXIII, Rica peint les charmes de la société française et le badinage qui plaît aux femmes ; la lettre CVII traite de l'influence des femmes en France, la CX des soucis des jolies femmes.

Tout en pratiquant un délicat badinage, une subtile galanterie héritée des salons précieux, les mondains du début du siècle des Lumières s'adonnent aussi aux débats scientifiques et philosophiques. Gravité et frivolité se font donc en permanence contrepoint. La montée en puissance du luxe et des plaisirs, d'une esthétique de la légèreté, de la sensualité, de la fête galante inspire les peintures de Watteau, incontestablement la meilleure expression picturale de l'époque de la Régence. Du reste, Watteau, dans son tableau intitulé *L'Enseigne de Gersaint* (1720) nous offre un beau symbole du changement de société qui a lieu sous la Régence : on peut voir en effet un portrait de Louis XIV prêt à être emballé dans une caisse.

Les *Lettres persanes* s'inscrivent aussi dans la lignée des *Caractères* de La Bruyère. L'esthétique du disparate est commune aux deux œuvres qui parcourent aussi les mêmes topoï de la satire des mœurs : prédominance du paraître (« Comment peut-on être persan ? », question au centre de la célébrissime lettre XXX), pouvoir des femmes ou celui des confesseurs, la morgue des grands, inanité des modes, surtout vestimentaires, les faux-semblants de l'amour-propre. Les *Lettres persanes* et les *Caractères* sont aussi traversés par un même pessimisme : la dénonciation des vices du monde a beau se faire « en riant », elle n'est pas mue pour autant par l'espoir de parvenir à les corriger vraiment.

Les *Lettres persanes* témoignent bien évidemment de l'engouement du début du XVIII[e] siècle pour l'Orient. Sans remonter aux échanges entre François I[er] et Soliman le Magnifique, il faut savoir que des relations diplomatiques existent depuis longtemps entre la France et l'Orient. Des missions de savants vont rechercher des manuscrits anciens dans l'Empire otto-man. S'y ajoutent des voyages de nos missionnaires dans le Proche, le Moyen et l'Extrême-Orient. La litté-rature s'inspire des histoires orientales et notamment de celles de l'Orient musulman. On peut évoquer *La Sultane* de Georges Bounyn, une tragédie irrégulière de 1651, *Le Grand et Dernier Soliman*, de 1639, et *Ibrahim ou l'Illustre Bassa*, de 1641, deux textes de M[lle] de Scudéry, et plus près de Montesquieu, *Les Aventures du Grand Vizir Ibrahim Pacha et d'Isabelle de Monaco*. Ce sont surtout les mœurs du sérail, la polygamie qui fascinent. Mais aussi la philosophie orientale : en 1644, *Les Lumières canopiques*, avec pour autre titre *Le Livre des Lumières ou la Conduite des rois* est une œuvre encore plus proche des *Lettres persanes*, car censée avoir été composée par un Persan, le sage Puilpay, et traduite par David Sahib d'Ispahan (capitale de la Perse). En fait l'œuvre a été écrite par un orientaliste français, Gaulmin. On peut aussi rappeler que les turqueries du *Bourgeois gentilhomme* de Molière ont été inspirées par l'arrivée en France de Soliman Muta Feraca, envoyé de la Sublime Porte. Enfin, *Bajazet* a été écrit par Racine en 1672 : « C'est une aventure arrivée dans le sérail, il n'y a pas plus de trente ans », écrit Racine pour présenter sa pièce. L'orientalisme fait des progrès surprenants en France après *Bajazet*, en partie à cause de la pièce, et surtout

du fait des voyages de Tavernier dont les observations furent consignées dans *Les Voyages en Turquie, en Perse et aux Indes* (1677-1679), rédigés non par Tavernier mais par Chapuzeau et La Chapelle. Un autre grand voyageur est Chardin qui a séjourné en Perse. Il fait paraître en 1686, à Londres, 18 gravures présentant son voyage de Paris à Ispahan et, en 1711, une relation de ses voyages. C'est d'après son œuvre que Montesquieu, comme Helvétius, apprennent à connaître la Perse, et à l'analyser comme le prototype des pays à gouvernement despotique.

L'engouement pour l'Orient a aussi été suscité par deux orientalistes de profession. Le premier est Barthélemi d'Herbelot (1625-1695), qui a la chaire de syriaque au Collège royal et donne un dictionnaire arabe, persan, turc en trois volumes *in-folio*. Il est aussi l'auteur d'une *Bibliothèque orientale* contenant généralement tout ce qui concerne la connaissance des peuples d'Orient (1697). Le second est Antoine Galland (1646-1715), traducteur des *Contes des Mille et Une Nuits*. L'énorme succès de cette traduction se place à l'apogée de la vague orientaliste.

Portrait de Law par Hubert.
Gravé par J. Langlois.

Vie	Œuvres

1686
Contrat de mariage entre Gaston de Secondat et Marie-Françoise de Pesnel, héritière de la Brède (parents de Montesquieu).

1689
Naissance de Charles-Louis de Secondat au château de la Brède, près de Bordeaux.

1696
Mort de sa mère.

1700-1705
Études secondaires au collège des oratoriens de Jully.

ÉVÉNEMENTS CULTURELS ET ARTISTIQUES	ÉVÉNEMENTS HISTORIQUES ET POLITIQUES
1670 Début de la querelle des Anciens et des Modernes. *Le Récit du roi de Perse Soliman II*, du voyageur Jean Chardin.	
1677 *Voyages en Turquie, en Perse et aux Indes*, de J.-B. Tavernier.	
1684 *L'Espion du Grand Turc*, de J.-P. Marana.	Vers 1684, Louis XIV épouse secrètement M^me de Maintenon.
	1685 Révocation de l'édit de Nantes.
1686 *Entretiens sur la pluralité des mondes*, de Fontenelle. *Voyages en Perse et aux Indes occidentales*, de J. Chardin.	
1687 *Histoire des oracles,* de Fontenelle.	
1688 *Les Entretiens de la métaphysique et de la religion*, de Malebranche.	
1694 Naissance de Voltaire	
1695-1697 *Dictionnaire historique et critique* en 4 volumes, de Pierre Bayle.	
1699 Naissance du peintre Jean-Baptiste Chardin.	**1700** Début de la guerre de succession d'Espagne.
1704-1717 Traduction par A. Galland et parution des *Contes des Mille et Une Nuits*.	

Vie	Œuvres
1705 Montesquieu commence des études de droit. **1708** Montesquieu est licencié en droit, puis reçu avocat. **1709-1713** Approfondissement de ses études de droit à Paris.	
1713 Mort de son père. **1714** Montesquieu est reçu au Parlement de Bordeaux. **1715** Il épouse Jeanne de Lartigues.	
1716 Naissance de son fils aîné. Élection à l'Académie de Bordeaux. Mort de son oncle, qui lui laisse sa charge de président à mortier.	**1716** Discours de réception à l'Académie des Sciences de Bordeaux. Il y parle en moderne. *Mémoire pour le Régent sur les dettes de l'État. Dissertation sur la politique des Romains dans la religion.* **1718** *Discours sur la cause de l'écho, Discours sur l'usage des glandes rénales.* **1719** Annonce d'une solennelle *Histoire de la Terre ancienne et moderne.*

ÉVÉNEMENTS CULTURELS ET ARTISTIQUES	ÉVÉNEMENTS HISTORIQUES ET POLITIQUES
1709 *Turcaret ou le financier*, de Lesage.	
	1711 Destruction de l'abbaye de Port-Royal-des-Champs, haut lieu du jansénisme.
1712 Naissance de J.-J. Rousseau. **1713** Naissance de Diderot.	**1713** Bulle *Unigenitus* du pape Clément XI condamnant le jansénisme.
	1715 Mort de Louis XIV. Régence de Philippe d'Orléans (minorité de Louis XV). Arrivée à Paris du faux ambassadeur de Perse, Méhémet Riza Beg. **1716** Création par Law d'une banque privée.
1717 *L'Embarquement pour Cythère*, du peintre Watteau.	

Vie	Œuvres
	1721 Parution anonyme des *Lettres persanes*.
	1724-25 *Le Temple de Gnide*, poème en prose prétendument traduit du grec.
1728 Élu à l'Académie française. **1728-1731** Grands voyages en Europe, à Vienne, en Hongrie, à Venise où il rencontre Law, à Milan, à Florence, à Rome, en Allemagne, en Hollande, et en Angleterre où il est initié à la franc-maçonnerie.	
	1731 *Mémoire sur les mines, Réflexions sur la monarchie universelle en Europe.* **1731-1734** Écrit *Histoire véritable* et *Arsace et Isménie* (des récréations dans l'effort de rédaction *De l'esprit des lois*).
1734-1748 Montesquieu se partage entre la Guyenne et Paris.	**1734** *Considération sur les causes de la grandeur des Romains et de leur décadence.*

TABLEAU CHRONOLOGIQUE

ÉVÉNEMENTS CULTURELS ET ARTISTIQUES	ÉVÉNEMENTS HISTORIQUES ET POLITIQUES
1723 *La Henriade*, de Voltaire.	**1723** Mort du Régent. Le duc de Bourbon devient Premier ministre.
1725 Fin de la querelle des Anciens et des Modernes.	**1725** Louis XV épouse Marie Leszczynska. **1726** Le cardinal Fleury, précepteur de Louis XV, devient Premier ministre.
1733 *Femme tirant de l'eau à la fontaine*, *La Blanchisseuse*, du peintre J.-B. Chardin. **1734** *Lettres philosophiques*, de Voltaire. **1735** *Les Indes galantes,* du musicien Rameau.	**1735** Stanislas Leszczynska, roi et duc de Lorraine.

VIE	ŒUVRES
1748-1751 *De l'esprit des lois* est attaqué par les jésuites.	**1748** Publication, à Genève, sans nom d'auteur, de *De l'esprit des lois*. **1750** *Défense de « l'Esprit des lois »*, contre les attaques des milieux cléricaux.
1751 *De l'esprit des lois* est mis à l'Index (la papauté en interdit la lecture aux catholiques). J. B. Gaultier s'en prend aux *Persanes* : *Les Lettres persanes convaincues d'impiété*.	
	1753 Article « Goût » de *l'Encyclopédie*. **1754** Parution d'une édition révisée des *Lettres persanes*, avec un *Supplément de onze lettres*, et *Quelques réflexions sur les Lettres persanes*.
1755 Mort de Montesquieu à Paris.	
	1757 Mort de Fontenelle à 100 ans.
1758 Édition définitive des *Lettres persanes*, voulue par Montesquieu en 1754.	

ÉVÉNEMENTS CULTURELS ET ARTISTIQUES	ÉVÉNEMENTS HISTORIQUES ET POLITIQUES
1736 *Les Égarements du cœur et de l'esprit*, de Crébillon fils. **1740** *Le Triomphe de Vénus*, du peintre Boucher.	
	1743 Mort du cardinal de Fleury. M^me de Pompadour devient la favorite de Louis XV, et la protectrice des arts.
1746 *Pensées philosophiques*, de Diderot. **1747** *Zadig*, de Voltaire. **1748** *Les Bijoux indiscrets*, de Diderot.	
1751 Parution du premier volume de l'*Encyclopédie*, avec un *Discours préliminaire* de d'Alembert.	
1758 *Lettre à d'Alembert sur les spectacles*, de Rousseau. **1759** *Candide*, de Voltaire.	

GENÈSE
DE L'ŒUVRE

Origines et sources

Montesquieu connaissait *l'Histoire de l'État présent de l'Empire ottoman* de Rycaut, la *Relation du voyage de Perse et des Indes orientales* de Herbert (traduit du Flamand en 1673), *Le Voyage en Moscovie, Tartarie et Perse* d'Oléarius, traduit de l'allemand par A. de Wicquefort en 1659. Toutefois, ses maîtres furent Tavernier et surtout Chardin. C'est ainsi par Chardin que Montesquieu a appris qu'on vénère le tombeau de Fatmé, fille de Moussa al Kacim, dans la mosquée de Com, ce qui inspire dans la lettre première le récit des dévotions de nos voyageurs « sur le tombeau de la Vierge qui a mis au monde douze prophètes ». Tout ce qui est dit à partir de la lettre IV sur les mœurs des femmes dans les harems, sur la vie des eunuques, procède du tome VI de Chardin. Viennent également de Chardin les remarques sur la tolérance des Persans (lettre XIX), sur leur gravité ordinaire (lettre XXXIV), les précautions prises lorsque les femmes sortent du sérail (lettre XLVII). Procède de la même source l'histoire du guèbre qui a épousé sa sœur (lettre LXVII), ou les réflexions sur le fait que les musulmans ont prévu un paradis spécial pour les femmes (lettre CXLI), et sur la croyance aux amulettes (lettre CXLIII). La lettre LXXXV qui traite des conséquences économiques de l'intolérance semble inspirée par Tavernier, tout comme la lettre CXXI, la lettre CXXV où Rica parle d'une veuve hindoue qui veut se brûler à la mort de son mari, puis refuse en apprenant qu'elle recommencerait alors un autre mariage avec son défunt mari dans l'autre monde. Montesquieu emprunte aussi à Rycaut, à son

Histoire de l'Empire ottoman, notamment dans la lettre XIX où Usbek parle à son ami Rustan de l'Empire turc et des détestables conséquences du despotisme du gouvernement ottoman. Procèdent aussi de Rycaut les remarques sur le fait que la polygamie ne favorise pas la propagation de l'espèce (dans les lettres sur la dépopulation de la terre). Même source pour la lettre XXXV.

Montesquieu a pu aussi se reporter au Coran dont une version française a été faite en 1647 par le sieur du Ryer. La lettre XXXVIII s'achève par une citation directe de ce livre sacré : « Les femmes doivent honorer leurs maris ; leurs maris les doivent honorer : mais ils ont l'avantage d'un degré sur elles. »

Une autre source de la plus grande importance est *l'Espion du Grand Seigneur et ses relations secrètes envoyées au Divan de Constantinople...* de Jean-Paul Marana, publié à Paris en 1674, ouvrage qui eut un très grand succès. Montesquieu a sans nul doute subi l'influence de *L'Espion turc*, d'autant que cette œuvre est composée de six volumes de lettres où se succèdent des nouvelles diplomatiques, des tableaux des mœurs, et des remarques philosophiques en un mélange imprévisible. Du reste, par son inclination à la gravité, l'espion turc n'est pas sans annoncer Usbek. Plusieurs éditions hollandaises présentaient d'ailleurs les *Lettres persanes* comme étant « dans le goût de l'espion turc ». Mais cet espion ne pénètre pas, comme les Persans de Montesquieu, dans les salons parisiens, et Marana était beaucoup plus superficiel que notre président à mortier. Son influence se marque aussi par certains motifs, ou certaines anecdotes : la réponse d'un aveugle dans la lettre XXXII se retrouve presque mot à mot dans une lettre de *L'Espion turc*, la remarque sur le vin que fait Usbek dans la lettre XXXIII se retrouve aussi sous la plume de Marana, tout comme

la lettre XLV sur l'alchimiste ou la lettre LV sur les jaloux...

En inventant ses deux personnages persans, un grand seigneur d'âge mûr plutôt désabusé, possesseur d'un sérail, Usbek, et un plus jeune et enthousiaste, célibataire, Rica, Montesquieu semble aussi exaucer le vœu formulé par Bayle en 1682 dans ses *Pensées sur la comète* : « Si ceux qui viennent à Paris avec les ambassadeurs osaient publier, quand ils sont retournés chez eux, des relations aussi libres que celles que les Français publient touchant les pays étrangers, je ne doute pas qu'ils n'eussent bien des choses à dire. » C'est d'abord Cotolendi qui répond au souhait de Bayle en promenant dans Paris son Sicilien. Puis Dufresny, dans ses *Amusements,* invente un conteur qui prend « le génie d'un voyageur siamois ». En 1716, le philosophe persan de J. Bonnet écrit à Musala, son correspondant d'Ispahan, sur les mœurs et la religion des Français. On déduira de l'existence de ces prédécesseurs que l'observateur oriental est loin d'être une invention de Montesquieu : il s'agit déjà, au début du XVIIIᵉ siècle, d'un type dont l'auteur de *L'Esprit des lois* tire un grand profit. Quant à savoir comment l'idée des *Lettres persanes* est née dans la tête de Montesquieu, nous ne disposons d'aucune information puisque leur auteur n'a fait nulle confidence à ce sujet. On peut certes souligner que le moralisme politique est bien affaire de magistrat. C'est toutefois l'exotisme du sérail qui semble plus mystérieusement original, lequel ne peut qu'entrer en résonance avec des zones plus profondes de la psychologie de l'écrivain. Ainsi structurée, par sa combinaison d'un regard oriental et d'une forme épistolaire, l'œuvre autorise une diversité. Elle laisse l'écrivain manifester plusieurs facettes de sa personnalité, une personnalité complexe, en partie rieuse, en partie angoissée, avec une facette lumineuse où

brille l'humour de Rica et une facette plus obscure, où se reflètent les tourments d'Usbek.

Montesquieu occupe des fonctions dont le sérieux lui semble incompatible avec la fantaisie de ses *Persanes*. C'est pourquoi il les publie anonymement, et les fait imprimer en Hollande. Les deux volumes portent le nom et l'adresse de Pierre Marteau à Cologne, avec la date de 1721. Ce Pierre Marteau n'existe pas. Dix éditions suivent, attestant du grand succès de l'œuvre ; elles atteindront le nombre de 30 à la mort de Montesquieu. L'engouement atteint jusqu'aux pays étrangers, notamment l'Angleterre et la Hollande.

La réception de l'œuvre

Dans ses *Pensées et fragments*, Montesquieu écrit : « Lorsque cet ouvrage parut, on ne le regarda pas comme un ouvrage sérieux. Il ne l'était pas. Tout lecteur se rendit témoignage à lui-même. Il ne se souvint que de sa gaieté. » L'auteur insiste, on le voit, sur la légèreté, la frivolité de ses *Lettres persanes*. Elles auraient séduit le public par leur fantaisie, en lui offrant un joyeux divertissement. Le mélange d'orientalisme et de satire est heureux ; il plaît. Voltaire témoigne dans une lettre adressée à Vauvenargues le 15 avril 1743 de l'engouement qu'il suscite : « La France fut d'abord ivre des *Lettres persanes*. » Cependant, le livre devient ensuite suspect, interdit même, non parce que les lettres narrant la vie du sérail apparaissent trop lestes, mais à cause des thèses audacieuses que soutiennent les lettres les plus « sérieuses ». Passons sur le fait que Montesquieu ait osé affronter l'Académie française, et s'en moquer par la voix de Rica dans la lettre LXXIII : « J'ai ouï-parler d'une espèce de tribunal qu'on appelle l'*Académie française*. » Cela n'empêche pas Montesquieu d'y être élu le 5 janvier 1728,

après avoir obtenu l'appui du cardinal ministre Fleury, lequel lui était pourtant d'abord hostile.

Ce sont surtout ses lettres sur la religion qui lui causent des inimitiés et déclenchent des réactions négatives. Ainsi Marivaux, honnête catholique pratiquant, reproche-t-il à Montesquieu dans la VIII[e] feuille de son *Spectateur français* de traiter avec frivolité un sujet exigeant d'être sérieux : « Avant que de finir cette feuille, je ne puis m'empêcher de dire un mot d'un livre que je lisais ce matin, et qui était intitulé les *Lettres persanes*, dont je n'ai encore lu que quelques-unes ; et par celles-là, je juge que l'auteur est un homme de beaucoup d'esprit ; mais entre les sujets hardis qu'il se choisit et sur lesquels il me paraît briller, le sujet qui réussit le mieux à l'ingénieuse vivacité de ses idées, c'est celui de la Religion et des choses qui ont rapport à elle… Je voudrais qu'un esprit aussi fin que le sien eût senti qu'il n'y a pas un si grand mérite à donner du joli et du neuf sur pareilles matières, et que tout homme qui les traite avec quelque liberté peut se montrer spirituel à peu de frais. » Pourtant l'Église ne réagit pas immédiatement aux idées séditieuses que développent les *Persanes*. C'est un abbé janséniste, l'abbé Gaultier, qui les attaquera en 1851, soit après l'interdiction de *L'Esprit des lois*.

Et en effet, on est, comme Voltaire, étonné qu'un ouvrage aussi audacieux ne soit pas d'emblée interdit (on ne songera à son interdiction qu'après la mise à l'index de *l'Esprit des lois*) : on y défend le suicide et le divorce, on fait de la religion une simple supposition, et on y dit que les évêques n'ont d'autre fonction que de dispenser d'accomplir la loi ; on y traite aussi le pape de « magicien » qui fait accroire que trois ne sont qu'un et que le pain qu'on mange n'est pas du pain. D'Alembert rend hommage à la pertinence de ces idées sur la religion dans son *Éloge de M. de Montesquieu*, alors qu'Helvétius lui

reproche de ne pas avoir été encore plus loin. Quant à Rousseau, il conseille la lecture des *Persanes* à tout jeune homme qui veut écrire.

Enfin, les *Lettres persanes* ont eu une grande influence sur les esprits européens. Elles favorisent la conversion philosophique de l'auteur italien Beccaria, auteur du *Traité des délits et des peines*. Après avoir été éditées quatre fois en Angleterre, elles inspirent à Lord Lyttelton en 1735 ses *Letters from a Persian in England to his Friend at Ispahan*. En Espagne, le colonel Don José Cadalso fait paraître des *Lettres marocaines*. C'est surtout en France que le premier roman de Montesquieu lance la vogue des lettres : *Lettres anglaises*, puis *Lettres philosophiques*, de Voltaire, et même, moins connues mais plus clairement inspirées des *Persanes*, *Les Lettres d'Amabed* de 1769 ; *Lettres d'une Turque à Paris*, de Sainte-Foix (1730) ; *Lettres chinoises*, du Marquis d'Argens (1735) ; *Lettres d'un sauvage dépaysé*, de Joubert de la Rue (1735) ; *Lettres d'une Péruvienne*, de Madame de Graffigny, en 1747 ; *Les Lettres siamoises*, de Landon, en 1751 ; *Les Lettres iroquoises*, de Maubert de Gouvest, en 1769, et bien d'autres œuvres encore témoignent de la mode des lettres écrites par un épistolier exotique qu'a lancée Montesquieu en France.

Mais les *Lettres persanes* ne lancent pas seulement la mode des lettres, elles lancent aussi et surtout un mouvement de pensée : se libérer des préjugés, penser par soi-même en usant de la raison, pratiquer la tolérance, rechercher la vertu autrement que par les impératifs moraux qu'impose la religion. Pour se donner des ailes, l'esprit de Montesquieu devait libérer le roman, en faire « une espèce de roman », autant dire un récit construit souplement, apte à la philosophie autant qu'à l'amusement, ouvert sur l'homme universel.

Charles de Secondat Baron de Montesquieu,
et dela Breda ancien Président à Mortier
au Parlement de Bordeaux.

Al merito dell. Ill.º Sig.ª M.ª Antonio Niccolini de Marchesi di Ponsacco, e Camugliano &c.
Patricio Fiorentino, della Società Reale d'Inghilterra, Accademico della Crusca,
Socio Botanico &c. ed Amico distinto dell'effigiato Soggetto.

Lettres persanes

MONTESQUIEU

Introduction

Je ne fais point ici d'Épître dédicatoire, et je ne demande point de protection pour ce livre : on le lira, s'il est bon ; et, s'il est mauvais, je ne me soucie pas qu'on le lise.

5 J'ai détaché ces premières lettres pour essayer le goût du public ; j'en ai un grand nombre d'autres dans mon portefeuille, que je pourrai lui donner dans la suite.

Mais c'est à condition que je ne serai pas connu : car si l'on vient à savoir mon nom, dès ce moment je me tais. Je connais une femme qui marche assez bien, mais qui boite 10 dès qu'on la regarde[1]. C'est assez des défauts de l'ouvrage sans que je présente encore à la critique ceux de ma personne. Si l'on savait qui je suis, on dirait : « Son livre jure avec son caractère ; il devrait employer son temps à quelque chose de mieux ; cela n'est pas digne d'un homme grave. » 15 Les critiques ne manquent jamais ces sortes de réflexions, parce qu'on les peut faire sans essayer beaucoup son esprit.

Les Persans qui écrivent ici étaient logés avec moi ; nous passions notre vie ensemble. Comme ils me regardaient comme un homme d'un autre monde, ils ne me cachaient 20 rien. En effet, des gens transplantés de si loin ne pouvaient plus avoir de secrets. Ils me communiquaient la plupart de leurs lettres ; je les copiai. J'en surpris même quelques-unes dont ils se seraient bien gardés de me faire confidence, tant elles étaient mortifiantes pour la vanité et la jalousie 25 persane.

Je ne fais donc que l'office de traducteur : toute ma peine a été de mettre l'ouvrage à nos mœurs. J'ai soulagé le lecteur du langage asiatique autant que je l'ai pu, et l'ai

1. On peut voir là une allusion à Jeanne de Lartigue, l'épouse de Montesquieu.

sauvé d'une infinité d'expressions sublimes, qui l'auraient
30 ennuyé jusque dans les nues.

Mais ce n'est pas tout ce que j'ai fait pour lui. J'ai
retranché les longs compliments, dont les Orientaux ne sont
pas moins prodigues que nous, et j'ai passé un nombre infini
de ces minuties qui ont tant de peine à soutenir le grand
35 jour, et qui doivent toujours mourir entre deux amis[1].

Si la plupart de ceux qui nous ont donné des recueils de
lettres avaient fait de même, ils auraient vu leurs ouvrages
s'évanouir.

Il y a une chose qui m'a souvent étonné : c'est de voir ces
40 Persans quelquefois aussi instruits que moi-même des
mœurs et des manières de la Nation, jusqu'à en connaître
les plus fines circonstances, et à remarquer des choses qui,
je suis sûr, ont échappé à bien des Allemands qui ont
voyagé en France. J'attribue cela au long séjour qu'ils y ont
45 fait : sans compter qu'il est plus facile à un Asiatique de
s'instruire des mœurs des Français dans un an, qu'il ne l'est
à un Français de s'instruire des mœurs des Asiatiques dans
quatre, parce que les uns se livrent autant que les autres se
communiquent peu.

50 L'usage a permis à tout traducteur, et même au plus
barbare commentateur, d'orner la tête de sa version, ou de
sa glose, du panégyrique[2] de l'original, et d'en relever
l'utilité, le mérite et l'excellence. Je ne l'ai point fait : on en
devinera facilement les raisons. Une des meilleures est que
55 ce serait une chose très ennuyeuse, placée dans un lieu déjà
très ennuyeux de lui-même : je veux dire une Préface.

1. Montesquieu n'imitera pas le style orné propre aux Orientaux. Il restera dans les
limites du bel usage français.
2. **Panégyrique** : discours à la louange de quelqu'un (plus rarement d'une cité ou
d'une nation).

LETTRE PREMIÈRE

USBEK À SON AMI RUSTAN, À ISPAHAN

Nous n'avons séjourné qu'un jour à Com[1]. Lorsque nous eûmes fait nos dévotions sur le tombeau de la Vierge[2] qui a mis au monde douze prophètes, nous nous remîmes en chemin, et hier, vingt-cinquième jour de notre départ d'Ispahan, nous arrivâmes à Tauris[3].

Rica et moi sommes peut-être les premiers parmi les Persans que l'envie de savoir ait fait sortir de leur pays, et qui aient renoncé aux douceurs d'une vie tranquille pour aller chercher laborieusement la sagesse.

Nous sommes nés dans un royaume florissant ; mais nous n'avons pas cru que ses bornes fussent celles de nos connaissances, et que la lumière orientale dût seule nous éclairer.

Mande-moi ce que l'on dit de notre voyage ; ne me flatte point : je ne compte pas sur un grand nombre d'approbateurs. Adresse ta lettre à Erzeron[4], où je séjournerai quelque temps.

Adieu, mon cher Rustan ; sois assuré qu'en quelque lieu du monde où je sois tu as un ami fidèle.

De Tauris, le 15 de la lune de Saphar[5], 1711.

1. **Com** : aujourd'hui Qom, ville située au nord d'Ispahan.
2. **La Vierge** : allusion à Fathmé, fille de Mahomet et aïeule des douze califes chiites qui est confondue avec Fathmé, fille de Mousa, l'un des douze califes ayant succédé à Mahomet. Le tombeau de cette dernière était à Com. Elle est désignée comme « vierge » à partir de la traduction d'une prière par Chardin.
3. **Tauris** : actuellement Tabriz.
4. **Erzeron** : ville située en Arménie turque.
5. *Saphar* : le 14 avril, selon le calendrier musulman des mois lunaires.

LETTRE II

USBEK AU PREMIER EUNUQUE NOIR,
À SON SÉRAIL D'ISPAHAN

Tu es le gardien fidèle des plus belles femmes de Perse ; je t'ai confié ce que j'avais dans le Monde de plus cher ; tu tiens en tes mains les clefs de ces portes fatales qui ne s'ouvrent que pour moi. Tandis que tu veilles sur ce dépôt 5 précieux de mon cœur, il se repose et jouit d'une sécurité entière. Tu fais la garde dans le silence de la nuit, comme dans le tumulte du jour ; tes soins infatigables soutiennent la vertu lorsqu'elle chancelle. Si les femmes que tu gardes voulaient sortir de leur devoir, tu leur en ferais perdre 10 l'espérance. Tu es le fléau du vice et la colonne de la fidélité.

Tu leur commandes, et leur obéis ; tu exécutes aveuglément toutes leurs volontés et leur fais exécuter de même les lois du sérail. Tu trouves de la gloire à leur rendre les services les plus vils ; tu te soumets avec respect et avec 15 crainte à leurs ordres légitimes ; tu les sers comme l'esclave de leurs esclaves. Mais, par un retour d'empire, tu commandes en maître comme moi-même, quand tu crains le relâchement des lois de la pudeur et de la modestie.

Souviens-toi toujours du néant d'où je t'ai fait sortir, lorsque 20 tu étais le dernier de mes esclaves, pour te mettre en cette place et te confier les délices de mon cœur : tiens-toi dans un profond abaissement auprès de celles qui partagent mon amour ; mais fais-leur en même temps sentir leur extrême dépendance. Procure-leur tous les plaisirs qui peuvent être innocents ; 25 trompe leurs inquiétudes ; amuse-les par la musique, les danses, les boissons délicieuses ; persuade-leur de s'assembler souvent. Si elles veulent aller à la campagne, tu peux les y mener ;

mais fais faire main basse[1] sur tous les hommes qui se présen-
teront devant elles. Exhorte-les à la propreté, qui est l'image de
30 la netteté de l'âme. Parle-leur quelquefois de moi. Je voudrais
les revoir dans ce lieu charmant qu'elles embellissent.

Adieu.

De Tauris, le 18 de la lune de Saphar, 1711.

LETTRE III

ZACHI À USBEK, À TAURIS

Nous avons ordonné au chef des eunuques de nous
mener à la campagne ; il te dira qu'aucun accident ne nous
est arrivé. Quand il fallut traverser la rivière et quitter nos
litières, nous nous mîmes, selon la coutume, dans des
5 boîtes[2] : deux esclaves nous portèrent sur leurs épaules, et
nous échappâmes à tous les regards.

Comment aurais-je pu vivre, cher Usbek, dans ton
sérail d'Ispahan, dans ces lieux qui, me rappelant sans
cesse mes plaisirs passés, irritaient tous les jours mes
10 désirs avec une nouvelle violence ? J'errais d'appartements
en appartements, te cherchant toujours, et ne te trouvant
jamais ; mais rencontrant partout un cruel souvenir de ma
fidélité passée. Tantôt je me voyais en ce lieu où, pour la
première fois de ma vie, je te reçus dans mes bras ; tantôt,
15 dans celui où tu décidas cette fameuse querelle entre tes
femmes. Chacune de nous se prétendait supérieure aux
autres en beauté. Nous nous présentâmes devant toi après
avoir épuisé tout ce que l'imagination peut fournir de paru-
res et d'ornements. Tu vis avec plaisir les miracles de notre

1. **Faire main basse sur** : s'emparer de.
2. **Boîtes** : « berceaux couverts et fermés » (selon Chardin), portés à dos de chameau.

20 art ; tu admiras jusques où nous avait emportées l'ardeur
de te plaire. Mais tu fis bientôt céder ces charmes emprun-
tés à des grâces plus naturelles : tu détruisis tout notre
ouvrage. Il fallut nous dépouiller de ces ornements qui
t'étaient devenus incommodes ; il fallut paraître à ta vue
25 dans la simplicité de la nature. Je comptai pour rien la
pudeur ; je ne pensai qu'à ma gloire. Heureux Usbek, que
de charmes furent étalés à tes yeux ! Nous te vîmes long-
temps errer d'enchantements en enchantements : ton âme
incertaine demeura longtemps sans se fixer ; chaque grâce
30 nouvelle te demandait un tribut ; nous fûmes en un
moment toutes couvertes de tes baisers ; tu portas tes
curieux regards dans les lieux les plus secrets ; tu nous fis
passer en un instant dans mille situations différentes : tou-
jours nouvelle. Je te l'avoue, Usbek : une passion encore
35 plus vive que l'ambition me fit souhaiter de te plaire. Je me
vis insensiblement devenir la maîtresse de ton cœur ; tu me
pris ; tu me quittas ; tu revins à moi, et je sus te retenir : le
triomphe fut tout pour moi, et le désespoir pour mes riva-
les. Il nous sembla que nous fussions seuls dans le Monde :
40 tout ce qui nous entourait ne fut plus digne de nous occu-
per. Plût au ciel que mes rivales eussent eu le courage de res-
ter témoins de toutes les marques d'amour que je reçus de
toi ! Si elles avaient bien vu mes transports, elles auraient
senti la différence qu'il y a de mon amour au leur ; elles
45 auraient vu que, si elles pouvaient disputer avec moi de
charmes, elles ne pouvaient pas disputer de sensibilité…
Mais où suis-je ? Où m'emmène ce vain récit ? C'est un
malheur de n'être point aimée ; mais c'est un affront de ne
l'être plus. Tu nous quittes, Usbek, pour aller errer dans des
50 climats barbares. Quoi ! tu comptes pour rien l'avantage
d'être aimé ? Hélas ! tu ne sais même pas ce que tu perds !
Je pousse des soupirs qui ne sont point entendus ; mes lar-

la P d'amour

mes coulent, et tu n'en jouis pas ; il semble que l'amour res-
pire dans le sérail, et ton insensibilité t'en éloigne sans
55 cesse ! Ah ! mon cher Usbek, si tu savais être heureux !

Du sérail de Fatmé,
le 21 de la lune de Maharram[1], 1711.

LETTRE IV

ZÉPHIS À USBEK, À ERZERON

Enfin ce monstre noir a résolu de me désespérer : il veut à
toute force m'ôter mon esclave Zélide ; Zélide qui me sert
avec tant d'affection, et dont les adroites mains portent par-
tout les ornements et les grâces. Il ne lui suffit pas que cette
5 séparation soit douloureuse : il veut encore qu'elle soit
déshonorante[2]. Le traître veut regarder comme criminels les
motifs de ma confiance, et, parce qu'il s'ennuie derrière la
porte, où je le renvoie toujours, il ose supposer qu'il a
entendu ou vu des choses que je ne sais pas même imaginer.
10 Je suis bien malheureuse ! Ma retraite ni ma vertu ne sau-
raient me mettre à l'abri de ses soupçons extravagants : un vil
esclave vient m'attaquer jusque dans ton cœur, et il faut que
je m'y défende ! Non, j'ai trop de respect pour moi-même
pour descendre jusques à des justifications : je ne veux
15 d'autre garant de ma conduite que toi-même, que ton amour,
que le mien, et, s'il faut te le dire, cher Usbek, que mes larmes.

Du sérail de Fatmé,
le 29 de la lune de Maharram, 1711.

1. **Maharram :** mois de mars.
2. À en croire Chardin, les femmes orientales sont souvent réputées être tribades,
c'est-à-dire homosexuelles.

REPÈRES

• Qu'est-ce qui motive le voyage des Persans ?
• Pouvez-vous situer les Persans dans l'espace et dans le temps ? Par quels moyens ?
• Qu'apprenons-nous sur les mœurs du sérail ?
• Dans quels buts Montesquieu nous donne-t-il ces renseignements sur la vie au sérail ?
• Quelle intention justifie en particulier les lettres III et IV ? En quoi font-elles rêver le lecteur occidental ?

OBSERVATION

• Observez dans l'introduction comment Montesquieu justifie de rester dans l'anonymat : quel est le ton de cette justification ? Pourquoi ?
• Par quels mots Montesquieu présente-t-il le style sobre de ses *Lettres persanes* ? Comment faut-il comprendre les mots « soulagé » et « sauvé », s'appliquant au lecteur ?
• Pouvez-vous mettre en relation ce que vous découvrez de l'écriture de Montesquieu et ce qu'il en dit ?
• À quel système politique la description de la relation entre l'eunuque et les femmes du sérail fait-elle référence ? Relevez les expressions qui vous paraissent les plus représentatives.
• Observez les nombreuses périphrases de la lettre II : que désignent-elles ? Pourquoi Montesquieu n'use-t-il pas d'une désignation plus directe ?
• Sur quels procédés l'érotisme de la lettre III se fonde-t-il ?
• Comment Montesquieu exploite-t-il les sous-entendus dans les lettres III et IV ? Pourquoi ne peut-il dire les choses directement ?

INTERPRÉTATIONS

Le masculin et la terreur du féminin

• Dans la lettre II, par quelles expressions Usbek justifie-t-il l'emprisonnement de ses femmes ? Quelles sont les métaphores qui présentent le rôle de l'eunuque ?

• L'eunuque a-t-il réellement du pouvoir sur les femmes qu'il garde ?

• Examinez les lettres III et IV : quelles conséquences l'enfermement des femmes a-t-il sur leur psychologie ?

• Que sous-entend Montesquieu en décrivant les mœurs tyranniques du sérail ?

• Comment la relation homme/femme est-elle décrite ? Est-elle harmonieuse ?

• Sur quels ressorts de la psychologie masculine les règles du sérail reposent-elles ?

LETTRE V

RUSTAN À USBEK, À ERZERON

Tu es le sujet de toutes les conversations d'Ispahan : on ne parle que de ton départ. Les uns l'attribuent à une légèreté d'esprit ; les autres à quelque chagrin. Tes amis seuls te défendent, et ils ne persuadent personne. On ne
5 peut comprendre que tu puisses quitter tes femmes, tes parents, tes amis, ta patrie pour aller dans des climats inconnus aux Persans. La mère de Rica est inconsolable ; elle te demande son fils, que tu lui as, dit-elle, enlevé. Pour moi, mon cher Usbek, je me sens naturellement porté à
10 approuver tout ce que tu fais, mais je ne saurais te pardonner ton absence, et, quelques raisons que tu m'en puisses donner, mon cœur ne les goûtera jamais.

Adieu ; aime-moi toujours.

D'Ispahan, le 28 de la lune de Rebiab 1[1], 1711.

LETTRE VI

[handwritten: Il dit qu'il ne les aime pas] *[handwritten: indifférence de femmes]*

USBEK À SON AMI NESSIR, À ISPAHAN

À une journée d'Érivan[2], nous quittâmes la Perse pour entrer dans les terres de l'obéissance des Turcs. Douze jours après, nous arrivâmes à Erzeron[3], où nous séjournerons trois ou quatre mois.

1. *Rebiab 1* : mois de mai.
2. **Érivan** : capitale de l'Arménie.
3. **Erzeron** ou Erzeroum est la capitale de l'Arménie turque. Les voyageurs accomplissent le voyage de Tavernier, mais en sens inverse.

⁵ Il faut que je te l'avoue, Nessir : j'ai senti une douleur secrète quand j'ai perdu la Perse de vue, et que je me suis trouvé au milieu des perfides Osmanlins[1]. À mesure que j'entrais dans les pays de ces profanes, il me semblait que je devenais profane moi-même.

¹⁰ Ma patrie, ma famille, mes amis se sont présentés à mon esprit ; ma tendresse s'est réveillée ; une certaine inquiétude a achevé de me troubler, et m'a fait connaître que, pour mon repos, j'avais trop entrepris.

Mais ce qui afflige le plus mon cœur, ce sont mes femmes :
¹⁵ je ne puis penser à elles que je ne sois dévoré de chagrins.

Ce n'est pas, Nessir, que je les aime : je me trouve à cet égard dans une insensibilité qui ne me laisse point de désirs. Dans le nombreux[2] sérail où j'ai vécu, j'ai prévenu l'amour et l'ai détruit par lui-même ; mais, de ma froideur même, il sort une
²⁰ jalousie secrète, qui me dévore. Je vois une troupe de femmes laissées presque à elles-mêmes ; je n'ai que des âmes lâches qui m'en répondent. J'aurais peine à être en sûreté si mes esclaves étaient fidèles. Que sera-ce, s'ils ne le sont pas ? Quelles tristes nouvelles peuvent m'en venir dans les pays éloignés que je vais
²⁵ parcourir ! C'est un mal où mes amis ne peuvent porter de remède : c'est un lieu dont ils doivent ignorer les tristes secrets. Et qu'y pourraient-ils faire ? N'aimerais-je pas mille fois mieux une obscure impunité qu'une correction éclatante ? Je dépose en ton cœur tous mes chagrins, mon cher Nessir ; c'est
³⁰ la seule consolation qui me reste dans l'état où je suis.

D'Erzeron, le 10 de la lune de Rebiab 2[3], 1711.

1. **Osmanlins** : Turcs. Les Turcs sont sunnites : ils reconnaissent l'autorité d'Abou Bekr, beau-père de Mahomet. Les Persans sont chiites et ne reconnaissent qu'un seul successeur légitime de Mahomet, son gendre Ali.
2. **Le nombreux sérail** : sérail peuplé de femmes.
3. *Rebiab 2* : mois de juin.

[annotation manuscrite : Fatmé : L'AMOUR]

[annotation manuscrite : Elle décrit sa passion]

LETTRE VII

FATMÉ À USBEK, À ERZERON

Il y a deux mois que tu es parti, mon cher Usbek, et, dans l'abattement où je suis, je ne puis pas me le persuader encore. Je cours tout le sérail, comme si tu y étais ; je ne suis point désabusée. Que veux-tu que devienne une femme qui t'aime ; qui

5 était accoutumée à te tenir dans ses bras ; qui n'était occupée que du soin de te donner des preuves de sa tendresse : libre par l'avantage de sa naissance, esclave par la violence de son amour ?

Quand je t'épousai, mes yeux n'avaient point encore vu le

10 visage d'un homme ; tu es le seul encore dont la vue m'ait été permise[1] : car je ne mets pas au rang des hommes ces eunuques affreux dont la moindre imperfection est de n'être point hommes. Quand je compare la beauté de ton visage avec la difformité du leur, je ne puis m'empêcher de m'estimer heureuse :

15 mon imagination ne me fournit point d'idée plus ravissante que les charmes enchanteurs de ta personne. Je te le jure, Usbek : quand il me serait permis de sortir de ce lieu où je suis enfermée par la nécessité de ma condition ; quand je pourrais me dérober à la garde qui m'environne ; quand il me serait permis de choi-

20 sir parmi tous les hommes qui vivent dans cette capitale des nations : Usbek, je te le jure, je ne choisirais que toi. Il ne peut y avoir que toi dans le Monde qui mérites d'être aimé.

[annotation manuscrite : la communauté]

Ne pense pas que ton absence m'ait fait négliger une beauté qui t'est chère. Quoique je ne doive être vue de per-

25 sonne, et que les ornements dont je me pare soient inutiles

1. « Les femmes persanes sont encore plus strictement gardées que les femmes turques et indiennes » (note de Montesquieu).

l'apparence des ? l'amour charnel

à ton bonheur, je cherche cependant à m'entretenir dans
l'habitude de plaire. Je ne me couche point que je ne me sois
parfumée des essences les plus délicieuses. Je me rappelle ce
temps heureux où tu venais dans mes bras ; un songe flatteur,
30 qui me séduit, me montre ce cher objet de mon amour ; mon
imagination se perd dans ses désirs, comme elle se flatte dans
ses espérances. Je pense quelquefois que, dégoûté d'un péni-
ble voyage, tu vas revenir à nous : la nuit se passe dans des
songes qui n'appartiennent ni à la veille ni au sommeil ; je te
35 cherche à mes côtés, et il me semble que tu me fuis ; enfin le
feu qui me dévore dissipe lui-même ces enchantements et rap-
pelle mes esprits. Je me trouve pour lors si animée… Tu ne le
croirais pas, Usbek : il est impossible de vivre dans cet état ; le
feu coule dans mes veines. Que ne puis-je t'exprimer ce que je
40 sens si bien ! et comment sens-je si bien ce que je ne puis
t'exprimer ? Dans ces moments, Usbek, je donnerais l'empire
du Monde pour un seul de tes baisers. Qu'une femme est mal-
heureuse d'avoir des désirs si violents, lorsqu'elle est privée de
celui qui peut seul les satisfaire : que, livrée à elle-même,
45 n'ayant rien qui puisse la distraire, il faut qu'elle vive dans
l'habitude des soupirs et dans la fureur d'une passion irritée ;
que, bien loin d'être heureuse, elle n'a pas même l'avantage de
servir à la félicité d'un autre : ornement inutile d'un sérail,
gardée pour l'honneur, et non pas pour le bonheur de son
50 époux !

Vous êtes bien cruels, vous autres hommes ! Vous êtes
charmés que nous ayons des passions que nous ne puissions
satisfaire ; vous nous traitez comme si nous étions insensibles,
et vous seriez bien fâchés que nous le fussions ; vous croyez
55 que nos désirs, si longtemps mortifiés[1], seront irrités à votre

1. **Mortifiés :** « rendus comme morts au péché » ; qu'on fait cruellement souffrir.

vue. Il y a de la peine à se faire aimer ; il est plus court d'obtenir du désespoir de nos sens ce que vous n'osez attendre de votre mérite.

Adieu, mon cher Usbek, adieu. Compte que je ne vis que pour t'adorer : mon âme est toute pleine de toi ; et ton absence, bien loin de te faire oublier, animerait mon amour, s'il pouvait devenir plus violent.

Du sérail d'Ispahan, le 12 de la lune de Rebiab 1, 1711.

LETTRE VIII

USBEK À SON AMI RUSTAN, À ISPAHAN

Ta lettre m'a été rendue à Erzeron, où je suis. Je m'étais bien douté que mon départ ferait du bruit ; je ne m'en suis point mis en peine. Que veux-tu que je suive, la prudence de mes ennemis, ou la mienne ?

Je parus à la Cour dès ma plus tendre jeunesse. Je le puis dire : mon cœur ne s'y corrompit point ; je formai même un grand dessein : j'osai y être vertueux. Dès que je connus le vice, je m'en éloignai ; mais je m'en approchai ensuite pour le démasquer. Je portai la vérité jusques au pied du trône : j'y parlai un langage jusqu'alors inconnu ; je déconcertai la flatterie, et j'étonnai en même temps les adorateurs et l'idole[1].

Mais, quand je vis que ma sincérité m'avait fait des ennemis ; que je m'étais attiré la jalousie des ministres, sans avoir la faveur du Prince ; que, dans une cour corrompue, je ne me soutenais plus que par une faible vertu : je résolus de la quitter. Je feignis un grand attachement pour les sciences, et, à force de le

1. **Les adorateurs et l'idole :** les courtisans et le prince.

feindre, il me vint réellement. Je ne me mêlai plus d'aucunes affaires, et je me retirai dans une maison de campagne. Mais ce parti même avait ses inconvénients : je restais toujours exposé
20 à la malice de mes ennemis, et je m'étais presque ôté les moyens de m'en garantir. Quelques avis secrets me firent penser à moi sérieusement. Je résolus de m'exiler de ma patrie, et ma retraite même de la Cour m'en fournit un prétexte plausible. J'allai au roi ; je lui marquai l'envie que j'avais de m'instruire dans les
25 sciences de l'Occident ; je lui insinuai qu'il pourrait tirer de l'utilité de mes voyages. Je trouvai grâce devant ses yeux ; je partis, et je dérobai une victime à mes ennemis.

Voilà, Rustan, le véritable motif de mon voyage. Laisse parler Ispahan ; ne me défends que devant ceux qui m'aiment ;
30 laisse à mes ennemis leurs interprétations malignes : je suis trop heureux que ce soit le seul mal qu'ils me puissent faire.

On parle de moi à présent. Peut-être ne serai-je que trop oublié, et que mes amis… Non, Rustan, je ne veux point me livrer à cette triste pensée : je leur serai toujours cher ;
35 je compte sur leur fidélité, comme sur la tienne.

D'Erzeron, le 20 de la lune de Gemmadi 2[1], 1711.

LETTRE IX

LE PREMIER EUNUQUE À IBBI, À ERZERON

Tu suis ton ancien maître dans ses voyages ; tu parcours les provinces et les royaumes ; les chagrins ne sauraient faire d'impression sur toi ; chaque instant te montre des

1. *Gemmadi 2* : mois d'août.

choses nouvelles ; tout ce que tu vois te récrée et te fait
5 passer le temps sans le sentir.

Il n'en est pas de même de moi, qui, enfermé dans une
prison affreuse, suis toujours environné des mêmes objets
et dévoré des mêmes chagrins. Je gémis, accablé sous le
poids des soins et des inquiétudes de cinquante années ; et,
10 dans le cours d'une longue vie, je ne puis pas dire avoir eu
un jour serein et un moment tranquille.

Lorsque mon premier maître eut formé le cruel projet de
me confier ses femmes et m'eut obligé, par des séductions
soutenues de mille menaces, de me séparer pour jamais de
15 moi-même[1], las de servir dans les emplois les plus
pénibles, je comptai sacrifier mes passions à mon repos et
à ma fortune. Malheureux que j'étais ! Mon esprit
préoccupé me faisait voir le dédommagement, et non pas
la perte : j'espérais que je serais délivré des atteintes de
20 l'amour par l'impuissance de le satisfaire. Hélas ! on
éteignit en moi l'effet des passions, sans en éteindre la
cause, et bien loin d'en être soulagé, je me trouvai
environné d'objets qui les irritaient sans cesse. J'entrai
dans le sérail, où tout m'inspirait le regret de ce que j'avais
25 perdu : je me sentais animé à chaque instant ; mille grâces
naturelles semblaient ne se découvrir à ma vue que pour
me désoler. Pour comble de malheurs, j'avais toujours
devant les yeux un homme heureux. Dans ce temps de
trouble, je n'ai jamais conduit une femme dans le lit de
30 mon maître, je ne l'ai jamais déshabillée, que je ne sois
rentré chez moi la rage dans le cœur et un affreux
désespoir dans l'âme.

1. **Me séparer pour jamais de moi-même** : périphrase désignant la castration.

Voilà comme j'ai passé ma misérable jeunesse. Je n'avais de confident que moi-même ; chargé d'ennuis[1] et de chagrins, il
35 me les fallait dévorer, et ces mêmes femmes, que j'étais tenté de regarder avec des yeux si tendres, je ne les envisageais qu'avec des regards sévères : j'étais perdu si elles m'avaient pénétré. Quel avantage n'en auraient-elles pas pris ?

Je me souviens qu'un jour que je mettais une femme dans
40 le bain, je me sentis si transporté que je perdis entièrement la raison, et que j'osai porter ma main dans un lieu redoutable. Je crus, à la première réflexion, que ce jour était le dernier de mes jours. Je fus pourtant assez heureux pour échapper à mille morts. Mais la beauté que j'avais
45 faite confidente de ma faiblesse me vendit bien cher son silence : je perdis entièrement mon autorité sur elle, et elle m'a obligé depuis à des condescendances qui m'ont exposé mille fois à perdre la vie.

Enfin, les feux de la jeunesse ont passé : je suis vieux,
50 et je me trouve à cet égard dans un état tranquille ; je regarde les femmes avec indifférence, et je leur rends bien tous leurs mépris et tous les tourments qu'elles m'ont fait souffrir. Je me souviens toujours que j'étais né pour les commander, et il me semble que je redeviens homme
55 dans les occasions où je leur commande encore. Je les hais depuis que je les envisage de sens froid, et que ma raison me laisse voir toutes leurs faiblesses. Quoique je les garde pour un autre, le plaisir de me faire obéir me donne une joie secrète : quand je les prive de tout, il me
60 semble que c'est pour moi, et il m'en revient toujours une satisfaction indirecte. Je me trouve dans le sérail comme dans un petit empire, et mon ambition, la seule passion

1. **Ennuis** : chagrins. À prendre au sens fort de la langue classique.

qui me reste, se satisfait un peu. Je vois avec plaisir que
tout roule sur moi, et qu'à tous les instants je suis
65 nécessaire. Je me charge volontiers de la haine de toutes
mes femmes, qui m'affermit dans le poste où je suis.
Aussi n'ont-elles pas affaire à un ingrat : elles me
trouvent au-devant de tous leurs plaisirs les plus
innocents. Je me présente toujours à elles comme une
70 barrière inébranlable : elles forment des projets, et je les
arrête soudain. Je m'arme de refus ; je me hérisse de
scrupules ; je n'ai jamais dans la bouche que les mots de
devoir, de vertu, de pudeur, de modestie. Je les désespère
en leur parlant sans cesse de la faiblesse de leur sexe et
75 de l'autorité du maître. Je me plains ensuite d'être obligé
à tant de sévérité, et je semble vouloir leur faire entendre
que je n'ai d'autre motif que leur propre intérêt et un
grand attachement pour elles.

Ce n'est pas qu'à mon tour je n'aie un nombre infini de
80 désagréments, et que tous les jours ces femmes vindicatives
ne cherchent à renchérir sur ceux que je leur donne : elles
ont des revers[1] terribles. Il y a entre nous comme un flux et
un reflux d'empire[2] et de soumission. Elles font toujours
tomber sur moi les emplois les plus humiliants ; elles
85 affectent un mépris qui n'a point d'exemple ; et, sans égard
pour ma vieillesse, elles me font lever la nuit dix fois pour
la moindre bagatelle. Je suis accablé sans cesse d'ordres, de
commandements, d'emplois, de caprices : il semble
qu'elles se relaient pour m'exercer, et que leurs fantaisies se
90 succèdent. Souvent elles se plaisent à me faire redoubler de
soins ; elles me font faire de fausses confidences : tantôt on

le pouvoir

1. **Revers** : coups donnés de l'arrière de la main ; châtiment au propre ou au figuré.
2. **Empire** : domination, commandement.

vient me dire qu'il a paru un jeune homme autour de ces murs ; une autre fois, qu'on a entendu du bruit, ou bien qu'on doit rendre une lettre. Tout ceci me trouble, et elles
95 rient de ce trouble : elles sont charmées de me voir ainsi me tourmenter moi-même. Une autre fois elles m'attachent derrière leur porte, et m'y enchaînent nuit et jour ; elles savent bien feindre des maladies, des défaillances, des frayeurs ; elles ne manquent pas de prétexte pour me
100 mener au point où elles veulent. Il faut, dans ces occasions, une obéissance aveugle et une complaisance sans bornes : un refus, dans la bouche d'un homme comme moi, serait une chose inouïe, et, si je balançais à leur obéir, elles seraient en droit de me châtier. J'aimerais autant perdre la
105 vie, mon cher Ibbi, que de descendre à cette humiliation.

Ce n'est pas tout : je ne suis jamais sûr d'être un instant dans la faveur de mon maître ; j'ai autant d'ennemies dans son cœur, qui ne songent qu'à me perdre. Elles ont des quarts d'heure où je ne suis point écouté, des quarts
110 d'heure où l'on ne refuse rien, des quarts d'heure où j'ai toujours tort. Je mène dans le lit de mon maître des femmes irritées : crois-tu que l'on y travaille pour moi, et que mon parti soit le plus fort ? J'ai tout à craindre de leurs larmes, de leurs soupirs, de leurs embrassements, et de leurs
115 plaisirs mêmes : elles sont dans le lieu de leurs triomphes ; leurs charmes me deviennent terribles ; les services présents effacent dans un moment tous mes services passés, et rien ne peut me répondre d'un maître qui n'est plus à lui-même.

120 Combien de fois m'est-il arrivé de me coucher dans la faveur et de me lever dans la disgrâce ? Le jour que je fus fouetté si indignement autour du sérail, qu'avais-je fait ? Je laisse une femme dans les bras de mon maître. Dès qu'elle le vit enflammé, elle versa un torrent de larmes : elle se

125 plaignit, et ménagea si bien ses plaintes, qu'elles augmentaient à mesure de l'amour qu'elles faisaient naître. Comment aurais-je pu me soutenir dans un moment si critique ? Je fus perdu lorsque je m'y attendais le moins ; je fus la victime d'une négociation amoureuse et d'un traité
130 que les soupirs avaient fait. Voilà, cher Ibbi, l'état cruel dans lequel j'ai toujours vécu.

Que tu es heureux ! Tes soins se bornent uniquement à la personne d'Usbek. Il t'est facile de lui plaire et de te maintenir dans sa faveur jusques au dernier de tes jours.

Du sérail d'Ispahan, le dernier de la lune de Saphar[1], 1711.

1. *Saphar* : mois d'avril.

REPÈRES

• Quelles sont les lettres qui poursuivent la description de la vie du sérail ?

• Quelle lettre se distingue des autres ? Pourquoi ?

• Pourquoi la lettre du premier eunuque, la lettre IX, est-elle adressée à Ibbi ? Qui est Ibbi ? Que fait-il à Erzeron ?

• Combien de femmes se sont jusqu'à présent exprimées ? À qui ont-elles écrit ? Pourquoi ?

• En quoi les dates et les lieux donnés en fin de lettre sont-ils importants ?

OBSERVATION

Lettre VII

• Quel sentiment les interrogations et les exclamations expriment-elles ?

• « Vous êtes bien cruels, vous autres hommes ! » : quelles sont les preuves de cette cruauté ?

Lettre VIII

• À quoi sert le récit rétrospectif d'Usbek qui commence par « Je parus à la Cour dès ma plus tendre jeunesse » dans la lettre VIII ?

• Dans la lettre VIII, la vie à Ispahan est-elle différente de celle qu'on peut mener à Paris ? Quels éléments favorisent l'assimilation entre Ispahan et Paris, et entre Usbek et Montesquieu ?

Lettre IX

• Sur quels procédés le pathétique du récit autobiographique du premier eunuque repose-t-il ?

• Quels souvenirs sont évoqués indirectement, par des sous-entendus ? Pourquoi ?

• Dans quelle contradiction le premier eunuque se débat-il ? Relevez les expressions qui expriment ce paradoxe. Qu'ont-elles en commun ?

INTERPRÉTATIONS

La tyrannie des passions

• Quel effet la clôture du sérail a-t-elle sur le désir ?

• Quelle leçon politique peut-on dégager de cette peinture de la tyrannie intime ?

• La réflexion sur la tyrannie est-elle dissociable de celle sur les passions, dans cet extrait des *Lettres persanes* ? En quoi ces deux réflexions qui courent tout au long de l'œuvre sont-elles liées dans les lettres VII et IX ?

Usbek, entre raison et passion

• Quel éclairage la lettre VIII apporte-t-elle sur le caractère d'Usbek ?

• Usbek est-il raisonnable ou passionné ?

• Est-ce un personnage cohérent ou incohérent ?

• Comment interpréter sa dualité ? Comme celle de sa propre culture ou comme celle de la nature humaine ?

LETTRE X

MIRZA À SON AMI USBEK, À ERZERON

Tu étais le seul qui pût me dédommager de l'absence de Rica, et il n'y avait que Rica qui pût me consoler de la tienne. Tu nous manques, Usbek : tu étais l'âme de notre Société. Qu'il faut de violence pour rompre les
5 engagements que le cœur et l'esprit ont formés !

Nous disputons[1] ici beaucoup ; nos disputes roulent ordinairement sur la morale. Hier on mit en question si les hommes étaient heureux par les plaisirs et les satisfactions des sens, ou par la pratique de la vertu. Je t'ai souvent ouï
10 dire que les hommes étaient nés pour être vertueux, et que la justice est une qualité qui leur est aussi propre que l'existence. Explique-moi, je te prie, ce que tu veux dire.

J'ai parlé à des mollaks[2], qui me désespèrent avec leurs passages de l'Alcoran[3] : car je ne leur parle pas comme vrai
15 croyant, mais comme homme, comme citoyen, comme père de famille. Adieu.

D'Ispahan, le dernier de la lune de Saphar, 1711.

1. **Disputons :** discutons. La dispute est ici un débat d'idées (philosophiques, morales, ou encore théologiques).
2. **Mollaks :** mollahs, docteurs de la loi coranique.
3. **Alcoran :** Coran.

LETTRE XI

USBEK À MIRZA, À ISPAHAN

Tu renonces à ta raison pour essayer la mienne ; tu descends jusqu'à me consulter ; tu me crois capable de t'instruire. Mon cher Mirza, il y a une chose qui me flatte encore plus que la bonne opinion que tu as conçue de moi :
5 c'est ton amitié qui me la procure.

Pour remplir ce que tu me prescris, je n'ai pas cru devoir employer des raisonnements fort abstraits : il y a certaines vérités qu'il ne suffit pas de persuader, mais qu'il faut encore faire sentir. Telles sont les vérités de morale. Peut-
10 être que ce morceau d'histoire te touchera plus qu'une philosophie subtile.

Il y avait en Arabie un petit peuple appelé *Troglodyte*[1], qui descendait de ces anciens Troglodytes qui, si nous en croyons les historiens[2], ressemblaient plus à des bêtes qu'à
15 des hommes. Ceux-ci n'étaient point si contrefaits : ils n'étaient point velus comme des ours ; ils ne sifflaient point ; ils avaient deux yeux ; mais ils étaient si méchants, et si féroces qu'il n'y avait parmi eux aucun principe d'équité ni de justice.

20 Ils avaient un roi d'une origine étrangère, qui, voulant corriger la méchanceté de leur naturel, les traitait sévèrement. Mais ils conjurèrent contre lui, le tuèrent et exterminèrent toute la famille royale.

1. *Troglodyte* : nom propre de peuple. En tant que nom commun, désigne les habitants d'excavations naturelles comme des grottes ou des cavernes.
2. **Historiens** : par exemple l'historien grec Hérodote (484-420 av. J.-C.) qui situait les Troglodytes au sud de la Libye.

Le coup étant fait, ils s'assemblèrent pour choisir un
25 gouvernement et, après bien des dissensions, ils créèrent
des magistrats[1]. Mais, à peine les eurent-ils élus, qu'ils leur
devinrent insupportables, et ils les massacrèrent encore.

Ce peuple, libre de ce nouveau joug, ne consulta plus que
son naturel sauvage ; tous les particuliers convinrent qu'ils
30 n'obéiraient plus à personne ; que chacun veillerait
uniquement à ses intérêts, sans consulter ceux des autres.

Cette résolution unanime flattait extrêmement tous les
particuliers. Ils disaient : « Qu'ai-je affaire d'aller me tuer
à travailler pour des gens dont je ne me soucie point ? Je
35 penserai uniquement à moi ; je vivrai heureux. Que
m'importe que les autres le soient ? Je me procurerai tous
mes besoins, et, pourvu que je les aie, je ne me soucie point
que tous les autres Troglodytes soient misérables. »

On était dans le mois où l'on ensemence les terres.
40 Chacun dit : « Je ne labourerai mon champ que pour qu'il
me fournisse le blé qu'il me faut pour me nourrir ; une plus
grande quantité me serait inutile : je ne prendrai point de
la peine pour rien. »

Les terres de ce petit royaume n'étaient pas de même
45 nature : il y en avait d'arides et de montagneuses, et
d'autres qui, dans un terrain bas, étaient arrosées de
plusieurs ruisseaux. Cette année, la sécheresse fut très
grande, de manière que les terres qui étaient dans les lieux
élevés manquèrent absolument, tandis que celles qui
50 purent être arrosées furent très fertiles. Ainsi les peuples
des montagnes périrent presque tous de faim par la dureté
des autres, qui leur refusèrent de partager la récolte.

1. **Magistrats** : à prendre au sens large de « personnes investies par l'autorité
publique ».

L'année d'ensuite fut très pluvieuse ; les lieux élevés se trouvèrent d'une fertilité extraordinaire, et les terres basses furent submergées. La moitié du peuple cria une seconde fois famine ; mais ces misérables trouvèrent des gens aussi durs qu'ils l'avaient été eux-mêmes.

Un des principaux habitants avait une femme fort belle ; son voisin en devint amoureux, et l'enleva. Il s'émut[1] une grande querelle, et, après bien des injures et des coups, ils convinrent de s'en remettre à la décision d'un Troglodyte qui, pendant que la République subsistait, avait eu quelque crédit. Ils allèrent à lui, et voulurent lui dire leurs raisons. « Que m'importe, dit cet homme, que cette femme soit à vous ou à vous ? J'ai mon champ à labourer ; je n'irai peut-être pas employer mon temps à terminer vos différends et à travailler à vos affaires, tandis que je négligerai les miennes. Je vous prie de me laisser en repos et de ne m'importuner plus de vos querelles. » Là-dessus il les quita et s'en alla travailler sa terre. Le ravisseur, qui était le plus fort, jura qu'il mourrait plutôt que de rendre cette femme ; et l'autre, pénétré de l'injustice de son voisin et de la dureté du juge, s'en retournait désespéré, lorsqu'il trouva dans son chemin une femme jeune et belle, qui revenait de la fontaine. Il n'avait plus de femme ; celle-là lui plut, et elle lui plut bien davantage lorsqu'il apprit que c'était la femme de celui qu'il avait voulu prendre pour juge, et qui avait été si peu sensible à son malheur. Il l'enleva, et l'emmena dans sa maison.

Il y avait un homme qui possédait un champ assez fertile, qu'il cultivait avec grand soin. Deux de ses voisins s'unirent ensemble, le chassèrent de sa maison, occupèrent son champ ; ils firent entre eux une union pour se défendre

1. **S'émut** : se mit en mouvement (sens vieilli), se déclencha.

contre tous ceux qui voudraient l'usurper ; et
effectivement ils se soutinrent par là pendant plusieurs
85 mois. Mais un des deux, ennuyé de partager ce qu'il
pouvait avoir tout seul, tua l'autre, et devint seul maître du
champ. Son empire ne fut pas long : deux autres
Troglodytes vinrent l'attaquer ; il se trouva trop faible
pour se défendre, et il fut massacré.

90 Un Troglodyte presque tout nu vit de la laine qui était à
vendre ; il en demanda le prix. Le marchand dit en lui-
même : « Naturellement je ne devrais espérer de ma laine
qu'autant d'argent qu'il en faut pour acheter deux mesures
de blé ; mais je la vais vendre quatre fois davantage, afin
95 d'avoir huit mesures. » Il fallut en passer par là et payer le
prix demandé. « Je suis bien aise, dit le marchand ; j'aurai
du blé à présent. — Que dites-vous ? reprit l'acheteur.
Vous avez besoin de blé ? J'en ai à vendre. Il n'y a que le
prix qui vous étonnera peut-être : car vous saurez que le
100 blé est extrêmement cher, et que la famine règne presque
partout. Mais rendez-moi mon argent, et je vous donnerai
une mesure de blé : car je ne veux pas m'en défaire
autrement, dussiez-vous crever de faim. »

Cependant une maladie cruelle ravageait la contrée. Un
105 médecin habile y arriva du pays voisin et donna ses remèdes
si à propos qu'il guérit tous ceux qui se mirent dans ses
mains. Quand la maladie eut cessé, il alla chez tous ceux
qu'il avait traités demander son salaire ; mais il ne trouva
que des refus. Il retourna dans son pays, et il y arriva accablé
110 des fatigues d'un si long voyage. Mais bientôt après il apprit
que la même maladie se faisait sentir de nouveau et affligeait
plus que jamais cette terre ingrate. Ils allèrent à lui cette fois,
et n'attendirent pas qu'il vînt chez eux. « Allez, leur dit-il,
hommes injustes ! Vous avez dans l'âme un poison plus
115 mortel que celui dont vous voulez guérir ; vous ne méritez

pas d'occuper une place sur la terre, parce que vous n'avez point d'humanité, et que les règles de l'équité vous sont inconnues. Je croirais offenser les dieux qui vous punissent, si je m'opposais à la justice de leur colère. »

D'Erzeron, le 3 de la lune de Gemmadi 2, 1711.

LETTRE XII

USBEK AU MÊME, À ISPAHAN

Tu as vu, mon cher Mirza, comment les Troglodytes périrent par leur méchanceté même, et furent les victimes de leurs propres injustices. De tant de familles, il n'en resta que deux qui échappèrent aux malheurs de la Nation. Il y
5 avait dans ce pays deux hommes bien singuliers : ils avaient de l'humanité ; ils connaissaient la justice ; ils aimaient la vertu. Autant liés par la droiture de leur cœur que par la corruption de celui des autres, ils voyaient la désolation[1] générale, et ne la ressentaient que par la pitié :
10 c'était le motif d'une union nouvelle. Ils travaillaient avec une sollicitude[2] commune pour l'intérêt commun ; ils n'avaient de différends que ceux qu'une douce et tendre amitié faisait naître ; et, dans l'endroit du pays le plus écarté, séparés de leurs compatriotes indignes de leur
15 présence, ils menaient une vie heureuse et tranquille. La terre semblait produire d'elle-même, cultivée par ces vertueuses mains.

1. **Désolation** : action de ravager un pays, dévastation.
2. **Sollicitude** : attention soutenue et affectueuse.

Ils aimaient leurs femmes, et ils en étaient tendrement chéris. Toute leur attention était d'élever leurs enfants à la
20 vertu. Ils leur représentaient sans cesse les malheurs de leurs compatriotes et leur mettaient devant les yeux cet exemple si triste ; ils leur faisaient surtout sentir que l'intérêt des particuliers se trouve toujours dans l'intérêt commun ; que vouloir s'en séparer, c'est vouloir se perdre ;
25 que la vertu n'est point une chose qui doive nous coûter ; qu'il ne faut point la regarder comme un exercice pénible ; et que la justice pour autrui est une charité pour nous.

Ils eurent bientôt la consolation des pères vertueux, qui est d'avoir des enfants qui leur ressemblent. Le jeune
30 peuple qui s'éleva sous leurs yeux s'accrut par d'heureux mariages : le nombre augmenta, l'union fut toujours la même ; et la vertu, bien loin de s'affaiblir dans la multitude, fut fortifiée, au contraire, par un plus grand nombre d'exemples.

35 Qui pourrait représenter ici le bonheur de ces Troglodytes ? Un peuple si juste devait être chéri des Dieux. Dès qu'il ouvrit les yeux pour les connaître, il apprit à les craindre, et la Religion vint adoucir dans les mœurs ce que la Nature y avait laissé de trop rude.

40 Ils instituèrent des fêtes en l'honneur des Dieux : les jeunes filles ornées de fleurs, et les jeunes garçons les célébraient par leurs danses et par les accords d'une musique champêtre. On faisait ensuite des festins où la joie ne régnait pas moins que la frugalité. C'était dans ces
45 assemblées que parlait la Nature naïve ; c'est là qu'on apprenait à donner le cœur et à le recevoir ; c'est là que la pudeur virginale faisait en rougissant un aveu surpris[1],

1. **Surpris** : découvert malgré soi.

mais bientôt confirmé par le consentement des pères ; et c'est là que les tendres mères se plaisaient à prévoir de loin
50 une union douce et fidèle.

On allait au Temple pour demander les faveurs des Dieux ; ce n'était pas les richesses et une onéreuse abondance : de pareils souhaits étaient indignes des heureux Troglodytes ; ils ne savaient les désirer que pour
55 leurs compatriotes. Ils n'étaient au pied des autels que pour demander la santé de leurs pères, l'union de leurs frères, la tendresse de leurs femmes, l'amour et l'obéissance de leurs enfants. Les filles y venaient apporter le tendre sacrifice de leur cœur, et ne leur
60 demandaient d'autre grâce que celle de pouvoir rendre un Troglodyte heureux.

Le soir, lorsque les troupeaux quittaient les prairies, et que les bœufs fatigués avaient ramené la charrue, ils s'assemblaient, et, dans un repas frugal, ils chantaient
65 les injustices des premiers Troglodytes et leurs malheurs, la vertu renaissante avec un nouveau peuple, et sa félicité. Ils célébraient les grandeurs des Dieux, leurs faveurs toujours présentes aux hommes qui les implorent, et leur colère inévitable à ceux qui ne les
70 craignent pas ; ils décrivaient ensuite les délices de la vie champêtre et le bonheur d'une condition toujours parée de l'innocence. Bientôt ils s'abandonnaient à un sommeil que les soins et les chagrins n'interrompaient jamais.

75 La Nature ne fournissait pas moins à leurs désirs qu'à leurs besoins. Dans ce pays heureux, la cupidité était étrangère : ils se faisaient des présents où celui qui donnait croyait toujours avoir l'avantage. Le peuple troglodyte se regardait comme une seule famille ; les troupeaux étaient

80 presque toujours confondus ; la seule peine qu'on s'épargnait ordinairement, c'était de les partager.

D'Erzeron, le 6 de la lune de Gemmadi 2[1], 1711.

LETTRE XIII

USBEK AU MÊME

Je ne saurais assez te parler de la vertu des Troglodytes. Un d'eux disait un jour : « Mon père doit demain labourer son champ ; je me lèverai deux heures avant lui, et, quand il ira à son champ, il le trouvera tout labouré. »

5 Un autre disait en lui-même : « Il me semble que ma sœur a du goût pour un jeune Troglodyte de nos parents ; il faut que je parle à mon père, et que je le détermine à faire ce mariage. »

On vint dire à un autre que des voleurs avaient enlevé 10 son troupeau : « J'en suis bien fâché, dit-il ; car il y avait une génisse toute blanche que je voulais offrir aux Dieux. »

On entendait dire à un autre : « Il faut que j'aille au Temple remercier les Dieux : car mon frère que mon père aime tant, et que je chéris si fort, a recouvré la santé. »

15 Ou bien : « Il y a un champ qui touche celui de mon père, et ceux qui le cultivent sont tous les jours exposés aux ardeurs du Soleil ; il faut que j'aille y planter deux arbres, afin que ces pauvres gens puissent aller quelquefois se reposer sous leur ombre. »

1. *Gemmadi 2* : mois d'août.

20 Un jour que plusieurs Troglodytes étaient assemblés, un vieillard parla d'un jeune homme qu'il soupçonnait d'avoir commis une mauvaise action, et lui en fit des reproches : « Nous ne croyons pas qu'il ait commis ce crime, dirent les jeunes Troglodytes, mais, s'il l'a fait, puisse-t-il mourir le
25 dernier de sa famille ! »

 On vint dire à un Troglodyte que des étrangers avaient pillé sa maison et avaient tout emporté. « S'ils n'étaient pas injustes, répondit-il, je souhaiterais que les Dieux leur en donnassent un plus long usage qu'à moi. »

30 Tant de prospérités ne furent pas regardées sans envie : les peuples voisins s'assemblèrent et, sous un vain prétexte, ils résolurent d'enlever leurs troupeaux. Dès que cette résolution fut connue, les Troglodytes envoyèrent au-devant d'eux des ambassadeurs, qui leur parlèrent ainsi :
35 « Que vous ont fait les Troglodytes ? Ont-ils enlevé vos femmes, dérobé vos bestiaux, ravagé vos campagnes ? Non : nous sommes justes, et nous craignons les Dieux. Que demandez-vous donc de nous ? Voulez-vous de la laine pour vous faire des habits ? Voulez-vous du lait pour
40 vos troupeaux ou des fruits de nos terres ? Mettez bas les armes, venez au milieu de nous, et nous vous donnerons de tout cela. Mais nous jurons, par ce qu'il y a de plus sacré, que, si vous entrez dans nos terres comme ennemis, nous vous regarderons comme un peuple injuste, et que nous
45 vous traiterons comme des bêtes farouches. »

 Ces paroles furent renvoyées avec mépris ; ces peuples sauvages entrèrent armés dans la terre des Troglodytes, qu'ils ne croyaient défendus que par leur innocence.

 Mais ils étaient bien disposés à la défense : ils avaient mis
50 leurs femmes et leurs enfants au milieu d'eux. Ils furent étonnés de l'injustice de leurs ennemis, et non pas de leur nombre. Une ardeur nouvelle s'était emparée de leur

cœur ; l'un voulait mourir pour son père, un autre pour sa femme et ses enfants, celui-ci pour ses frères, celui-là pour
55 ses amis, tous pour le peuple troglodyte. La place de celui qui expirait était d'abord prise par un autre, qui, outre la cause commune, avait encore une mort particulière à venger.

Tel fut le combat de l'Injustice et de la Vertu ; ces peuples
60 lâches, qui ne cherchaient que le butin, n'eurent pas honte de fuir, et ils cédèrent à la vertu des Troglodytes, même sans en être touchés.

D'Erzeron, le 9 de la lune de Gemmadi 2, 1711.

LETTRE XIV

USBEK AU MÊME

Comme le Peuple grossissait tous les jours, les Troglodytes crurent qu'il était à propos de se choisir un roi. Ils convinrent qu'il fallait déférer la couronne à celui qui était le plus juste, et ils jetèrent tous les yeux sur un
5 vieillard vénérable par son âge et par une longue vertu. Il n'avait pas voulu se trouver à cette assemblée ; il s'était retiré dans sa maison, le cœur serré de tristesse.

Lorsqu'on lui envoya des députés pour lui apprendre le choix qu'on avait fait de lui : « À Dieu ne plaise, dit-il, que
10 je fasse ce tort aux Troglodytes, que l'on puisse croire qu'il n'y a personne parmi eux de plus juste que moi ! Vous me déférez la couronne, et, si vous le voulez absolument, il faudra bien que je la prenne. Mais comptez que je mourrai de douleur d'avoir vu en naissant les Troglodytes libres et
15 de les voir aujourd'hui assujettis. » À ces mots, il se mit à

répandre un torrent de larmes. « Malheureux jour, disait-il ; et pourquoi ai-je tant vécu ? » Puis il s'écria d'une voix sévère : « Je vois bien ce que c'est, ô Troglodytes ! votre vertu commence à vous peser. Dans l'état où vous êtes,
20 n'ayant point de chef, il faut que vous soyez vertueux malgré vous : sans cela vous ne sauriez subsister, et vous tomberiez dans le malheur de vos premiers pères. Mais ce joug vous paraît trop dur ; vous aimez mieux être soumis à un prince et obéir à ses lois, moins rigides que vos mœurs.
25 Vous savez que, pour lors, vous pourrez contenter votre ambition, acquérir des richesses et languir dans une lâche volupté ; et que, pourvu que vous évitiez de tomber dans les grands crimes, vous n'aurez pas besoin de la vertu. » Il s'arrêta un moment, et ses larmes coulèrent plus que
30 jamais. « Et que prétendez-vous que je fasse ? Comment se peut-il que je commande quelque chose à un Troglodyte ? Voulez-vous qu'il fasse une action vertueuse parce que je la lui commande, lui qui la ferait tout de même sans moi et par le seul penchant de la nature ? Ô Troglodytes ! je suis
35 à la fin de mes jours, mon sang est glacé dans mes veines, je vais bientôt revoir vos sacrés aïeux. Pourquoi voulez-vous que je les afflige, et que je sois obligé de leur dire que je vous ai laissés sous un autre joug que celui de la Vertu ? »

D'Erzeron, le 10 de la lune de Gemmadi 2, 1711.

Un apologue

• Quelle est la finalité de cette narration de l'histoire des Troglodytes ?

• À quel genre appartient cette narration ?

• À quels épisodes de la Bible vous fait penser la lettre XI ? Pourquoi ?

• Que montre la lettre XIV qui clôt l'histoire des Troglodytes ?

• Faites le schéma narratif des lettres composant l'histoire des Troglodytes et commentez-le.

• Quelle est la leçon que nous donne cette histoire des Troglodytes ?

• Montesquieu n'a-t-il pour projet que de convaincre les hommes d'être vertueux ?

• « Il y a certaines vérités qu'il ne suffit pas de persuader mais qu'il faut encore faire sentir » : quelle est la fonction de cette proposition, située dans l'introduction de la lettre XI ?

• À quels autres mythes fondateurs vous fait penser la maladie qui ravage le peuple des Troglodytes à la fin de la lettre XI ?

• Peut-on faire un parallèle entre la construction de la lettre XII et celle de la lettre XI ?

• Sur quels procédés repose la narration dans les lettres XI, XII, XIII ? Pourquoi ?

Une réflexion philosophique et politique

• Comment sont rapportées les paroles du bon vieillard dans la lettre XIV ? Pourquoi ? Quel effet produisent-elles ?

• Quelle est le type de phrase qui prédomine dans le discours du vieillard ? Pourquoi ?

• Quelle est la tonalité de cette lettre XIV ?

• Cette lettre XIV constitue-t-elle un dénouement fermé ou ouvert ? Justifiez votre réponse, puis justifiez le choix de Montesquieu.

• Dans cette histoire des Troglodytes, la vertu se fonde-t-elle sur la nature ou sur la culture ?

• Pourquoi le bon vieillard verse-t-il des torrents de larmes ?

• Que représente le passage de la république à la monarchie ? Pourquoi ?

• Montesquieu croit-il en la république ?

• En quoi peut-on rapprocher cette histoire de la décadence des Romains ? Quelle œuvre écrira Montesquieu sur ce thème de la décadence des Romains ?

DE LA LECTURE À L'ÉCRITURE

Sujet de réflexion

« Les *Lettres persanes* ne sont pas un traité ou une dissertation arbitrairement morcelés mais l'expression romanesque d'une prise de conscience politique. » Vous analyserez et au besoin discuterez cette citation de J. Ehrard (« La Signification politique des *Lettres persanes* », dans *Archives des lettres modernes,* n° 16, 1970).

Lettre XV

Le premier eunuque à Jaron, eunuque noir, à Erzeron

Je prie le Ciel qu'il te ramène dans ces lieux et te dérobe à tous les dangers.

Quoique je n'aie guère jamais connu cet engagement qu'on appelle *amitié*, et que je me sois enveloppé tout 5 entier dans moi-même, tu m'as cependant fait sentir que j'avais encore un cœur, et pendant que j'étais de bronze pour tous ces esclaves qui vivaient sous mes lois, je voyais croître ton enfance avec plaisir.

Le temps vint où mon maître jeta sur toi les yeux. Il s'en 10 fallait bien que la nature eût encore parlé lorsque le fer te sépara de la nature. Je ne te dirai point si je te plaignis, ou si je sentis du plaisir à te voir élevé jusqu'à moi. J'apaisai tes pleurs et tes cris. Je crus te voir prendre une seconde naissance et sortir d'une servitude où tu devais toujours 15 obéir, pour entrer dans une servitude où tu devais commander. Je pris soin de ton éducation. La sévérité, toujours inséparable des instructions, te fit longtemps ignorer que tu m'étais cher. Tu me l'étais pourtant, et je te dirais que je t'aimais comme un père aime son fils, si ces 20 noms de père et de fils pouvaient convenir à notre destinée.

Tu vas parcourir les pays habités par les Chrétiens, qui n'ont jamais cru ; il est impossible que tu n'y contractes bien des souillures. Comment le Prophète pourrait-il te regarder au milieu de tant de millions de ses ennemis ? Je voudrais 25 que mon maître fît, à son retour, le pèlerinage de La Mecque : vous vous purifieriez tous dans la terre des Anges.

Du sérail d'Ispahan, le 10 de la lune de Gemmadi 2, 1711.

LETTRE XVI

USBEK AU MOLLAK MÉHÉMET-HALI GARDIEN
DES TROIS TOMBEAUX, À COM

Pourquoi vis-tu dans les tombeaux[1], divin Mollak[2] ? Tu es bien plus fait pour le séjour des étoiles. Tu te caches sans doute de peur d'obscurcir le Soleil. Tu n'as point de taches comme cet astre ; mais, comme lui, tu te couvres de nuages.

5 Ta science est un abîme plus profond que l'Océan ; ton esprit est plus perçant que Zufagar, cette épée d'Hali[3] qui avait deux pointes ; tu sais ce qui se passe dans les neuf chœurs des Puissances célestes ; tu lis l'Alcoran sur la poitrine de notre divin prophète ; et, lorsque tu trouves

10 quelque passage obscur, un ange, par son ordre, déploie ses ailes rapides et descend du trône pour t'en révéler le secret.

 Je pourrais par ton moyen avoir avec les Séraphins[4] une intime correspondance : car enfin, treizième Iman, n'es-tu pas le centre où le ciel et la terre aboutissent, et le point de

15 communication entre l'Abîme et l'Empyrée[5] ?

 Je suis au milieu d'un peuple profane. Permets que je me purifie avec toi ; souffre que je tourne mon visage vers les lieux sacrés que tu habites ; distingue-moi des méchants, comme on distingue au lever de l'aurore le filet

20 blanc d'avec le filet noir[6] ; aide-moi de tes conseils ; prends soin de mon âme ; enivre-la de l'esprit des Prophètes ;

1. **Tombeaux** : ceux de Fathmé (voir note 00 de la lettre I) et de deux rois perses.
2. **Mollak** : mollah (lettre X, note 2, page 65).
3. **Hali** : Ali, gendre de Mahomet.
4. **Séraphins** : anges.
5. **Empyrée** : partie la plus élevée des quatre sphères célestes (selon les Anciens).
6. Expression empruntée à une traduction du Coran.

nourris-la de la science du Paradis, et permets que je mette ses plaies à tes pieds.

Adresse tes lettres sacrées à Erzeron, où je resterai quelques mois.

25 *D'Erzeron, le 11 de la lune de Gemmadi 2, 1711.*

LETTRE XVII

USBEK AU MÊME

[handwritten note: -il pose une ? à propos d'une certaine pratique religieuse.]

Je ne puis, divin Mollak, calmer mon impatience ; je ne saurais attendre ta sublime réponse. J'ai des doutes ; il faut les fixer. Je sens que ma raison s'égare ; ramène-la dans le droit chemin. Viens m'éclairer, source de lumière ; foudroie avec ta
5 plume divine les difficultés que je vais te proposer ; fais-moi pitié de moi-même et rougir de la question que je vais te faire.

D'où vient que notre législateur nous prive de la chair de pourceau et de toutes les viandes qu'il appelle *immondes*[1] ? D'où vient qu'il nous défend de toucher un corps mort, et
10 que, pour purifier notre âme, il nous ordonne de nous laver sans cesse le corps ? Il me semble que les choses ne sont en elles-mêmes ni pures ni impures : je ne puis concevoir aucune qualité inhérente au sujet qui puisse les rendre telles. La boue ne nous paraît sale que parce qu'elle blesse
15 notre vue ou quelque autre de nos sens ; mais, en elle-même, elle ne l'est pas plus que l'or et les diamants. L'idée de souillure contractée par l'attouchement d'un cadavre ne nous est venue que d'une certaine répugnance naturelle

[handwritten note in right margin: ? D'Usbek]

1. *Immondes* : impures selon la loi religieuse.

que nous en avons. Si les corps de ceux qui ne se lavent
20 point ne blessaient ni l'odorat ni la vue, comment aurait-
on pu s'imaginer qu'ils fussent impurs ?

Les sens, divin Mollak[1], doivent donc être les seuls juges de
la pureté ou de l'impureté des choses. Mais, comme les objets
n'affectent point les hommes de la même manière, que ce qui
25 donne une sensation agréable aux uns en produit une
dégoûtante chez les autres, il suit que le témoignage des sens
ne peut servir ici de règle, à moins qu'on ne dise que chacun
peut, à sa fantaisie, décider ce point, et distinguer, pour ce qui
le concerne, les choses pures d'avec celles qui ne le sont pas.
30 Mais cela même, sacré Mollak, ne renverserait-il pas les
distinctions établies par notre divin Prophète et les points
fondamentaux de la Loi, qui a été écrite de la main des
Anges ?

D'Erzeron, le 20 de la lune de Gemmadi 2, 1711.

LETTRE XVIII

MÉHÉMET-HALI, SERVITEUR DES PROPHÈTES,
À USBEK, À ERZERON

Vous nous faites toujours des questions qu'on a faites
mille fois à notre saint Prophète[2]. Que ne lisez-vous les
Traditions des Docteurs[3] ? Que n'allez-vous à cette source
pure de toute intelligence ? Vous trouveriez tous vos
5 doutes résolus.

1. **Mollak :** mollah (lettre X, note 2, page 65).
2. **Notre saint Prophète :** Mahomet.
3. **Les *Traditions* des Docteurs :** recueil de commentaires du Coran.

Malheureux, qui, toujours embarrassés des choses de la Terre, n'avez jamais regardé d'un œil fixe celles du Ciel, et qui révérez la condition des mollaks, sans oser ni l'embrasser ni la suivre !

10 Profanes, qui n'entrez jamais dans les secrets de l'Éternel, vos lumières ressemblent aux ténèbres de l'Abîme, et les raisonnements de votre esprit sont comme la poussière que vos pieds font élever lorsque le Soleil est dans son midi, dans le mois ardent de Chahban[1].

15 Aussi le zénith de votre esprit ne va pas au nadir[2] de celui du moindre des immaums[3]. Votre vaine philosophie est cet éclair qui annonce l'orage et l'obscurité ; vous êtes au milieu de la tempête, et vous errez au gré des vents.

Il est bien facile de répondre à votre difficulté ; il ne faut 20 pour cela que vous raconter ce qui arriva un jour à notre saint Prophète, lorsque, tenté par les Chrétiens, éprouvé par les Juifs, il confondit également les uns et les autres.

Le Juif Abdias Ibesalon lui demanda pourquoi Dieu avait défendu de manger de la chair de pourceau. « Ce 25 n'est pas sans raison, répondit Mahomet : c'est un animal immonde, et je vais vous en convaincre. » Il fit sur sa main, avec de la boue, la figure d'un homme ; il la jeta à terre et lui cria : « Levez-vous! » Sur-le-champ, un homme se leva et dit : « Je suis Japhet, fils de Noé. 30 — Avais-tu les cheveux aussi blancs quand tu es mort ? lui dit le saint Prophète. — Non, répondit-il ; mais, quand tu m'as réveillé, j'ai cru que le jour du Jugement

1. **Chahban** : mois d'octobre.
2. **Nadir** : point de la sphère céleste diamétralement opposé au zénith.
3. **Immaums** : imams : titre donné au successeur de Mahomet et à ceux d'Ali ; chef de prière dans une mosquée. « Ce mot est plus en usage chez les Turcs que chez les Persans » (note de Montesquieu).

83

était venu, et j'ai eu une si grande frayeur que mes cheveux ont blanchi tout à coup. »

35 « Or çà, raconte-moi, lui dit l'envoyé de Dieu, toute l'histoire de l'arche de Noé. » Japhet obéit et détailla exactement tout ce qui s'était passé les premiers mois. Après quoi il parla ainsi :

« Nous mîmes les ordures de tous les animaux dans un
40 côté de l'arche ; ce qui la fit si fort pencher, que nous en eûmes une peur mortelle : surtout nos femmes, qui se lamentaient de la belle manière. Notre père Noé ayant été au conseil de Dieu, il lui commanda de prendre l'éléphant et de lui faire tourner la tête vers le côté qui penchait. Ce
45 grand animal fit tant d'ordures qu'il en naquit un cochon. »

Croyez-vous, Usbek, que, depuis ce temps-là, nous nous en soyons abstenus, et que nous l'ayons regardé comme un animal immonde ?

50 Mais, comme le cochon remuait tous les jours ces ordures, il s'éleva une telle puanteur dans l'arche, qu'il ne put lui-même s'empêcher d'éternuer, et il sortit de son nez un rat, qui allait rongeant tout ce qui se trouvait devant lui ; ce qui devint si insupportable à Noé, qu'il crut qu'il
55 était à propos de consulter Dieu encore. Il lui ordonna de donner au lion un grand coup sur le front, qui éternua aussi et fit sortir de son nez un chat. Croyez-vous que ces animaux soient encore immondes ? Que vous en semble[1] ?

Quand donc vous n'apercevez pas la raison de l'impureté
60 de certaines choses, c'est que vous en ignorez beaucoup d'autres, et que vous n'avez pas la connaissance de ce qui

1. Ce récit s'inspire d'un recueil d'Hermannus Dalmata, datant de 1550 et dont Montesquieu possédait une traduction italienne.

s'est passé entre Dieu, les Anges et les Hommes. Vous ne savez pas l'histoire de l'éternité. Vous n'avez point lu les livres qui sont écrits au Ciel : ce qui vous en a été révélé n'est qu'une petite partie de la bibliothèque divine ; et ceux qui, comme nous, en approchent de plus près tandis qu'ils sont en cette vie, sont encore dans l'obscurité et les ténèbres[1].

Adieu ; Mahomet soit dans votre cœur.

De Com, le dernier de la lune de Chahban, 1711.

LETTRE XIX

USBEK À SON AMI RUSTAN, À ISPAHAN

Nous n'avons séjourné que huit jours à Tocat[2] ; après trente-cinq jours de marche, nous sommes arrivés à Smyrne.

De Tocat à Smyrne, on ne trouve pas une seule ville qui mérite qu'on la nomme. J'ai vu avec étonnement la faiblesse de l'empire des Osmanlins[3]. Ce corps malade ne se soutient pas par un régime doux et tempéré, mais par des remèdes violents, qui l'épuisent et le minent sans cesse.

Les bachas[4], qui n'obtiennent leurs emplois qu'à force d'argent, entrent ruinés dans les provinces, et les ravagent comme des pays de conquête. Une milice insolente n'est soumise qu'à ses caprices. Les places sont démantelées, les

1. « Tradition mahométane » (note de Montesquieu).
2. **Tocat** : ville de Cappadoce, située entre la Perse et Smyrne.
3. **Osmanlins** : Turcs (voir lettre VI, note 3, page 53).
4. **Bachas** : pachas, gouverneurs d'une province de l'ancien Empire ottoman.

villes désertes, les campagnes désolées, la culture des terres
15 et le commerce, entièrement abandonnés.

L'impunité règne dans ce gouvernement sévère : les
Chrétiens qui cultivent les terres, les Juifs qui lèvent les
tributs[1], sont exposés à mille violences.

La propriété des terres est incertaine, et, par conséquent,
20 l'ardeur de les faire valoir, ralentie : il n'y a ni titre ni
possession qui vaille contre le caprice de ceux qui
gouvernent.

Ces barbares ont tellement abandonné les arts[2], qu'ils
ont négligé jusques à l'art militaire. Pendant que les
25 nations d'Europe se raffinent tous les jours, ils restent dans
leur ancienne ignorance, et ils ne s'avisent de prendre leurs
nouvelles inventions qu'après qu'elles s'en sont servies
mille fois contre eux.

Ils n'ont aucune expérience sur la mer, point d'habileté
30 dans la manœuvre. On dit qu'une poignée de Chrétiens
sortis d'un rocher[3] font suer les Ottomans et fatiguent leur
empire.

Incapables de faire le commerce, ils souffrent presque
avec peine que les Européens, toujours laborieux et
35 entreprenants, viennent le faire : ils croient faire grâce à ces
étrangers de permettre qu'ils les enrichissent.

Dans toute cette vaste étendue de pays que j'ai traversée,
je n'ai trouvé que Smyrne qu'on puisse regarder comme
une ville riche et puissante. Ce sont les Européens qui la
40 rendent telle, et il ne tient pas aux Turcs qu'elle ne
ressemble à toutes les autres.

1. **Tributs** : contributions forcées imposées par le vainqueur au vaincu.
2. **Arts** : connaissances techniques.
3. « Ce sont apparemment les chevaliers de Malte » (note de Montesquieu).

Voilà, cher Rustan, une juste idée de cet empire, qui, avant deux siècles, sera le théâtre des triomphes de quelque conquérant.

De Smyrne, le 2 de la lune de Rhamazan[1]*, 1711.*

LETTRE XX

USBEK À ZACHI, SA FEMME, AU SÉRAIL D'ISPAHAN

Vous m'avez offensé, Zachi, et je sens dans mon cœur des mouvements que vous devriez craindre, si mon éloignement ne vous laissait le temps de changer de conduite et d'apaiser la violente jalousie dont je suis
5 tourmenté.

J'apprends qu'on vous a trouvée seule avec Nadir, eunuque blanc, qui payera de sa tête son infidélité et sa perfidie. Comment vous êtes-vous oubliée jusqu'à ne pas sentir qu'il ne vous est pas permis de recevoir dans votre
10 chambre un eunuque blanc, tandis que vous en avez de noirs destinés à vous servir[2] ? Vous avez beau me dire que des eunuques ne sont pas des hommes, et que votre vertu vous met au-dessus des pensées que pourrait faire naître en vous une ressemblance imparfaite : cela ne suffit ni pour vous ni
15 pour moi : pour vous, parce que vous faites une chose que les lois du sérail vous défendent ; pour moi, en ce que vous m'ôtez l'honneur, en vous exposant à des regards… Que dis-je, à des regards ? Peut-être aux entreprises d'un perfide qui

1. **Rhamazan :** mois de novembre.
2. Toutes ces connaissances sur la vie au sérail viennent de Chardin.

vous aura souillée par ses crimes, et plus encore par ses
20 regrets et le désespoir de son impuissance.

Vous me direz peut-être que vous m'avez été toujours
fidèle. Eh ! pouviez-vous ne l'être pas ? Comment auriez-
vous trompé la vigilance des eunuques noirs, qui sont si
surpris de la vie que vous menez ? Comment auriez-vous pu
25 briser ces verrous et ces portes qui vous tiennent enfermée ?
Vous vous vantez d'une vertu qui n'est pas libre, et peut-
être que vos désirs impurs vous ont ôté mille fois le mérite
et le prix de cette fidélité que vous vantez tant.

Je veux que vous n'ayez point fait tout ce que j'ai lieu de
30 soupçonner ; que ce perfide n'ait point porté sur vous ses
mains sacrilèges ; que vous ayez refusé de prodiguer à sa
vue les délices de son maître ; que, couverte de vos habits,
vous ayez laissé cette faible barrière entre lui et vous ; que,
frappé lui-même d'un saint respect, il ait baissé les yeux ;
35 que, manquant à sa hardiesse, il ait tremblé sur les
châtiments qu'il se prépare. Quand tout cela serait vrai, il
ne l'est pas moins que vous avez fait une chose qui est
contre votre devoir. Et, si vous l'avez violé gratuitement,
sans remplir vos inclinations déréglées, qu'eussiez-vous
40 fait pour les satisfaire ? Que feriez-vous encore si vous
pouviez sortir de ce lieu sacré, qui est pour vous une dure
prison, comme il est pour vos compagnes un asile
favorable contre les atteintes du vice, un temple sacré où
votre sexe perd sa faiblesse, et se trouve invincible, malgré
45 tous les désavantages de la nature ? Que feriez-vous, si,
laissée à vous-même, vous n'aviez pour vous défendre que
votre amour pour moi, qui est si grièvement offensé, et
votre devoir, que vous avez si indignement trahi ? Que les
mœurs du pays où vous vivez sont saintes, qui vous
50 arrachent aux attentats des plus vils esclaves ! Vous devez

me rendre grâce de la gêne où je vous fais vivre, puisque ce n'est que par là que vous méritez encore de vivre.

Vous ne pouvez souffrir le chef des eunuques, parce qu'il a toujours les yeux sur votre conduite, et qu'il vous donne ses sages conseils. Sa laideur, dites-vous, est si grande que vous ne pouvez le voir sans peine ; comme si, dans ces sortes de postes, on mettait de plus beaux objets. Ce qui vous afflige est de n'avoir pas à sa place l'eunuque blanc qui vous déshonore.

Mais que vous a fait votre première esclave ? Elle vous a dit que les familiarités que vous preniez avec la jeune Zélide étaient contre la bienséance. Voilà la raison de votre haine.

Je devrais être, Zachi, un juge sévère ; je ne suis qu'un époux qui cherche à vous trouver innocente. L'amour que j'ai pour Roxane, ma nouvelle épouse, m'a laissé toute la tendresse que je dois avoir pour vous, qui n'êtes pas moins belle. Je partage mon amour entre vous deux, et Roxane n'a d'autre avantage que celui que la vertu peut ajouter à la beauté.

De Smyrne, le 12 de la lune de Zilcadé[1], 1711.

Lettre XXI

Usbek au premier eunuque blanc

Vous devez trembler à l'ouverture de cette lettre ; ou plutôt vous le deviez lorsque vous souffrîtes la perfidie de

1. **Zilcadé :** mois de janvier.

Nadir. Vous qui, dans une vieillesse froide et languissante, ne pouvez sans crime lever les yeux sur les redoutables 5 objets de mon amour ; vous à qui il n'est jamais permis de mettre un pied sacrilège sur la porte du lieu terrible qui les dérobe à tous les regards ; vous souffrez que ceux dont la conduite vous est confiée aient fait ce que vous n'auriez pas la témérité de faire ; et vous n'apercevez pas la foudre toute 10 prête à tomber sur eux et sur vous ?

Et qui êtes-vous, que de vils instruments que je puis briser à ma fantaisie ; qui n'existez qu'autant que vous savez obéir ; qui n'êtes dans le monde que pour vivre sous mes lois ou pour mourir dès que je l'ordonne ; qui ne 15 respirez qu'autant que mon bonheur, mon amour, ma jalousie même, ont besoin de votre bassesse ; et enfin, qui ne pouvez avoir d'autre partage que la soumission, d'autre âme que mes volontés, d'autre espérance que ma félicité ?

Je sais que quelques-unes de mes femmes souffrent 20 impatiemment les lois austères du devoir ; que la présence continuelle d'un eunuque noir les ennuie ; qu'elles sont fatiguées de ces objets affreux, qui leur sont donnés pour les ramener à leur époux ; je le sais. Mais vous, qui vous prêtez à ce désordre, vous serez puni d'une manière à faire 25 trembler tous ceux qui abusent de ma confiance.

Je jure par tous les prophètes du Ciel, et par Hali[1], le plus grand de tous, que, si vous vous écartez de votre devoir, je regarderai votre vie comme celle des insectes que je trouve sous mes pieds.

De Smyrne, le 12 de la lune de Zilcadé, 1711.

1. **Hali** : Ali, gendre de Mahomet.

Lettre XXII

Jaron au premier eunuque

À mesure qu'Usbek s'éloigne du sérail, il tourne sa tête vers ses femmes sacrées ; il soupire, il verse des larmes ; sa douleur s'aigrit, ses soupçons se fortifient. Il veut augmenter le nombre de leurs gardiens. Il va me renvoyer, avec tous les noirs qui l'accompagnent. Il ne craint plus pour lui : il craint pour ce qui lui est mille fois plus cher que lui-même.

Je vais donc vivre sous tes lois et partager tes soins. Grand Dieu ! qu'il faut de choses pour rendre un seul homme heureux !

La nature semblait avoir mis les femmes dans la dépendance, et les en avoir retirées. Le désordre naissait entre les deux sexes, parce que leurs droits étaient réciproques. Nous sommes entrés dans le plan d'une nouvelle harmonie : nous avons mis entre les femmes et nous la haine, et entre les hommes et les femmes l'amour.

Mon front va devenir sévère. Je laisserai tomber des regards sombres. La joie fuira de mes lèvres. Le dehors sera tranquille, et l'esprit inquiet. Je n'attendrai point les rides de la vieillesse pour en montrer les chagrins.

J'aurais eu du plaisir à suivre mon maître dans l'Occident ; mais ma volonté est son bien. Il veut que je garde ses femmes ; je les garderai avec fidélité. Je sais comment je dois me conduire avec ce sexe, qui, quand on ne lui permet pas d'être vain, commence à devenir superbe, et qu'il est moins aisé d'humilier que d'anéantir.

Je tombe sous tes regards.

De Smyrne, le 12 de la lune de Zilcadé, 1711.

LETTRE XXIII

USBEK À SON AMI IBBEN, À SMYRNE

Nous sommes arrivés à Livourne[1] dans quarante jours de navigation. C'est une ville nouvelle ; elle est un témoignage du génie des ducs de Toscane, qui ont fait d'un village marécageux la ville d'Italie la plus florissante.

5 Les femmes y jouissent d'une grande liberté. Elles peuvent voir les hommes à travers certaines fenêtres qu'on nomme *jalousies* ; elles peuvent sortir tous les jours avec quelques vieilles qui les accompagnent ; elles n'ont qu'un voile[2]. Leurs beaux-frères, leurs oncles, leurs neveux peuvent les 10 voir sans que le mari s'en formalise presque jamais.

C'est un grand spectacle pour un Mahométan de voir pour la première fois une ville chrétienne. Je ne parle pas des choses qui frappent d'abord tous les yeux, comme la différence des édifices, des habits, des principales coutumes. 15 Il y a jusque dans les moindres bagatelles, quelque chose de singulier que je sens, et que je ne sais pas dire.

Nous partirons demain pour Marseille ; notre séjour n'y sera pas long. Le dessein de Rica et le mien est de nous rendre incessamment à Paris, qui est le siège de l'empire 20 d'Europe. Les voyageurs cherchent toujours les grandes villes, qui sont une espèce de patrie commune à tous les étrangers.

Adieu ; sois persuadé que je t'aimerai toujours.

De Livourne, le 12 de la lune de Saphar, 1712.

1. **Livourne** : nouveau port toscan fondé par les ducs François et Ferdinand de Médicis.
2. « Les Persanes en ont quatre » (note de Montesquieu).

LETTRE XXIV

RICA À IBBEN, À SMYRNE

Nous sommes à Paris depuis un mois, et nous avons toujours été dans un mouvement continuel. Il faut bien des affaires avant qu'on soit logé, qu'on ait trouvé les gens à qui on est adressé, et qu'on se soit pourvu des choses
5 nécessaires, qui manquent toutes à la fois.

Paris est aussi grand qu'Ispahan. Les maisons y sont si hautes qu'on jurerait qu'elles ne sont habitées que par des astrologues. Tu juges bien qu'une ville bâtie en l'air, qui a six ou sept maisons les unes sur les autres, est extrêmement
10 peuplée, et que, quand tout le monde est descendu dans la rue, il s'y fait un bel embarras.

Tu ne le croirais pas peut-être : depuis un mois que je suis ici, je n'y ai encore vu marcher personne. Il n'y a point de gens au monde qui tirent mieux parti de leur machine que
15 les Français : ils courent ; ils volent. Les voitures lentes d'Asie, le pas réglé de nos chameaux, les feraient tomber en syncope. Pour moi, qui ne suis point fait à ce train, et qui vais souvent à pied sans changer d'allure, j'enrage quelquefois comme un Chrétien : car encore passe qu'on
20 m'éclabousse depuis les pieds jusqu'à la tête ; mais je ne puis pardonner les coups de coude que je reçois régulièrement et périodiquement. Un homme qui vient après moi, et qui me passe, me fait faire un demi-tour, et un autre, qui me croise de l'autre côté, me remet soudain
25 où le premier m'avait pris ; et je n'ai pas fait cent pas, que je suis plus brisé que si j'avais fait dix lieues[1].

1. Passage inspiré de la *Satire* VI de Boileau sur les « Embarras de Paris ».

Ne crois pas que je puisse, quant à présent, te parler à fond des mœurs et des coutumes européennes : je n'en ai moi-même qu'une légère idée, et je n'ai eu à peine que le
30 temps de m'étonner.

Le roi de France est le plus puissant prince de l'Europe. Il n'a point de mines d'or comme le roi d'Espagne son voisin ; mais il a plus de richesses que lui, parce qu'il les tire de la vanité de ses sujets, plus inépuisable que les mines.
35 On lui a vu entreprendre ou soutenir de grandes guerres, n'ayant d'autres fonds que des titres d'honneur[1] à vendre, et, par un prodige de l'orgueil humain, ses troupes se trouvaient payées, ses places munies, et ses flottes équipées.

D'ailleurs ce roi est un grand magicien : il exerce son
40 empire sur l'esprit même de ses sujets ; il les fait penser comme il veut. S'il n'a qu'un million d'écus dans son trésor, et qu'il en ait besoin de deux, il n'a qu'à leur persuader qu'un écu en vaux deux, et ils le croient. S'il a une guerre difficile à soutenir, et qu'il n'ait point d'argent, il n'a qu'à
45 leur mettre dans la tête qu'un morceau de papier[2] est de l'argent, et ils en sont aussitôt convaincus. Il va même jusqu'à leur faire croire qu'il les guérit[3] de toutes sortes de maux en les touchant, tant est grande la force et la puissance qu'il a sur les esprits.

50 Ce que je te dis de ce prince ne doit pas t'étonner : il y a un autre magicien plus fort que lui, qui n'est pas moins maître de son esprit qu'il l'est lui-même de celui des autres. Ce magicien s'appelle *le Pape*. Tantôt il lui fait croire que trois ne sont qu'un, que le pain qu'on mange n'est pas du

1. **Titres d'honneur :** offices qui ennoblissent, titres de noblesse que l'on vend.
2. **Morceau de papier :** billet de monnaie.
3. Les rois de France étaient censés guérir les écrouelles (sortes d'abcès).

55 pain, ou que le vin qu'on boit n'est pas du vin[1], et mille autres choses de cette espèce.

Et pour le tenir toujours en haleine et ne point lui laisser perdre l'habitude de croire, il lui donne de temps en temps, pour l'exercer, de certains articles de croyance. Il y 60 a deux ans qu'il lui envoya un grand écrit, qu'il appela *Constitution*[2], et voulut obliger, sous de grandes peines, ce prince et ses sujets de croire tout ce qui y était contenu. Il réussit à l'égard du prince, qui se soumit aussitôt et donna l'exemple à ses sujets. Mais quelques-uns d'entre eux se 65 révoltèrent, et dirent qu'ils ne voulaient rien croire de tout ce qui était dans cet écrit. Ce sont les femmes qui ont été les motrices de toute cette révolte, qui divise toute la Cour, tout le royaume et toutes les familles. Cette Constitution leur défend de lire un livre que tous les chrétiens disent 70 avoir été apporté du ciel[3] : c'est proprement leur Alcoran. Les femmes, indignées de l'outrage fait à leur sexe, soulèvent tout contre la Constitution : elles ont mis les hommes de leur parti, qui, dans cette occasion, ne veulent point avoir de privilège. On doit pourtant avouer que ce 75 moufti[4] ne raisonne pas mal, et, par le grand Hali, il faut qu'il ait été instruit des principes de notre sainte loi. Car, puisque les femmes sont d'une création inférieure à la nôtre, et que nos prophètes nous disent qu'elles

1. Allusion au mystère de la transsubstantiation lors de l'Eucharistie : le pain et le vin, lors de la messe, deviennent le corps et le sang de Jésus-Christ.
2. **Constitution :** la bulle *Unigenitus* (dans laquelle le Pape condamne le jansénisme) date du 8 septembre 1713, alors que Rica la fait remonter à 1710. Anachronisme ou remaniement chronologique des lettres ?
3. Allusion à la Bible dont la lecture était interdite aux femmes par la bulle *Unigenitus*.
4. **Moufti :** mufti, théoricien et interprète du droit canonique musulman. Il remplit des fonctions religieuses, judiciaires et civiles.

n'entreront point dans le Paradis, pourquoi faut-il qu'elles
80 se mêlent de lire un livre qui n'est fait que pour apprendre
le chemin du Paradis ?

J'ai ouï raconter du roi des choses qui tiennent du
prodige, et je ne doute pas que tu ne balances à les croire.

On dit que, pendant qu'il faisait la guerre à ses voisins, qui
85 s'étaient tous ligués contre lui, il avait dans son royaume un
nombre innombrable d'ennemis invisibles[1] qui l'entou-
raient. On ajoute qu'il les a cherchés pendant plus de trente
ans, et que, malgré les soins infatigables de certains dervis[2]
qui ont sa confiance, il n'en a pu trouver un seul. Ils vivent
90 avec lui : ils sont à sa cour, dans sa capitale, dans ses troupes,
dans ses tribunaux ; et cependant on dit qu'il aura le chagrin
de mourir sans les avoir trouvés. On dirait qu'ils existent en
général, et qu'ils ne sont plus rien en particulier : c'est un
corps, mais point de membres. Sans doute que le Ciel veut
95 punir ce prince de n'avoir pas été assez modéré envers les
ennemis qu'il a vaincus, puisqu'il en donne d'invisibles, et
dont le génie et le destin sont au-dessus du sien.

Je continuerai à t'écrire, et je t'apprendrai des choses
bien éloignées du caractère et du génie persan. C'est bien
100 la même Terre qui nous porte tous deux ; mais les hommes
du pays où je vis, et ceux du pays où tu es, sont des
hommes bien différents.

De Paris, le 4 de la lune de Rebiab 2[3], 1712.

1. **Ennemis :** il s'agit des jansénistes.
2. **Dervis :** derviches, religieux musulmans appartenant à une confrérie. Dans les
Lettres persanes, le terme désigne toujours le clergé catholique. Dans ce passage il
s'applique plus particulièrement aux jésuites par opposition aux jansénistes.
3. *Rebiab 2* : mois de juin.

LETTRE XXV

USBEK À IBBEN, À SMYRNE

J'ai reçu une lettre de ton neveu Rhédi : il me mande qu'il quitte Smyrne dans le dessein de voir l'Italie ; que l'unique but de son voyage est de s'instruire, et de se rendre par là plus digne de toi. Je te félicite d'avoir un neveu qui sera
5 quelque jour la consolation de ta vieillesse.

Rica t'écrit une longue lettre ; il m'a dit qu'il te parlait beaucoup de ce pays-ci. La vivacité de son esprit fait qu'il saisit tout avec promptitude. Pour moi, qui pense plus lentement, je ne suis en état de te rien dire.

10 Tu es le sujet de nos conversations les plus tendres : nous ne pouvons assez parler du bon accueil que tu nous as fait à Smyrne, et des services que ton amitié nous rend tous les jours.

Puisses-tu, généreux Ibben, trouver partout des amis
15 aussi reconnaissants et aussi fidèles que nous ! Puissé-je te revoir bientôt et retrouver avec toi ces jours heureux qui coulent si doucement entre deux amis ! Adieu.

De Paris, le 4 de la lune de Rebiab 2, 1712.

LETTRE XXVI

USBEK À ROXANE, AU SÉRAIL D'ISPAHAN

Que vous êtes heureuse, Roxane, d'être dans le doux pays de Perse, et non pas dans ces climats empoisonnés où l'on ne connaît ni la pudeur ni la vertu ! Que vous êtes heureuse ! Vous vivez dans mon sérail comme dans le

5 séjour de l'innocence, inaccessible aux attentats de tous les
humains ; vous vous trouvez avec joie dans une heureuse
impuissance de faillir : jamais homme ne vous a souillée de
ses regards lascifs ; votre beau-père même, dans la liberté
des festins, n'a jamais vu votre belle bouche : vous n'avez
10 jamais manqué de vous attacher un bandeau sacré pour la
couvrir. Heureuse Roxane ! Quand vous avez été à la
campagne, vous avez toujours eu des eunuques qui ont
marché devant vous pour donner la mort à tous les
téméraires qui n'ont pas fui à votre vue. Moi-même, à qui
15 le Ciel vous a donnée pour faire mon bonheur, quelle peine
n'ai-je pas eue pour me rendre maître de ce trésor que vous
défendiez avec tant de constance ! Quel chagrin pour moi,
dans les premiers jours de notre mariage, de ne pas vous
voir ! Et quelle impatience quand je vous eus vue ! Vous ne
20 la satisfaisiez pourtant pas ; vous l'irritiez, au contraire, par
les refus obstinés d'une pudeur alarmée : vous me
confondiez avec tous ces hommes à qui vous vous cachez
sans cesse. Vous souvient-il de ce jour où je vous perdis
parmi vos esclaves qui me trahirent et vous dérobèrent à
25 mes recherches ? Vous souvient-il de cet autre où, voyant
vos larmes impuissantes, vous employâtes l'autorité de
votre mère pour arrêter les fureurs de mon amour ? Vous
souvient-il, lorsque toutes les ressources vous manquèrent,
de celles que vous trouvâtes dans votre courage ? Vous
30 prîtes un poignard et menaçâtes d'immoler un époux qui
vous aimait, s'il continuait à exiger de vous ce que vous
chérissiez plus que votre époux même. Deux mois se
passèrent dans ce combat de l'Amour et de la Vertu. Vous
poussâtes trop loin vos chastes scrupules : vous ne vous
35 rendîtes pas même après avoir été vaincue ; vous défendîtes
jusques à la dernière extrémité une virginité mourante ;
vous me regardâtes comme un ennemi qui vous avait fait un

outrage, non pas comme un époux qui vous avait aimée ;
vous fûtes plus de trois mois que vous n'osiez me regarder
40 sans rougir : votre air confus semblait me reprocher
l'avantage que j'avais pris. Je n'avais pas même une
possession tranquille : vous me dérobiez tout ce que vous
pouviez de ces charmes et de ces grâces, et j'étais enivré des
plus grandes faveurs, sans avoir obtenu les moindres.

45 Si vous aviez été élevée dans ce pays-ci, vous n'auriez pas
été si troublée. Les femmes y ont perdu toute retenue ; elles
se présentent devant les hommes à visage découvert,
comme si elles voulaient demander leur défaite ; elles les
cherchent de leurs regards ; elle les voient dans les
50 mosquées, les promenades, chez elles-mêmes ; l'usage de se
faire servir par des eunuques leur est inconnu. Au lieu de
cette noble simplicité et de cette aimable pudeur qui règne
parmi vous, on voit une impudence brutale, à laquelle il est
impossible de s'accoutumer.

55 Oui, Roxane, si vous étiez ici, vous vous sentiriez
outragée dans l'affreuse ignominie où votre sexe est
descendu ; vous fuiriez ces abominables lieux, et vous
soupireriez pour cette douce retraite, où vous trouvez
l'innocence, où vous êtes sûre de vous-même, où nul péril
60 ne vous fait trembler, où enfin vous pouvez m'aimer sans
craindre de perdre jamais l'amour que vous me devez.

Quand vous relevez l'éclat de votre teint par les plus belles
couleurs ; quand vous vous parfumez tout le corps des
essences les plus précieuses ; quand vous vous parez de vos
65 plus beaux habits ; quand vous cherchez à vous distinguer
de vos compagnes par les grâces de la danse et par la
douceur de votre chant ; que vous combattez gracieusement
avec elles de charmes, de douceur et d'enjouement : je ne
puis pas m'imaginer que vous ayez d'autre objet que celui de
70 me plaire ; et, quand je vous vois rougir modestement, que

vos regards cherchent les miens, que vous vous insinuez dans mon cœur par des paroles douces et flatteuses, je ne saurais, Roxane, douter de votre amour.

Mais que puis-je penser des femmes d'Europe ? L'art de composer leur teint, les ornements dont elles se parent, les soins qu'elles prennent de leur personne, le désir continuel de plaire qui les occupe, sont autant de taches faites à leur vertu et d'outrages à leur époux.

Ce n'est pas, Roxane, que je pense qu'elles poussent l'attentat aussi loin qu'une pareille conduite devrait le faire croire, et qu'elles portent la débauche à cet excès horrible, qui fait frémir, de violer absolument la foi conjugale. Il y a bien peu de femmes assez abandonnées pour aller jusque-là : elles portent toutes dans leur cœur un certain caractère de vertu qui y est gravé, que la naissance donne, et que l'éducation affaiblit, mais ne détruit pas. Elles peuvent bien se relâcher des devoirs extérieurs que la pudeur exige ; mais, quand il s'agit de faire les derniers pas, la nature se révolte. Aussi, quand nous vous enfermons si étroitement, que nous vous faisons garder par tant d'esclaves ; que nous gênons si fort vos désirs lorsqu'ils volent trop loin : ce n'est pas que nous craignions la dernière infidélité ; mais c'est que nous savons que la pureté ne saurait être trop grande, et que la moindre tache peut la corrompre.

Je vous plains, Roxane. Votre chasteté, si longtemps éprouvée, méritait un époux qui ne vous eût jamais quittée, et qui pût lui-même réprimer les désirs que votre seule vertu sait soumettre.

De Paris, le 7 de la lune de Rhegeb[1]*, 1712.*

1. **Rhegeb** : mois de septembre.

LETTRE XXVII

USBEK À NESSIR, À ISPAHAN

Nous sommes à présent à Paris, cette superbe rivale de la ville du Soleil[1].

Lorsque je partis de Smyrne, je chargeai mon ami Ibben de te faire tenir une boîte où il y avait quelques présents
5 pour toi ; tu recevras cette lettre par la même voie. Quoique éloigné de lui de cinq ou six cents lieues, je lui donne de mes nouvelles, et je reçois des siennes, aussi facilement que s'il était à Ispahan, et moi à Com. J'envoie mes lettres à Marseille, d'où il part continuellement des
10 vaisseaux pour Smyrne ; de là, il envoie celles qui sont pour la Perse par les caravanes d'Arméniens qui partent tous les jours pour Ispahan.

Rica jouit d'une santé parfaite : la force de sa constitution, sa jeunesse et sa gaieté naturelle le mettent
15 au-dessus de toutes les épreuves.

Mais, pour moi, je ne me porte pas bien : mon corps et mon esprit sont abattus ; je me livre à des réflexions qui deviennent tous les jours plus tristes ; ma santé, qui s'affaiblit, me tourne vers ma patrie et me rend ce pays-ci
20 plus étranger.

Mais, cher Nessir, je te conjure, fais en sorte que mes femmes ignorent l'état où je suis : si elles m'aiment, je veux épargner leurs larmes, et, si elles ne m'aiment pas, je ne veux point augmenter leur hardiesse.

1. **Ville du Soleil :** « Ispahan » (note de Montesquieu). Le soleil est, avec le lion, l'emblème de la monarchie persane.

25 Si mes eunuques me croyaient en danger, s'ils pouvaient espérer l'impunité d'une lâche complaisance, ils cesseraient bientôt d'être sourds à la voix flatteuse de ce sexe qui se fait entendre aux rochers et remue les choses inanimées.

Adieu, Nessir ; j'ai du plaisir à te donner des marques de 30 ma confiance.

De Paris, le 5 de la lune de Chahban, 1712.

LETTRE XXVIII

RICA À ***

Je vis hier une chose assez singulière, quoiqu'elle se passe tous les jours à Paris.

Tout le peuple s'assemble sur la fin de l'après-dînée, et va jouer une espèce de scène que j'ai entendu appeler 5 *comédie*. Le grand mouvement est sur une estrade, qu'on nomme le *théâtre*. Aux deux côtés, on voit, dans de petits réduits qu'on nomme *loges*, des hommes et des femmes qui jouent ensemble des scènes muettes, à peu près comme celles qui sont en usage en notre Perse.

10 Ici, c'est une amante affligée qui exprime sa langueur ; une autre, plus animée, dévore des yeux son amant, qui la regarde de même : toutes les passions sont peintes sur les visages, et exprimées avec une éloquence qui, pour être muette, n'en est que plus vive. Là, les actrices ne paraissent qu'à demi-corps, 15 et ont ordinairement un manchon, par modestie, pour cacher leurs bras. Il y a en bas une troupe de gens debout[1], qui se

1. Les spectateurs du parterre étaient debout.

moquent de ceux qui sont en haut sur le théâtre, et ces derniers rient à leur tour de ceux qui sont en bas.

Mais ceux qui prennent le plus de peine sont quelques 20 gens qu'on prend pour cet effet dans un âge peu avancé, pour soutenir la fatigue. Ils sont obligés d'être partout : ils passent par des endroits qu'eux seuls connaissent, montent avec une adresse surprenante d'étage en étage ; ils sont en haut, en bas, dans toutes les loges ; ils plongent, pour ainsi 25 dire ; on les perd, ils reparaissent ; souvent ils quitent le lieu de la scène et vont jouer dans un autre. On en voit même qui, par un prodige qu'on n'aurait osé espérer de leurs béquilles, marchent et vont comme les autres. Enfin on se rend à des salles où l'on joue une comédie 30 particulière : on commence par des révérences, on continue par des embrassades. On dit que la connaissance la plus légère met un homme en droit d'en étouffer un autre. Il semble que le lieu inspire de la tendresse. En effet, on dit que les princesses qui y règnent ne sont point 35 cruelles, et, si on en excepte deux ou trois heures du jour, où elles sont assez sauvages, on peut dire que le reste du temps elles sont traitables, et que c'est une ivresse qui les quitte aisément.

Tout ce que je te dis ici se passe à peu près de même dans 40 un autre endroit, qu'on nomme *l'Opéra* : toute la différence est qu'on parle à l'un, et que l'on chante à l'autre. Un de mes amis me mena l'autre jour dans la loge où se déshabillait une des principales actrices. Nous fîmes si bien connaissance, que le lendemain je reçus d'elle cette lettre :

45 MONSIEUR,

Je suis la plus malheureuse fille du monde ; j'ai toujours été la plus vertueuse actrice de l'Opéra. Il y a sept ou huit mois que j'étais dans la loge où vous me vîtes hier.

Comme je m'habillais en prêtresse de Diane, un jeune
50 abbé vint m'y trouver, et, sans respect pour mon habit
blanc, mon voile et mon bandeau, il me ravit mon
innocence. J'ai beau lui exagérer le sacrifice que je lui ai
fait ; il se met à rire et me soutient qu'il m'a trouvée très
profane. Cependant je suis si grosse que je n'ose plus me
55 présenter sur le théâtre : car je suis, sur le chapitre de
l'honneur, d'une délicatesse inconcevable, et je soutiens
toujours qu'à une fille bien née il est plus facile de faire
perdre la vertu que la modestie. Avec cette délicatesse,
vous jugez bien que ce jeune abbé n'eût jamais réussi, s'il
60 ne m'avait promis de se marier avec moi : un motif si
légitime me fit passer sur les petites formalités ordinaires
et commencer par où j'aurais dû finir. Mais, puisque son
infidélité m'a déshonorée, je ne veux plus vivre à l'Opéra,
où, entre vous et moi, l'on ne me donne guère de quoi
65 vivre : car, à présent que j'avance en âge, et que je perds
du côté des charmes, ma pension, qui est toujours la
même, semble diminuer tous les jours. J'ai appris, par un
homme de votre suite, que l'on faisait un cas infini, dans
votre pays, d'une bonne danseuse, et que, si j'étais à
70 Ispahan, ma fortune serait aussitôt faite. Si vous vouliez
m'accorder votre protection et m'emmener avec vous
dans ce pays-là, vous auriez l'avantage de faire du bien à
une fille qui, par sa vertu et sa conduite, ne se rendrait pas
indigne de vos bontés. Je suis...

De Paris, le 2 de la lune de Chalval[1], 1712.

1. **Chalval** : mois de décembre.

Rica et Usbek, deux personnages mis en contraste

Lettre XXIV

• Quels thèmes constants dans les *Lettres persanes* sont ici abordés ? Par qui ?

• Sur quoi l'insolence de cette lettre repose-t-elle ? Quelles images vous paraissent particulièrement audacieuses ? Pourquoi ?

Lettre XXVIII

• Est-il facile de séparer théâtre et réalité dans cette lettre ? Pourquoi ?

• Quel est le ton de cette lettre ?

• Recensez les sujets abordés par Usbek et ceux abordés par Rica : que constatez-vous ?

• Usbek et Rica emploient-ils le même ton ? Définissez leur caractère à partir de leur ton, et reportez-vous à la lettre XXVII.

Lettres XVI à XXVIII

• Quelles sont les lettres qui font la satire de la vie à Paris ? Qui les a écrites ?

• Définissez le tempérament de Rica et d'Usbek en vous fondant sur les lettres XVI à XXVIII.

• En quoi l'œuvre va-t-elle rentabiliser cette opposition de leur caractère ?

Regard persan/regard perçant

• Comment Montesquieu use-t-il de la distance à laquelle se tient l'observateur persan ?

• Quelles figures de pensée vont procéder de cette distance critique ? Lequel des deux Persans va surtout en user ? Dans quelles lettres en particulier ?

• Comment faut-il recevoir le style « oriental » des lettres XVI, XVII, XVIII ? Faut-il le prendre au pied de la lettre ou le considérer comme ironique ?

• Sur quels arguments se fonde implicitement dans ces lettres

la critique de la religion ?

• Lettre XXVI : à quoi sert la confrontation entre femmes orientales et femmes françaises ? Peut-on discerner clairement la pensée de Montesquieu quant à la liberté des femmes ?

DE LA LECTURE À L'ÉCRITURE

Sujet de réflexion

Vous commenterez et au besoin discuterez cette citation de J. Starobinski : « L'étonnement de Rica et d'Usbek oblige les Français à s'étonner à leur tour. Ces usages, ces coutumes, ces croyances paraissent insensés aux visiteurs orientaux : mais quel est pour nous leur sens et leur raison ? Leur fondement est-il solide ? La relativité du sens et du non-sens éclate à nos yeux. » (*Montesquieu par lui-même*, 1957)

LETTRE XXIV

RICA À IBBEN, À SMYRNE

Le Pape est le chef des Chrétiens. C'est une vieille idole qu'on encense par habitude. Il était autrefois redoutable aux princes même : car il les déposait aussi facilement que nos magnifiques sultans déposent les rois d'Irimette et de Géorgie[1]. Mais on ne le craint plus. Il se dit successeur d'un des premiers Chrétiens, qu'on appelle *saint Pierre*, et c'est certainement une riche succession : car il a des trésors immenses et un grand pays sous sa domination.

Les évêques sont des gens de loi qui lui sont subordonnés, et ont, sous son autorité, deux fonctions bien différentes : quand ils sont assemblés, ils font, comme lui, des articles de foi ; quand ils sont en particulier, ils n'ont guère d'autre fonction que de dispenser d'accomplir la loi. Car tu sauras que la religion chrétienne est chargée d'une infinité de pratiques très difficiles, et, comme on a jugé qu'il est moins aisé de remplir ses devoirs que d'avoir des évêques qui en dispensent, on a pris ce dernier parti pour l'utilité publique. De sorte que si l'on ne veut pas faire le rahmazan[2] ; si on ne veut pas s'assujettir aux formalités des mariages ; si on ne veut pas rompre ses vœux ; si on veut se marier contre les défenses de la Loi ; quelquefois même, si on veut revenir contre son serment : on va à l'Évêque ou au Pape, qui donne aussitôt la dispense.

1. **Irimette et Géorgie** : deux États du Caucase, tributaires, au XVIIe siècle, de la couronne de Perse.
2. **Rahmazan** : ramadan ; allusion au carême, période de jeûne précédant Pâques.

Les évêques ne font pas des articles de foi de leur propre
25 mouvement. Il y a un nombre infini de docteurs, la plupart
dervis[1], qui soulèvent entre eux mille questions nouvelles
sur la Religion. On les laisse disputer longtemps, et la
guerre dure jusqu'à ce qu'une décision vienne la terminer.

Aussi puis-je t'assurer qu'il n'y a jamais eu de royaume où
30 il y ait eu tant de guerres civiles que dans celui du Christ.

Ceux qui mettent au jour quelque proposition nouvelle
sont d'abord appelés *hérétiques*. Chaque hérésie a son nom,
qui est, pour ceux qui y sont engagés, comme le mot de
ralliement. Mais n'est hérétique qui ne veut : il n'y a qu'à
35 partager le différend par la moitié et donner une distinc-
tion[2] à ceux qui accusent d'hérésie, et, quelle que soit la
distinction, intelligible ou non, elle rend un homme blanc
comme de la neige, et il peut se faire appeler *orthodoxe*.

Ce que je te dis est bon pour la France et l'Allemagne :
40 car j'ai ouï dire qu'en Espagne et en Portugal, il y a de
certains dervis qui n'entendent point raillerie, et qui font
brûler un homme comme de la paille. Quand on tombe
entre les mains de ces gens-là, heureux celui qui a toujours
prié Dieu avec de petits grains de bois à la main[3], qui a
45 porté sur lui deux morceaux de drap attachés à deux
rubans, et qui a été quelquefois dans une province qu'on
appelle *la Galice*[4] ! Sans cela un pauvre diable est bien

1. **Dervis :** derviches (voir lettre XXIV, note 2, page 96). Ils représentent ici les
théologiens et les casuistes, souvent jésuites, pratiquant l'étude de chaque cas par-
ticulier avant d'appliquer la loi de Dieu. Ces casuistes ont été critiqués par Pascal
dans ses *Provinciales*.
2. **Distinction :** terme de philosophie et de théologie désignant la manière dont on
entend une chose.
3. **Petits grains de bois :** périphrase désignant un chapelet.
4. **Galice :** c'est là que se trouve Saint-Jacques de Compostelle, lieu de pèlerinage
célèbre.

embarrassé. Quand il jurerait comme un Païen qu'il est orthodoxe, on pourrait bien ne pas demeurer d'accord des
50 qualités et le brûler comme hérétique : il aurait beau donner sa distinction. Point de distinction ! Il serait en cendres avant que l'on eût seulement pensé à l'écouter.

Les autres juges présument qu'un accusé est innocent ; ceux-ci le présument toujours coupable : dans le doute,
55 ils tiennent pour règle de se déterminer du côté de la rigueur ; apparemment parce qu'ils croient les hommes mauvais. Mais, d'un autre côté, ils en ont si bonne opinion, qu'ils ne les jugent jamais capables de mentir : car ils reçoivent le témoignage des ennemis capitaux, des
60 femmes de mauvaise vie, de ceux qui exercent une profession infâme. Ils font dans leur sentence un petit compliment à ceux qui sont revêtus d'une chemise de soufre, et leur disent qu'ils sont bien fâchés de les voir si mal habillés, qu'ils sont doux, qu'ils abhorrent le sang, et
65 sont au désespoir de les avoir condamnés. Mais, pour se consoler, ils confisquent tous les biens de ces malheureux à leur profit.

Heureuse la terre qui est habitée par les enfants des Prophètes ! Ces tristes spectacles y sont inconnus[1]. La
70 sainte religion que les Anges y ont apportée se défend par sa vérité même : elle n'a point besoin de ces moyens violents pour se maintenir.

De Paris, le 4 de la lune de Chalval, 1712.

1. « Les Persans sont les plus tolérants de tous les Mahométans » (note de Montesquieu).

LETTRE XXX

RICA AU MÊME, À SMYRNE

Les habitants de Paris sont d'une curiosité qui va jusqu'à l'extravagance. Lorsque j'arrivai, je fus regardé comme si j'avais été envoyé du Ciel : vieillards, hommes, femmes, enfants, tous voulaient me voir. Si je sortais, tout le monde
5 se mettait aux fenêtres ; si j'étais aux Tuileries, je voyais aussitôt un cercle se former autour de moi ; les femmes mêmes faisaient un arc-en-ciel nuancé de mille couleurs, qui m'entourait ; si j'étais aux spectacles, je trouvais d'abord cent lorgnettes dressées contre ma figure ; enfin
10 jamais homme n'a tant été vu que moi. Je souriais quelquefois d'entendre des gens qui n'étaient presque jamais sortis de leur chambre, qui disaient entre eux : « Il faut avouer qu'il a l'air bien persan. » Chose admirable ! je trouvais de mes portraits partout ; je me voyais multiplié
15 dans toutes les boutiques, sur toutes les cheminées, tant on craignait de ne m'avoir pas assez vu.

Tant d'honneurs ne laissent pas d'être à charge : je ne me croyais pas un homme si curieux et si rare ; et, quoique j'aie très bonne opinion de moi, je ne me serais
20 jamais imaginé que je dusse troubler le repos d'une grande ville où je n'étais point connu. Cela me fit résoudre à quitter l'habit persan et à en endosser un à l'européenne, pour voir s'il resterait encore dans ma physionomie quelque chose d'admirable. Cet essai me fit
25 connaître ce que je valais réellement : libre de tous les ornements étrangers, je me vis apprécié au plus juste. J'eus sujet de me plaindre de mon tailleur, qui m'avait fait perdre en un instant l'attention et l'estime publique : car

j'entrai tout à coup dans un néant affreux. Je demeurais
30 quelquefois une heure dans une compagnie sans qu'on
m'eût regardé, et qu'on m'eût mis en occasion d'ouvrir la
bouche. Mais, si quelqu'un, par hasard, apprenait à la
compagnie que j'étais Persan, j'entendais aussitôt autour
de moi un bourdonnement : « Ah ! ah ! Monsieur est
35 Persan ? c'est une chose bien extraordinaire ! Comment
peut-on être Persan ? »

De Paris, le 6 de la lune de Chalval, 1712.

REPÈRES

- Comment cette lettre est-elle construite ?
- Comment cette lettre est-elle introduite ?
- Pourquoi les propos des Parisiens qui ferment cette lettre sont-ils rapportés au discours direct ?
- Quels sont les temps verbaux utilisés ? Pourquoi ?

OBSERVATION

- Quelle est la valeur de la conjonction *si* dans les deuxième et troisième phrases ?
- Comment la troisième phrase est-elle construite? Que met-elle en valeur ?
- Relevez les images qui rendent la curiosité parisienne plus concrète.
- Sur quel ton l'exclamation « chose admirable ! » est-elle prononcée ?
- Relevez les marques du ton élevé dans le premier paragraphe : à quoi servent-elles ?
- Quelles sont les expressions ironiques du second paragraphe ?
- Qu'est-ce qui donne à cette lettre son rythme enlevé ?

INTERPRÉTATIONS

Une réflexion sur l'être et le paraître

- Sur quoi la curiosité des Parisiens se fonde-t-elle ?
- Sur quel procédé l'anecdote de cette lettre est-elle bâtie ?
- En quoi Montesquieu s'inscrit-il ici dans une tradition moraliste, illustrée notamment par La Bruyère ?
- Quelle image Rica a-t-il réellement de lui-même ? Rica est-il un sage ?

Une réflexion sur la superficialité des hommes
• Comment les réactions des Parisiens sont-elles montrées ?
• Quels procédés d'écriture mettent en valeur l'engouement et sa brutale dissipation ?
• Qu'est-ce qui fait qu'un être est « extraordinaire », selon Montesquieu ?
• Les hommes, tels qu'ils apparaissent dans cette lettre, sont-ils prêts à concevoir l'altérité, à s'enrichir de la différence de l'autre ?
• À quoi sert l'ironie, dans la lettre XXX ?

DE LA LECTURE À L'ÉCRITURE

Exercice d'écriture
Transformez cette lettre XXX en l'épisode d'un roman écrit à la troisième personne. Vous adopterez le point de vue d'une focalisation zéro (vous serez un romancier omniscient).

Sujet de réflexion
« La bonne nouvelle qu'apportait les *Lettres persanes* aux lecteurs européens de 1721 était celle de l'universelle facticité. Les hommes sont tels que leurs habitudes, leur climat, leur éducation les a faits. » Vous commenterez cette citation de J. Starobinski (*Montesquieu par lui-même*, 1957.)

LETTRE XXXI

RHÉDI À USBEK, À PARIS

Je suis à présent à Venise, mon cher Usbek. On peut avoir vu toutes les villes du monde et être surpris en arrivant à Venise : on sera toujours étonné de voir une ville, des tours et des mosquées sortir de dessous l'eau, et
5 de trouver un peuple innombrable dans un endroit où il ne devrait y avoir que des poissons.

Mais cette ville profane manque du trésor le plus précieux qui soit au Monde, c'est-à-dire d'eau vive ; il est impossible d'y accomplir une seule ablution légale. Elle est
10 en abomination à notre saint Prophète ; il ne la regarde jamais, du haut du Ciel, qu'avec colère.

Sans cela, mon cher Usbek, je serais charmé de vivre dans une ville où mon esprit se forme tous les jours. Je m'instruis des secrets du commerce, des intérêts des
15 princes, de la forme de leur gouvernement ; je ne néglige pas même les superstitions européennes ; je m'applique à la médecine, à la physique, à l'astronomie ; j'étudie les arts ; enfin je sors des nuages qui couvraient mes yeux dans le pays de ma naissance.

De Venise, le 16 de la lune de Chalval, 1712.

Lettre XXXII

Rica à ***

J'allai l'autre jour voir une maison où l'on entretient environ trois cents personnes assez pauvrement. J'eus bientôt fait : car l'église et les bâtiments ne méritent pas d'être regardés. Ceux qui sont dans cette maison étaient assez gais ; plusieurs d'entre eux jouaient aux cartes ou à d'autres jeux que je ne connais point. Comme je sortais, un de ces hommes sortait aussi, et, m'ayant entendu demander le chemin du Marais, qui est le quartier le plus éloigné de Paris : « J'y vais, me dit-il, et je vous y conduirai ; suivez-moi. » Il me mena à merveille, me tira de tous les embarras et me sauva adroitement des carrosses et des voitures. Nous étions prêts d'arriver, quand la curiosité me prit. « Mon bon ami, lui dis-je, ne pourrais-je point savoir qui vous êtes ? — Je suis aveugle, Monsieur, me répondit-il. — Comment ! lui dis-je, vous êtes aveugle ! Et que ne priiez-vous cet honnête homme qui jouait aux cartes avec vous de nous conduire ? — Il est aveugle aussi, me répondit-il. Il y a quatre cents ans que nous sommes trois cents aveugles dans cette maison où vous m'avez trouvé. Mais il faut que je vous quitte. Voilà la rue que vous demandiez. Je vais me mettre dans la foule ; j'entre dans cette église, où, je vous jure, j'embarrasserai plus les gens qu'ils ne m'embarrasseront. »

De Paris, le 17 de la lune de Chalval, 1712.

LETTRE XXXIII

USBEK À RHÉDI, À VENISE

Le vin est si cher à Paris[1], par les impôts que l'on y met, qu'il semble qu'on ait entrepris d'y faire exécuter les préceptes du divin Alcoran qui défend d'en boire.

Lorsque je pense aux funestes effets de cette liqueur, je ne
5 puis m'empêcher de la regarder comme le présent le plus redoutable que la nature ait fait aux hommes. Si quelque chose a flétri la vie et la réputation de nos monarques, ç'a été leur intempérance : c'est la source la plus empoisonnée de leurs injustices et de leurs cruautés.

10 Je le dirai, à la honte des hommes : la Loi interdit à nos princes l'usage du vin, et ils en boivent avec un excès qui les dégrade de l'humanité même ; cet usage, au contraire, est permis aux princes chrétiens, et on ne remarque pas qu'il leur fasse faire aucune faute. L'esprit humain est la contradiction
15 même : dans une débauche licencieuse, on se révolte avec fureur contre les préceptes, et la Loi, faite pour nous rendre plus justes, ne sert souvent qu'à nous rendre plus coupables.

Mais, quand je désapprouve l'usage de cette liqueur qui fait perdre la raison, je ne condamne pas de même ces
20 boissons qui l'égaient. C'est la sagesse des Orientaux de chercher des remèdes contre la tristesse avec autant de soin que contre les maladies les plus dangereuses. Lorsqu'il arrive quelque malheur à un Européen, il n'a d'autre ressource que la lecture d'un philosophe qu'on appelle
25 *Sénèque* ; mais les Asiatiques, plus sensés qu'eux, et

1. Montesquieu, qui possédait des vignes dans le Bordelais, se montre sensible aux taxes qui grèvent le transport du vin.

meilleurs physiciens en cela, prennent des breuvages[1] capables de rendre l'homme gai et de charmer le souvenir de ses peines.

Il n'y a rien de si affligeant que les consolations tirées de
30 la nécessité du mal, de l'inutilité des remèdes, de la fatalité du destin, de l'ordre de la Providence, et du malheur de la condition humaine. C'est se moquer de vouloir adoucir un mal par la considération que l'on est né misérable. Il vaut bien mieux enlever l'esprit hors de ses réflexions, et traiter
35 l'homme comme sensible, au lieu de le traiter comme raisonnable.

L'âme, unie avec le corps, en est sans cesse tyrannisée. Si le mouvement du sang est trop lent ; si les esprits ne sont pas assez épurés ; s'ils ne sont pas en quantité suffisante,
40 nous tombons dans l'accablement et dans la tristesse. Mais, si nous prenons des breuvages qui puissent changer cette disposition de notre corps, notre âme redevient capable de recevoir des impressions qui l'égaient, et elle sent un plaisir secret de voir sa machine reprendre, pour
45 ainsi dire, son mouvement et sa vie.

De Paris, le 25 de la lune de Zilcadé, 1713.

1. S'agit-il du café ? d'une décoction de coques et de graines de pavot appelée *coquenar* ?

LETTRE XXXIV

USBEK À IBBEN, À SMYRNE

Les femmes de Perse sont plus belles que celles de France ; mais celles de France sont plus jolies. Il est difficile de ne point aimer les premières, et de ne se point plaire avec les secondes : les unes sont plus tendres et plus
5 modestes ; les autres sont plus gaies et plus enjouées.

Ce qui rend le sang si beau en Perse, c'est la vie réglée que les femmes y mènent : elles ne jouent ni ne veillent ; elles ne boivent point de vin, et ne s'exposent presque jamais à l'air. Il faut avouer que le sérail est plutôt fait pour la santé
10 que pour les plaisirs : c'est une vie unie, qui ne pique point ; tout s'y ressent de la subordination et du devoir ; les plaisirs mêmes y sont graves, et les joies, sévères ; et on ne les goûte presque jamais que comme des marques d'autorité et de dépendance.

15 Les hommes mêmes n'ont pas en Perse la gaieté qu'ont les Français : on ne leur voit point cette liberté d'esprit et cet air content que je trouve ici dans tous les états et dans toutes les conditions.

C'est bien pis en Turquie, où l'on pourrait trouver des
20 familles où, de père en fils, personne n'a ri depuis la fondation de la Monarchie.

Cette gravité des Asiatiques vient du peu de commerce qu'il y a entre eux : ils ne se voient que lorsqu'ils y sont forcés par la cérémonie. L'amitié, ce doux engagement du
25 cœur, qui fait ici la douceur de la vie, leur est presque inconnue. Ils se retirent dans leurs maisons, où ils trouvent toujours une compagnie qui les attend ; de manière que chaque famille est, pour ainsi dire, isolée.

Un jour que je m'entretenais là-dessus avec un homme de
30 ce pays-ci, il me dit : « Ce qui me choque le plus de vos
mœurs, c'est que vous êtes obligés de vivre avec des esclaves,
dont le cœur et l'esprit se sentent toujours de la bassesse de
leur condition. Ces gens lâches affaiblissent en vous les
sentiments de la vertu que l'on tient de la Nature, et ils les
35 ruinent, depuis l'enfance qu'ils vous obsèdent. Car, enfin,
défaites-vous des préjugés. Que peut-on attendre de
l'éducation qu'on reçoit d'un misérable qui fait consister
son honneur à garder les femmes d'un autre, et s'enorgueillit
du plus vil emploi qui soit parmi les humains ; qui est
40 méprisable par sa fidélité même, qui est la seule de ses
vertus, parce qu'il y est porté par envie, par jalousie et par
désespoir ; qui, brûlant de se venger des deux sexes dont il
est le rebut, consent à être tyrannisé par le plus fort, pourvu
qu'il puisse désoler le plus faible ; qui, tirant de son
45 imperfection, de sa laideur et de sa difformité, tout l'éclat de
sa condition, n'est estimé que parce qu'il est indigne de
l'être ; qui, enfin, rivé pour jamais à la porte où il est attaché,
plus dur que les gonds et les verrous qui la tiennent, se vante
de cinquante ans de vie dans ce poste indigne, où, chargé de
50 la jalousie de son maître, il a exercé toute sa bassesse ? »

De Paris, le 14 de la lune de Zilhagé, 1713.

Lettre XXXV

Usbek à Gemchid, son cousin,
dervis du brillant monastère de Tauris

Que penses-tu des Chrétiens, sublime dervis ? Crois-tu
qu'au jour du Jugement ils seront comme les infidèles

Turcs, qui serviront d'ânes aux Juifs et les mèneront au grand trot en Enfer[1] ? Je sais bien qu'ils n'iront point dans le séjour des Prophètes, et que le grand Hali n'est point venu pour eux. Mais, parce qu'ils n'ont pas été assez heureux pour trouver des mosquées dans leur pays, crois-tu qu'ils soient condamnés à des châtiments éternels, et que Dieu les punisse pour n'avoir pas pratiqué une religion qu'il ne leur a pas fait connaître ? Je puis te le dire : j'ai souvent examiné ces Chrétiens ; je les ai interrogés pour voir s'ils avaient quelque idée du grand Hali, qui était le plus beau de tous les hommes : j'ai trouvé qu'ils n'en avaient jamais ouï parler.

Ils ne ressemblent point à ces infidèles que nos saints prophètes faisaient passer au fil de l'épée, parce qu'ils refusaient de croire aux miracles du Ciel : ils sont plutôt comme ces malheureux qui vivaient dans les ténèbres de l'idolâtrie avant que la divine lumière vînt éclairer le visage de notre grand Prophète.

D'ailleurs, si l'on examine de près leur religion, on y trouvera comme une semence de nos dogmes. J'ai souvent admiré les secrets de la Providence, qui semble les avoir voulu préparer par là à la conversion générale. J'ai ouï parler d'un livre de leurs docteurs, intitulé *La Polygamie triomphante*[2], dans lequel il est prouvé que la polygamie est ordonnée aux Chrétiens. Leur baptême est l'image de nos ablutions légales, et les Chrétiens n'errent que dans l'efficacité qu'ils donnent à cette première ablution, qu'ils croient devoir suffire pour toutes les autres. Leurs prêtres et leurs moines prient comme nous

1. **Enfer :** « Les Turcs enseignent que les Juifs vont en Enfer, montés sur des Persans », selon Chardin.
2. *La Polygamie triomphante* : livre écrit par le protestant Johann Leiser.

sept fois[1] le jour. Ils espèrent de jouir d'un paradis où ils goûteront mille délices par le moyen de la résurrection des corps. Ils ont, comme nous, des jeûnes marqués, des
35 mortifications avec lesquelles ils espèrent fléchir la miséricorde divine. Ils rendent un culte aux bons Anges et se méfient des mauvais. Ils ont une sainte crédulité pour les miracles que Dieu opère par le ministère de ses serviteurs. Ils reconnaissent, comme nous, l'insuffisance
40 de leurs mérites et le besoin qu'ils ont d'un intercesseur auprès de Dieu. Je vois partout le Mahométisme, quoique je n'y trouve point Mahomet. On a beau faire, la Vérité s'échappe et perce toujours les ténèbres qui l'environnent. Il viendra un jour où l'Éternel ne verra
45 sur la terre que des vrais Croyants : le temps, qui consume tout, détruira les erreurs mêmes ; tous les hommes seront étonnés de se voir sous le même étendard ; tout, jusques à la Loi, sera consommé : les divins exemplaires seront enlevés de la terre et portés
50 dans les célestes Archives.

De Paris, le 20 de la lune de Zilhagé, 1713.

LETTRE XXXVI

USBEK À RHÉDI, À VENISE

Le café est très en usage à Paris : il y a un grand nombre de maisons publiques où on le distribue. Dans quelques-unes de ces maisons, on dit des nouvelles ; dans d'autres,

1. Chardin ne parlait que de cinq prières par jour. Montesquieu a corrigé son erreur dans *L'Esprit des lois* (XXIV, 2).

on joue aux échecs. Il y en a une où l'on apprête le café de telle manière qu'il donne de l'esprit à ceux qui en prennent : au moins, de tous ceux qui en sortent, il n'y a personne qui ne croie qu'il en a quatre fois plus que lorsqu'il y est entré[1].

Mais ce qui me choque de ces beaux esprits, c'est qu'ils ne se rendent pas utiles à leur patrie, et qu'ils amusent leurs talents à des choses puériles. Par exemple, lorsque j'arrivai à Paris, je les trouvai échauffés sur une dispute la plus mince qu'il se puisse imaginer : il s'agissait de la réputation d'un vieux poète grec[2] dont, depuis deux mille ans, on ignore la patrie, aussi bien que le temps de sa mort[3]. Les deux partis avouaient que c'était un poète excellent ; il n'était question que du plus ou du moins de mérite qu'il fallait lui attribuer. Chacun en voulait donner le taux ; mais, parmi ces distributeurs de réputation, les uns faisaient meilleur poids que les autres. Voilà la querelle ! Elle était bien vive : car on se disait cordialement, de part et d'autre, des injures si grossières, on faisait des plaisanteries si amères, que je n'admirais pas moins la manière de disputer, que le sujet de la dispute. « Si quelqu'un, disais-je en moi-même, était assez étourdi pour aller devant un de ces défenseurs du poète grec attaquer la réputation de quelque honnête citoyen, il ne serait pas mal relevé, et je crois que ce zèle, si délicat sur la réputation des morts, s'embraserait bien pour défendre celle des vivants ! Mais, quoi qu'il en soit, ajoutais-je, Dieu me garde de m'attirer jamais l'inimitié des censeurs de ce poète,

1. Allusion au café Procope, rue des Fossés-Saint-Germain.
2. Homère.
3. La traduction de l'*Iliade* par Mme Dacier date de 1699. En 1713, Houdar de la Motte donne son *Iliade en XII chants accommodée au goût du jour*. Mme Dacier regarde cette traduction comme un sacrilège, ce qui relance la querelle des Anciens et des Modernes.

que le séjour de deux mille ans dans le tombeau n'a pu garantir d'une haine si implacable ! Ils frappent à présent des coups en l'air. Mais que serait-ce si leur fureur était animée par la présence d'un ennemi ? »

35 Ceux dont je te viens de parler disputent en langue vulgaire, et il faut les distinguer d'une autre sorte de disputeurs, qui se servent d'une langue barbare qui semble ajouter quelque chose à la fureur et à l'opiniâtreté des combattants. Il y a des quartiers[1] où l'on voit comme une 40 mêlée noire et épaisse de ces sortes de gens ; ils se nourrissent de distinctions ; ils vivent de raisonnements et de fausses conséquences. Ce métier, où l'on devrait mourir de faim, ne laisse pas de rendre : on a vu une nation entière[2], chassée de son pays, traverser les mers pour s'établir en France, 45 n'emportant avec elle, pour parer aux nécessités de la vie, qu'un redoutable talent pour la dispute.

Adieu.

De Paris, le dernier de la lune de Zilhagé, 1713.

LETTRE XXXVII

USBEK À IBBEN, À SMYRNE

Le roi de France est vieux. Nous n'avons point d'exemple dans nos histoires d'un monarque qui ait si

1. **Quartiers :** le Quartier latin.
2. Cette nation serait celle des prêtres catholiques irlandais, réfugiés en France après la chute de Jacques II.

longtemps régné[1]. On dit qu'il possède à un très haut degré
le talent de se faire obéir : il gouverne avec le même génie
5 sa famille, sa cour, son État. On lui a souvent entendu dire
que, de tous les gouvernements du Monde, celui des Turcs,
ou celui de notre auguste sultan, lui plairait le mieux, tant
il fait cas de la politique orientale.

J'ai étudié son caractère, et j'y ai trouvé des
10 contradictions qu'il m'est impossible de résoudre. Par
exemple, il a un ministre qui n'a que dix-huit ans[2], et une
maîtresse qui en a quatre-vingts[3] ; il aime sa religion, et il
ne peut souffrir ceux qui disent qu'il la faut observer à la
rigueur ; quoiqu'il fuie le tumulte des villes, et qu'il se
15 communique peu, il n'est occupé, depuis le matin jusques
au soir, qu'à faire parler de lui ; il aime les trophées et les
victoires, mais il craint autant de voir un bon général à la
tête de ses troupes, qu'il aurait sujet de le craindre à la tête
d'une armée ennemie. Il n'est, je crois, jamais arrivé qu'à
20 lui d'être, en même temps, comblé de plus de richesses
qu'un prince n'en saurait espérer, et accablé d'une pauvreté
qu'un particulier ne pourrait soutenir.

Il aime à gratifier ceux qui le servent ; mais il paye aussi
libéralement les assiduités, ou plutôt l'oisiveté de ses
25 courtisans, que les campagnes laborieuses de ses
capitaines. Souvent il préfère un homme qui le déshabille,
ou qui lui donne la serviette lorsqu'il se met à table, à un
autre qui lui prend des villes ou lui gagne des batailles. Il
ne croit pas que la grandeur souveraine doive être gênée

1. Louis XIV est né en 1638. En 1713, date de la lettre d'Usbek, il a donc 75 ans et
règne depuis 70 ans.
2. Ce ministre serait le marquis de Barbézieux, fils de Louvois, ou le marquis de
Cany, fils de Chamillart.
3. Mme de Maintenon avait 78 ans ; Louis XIV l'avait épousée secrètement en 1684.

30 dans la distribution des grâces, et, sans examiner si celui
qu'il comble de biens est homme de mérite, il croit que son
choix va le rendre tel : aussi lui a-t-on vu donner une petite
pension à un homme qui avait fui deux lieues, et un beau
gouvernement à un autre qui en avait fui quatre.

35 Il est magnifique, surtout dans ses bâtiments : il y a plus
de statues dans les jardins de son palais que de citoyens
dans une grande ville. Sa garde est aussi forte que celle du
prince devant qui les trônes se renversent ; ses armées sont
aussi nombreuses, ses ressources aussi grandes, et ses
40 finances aussi inépuisables.

De Paris, le 7 de la lune de Maharram, 1713.

L ETTRE XXXVIII

RICA À IBBEN, À SMYRNE *femmes*

C'est une grande question, parmi les hommes, de savoir
s'il est plus avantageux d'ôter aux femmes la liberté, que
de la leur laisser ; il me semble qu'il y a bien des raisons
pour et contre. Si les Européens disent qu'il n'y a pas de
5 générosité à rendre malheureuses les personnes que l'on
aime, nos Asiatiques répondent qu'il y a de la bassesse aux
hommes de renoncer à l'empire que la Nature leur a donné
sur les femmes. Si on leur dit que le grand nombre de
femmes enfermées est embarrassant, ils répondent que dix
10 femmes qui obéissent embarrassent moins qu'une qui
n'obéit pas. Que s'ils objectent à leur tour que les
Européens ne sauraient être heureux avec des femmes qui
ne leur sont pas fidèles, on leur répond que cette fidélité,
qu'ils vantent tant, n'empêche point le dégoût, qui suit

15 toujours les passions satisfaites ; que nos femmes sont trop
à nous ; qu'une possession si tranquille ne nous laisse rien
à désirer ni à craindre ; qu'un peu de coquetterie est un sel
qui pique et prévient la corruption. Peut-être qu'un homme
plus sage que moi serait embarrassé de décider : car, si les
20 Asiatiques font fort bien de chercher des moyens propres à
calmer leurs inquiétudes, les Européens font fort bien aussi
de n'en point avoir.

« Après tout, disent-ils, quand nous serions malheureux
en qualité de maris, nous trouverions toujours moyen de
25 nous dédommager en qualité d'amants. Pour qu'un homme
pût se plaindre avec raison de l'infidélité de sa femme, il
faudrait qu'il n'y eût que trois personnes dans le monde ; ils
seront toujours à but quand il y en aura quatre. »

C'est une autre question de savoir si la loi naturelle
30 soumet les femmes aux hommes. « Non, me disait l'autre
jour un philosophe très galant[1] : la Nature n'a jamais dicté
une telle loi. L'empire que nous avons sur elles est une
véritable tyrannie ; elles ne nous l'ont laissé prendre que
parce qu'elles ont plus de douceur que nous, et par
35 conséquent, plus d'humanité et de raison. Ces avantages,
qui devaient sans doute leur donner la supériorité, si nous
avions été raisonnables, la leur ont fait perdre, parce que
nous ne le sommes point. Or, s'il est vrai que nous n'avons
sur les femmes qu'un pouvoir tyrannique, il ne l'est pas
40 moins qu'elles ont sur nous un empire naturel : celui de la
beauté, à qui rien ne résiste. Le nôtre n'est pas de tous les
pays ; mais celui de la beauté est universel. Pourquoi
aurions-nous donc un privilège ? Est-ce parce que nous

1. Il s'agit de Poullain de la Barre (1647-1723), philosophe cartésien, qui prônait
l'égalité des sexes.

sommes les plus forts ? Mais c'est une véritable injustice.
45 Nous employons toutes sortes de moyens pour leur abattre
le courage ; les forces seraient égales si l'éducation l'était
aussi. Éprouvons-les dans les talents que l'éducation n'a
point affaiblis, et nous verrons si nous sommes si forts. »

Il faut l'avouer, quoique cela choque ses mœurs : chez
50 les peuples les plus polis, les femmes ont toujours eu de
l'autorité sur leurs maris. Elle fut établie par une loi chez
les Égyptiens, en l'honneur d'Isis[1], et chez les
Babyloniens, en l'honneur de Sémiramis[2]. On disait des
Romains qu'ils commandaient à toutes les nations, mais
55 qu'ils obéissaient à leurs femmes. Je ne parle point des
Sauromates[3], qui étaient véritablement dans la servitude
de ce sexe : ils étaient trop barbares pour que leur
exemple puisse être cité.

Tu vois, mon cher Ibben, que j'ai pris le goût de ce pays-
60 ci, où l'on aime à soutenir des opinions extraordinaires et
à réduire tout en paradoxe. Le Prophète a décidé la
question et a réglé les droits de l'un et de l'autre sexe :
« Les femmes, dit-il, doivent honorer leurs maris ; leurs
maris les doivent honorer : mais ils ont l'avantage d'un
65 degré sur elles[4]. »

De Paris, le 26 de la lune de Gemmadi 2, 1713.

1. **Isis** : sœur et femme d'Osiris, mère d'Horus.
2. **Sémiramis** : reine légendaire d'Assyrie et de Babylonie, femme du gouverneur
Omnès puis du roi Ninos.
3. **Sauromates** : Sarmates, habitants des plaines du Tanaïs. Peuple que les Anciens
croyaient soumis aux femmes. Il serait situé entre la Baltique et la Caspienne.
4. Citation du Coran (II, verset 228).

LETTRE XXXIX

HAGI IBBI AU JUIF BEN JOSUÉ,
PROSÉLYTE MAHOMÉTAN, À SMYRNE[1]

Il me semble, Ben Josué, qu'il y a toujours des signes éclatants qui préparent à la naissance des hommes extraordinaires, comme si la Nature souffrait une espèce de crise, et que la Puissance céleste ne produisît qu'avec
5 effort.

Il n'y a rien de si merveilleux que la naissance de Mahomet[2]. Dieu qui, par les décrets de la providence, avait résolu, dès le commencement, d'envoyer aux hommes ce grand prophète pour enchaîner Satan, créa
10 une lumière deux mille ans avant Adam, qui, passant d'élu en élu, d'ancêtre en ancêtre de Mahomet, parvint enfin jusques à lui comme un témoignage authentique qu'il était descendu des Patriarches[3].

Ce fut aussi à cause de ce même Prophète que Dieu ne
15 voulut pas qu'aucun enfant fût conçu que la femme ne cessât d'être immonde, et que l'homme ne fût livré à la circoncision.

Il vint au monde circoncis, et la joie parut sur son visage dès sa naissance. La Terre trembla trois fois, comme si elle
20 eût enfanté elle-même ; toutes les idoles se prosternèrent ; les trônes des rois furent renversés. Lucifer fut jeté au fond de la mer, et ce ne fut qu'après avoir nagé pendant

1. « *Hagi* est un homme qui a fait le pèlerinage de la Mecque » (note de Montesquieu).
2. L'origine de ces légendes se trouverait chez Hermannus Dalmata.
3. **Patriarches :** dans l'Ancien Testament, pères de famille dotés d'une longévité et d'une fécondité extraordinaires (d'Abraham à Moïse).

quarante jours qu'il sortit de l'Abîme et s'enfuit sur le mont Cabès, d'où, avec une voix terrible, il appela les
25 Anges[1].

Cette nuit, Dieu posa un terme entre l'homme et la femme, qu'aucun d'eux ne put passer. L'art des magiciens et nécromans se trouva sans vertu. On entendit une voix du Ciel, qui disait ces paroles : « J'ai envoyé au monde
30 mon ami fidèle. »

Selon le témoignage d'Isben Aben, historien arabe, les générations des oiseaux, des nuées, des vents, et tous les escadrons des Anges, se réunirent pour élever cet enfant, et se disputèrent cet avantage. Les oiseaux disaient, dans
35 leurs gazouillements, qu'il était plus commode qu'ils l'élevassent, parce qu'ils pouvaient plus facilement rassembler plusieurs fruits de divers lieux. Les vents murmuraient, et disaient : « C'est plutôt à nous, parce que nous pouvons lui apporter de tous les endroits les odeurs
40 les plus agréables. — Non, non, disaient les nuées, non ; c'est à nos soins qu'il sera confié, parce que nous lui ferons part à tous les instants de la fraîcheur des eaux. » Là-dessus les Anges indignés s'écriaient : « Que nous restera-t-il donc à faire ? » Mais une voix du Ciel fut entendue, qui
45 termina toutes les disputes : « Il ne sera point ôté d'entre les mains des mortels, parce qu'heureuses les mamelles qui l'allaiteront, et les mains qui le toucheront, et la maison qu'il habitera, et le lit où il reposera[2]. »

Après tant de témoignages si éclatants, mon cher Josué,
50 il faut avoir un cœur de fer pour ne pas croire sa sainte loi. Que pouvait faire davantage le Ciel pour autoriser sa

1. Cette montagne domine la Mecque. La tradition y montre Mahomet errant, en proie à des visions.
2. Montesquieu suggère le parallèle entre Jésus et Mahomet.

mission divine, à moins de renverser la nature et de faire périr les hommes mêmes qu'il voulait convaincre ?

De Paris, le 20 de la lune de Rhégeb, 1713.

LETTRE XL

USBEK À IBBEN, À SMYRNE

Dès qu'un grand est mort, on s'assemble dans une mosquée, et l'on fait son oraison funèbre, qui est un discours à sa louange, avec lequel on serait bien embarrassé de décider au juste du mérite du défunt.

5 Je voudrais bannir les pompes funèbres : il faut pleurer les hommes à leur naissance, et non pas à leur mort. À quoi servent les cérémonies, et tout l'attirail lugubre qu'on fait paraître à un mourant dans ses derniers moments, les larmes mêmes de sa famille et la douleur de ses amis, qu'à
10 lui exagérer la perte qu'il va faire ?

Nous sommes si aveugles que nous ne savons quand nous devons nous affliger, ou nous réjouir : nous n'avons presque jamais que de fausses tristesses ou de fausses joies.

Quand je vois le Mogol qui, toutes les années, va sottement
15 se mettre dans une balance et se faire peser comme un bœuf ; quand je vois les peuples se réjouir de ce que ce prince est devenu plus matériel, c'est-à-dire moins capable de les gouverner : j'ai pitié, Ibben, de l'extravagance humaine[1].

De Paris, le 20 de la lune de Rhégeb, 1713.

1. Deux sources pour cette anecdote concernant le grand Mogol Aureng Zeb : Bernier et Tavernier.

LETTRE XLI

LE PREMIER EUNUQUE NOIR À USBEK

Ismaël, un des eunuques noirs, vient de mourir, magnifique Seigneur, et je ne puis m'empêcher de le remplacer. Comme les eunuques sont extrêmement rares à présent, j'avais pensé de me servir d'un esclave noir que tu
5 as à la campagne ; mais je n'ai pu jusqu'ici le porter à souffrir qu'on le consacrât à cet emploi. Comme je vois qu'au bout du compte c'est son avantage, je voulus l'autre jour user à son égard d'un peu de rigueur, et, de concert avec l'intendant de tes jardins, j'ordonnai que, malgré lui,
10 on le mît en état de te rendre les services qui flattent le plus ton cœur, et de vivre comme moi dans ces redoutables lieux qu'il n'ose pas même regarder. Mais il se mit à hurler comme si on avait voulu l'écorcher, et fit tant qu'il échappa à nos mains, et évita le fatal couteau. Je viens d'apprendre
15 qu'il veut t'écrire pour te demander grâce, soutenant que je n'ai conçu ce dessein que par un désir insatiable de vengeance sur certaines railleries piquantes qu'il dit avoir faites de moi. Cependant je te jure par les cent mille Prophètes que je n'ai agi que pour le bien de ton service, la
20 seule chose qui me soit chère, et hors laquelle je ne regarde rien.

Je me prosterne à tes pieds.

Du sérail de Fatmé, le 7 de la lune de Maharram, 1713.

LETTRE XLII

PHARAN À USBEK, SON SOUVERAIN SEIGNEUR

Si tu étais ici, magnifique Seigneur, je paraîtrais à ta vue tout couvert de papier blanc, et il n'y en aurait pas assez pour écrire toutes les insultes que ton premier eunuque noir, le plus méchant de tous les hommes, m'a faites depuis
5 ton départ.

Sous prétexte de quelques railleries qu'il prétend que j'ai faites sur le malheur de sa condition, il exerce sur ma tête une vengeance inépuisable : il a animé contre moi le cruel intendant de tes jardins, qui, depuis ton départ, m'oblige à
10 des travaux insurmontables, dans lesquels j'ai pensé mille fois laisser la vie, sans perdre un moment l'ardeur de te servir. Combien de fois ai-je dit en moi-même : « J'ai un maître rempli de douceur, et je suis le plus malheureux esclave qui soit sur la Terre. »

15 Je te l'avoue, magnifique Seigneur, je ne me croyais pas destiné à de plus grandes misères ; mais ce traître d'eunuque a voulu mettre le comble à sa méchanceté. Il y a quelques jours que, de son autorité privée, il me destina à la garde de tes femmes sacrées, c'est-à-dire à une
20 exécution qui serait pour moi mille fois plus cruelle que la mort. Ceux qui, en naissant, ont eu le malheur de recevoir de leurs cruels parents un traitement pareil, se consolent peut-être sur ce qu'ils n'ont jamais connu d'autre état que le leur ; mais qu'on me fasse descendre de l'humanité, et
25 qu'on m'en prive, je mourrais de douleur, si je ne mourais pas de cette barbarie.

J'embrasse tes pieds, sublime Seigneur, dans une humilité profonde. Fais en sorte que je sente les effets de cette vertu

si respectée, et qu'il ne soit pas dit que, par ton ordre, il y ait sur la terre un malheureux de plus.

Des jardins de Fatmé, le 7 de la lune de Maharram, 1713.

LETTRE XLIII

USBEK À PHARAN, AUX JARDINS DE FATMÉ

Recevez la joie dans votre cœur, et reconnaissez ces sacrés caractères ; faites-les baiser au grand Eunuque et à l'intendant de mes jardins. Je leur défends de rien entreprendre contre vous. Dites-leur d'acheter l'eunuque qui me manque. Acquittez-vous de votre devoir comme si vous m'aviez toujours devant les yeux : car sachez que, plus mes bontés sont grandes, plus vous serez puni si vous en abusez.

De Paris, le 25 de la lune de Rhégeb, 1713.

LETTRE XLIV

USBEK À RHÉDI, À VENISE

Il y a en France trois sortes d'états : l'Église, l'Épée et la Robe. Chacun a un mépris souverain pour les deux autres : tel, par exemple, que l'on devrait mépriser parce qu'il est un sot, ne l'est souvent que parce qu'il est homme de robe.

Il n'y a pas jusqu'aux plus vils artisans qui ne disputent sur l'excellence de l'art qu'ils ont choisi ; chacun s'élève au-

dessus de celui qui est d'une profession différente, à
proportion de l'idée qu'il s'est faite de la supériorité de la
sienne.

10 Les hommes ressemblent tous, plus ou moins, à cette
femme de la province d'Érivan qui, ayant reçu quelque
grâce d'un de nos monarques, lui souhaita mille fois, dans
les bénédictions qu'elle lui donna, que le Ciel le fît
gouverneur d'Érivan.

15 J'ai lu, dans une relation[1], qu'un vaisseau français ayant
relâché à la côte de Guinée, quelques hommes de
l'équipage voulurent aller à terre acheter quelques
moutons. On les mena au roi, qui rendait la justice à ses
sujets sous un arbre. Il était sur son trône, c'est-à-dire sur
20 un morceau de bois, aussi fier que s'il eût été sur celui du
Grand Mogol ; il avait trois ou quatre gardes avec des
piques de bois ; un parasol en forme de dais le couvrait de
l'ardeur du soleil ; tous ses ornements et ceux de la reine,
sa femme, consistaient en leur peau noire et quelques
25 bagues. Ce prince, plus vain encore que misérable,
demanda à ces étrangers si on parlait beaucoup de lui en
France. Il croyait que son nom devait être porté d'un pôle
à l'autre ; et, à la différence de ce conquérant[2] de qui on a
dit qu'il avait fait taire toute la Terre, il croyait, lui, qu'il
30 devait faire parler tout l'Univers.

Quand le Khan de Tartarie a dîné, un héraut crie que
tous les princes de la terre peuvent aller dîner, si bon leur
semble, et ce barbare, qui ne mange que du lait, qui n'a pas
de maison, qui ne vit que de brigandage, regarde tous les

1. **Relation** : *Relation d'un voyage aux côtes d'Afrique*, de Frager (1698). Les récits
de voyage sont à la mode au XVIII[e] siècle.
2. Allusion à Alexandre le Grand dans la Bible (*Macchabées*, I, 1-8).

35 rois du monde comme ses esclaves et les insulte régulièrement deux fois par jour[1].

De Paris, le 28 de la lune de Rhégeb, 1713.

LETTRE XLV

RICA À USBEK, À ***

Hier matin, comme j'étais au lit, j'entendis frapper rudement à ma porte, qui fut soudain ouverte ou enfoncée par un homme avec qui j'avais lié quelque société, et qui me parut tout hors de lui-même.

5 Son habillement était beaucoup plus que modeste ; sa perruque de travers n'avait pas même été peignée ; il n'avait pas eu le temps de faire recoudre son pourpoint noir, et il avait renoncé, pour ce jour-là, aux sages précautions avec lesquelles il avait coutume de déguiser le 10 délabrement de son équipage[2].

« Levez-vous, me dit-il ; j'ai besoin de vous tout aujourd'hui : j'ai mille emplettes à faire, et je serai bien aise que ce soit avec vous. Il faut premièrement que nous allions à la rue Saint-Honoré parler à un notaire qui est 15 chargé de vendre une terre de cinq cent mille livres ; je veux qu'il m'en donne la préférence. En venant ici, je me suis arrêté un moment au faubourg Saint-Germain, où j'ai loué un hôtel de deux mille écus, et j'espère passer le contrat aujourd'hui. »

1. Cette anecdote vient de Thomas Herbert : *Relation du voyage de Perse et des Indes* (1663).
2. **Équipage :** accoutrement, costume.

20 Dès que je fus habillé, ou peu s'en fallait, mon homme
me fit précipitamment descendre. « Commençons, dit-il,
par acheter un carrosse, et établissons l'équipage. » En
effet, nous achetâmes non seulement un carrosse, mais
encore pour cent mille francs de marchandises en moins
25 d'une heure. Tout cela se fit promptement, parce que mon
homme ne marchanda rien et ne compta jamais ; aussi ne
déplaça-t-il pas[1]. Je rêvais sur tout ceci, et, quand
j'examinais cet homme, je trouvais en lui une complication
singulière de richesses et de pauvreté ; de manière que je ne
30 savais que croire. Mais enfin, je rompis le silence, et, le
tirant à part, je lui dis : « Monsieur, qui est-ce qui payera
tout cela ? — Moi, dit-il. Venez dans ma chambre : je vous
montrerai des trésors immenses et des richesses enviées des
plus grands monarques ; mais elles ne le seront pas de
35 vous, qui les partagerez toujours avec moi. » Je le suis.
Nous grimpons à son cinquième étage, et, par une échelle,
nous nous guindons[2] à un sixième, qui était un cabinet
ouvert aux quatre vents, dans lequel il n'y avait que deux
ou trois douzaines de bassins de terre remplis de diverses
40 liqueurs. « Je me suis levé de grand matin, me dit-il, et j'ai
fait d'abord ce que je fais depuis vingt-cinq ans, qui est
d'aller visiter mon œuvre. J'ai vu que le grand jour était
venu, qui devait me rendre plus riche qu'homme qui soit
sur la terre. Voyez-vous cette liqueur vermeille ? Elle a à
45 présent toutes les qualités que les philosophes demandent
pour faire la transmutation des métaux. J'en ai tiré ces
grains que vous voyez, qui sont de vrai or par leur couleur,
quoiqu'un peu imparfaits par leur pesanteur. Ce secret, que

1. **Aussi ne déplaça-t-il pas** : aussi ne bougea-t-il pas.
2. **Guindons** : hissons.

Nicolas Flamel[1] trouva, mais que Raymond Lulle[2] et un
50 million d'autres cherchèrent toujours, est venu jusques à
moi, et je me trouve aujourd'hui un heureux adepte. Fasse
le Ciel que je ne me serve de tant de trésors qu'il m'a
communiqués, que pour sa gloire ! »

Je sortis, et je descendis, ou plutôt je me précipitai par cet
55 escalier, transporté de colère, et laissai cet homme si riche
dans son hôpital.

Adieu, mon cher Usbek. J'irai te voir demain, et, si tu
veux, nous reviendrons ensemble à Paris.

De Paris, le dernier de la lune de Rhégeb, 1713.

LETTRE XLVI

USBEK À RHÉDI, À VENISE

Je vois ici des gens qui disputent sans fin sur la religion ;
mais il me semble qu'ils combattent en même temps à qui
l'observera le moins.

Non seulement ils ne sont pas meilleurs chrétiens, mais
5 même meilleurs citoyens, et c'est ce qui me touche : car,
dans quelque religion qu'on vive, l'observation des lois,
l'amour pour les hommes, la pitié envers les parents, sont
toujours les premiers actes de religion.

En effet, le premier objet d'un homme religieux ne doit-il
10 pas être de plaire à la Divinité, qui a établi la religion qu'il
professe ? Mais le moyen le plus sûr pour y parvenir est sans

1. Alchimiste célèbre mort en 1418. Il aurait découvert la pierre philosophale.
2. Alchimiste de Majorque (1235-1315).

doute d'observer les règles de la société et les devoirs de l'humanité ; car, en quelque religion qu'on vive, dès qu'on en suppose une, il faut bien que l'on suppose aussi que Dieu
15 aime les hommes, puisqu'il établit une religion pour les rendre heureux ; que s'il aime les hommes, on est assuré de lui plaire en les aimant aussi, c'est-à-dire en exerçant envers eux tous les devoirs de la charité et de l'humanité, et en ne violant point les lois sous lesquelles ils vivent.

20 Par là, on est bien plus sûr de plaire à Dieu qu'en observant telle ou telle cérémonie : car les cérémonies n'ont point un degré de bonté par elles-mêmes ; elles ne sont bonnes qu'avec égard et dans la supposition que Dieu les a commandées. Mais c'est la matière d'une grande discussion :
25 on peut facilement s'y tromper ; car il faut choisir les cérémonies d'une religion entre celles de deux mille.

Un homme faisait tous les jours à Dieu cette prière : « Seigneur, je n'entends rien dans les disputes que l'on fait sans cesse à votre sujet. Je voudrais vous servir selon votre
30 volonté ; mais chaque homme que je consulte veut que je vous serve à la sienne. Lorsque je veux vous faire ma prière, je ne sais en quelle langue je dois vous parler. Je ne sais pas non plus en quelle posture je dois me mettre : l'un dit que je dois vous prier debout ; l'autre veut que je sois assis ; l'autre
35 exige que mon corps porte sur mes genoux. Ce n'est pas tout : il y en a qui prétendent que je dois me laver tous les matins avec de l'eau froide ; d'autres soutiennent que vous me regarderez avec horreur si je ne me fais pas couper un petit morceau de chair. Il m'arriva l'autre jour de manger un
40 lapin dans un caravansérail[1]. Trois hommes qui étaient auprès de là me firent trembler : ils me soutinrent tous trois

1. **Caravansérail** : vaste cour entourée de bâtiments où les caravanes font halte.

que je vous avais grièvement offensé ; l'un[1], parce que cet animal était immonde[2] ; l'autre[3], parce qu'il était étouffé ; l'autre[4] enfin, parce qu'il n'était pas poisson. Un Brachmane[5] qui passait par là, et que je pris pour juge, me dit : "Ils ont tort : car apparemment vous n'avez pas tué vous-même cet animal. — Si fait, lui dis-je. — Ah ! vous avez commis une action abominable, et que Dieu ne vous pardonnera jamais, me dit-il d'une voix sévère. Que savez-vous si l'âme de votre père n'était pas passée dans cette bête[6] ?" Toutes ces choses, Seigneur, me jettent dans un embarras inconcevable : je ne puis remuer la tête que je ne sois menacé de vous offenser ; cependant je voudrais vous plaire et employer à cela la vie que je tiens de vous. Je ne sais si je me trompe ; mais je crois que le meilleur moyen pour y parvenir est de vivre en bon citoyen dans la société où vous m'avez fait naître, et en bon père dans la famille que vous m'avez donnée. »

De Paris, le 8 de la lune de Chahban, 1713.

LETTRE XLVII

ZACHI À USBEK, À PARIS

J'ai une grande nouvelle à t'apprendre : je me suis réconciliée avec Zéphis ; le sérail, partagé entre nous, s'est

1. « Un Juif » (note de Montesquieu).
2. **Immonde** : impur.
3. « Un Turc » (note de Montesquieu).
4. « Un Arménien » (note de Montesquieu).
5. **Brachmane** : brahmane, membre de la caste sacerdotale, la première des castes en Inde.
6. Allusion à la transmigration des âmes ou métempsycose.

réuni. Il ne manque que toi dans ces lieux, où la paix règne. Viens, mon cher Usbek, viens y faire triompher l'amour.

5 Je donnai à Zéphis un grand festin, où ta mère, tes femmes et tes principales concubines furent invitées ; tes tantes et plusieurs de tes cousines s'y trouvèrent aussi ; elles étaient venues à cheval, couvertes du sombre nuage de leurs voiles et de leurs habits.

10 Le lendemain, nous partîmes pour la campagne, où nous espérions être plus libres. Nous montâmes sur nos chameaux, et nous nous mîmes quatre[1] dans chaque loge. Comme la partie avait été faite brusquement, nous n'eûmes pas le temps d'envoyer à la ronde annoncer le 15 courouc[2] ; mais le premier Eunuque, toujours industrieux, prit une autre précaution : car il joignit à la toile qui nous empêchait d'être vues, un rideau si épais que nous ne pouvions absolument voir personne.

Quand nous fûmes arrivées à cette rivière qu'il faut 20 traverser, chacune de nous se mit, selon la coutume, dans une boîte[3], et se fit porter dans le bateau : car on nous dit que la rivière était pleine de monde. Un curieux, qui s'approcha trop près du lieu où nous étions enfermées, reçut un coup mortel, qui lui ôta pour jamais la lumière du 25 jour ; un autre, qu'on trouva se baignant tout nu sur le rivage, eut le même sort ; et tes fidèles eunuques sacrifièrent à ton honneur et au nôtre ces deux infortunés.

Mais écoute le reste de nos aventures. Quand nous fûmes au milieu du fleuve, un vent si impétueux s'éleva, et un 30 nuage si affreux couvrit les airs, que nos matelots

1. On ne saurait placer quatre femmes dans chaque loge ; on en met seulement une.
2. Plusieurs eunuques vont à l'avant et à l'arrière avec des bâtons pour obliger tout le monde à se retirer. Ils crient : « *courouc* ».
3. **Boîte** : voir lettre III, note 2, page 47.

commencèrent à désespérer. Effrayées de ce péril, nous nous évanouîmes presque toutes. Je me souviens que j'entendis la voix et la dispute de nos eunuques, dont les uns disaient qu'il fallait nous avertir du péril et nous tirer de notre prison ; mais leur chef soutint toujours qu'il mourrait plutôt que de souffrir que son maître fût ainsi déshonoré, et qu'il enfoncerait un poignard dans le sein de celui qui ferait des propositions si hardies. Une de mes esclaves, toute hors d'elle, courut vers moi déshabillée, pour me secourir, mais un eunuque noir la prit brutalement et la fit rentrer dans l'endroit d'où elle était sortie. Pour lors je m'évanouis, et ne revins à moi qu'après que le péril fut passé.

Que les voyages sont embarrassants pour les femmes ! Les hommes ne sont exposés qu'aux dangers qui menacent leur vie, et nous sommes, à tous les instants, dans la crainte de perdre notre vie ou notre vertu.

Adieu, mon cher Usbek. Je t'adorerai toujours.

Du sérail de Fatmé, le 2 de la lune de Rhamazan, 1713.

REPÈRES

- Quelles lettres encadrent cette lettre XLVII ?
- En quoi cette lettre suscite-t-elle la surprise ?
- Comment cette lettre est-elle construite ? Quel en est le mouvement ?
- À quoi servent les premières lignes ?

OBSERVATION

- En quoi la campagne est-elle un lieu attractif pour les femmes ?
- Qu'introduit la troisième phrase, par l'évocation du « courouc » ?
- Comment s'organise, dans les premières phrases, le tableau exotique ?
- Qu'évoque le troisième paragraphe ? Quelle est sa tonalité ?
- Comment est fait ce récit de la tempête ? Par quels yeux voyons-nous les faits ?
- À quoi sert le dernier paragraphe ? Quelle opposition met-il en valeur ?
- Comment faut-il comprendre la déclaration d'amour qui achève la lettre ?

INTERPRÉTATIONS

Inhumanité d'Usbek

- Comment la cruauté d'Usbek est-elle mise en valeur ?
- Est-elle contrebalancée ou renforcée par le comique ?
- Sur quoi le scandale repose-t-il ?
- En quoi cette lettre approfondit-elle la psychologie d'Usbek ?

Double langage de Zachi

• Zachi adhère-t-elle au code d'honneur qui réglemente le sérail ?

• Quels passages peut-on suspecter de n'être pas sincères ? Pourquoi ?

• À quoi sert le contraste des tonalités dans ce texte ?

• À quoi cette lettre sert-elle dans l'économie générale de l'œuvre ?

DE LA LECTURE À L'ÉCRITURE

Exercice d'écriture

Zachi relate une aventure lors de laquelle elle a failli perdre la vie. Réécrivez la lettre en l'adressant à Usbek et en relatant une aventure dans laquelle elle et ses compagnes faillirent perdre la vertu, lors d'une partie de campagne.

LETTRE XLVIII

USBEK À RHÉDI, À VENISE

Ceux qui aiment à s'instruire ne sont jamais oisifs : quoique je ne sois chargé d'aucune affaire importante, je suis cependant dans une occupation continuelle. Je passe ma vie à examiner, j'écris le soir ce que j'ai remarqué, ce que j'ai vu, ce que j'ai entendu dans la journée. Tout m'intéresse, tout m'étonne : je suis comme un enfant, dont les organes encore tendres sont vivement frappés par les moindres objets.

Tu ne le croirais pas peut-être, nous sommes reçus agréablement dans toutes les compagnies et dans toutes les sociétés ; je crois devoir beaucoup à l'esprit vif et à la gaieté naturelle de Rica, qui fait qu'il recherche tout le monde, et qu'il en est également recherché. Notre air étranger n'offense plus personne ; nous jouissons même de la surprise où l'on est de nous trouver quelque politesse : car les Français n'imaginent pas que notre climat produise des hommes. Cependant, il faut l'avouer, ils valent la peine qu'on les détrompe.

J'ai passé quelques jours dans une maison de campagne auprès de Paris, chez un homme de considération, qui est ravi d'avoir de la compagnie chez lui. Il a une femme fort aimable, et qui joint à une grande modestie une gaieté que la vie retirée ôte toujours à nos dames de Perse.

Étranger que j'étais, je n'avais rien de mieux à faire que d'étudier cette foule de gens qui y abordait sans cesse, et qui me présentait toujours quelque chose de nouveau. Je remarquai d'abord un homme dont la simplicité me plut ; je m'attachai à lui, il s'attacha à moi ; de sorte que nous nous trouvions toujours l'un auprès de l'autre.

Un jour que, dans un grand cercle, nous nous entretenions en particulier, laissant les conversations générales à elles-mêmes : « Vous trouverez peut-être en moi, lui dis-je, plus de curiosité que de politesse ; mais je vous supplie d'agréer que je vous fasse quelques questions : car je m'ennuie de n'être au fait de rien et de vivre avec des gens que je ne saurais démêler. Mon esprit travaille depuis deux jours : il n'y a pas un seul de ces hommes qui ne m'ait donné deux cents fois la torture, et je ne les devinerais de mille ans : ils me sont plus invisibles que les femmes de notre grand monarque. — Vous n'avez qu'à dire, me répondit-il, et je vous instruirai de tout ce que vous souhaiterez ; d'autant mieux que je vous crois homme discret, et que vous n'abuserez pas de ma confiance.

« — Qui est cet homme, lui dis-je, qui nous a tant parlé des repas qu'il a donnés aux grands, qui est si familier avec vos ducs, et qui parle si souvent à vos ministres, qu'on me dit d'être d'un accès si difficile ? Il faut bien que ce soit un homme de qualité ; mais il a la physionomie si basse qu'il ne fait guère honneur aux gens de qualité ; et, d'ailleurs, je ne lui trouve point d'éducation. Je suis étranger ; mais il me semble qu'il y a en général une certaine politesse commune à toutes les nations ; je ne lui trouve point de celle-là. Est-ce que vos gens de qualité sont plus mal élevés que les autres ? — Cet homme, me répondit-il en riant, est un fermier[1]. Il est autant au-dessus des autres par ses richesses, qu'il est au-dessous de tout le monde par sa naissance. Il aurait la meilleure table de Paris, s'il pouvait se résoudre à ne manger jamais chez lui. Il est bien

1. **Un fermier** : un fermier général qui, sous l'Ancien Régime, avançait au roi l'argent des impôts et se chargeait ensuite de le récupérer, avec bénéfice.

impertinent, comme vous le voyez ; mais il excelle par son
60 cuisinier. Aussi n'en est-il pas ingrat : car vous avez
entendu qu'il l'a loué tout aujourd'hui.

« — Et ce gros homme vêtu de noir, lui dis-je, que cette
dame a fait placer auprès d'elle, comment a-t-il un habit si
lugubre avec un air si gai et un teint si fleuri ? Il sourit
65 gracieusement dès qu'on lui parle ; sa parure est plus
modeste, mais plus arrangée que celle de vos femmes.
— C'est, me répondit-il, un prédicateur, et, qui pis est, un
directeur[1]. Tel que vous le voyez, il en sait plus que les
maris. Il connaît le faible des femmes ; elles savent aussi
70 qu'il a le sien. — Comment ? dis-je. Il parle toujours de
quelque chose qu'il appelle *la grâce*. — Non pas toujours,
me répondit-il. À l'oreille d'une jolie femme, il parle encore
plus volontiers de sa chute[2]. Il foudroie en public ; mais il
est doux comme un agneau en particulier. — Il me semble,
75 dis-je, qu'on le distingue beaucoup, et qu'on a de grands
égards pour lui. — Comment ! si on le distingue ? C'est un
homme nécessaire, il fait la douceur de la vie retirée : petits
conseils, soins officieux, visites marquées ; il dissipe un mal
de tête mieux qu'homme du Monde ; il est excellent.

80 « — Mais, si je vous importune pas, dites-moi qui est
celui qui est vis-à-vis de nous, qui est si mal habillé ; qui
fait quelquefois des grimaces, et a un langage différent des
autres ; qui n'a pas d'esprit pour parler, mais qui parle
pour avoir de l'esprit ? — C'est, me répondit-il, un poète,
85 et le grotesque du genre humain. Ces gens-là disent qu'ils
sont nés ce qu'ils sont[3]. Cela est vrai, et aussi ce qu'ils
seront toute leur vie, c'est-à-dire presque toujours les plus

1. **Un directeur** : un directeur de conscience.
2. **Chute** : manquement à l'obligation de vertu.
3. Allusion à la citation latine anonyme : « On naît poète, on devient orateur ».

ridicules de tous les hommes. Aussi ne les épargne-t-on point : on verse sur eux le mépris à pleines mains. La famine a fait entrer celui-ci dans cette maison, et il y est bien reçu du maître et de la maîtresse, dont la bonté et la politesse ne se démentent à l'égard de personne. Il fit leur épithalame[1], lorsqu'ils se marièrent. C'est ce qu'il a fait de mieux en sa vie ; car il s'est trouvé que le mariage a été aussi heureux qu'il l'a prédit.

« Vous ne le croiriez pas peut-être, ajouta-t-il, entêté comme vous l'êtes des préjugés de l'Orient : il y a parmi nous des mariages heureux, et des femmes dont la vertu est un gardien sévère. Les gens dont nous parlons goûtent entre eux une paix qui ne peut être troublée ; ils sont aimés et estimés de tout le monde. Il n'y a qu'une chose : c'est que leur bonté naturelle leur fait recevoir chez eux toute sorte de monde ; ce qui fait qu'ils ont quelquefois mauvaise compagnie. Ce n'est pas que je les désapprouve : il faut vivre avec les hommes tels qu'ils sont ; les gens qu'on dit être de si bonne compagnie ne sont souvent que ceux dont les vices sont plus raffinés ; et peut-être en est-il comme des poisons, dont les plus subtils sont aussi les plus dangereux.

« — Et ce vieux homme, lui dis-je tout bas, qui a l'air si chagrin ? Je l'ai pris d'abord pour un étranger : car, outre qu'il est habillé autrement que les autres, il censure tout ce qui se fait en France, et n'approuve pas votre gouvernement. — C'est un vieux guerrier, me dit-il, qui se rend mémorable à tous ses auditeurs par la longueur de ses exploits. Il ne peut souffrir que la France ait gagné des batailles où il ne se soit pas trouvé, ou qu'on vante un siège où il n'ait pas monté à la tranchée. Il se croit si nécessaire

1. **Épithalame** : poème composé à l'occasion d'un mariage.

à notre histoire, qu'il s'imagine qu'elle finit où il a fini : il regarde quelques blessures qu'il a reçues, comme la
120 dissolution de la Monarchie, et, à la différence de ces philosophes qui disent qu'on ne jouit que du présent, et que le passé n'est rien, il ne jouit, au contraire, que du passé, et n'existe que dans les campagnes qu'il a faites : il respire dans les temps qui se sont écoulés, comme les héros doivent vivre
125 dans ceux qui passeront après eux. — Mais pourquoi, dis-je, a-t-il quitté le service ? — Il ne l'a point quitté, me répondit-il ; mais le service l'a quitté : on l'a employé, dans une petite place, où il racontera ses aventures le reste de ses jours ; mais il n'ira jamais plus loin : le chemin des honneurs
130 lui est fermé. — Et pourquoi ? lui dis-je. — Nous avons une maxime en France, me répondit-il : c'est de n'élever jamais les officiers dont la patience a langui dans des emplois subalternes. Nous les regardons comme des gens dont l'esprit s'est rétréci dans les détails, et qui, par l'habitude des
135 petites choses, sont devenus incapables des plus grandes. Nous croyons qu'un homme qui n'a pas les qualités d'un général à trente ans, ne les aura jamais ; que celui qui n'a pas ce coup d'œil qui montre tout d'un coup un terrain de plusieurs lieues dans toutes ses situations différentes, cette
140 présence d'esprit qui fait que, dans une victoire, on se sert de tous ses avantages, et, dans un échec, de toutes ses ressources, n'acquerra jamais ces talents. C'est pour cela que nous avons des emplois brillants pour ces hommes grands et sublimes que le ciel a partagés non seulement d'un
145 cœur, mais aussi d'un génie héroïque, et des emplois subalternes pour ceux dont les talents le sont aussi. De ce nombre sont ces gens qui ont vieilli dans une guerre obscure : ils ne réussissent tout au plus qu'à faire ce qu'ils ont fait toute leur vie, et il ne faut point commencer à les
150 charger dans le temps qu'ils s'affaiblissent. »

Un moment après, la curiosité me reprit, et je lui dis : « Je m'engage à ne vous plus faire de questions, si vous voulez encore souffrir celle-ci. Qui est ce grand jeune homme qui a des cheveux, peu d'esprit et tant d'impertinence ? D'où vient qu'il parle plus haut que les autres et se sait si bon gré d'être au monde ? — C'est un homme à bonnes fortunes[1] », me répondit-il. À ces mots, des gens entrèrent, d'autres sortirent, on se leva ; quelqu'un vint parler à mon gentilhomme, et je restai aussi peu instruit qu'auparavant. Mais, un moment après, je ne sais par quel hasard ce jeune homme se trouva auprès de moi, et, m'adressant la parole : « Il fait beau. Voudriez-vous, Monsieur, faire un tour dans le parterre ? » Je lui répondis le plus civilement qu'il me fut possible, et nous sortîmes ensemble. « Je suis venu à la campagne, me dit-il, pour faire plaisir à la maîtresse de maison, avec laquelle je ne suis pas mal. Il y a bien certaine femme dans le monde qui ne sera pas de bonne humeur. Mais qu'y faire ? Je vois les plus jolies femmes de Paris ; mais je ne me fixe pas à une, et je leur en donne bien à garder[2] : car entre vous et moi, je ne vaux pas grand-chose[3]. — Apparemment, Monsieur, lui dis-je, que vous avez quelque charge ou quelque emploi qui vous empêche d'être plus assidu auprès d'elles. — Non, Monsieur, je n'ai d'autre emploi que de faire enrager un mari ou désespérer un père ; j'aime à alarmer une femme qui croit me tenir, et la mettre à deux doigts de ma perte. Nous sommes quelques jeunes gens qui partageons ainsi tout Paris, et l'intéressons à nos moindres démarches. — À ce que je comprends, lui dis-je, vous faites plus de bruit que le guerrier le

1. **Un homme à bonnes fortunes** : un homme qui a de nombreuses conquêtes féminines.
2. « Je leur en fait accroire, je leur raconte des mensonges ».
3. **Pas grand-chose** : sans doute une allusion scabreuse à des défaillances physiques auprès des femmes.

plus valeureux, et vous êtes plus considéré qu'un grave magistrat. Si vous étiez en Perse, vous ne jouiriez pas de tous ces
180 avantages : vous deviendriez plus propre à garder nos dames qu'à leur plaire. » Le feu me monta au visage, et je crois que pour peu que j'eusse parlé, je n'aurais pu m'empêcher de le brusquer.

Que dis-tu d'un pays où l'on tolère de pareilles gens, et où l'on laisse vivre un homme qui fait un tel métier ? où l'infidélité, la
185 trahison, le rapt, la perfidie et l'injustice conduisent à la considération ? où l'on estime un homme parce qu'il ôte une fille à son père, une femme à son mari, et trouble les sociétés les plus douces et les plus saintes ? Heureux les enfants d'Hali, qui défendent leurs familles de l'opprobre et de la séduction ! La
190 lumière du jour n'est pas plus pure que le feu qui brûle dans le cœur de nos femmes ; nos filles ne pensent qu'en tremblant au jour qui doit les priver de cette vertu qui les rend semblables aux Anges et aux Puissances incorporelles. Terre natale et chérie, sur qui le soleil jette ses premiers regards, tu n'es point souillée par
195 les crimes horribles qui obligent cet astre à se cacher dès qu'il paraît dans le noir Occident !

De Paris, le 5 de la lune de Rhamazan, 1713.

LETTRE XLIX

RICA À USBEK, À ***

Étant l'autre jour dans ma chambre, je vis entrer un dervis[1] extraordinairement habillé : sa barbe descendait jusques à sa ceinture de corde ; il avait les pieds nus ; son

1. **Dervis** : derviche ; voir lettre XXIV, note 2, page 96.

habit était gris, grossier et, en quelques endroits, pointu.
5 Le tout me parut si bizarre que ma première idée fut
d'envoyer chercher un peintre pour en faire une fantaisie.

Il me fit d'abord un grand compliment, dans lequel il
m'apprit qu'il était homme de mérite, et de plus Capucin[1].
« On m'a dit, ajouta-t-il, Monsieur, que vous retournez
10 bientôt à la cour de Perse, où vous tenez un rang
distingué ; je viens vous demander votre protection, et
vous prier de nous obtenir du roi une petite habitation,
auprès de Casbin, pour deux ou trois religieux. — Mon
père, lui dis-je, vous voulez donc aller en Perse ? — Moi,
15 Monsieur ! me dit-il ; je m'en donnerai bien de garde. Je
suis ici provincial, et je ne troquerais pas ma condition
contre celle de tous les Capucins du monde. — Et que
diable me demandez-vous donc ? — C'est, me répondit-
il, que, si nous avions cet hospice, nos pères d'Italie y
20 enverraient deux ou trois de leurs religieux. — Vous les
connaissez apparemment, lui dis-je, ces religieux ? —
Non, Monsieur, je ne les connais pas. — Eh morbleu !
que vous importe donc qu'ils aillent en Perse ? C'est un
beau projet de faire respirer l'air de Casbin à deux
25 Capucins ! cela sera très utile et à l'Europe et à l'Asie ! il
est fort nécessaire d'intéresser là-dedans les monarques !
Voilà ce qui s'appelle de belles colonies ! Allez ! Vous et
vos semblables n'êtes point faits pour être transplantés, et
vous ferez bien de continuer à ramper dans les endroits
30 où vous vous êtes engendrés. »

De Paris, le 15 de la lune de Rhamazan, 1713.

1. Les capucins possédaient une maison à Ispahan.

LETTRE L

RICA À ***

J'ai vu des gens chez qui la vertu était si naturelle qu'elle ne se faisait pas même sentir : ils s'attachaient à leur devoir sans s'y plier, et s'y portaient comme par instinct. Bien loin de relever par leurs discours leurs rares qualités, il semblait
5 qu'elles n'avaient pas percé jusques à eux. Voilà les gens que j'aime ; non pas ces hommes vertueux qui semblent être étonnés de l'être, et qui regardent une bonne action comme un prodige dont le récit doit surprendre.

Si la modestie est une vertu nécessaire à ceux à qui le Ciel
10 a donné de grands talents, que peut-on dire de ces insectes qui osent faire paraître un orgueil qui déshonorerait les plus grands hommes ?

Je vois de tous côtés des gens qui parlent sans cesse d'eux-mêmes : leurs conversations sont un miroir qui présente
15 toujours leur impertinente figure. Ils vous parleront des moindres choses qui leur sont arrivées, et ils veulent que l'intérêt qu'ils y prennent les grossisse à vos yeux ; ils ont tout fait, tout vu, tout dit, tout pensé ; ils sont un modèle universel, un sujet de comparaisons inépuisable, une source
20 d'exemples qui ne tarit jamais. Oh ! que la louange est fade lorsqu'elle réfléchit vers le lieu d'où elle part !

Il y a quelques jours qu'un homme de ce caractère nous accabla pendant deux heures de lui, de son mérite et de ses talents. Mais, comme il n'y a point de mouvement perpétuel
25 dans le Monde, il cessa de parler ; la conversation nous revint donc, et nous la prîmes.

Un homme qui paraissait assez chagrin commença par se plaindre de l'ennui répandu dans les conversations. « Quoi !

toujours des sots qui se peignent eux-mêmes, et qui ramènent
30 tout à eux ? — Vous avez raison, reprit brusquement notre
discoureur. Il n'y a qu'à faire comme moi : je ne me loue
jamais ; j'ai du bien, de la naissance ; je fais de la dépense ; mes
amis disent que j'ai quelque esprit ; mais je ne parle jamais de
tout cela. Si j'ai quelques bonnes qualités, celle dont je fais le
35 plus de cas, c'est ma modestie. »

J'admirais cet impertinent, et, pendant qu'il parlait tout haut,
je disais tout bas : « Heureux celui qui a assez de vanité pour
ne dire jamais de bien de lui, qui craint ceux qui l'écoutent, et
ne compromet point son mérite avec l'orgueil des autres ! »

De Paris, le 20 de la lune de Rhamazan, 1713.

LETTRE LI

NARGUM, ENVOYÉ DE PERSE EN MOSCOVIE, À USBEK, À PARIS

On m'a écrit d'Ispahan que tu avais quitté la Perse, et
que tu étais actuellement à Paris. Pourquoi faut-il que
j'apprenne de tes nouvelles par d'autres que par toi ?

Les ordres du Roi des Rois me retiennent depuis cinq ans dans
5 ce pays-ci, où j'ai terminé plusieurs négociations importantes.

Tu sais que le Czar est le seul des princes chrétiens dont
les intérêts soient mêlés avec ceux de la Perse, parce qu'il
est ennemi des Turcs comme nous.

Son empire est plus grand que le nôtre : car on compte
10 mille lieues[1] depuis Moscou jusqu'à la dernière place de ses
États du côté de la Chine.

1. **Lieue :** environ 4 kilomètres.

Il est le maître absolu de la vie et des biens de ses sujets, qui sont tous esclaves, à la réserve de quatre familles. Le lieutenant des Prophètes, le Roi des Rois, qui a le ciel pour marchepied,
15 ne fait pas un exercice plus redoutable de sa puissance.

À voir le climat affreux de la Moscovie, on ne croirait jamais que ce fût une peine d'en être exilé ; cependant, dès qu'un grand est disgracié, on le relègue en Sibérie.

Comme la loi de notre prophète nous défend de boire du vin,
20 celle du prince le défend aux Moscovites.

Ils ont une manière de recevoir leurs hôtes qui n'est point du tout persane. Dès qu'un étranger entre dans une maison, le mari lui présente sa femme ; l'étranger la baise ; et cela passe pour une politesse faite au mari.

25 Quoique les pères, au contrat de mariage de leurs filles, stipulent ordinairement que le mari ne les fouettera pas, cependant on ne saurait croire combien les femmes moscovites aiment à être battues[1] : elles ne peuvent comprendre qu'elles possèdent le cœur de leur mari, s'il ne les bat comme il faut.
30 Une conduite opposée, de sa part, est une marque d'indifférence impardonnable.

Voici une lettre qu'une d'elles écrivit dernièrement à sa mère :

MA CHÈRE MÈRE,

Je suis la plus malheureuse femme du Monde ! Il n'y a rien
35 *que je n'aie fait pour me faire aimer de mon mari, et je n'ai jamais pu y réussir. Hier, j'avais mille affaires dans la maison ; je sortis, et je demeurai tout le jour dehors. Je crus, à mon retour, qu'il me battrait bien fort ; mais il ne me dit pas un seul mot. Ma sœur est bien autrement traitée : son mari la bat tous les*
40 *jours ; elle ne peut pas regarder un homme, qu'il ne l'assomme*

1. « Ces mœurs sont changées » (note de Montesquieu).

soudain. Ils s'aiment beaucoup aussi, et ils vivent de la meilleure intelligence du Monde.

C'est ce qui la rend si fière. Mais je ne lui donnerai pas longtemps sujet de me mépriser. J'ai résolu de me faire aimer de 45 *mon mari, à quelque prix que ce soit : je le ferai si bien enrager qu'il faudra bien qu'il me donne des marques d'amitié. Il ne sera pas dit que je ne serai pas battue, et que je vivrai dans la maison sans que l'on pense à moi. La moindre chiquenaude qu'il me donnera, je crierai de toute ma force, afin qu'on s'imagine qu'il* 50 *y va tout de bon, et je crois que, si quelque voisin venait au secours, je l'étranglerais. Je vous supplie, ma chère Mère, de vouloir bien représenter à mon mari qu'il me traite d'une manière indigne. Mon père, qui est un si honnête homme, n'agissait pas de même, et il me souvient, lorsque j'étais petite* 55 *fille, qu'il me semblait quelquefois qu'il vous aimait trop.*

Je vous embrasse, ma chère Mère.

Les Moscovites ne peuvent point sortir de l'Empire, fût-ce pour voyager. Ainsi, séparés des autres nations par les lois du pays, ils ont conservé leurs anciennes coutumes avec d'autant 60 plus d'attachement qu'ils ne croyaient pas qu'il fût possible d'en avoir d'autres.

Mais le prince[1] qui règne à présent a voulu tout changer : il a eu de grands démêlés avec eux au sujet de leur barbe ; le clergé et les moines n'ont pas moins combattu en faveur de leur 65 ignorance.

Il s'attache à faire fleurir les arts, et ne néglige rien pour porter dans l'Europe et l'Asie la gloire de sa nation, oubliée jusques ici et presque uniquement connue d'elle-même.

1. **Le prince :** le tsar Pierre le Grand (1672-1725) qui avait visité Paris en 1717.

70 Inquiet et sans cesse agité, il erre dans ses vastes États, laissant partout des marques de sa sévérité naturelle.

Il les quitte, comme s'ils ne pouvaient le contenir, et va chercher dans l'Europe d'autres provinces et de nouveaux royaumes.

Je t'embrasse, mon cher Usbek. Donne-moi de tes nouvelles, je te conjure.

De Moscou, le 2 de la lune de Chalval, 1713.

LETTRE LII

RICA À USBEK, À ***

J'étais l'autre jour dans une société où je me divertis assez bien. Il y avait là des femmes de tous les âges : une de quatre-vingts ans, une de soixante, une de quarante, qui avait une nièce de vingt à vingt-deux. Un certain instinct me fit approcher de cette dernière,
5 et elle me dit à l'oreille : « Que dites-vous de ma tante, qui, à son âge, veut avoir des amants et fait encore la jolie ? — Elle a tort, lui dis-je : c'est un dessein qui ne convient qu'à vous. » Un moment après, je me trouvai auprès de sa tante, qui me dit : « Que dites-vous de cette femme, qui a pour le moins soixante ans, qui a passé
10 aujourd'hui plus d'une heure à sa toilette ? — C'est du temps perdu, lui dis-je, et il faut avoir vos charmes pour devoir y songer. » J'allai à cette malheureuse femme de soixante ans, et la plaignais dans mon âme, lorsqu'elle me dit à l'oreille : « Y a-t-il rien de si ridicule ? Voyez cette femme qui a quatre-vingts ans, et
15 qui met des rubans couleur de feu ; elle veut faire la jeune, et elle y réussit : car cela approche de l'enfance. » — « Ah ! bon Dieu, dis-je en moi-même, ne sentirons-nous jamais que le ridicule des autres ? C'est peut-être un bonheur, disais-je ensuite, que nous trouvons de la consolation dans les faiblesses d'autrui. »

20 Cependant j'étais en train de me divertir, et je dis : « Nous avons assez monté ; descendons à présent, et commençons par la vieille qui est au sommet. » — « Madame, vous vous ressemblez si fort, cette dame à qui je viens de parler et vous, qu'il me semble que vous soyez deux sœurs, et je vous crois à peu près de même âge.
25 — Vraiment, Monsieur, me dit-elle, lorsque l'une mourra, l'autre devra avoir grand-peur : je ne crois pas qu'il y ait d'elle à moi deux jours de différence. » Quand je tins cette femme décrépite, j'allai à celle de soixante ans. « Il faut, Madame, que vous décidiez un pari que j'ai fait : j'ai gagé que cette dame et vous
30 — lui montrant la femme de quarante ans — étiez de même âge. — Ma foi, dit-elle, je ne crois pas qu'il y ait six mois de différence. — Bon, m'y voilà ; continuons. » Je descendis encore, et j'allai à la femme de quarante ans. « Madame, faites-moi la grâce de me dire si c'est pour rire que vous appelez cette demoiselle, qui est à
35 l'autre table, votre nièce ? Vous êtes aussi jeune qu'elle ; elle a même quelque chose dans le visage de passé, que vous n'avez certainement pas, et ces couleurs vives qui paraissent sur votre teint… — Attendez, me dit-elle : je suis sa tante ; mais sa mère avait pour le moins vingt-cinq ans de plus que moi : nous n'étions
40 pas de même lit ; j'ai ouï dire à feu ma sœur que sa fille et moi naquîmes la même année. — Je le disais bien, Madame, et je n'avais pas tort d'être étonné. »

Mon cher Usbek, les femmes qui se sentent finir d'avance par la perte de leurs agréments voudraient reculer vers la jeunesse[1]. 45 Eh ! comment ne chercheraient-elles pas à tromper les autres ? Elles font tous leurs efforts pour se tromper elles-mêmes et se dérober à la plus affligeante de toutes les idées.

De Paris, le 3 de la lune de Chalval[2], 1713.

1. Cette lettre rappelle le personnage de Lise chez La Bruyère (*Caractères*, III, 8).
2. *Chalval* : mois de décembre.

LETTRE LIII

ZÉLIS À USBEK, À PARIS

Jamais passion n'a été plus forte et plus vive que celle de Cosrou, eunuque blanc, pour mon esclave Zélide : il la demande en mariage avec tant de fureur que je ne puis la lui refuser. Et pourquoi ferais-je de la résistance, lorsque
5 ma mère n'en fait pas, et que Zélide elle-même paraît satisfaite de l'idée de ce mariage imposteur et de l'ombre vaine qu'on lui présente ?

Que veut-elle faire de cet infortuné, qui n'aura d'un mari que la jalousie, qui ne sortira de sa froideur que pour
10 entrer dans un désespoir inutile ; qui se rappellera toujours la mémoire de ce qu'il a été, pour la faire souvenir de ce qu'il n'est plus ; qui, toujours prêt à se donner, et ne se donnant jamais, se trompera, la trompera sans cesse, et lui fera essuyer à chaque instant tous les malheurs de sa
15 condition ?

Et quoi ! être toujours dans les images et dans les fantômes ! ne vivre que pour imaginer ! se trouver toujours auprès des plaisirs, et jamais dans les plaisirs ! languissante dans les bras d'un malheureux, au lieu de répondre à ses
20 soupirs, ne répondre qu'à ses regrets !

Quel mépris ne doit-on pas avoir pour un homme de cette espèce, fait uniquement pour garder, et jamais pour posséder ? Je cherche l'amour, et je ne le vois pas.

Je te parle librement, parce que tu aimes ma naïveté, et
25 que tu préfères mon air libre et ma sensibilité pour les plaisirs, à la pudeur feinte de mes compagnes.

Je t'ai ouï dire mille fois que les eunuques goûtent avec les femmes une sorte de volupté qui nous est inconnue ; que la

nature se dédommage de ses pertes ; qu'elle a des ressources
30 qui réparent le désavantage de leur condition ; qu'on peut
bien cesser d'être homme, mais non pas d'être sensible ; et
que, dans cet état, on est comme dans un troisième sens, où
l'on ne fait, pour ainsi dire, que changer de plaisirs.

Si cela était, je trouverais Zélide moins à plaindre : c'est
35 quelque chose de vivre avec des gens moins malheureux.

Donne-moi tes ordres là-dessus, et fais-moi savoir si tu
veux que le mariage s'accomplisse dans le sérail.

Adieu.

Du sérail d'Ispahan, le 5 de la lune de Chalval, 1713.

LETTRE LIV

RICA À USBEKI, À ***

J'étais ce matin dans ma chambre, qui, comme tu sais,
n'est séparée des autres que par une cloison fort mince, et
percée en plusieurs endroits ; de sorte qu'on entend tout ce
qui se dit dans la chambre voisine. Un homme, qui se
5 promenait à grands pas, disait à un autre : « Je ne sais ce
que c'est, mais tout tourne contre moi : il y a plus de trois
jours que je n'ai rien dit qui m'ait fait honneur, et je me suis
trouvé confondu pêle-mêle dans toutes les conversations,
sans qu'on m'ait deux fois adressé la parole. J'avais préparé
10 quelques saillies pour relever mon discours ; jamais on n'a
voulu souffrir que je les fisse venir. J'avais un conte fort joli
à faire ; mais, à mesure que j'ai voulu l'approcher, on l'a
esquivé comme si on l'avait fait exprès. J'ai quelques bons
mots, qui, depuis quatre jours, vieillissent dans ma tête,
15 sans que j'en aie pu faire le moindre usage. Si cela continue,

je crois qu'à la fin je serai un sot : il semble que ce soit mon
étoile, et que je ne puisse m'en dispenser. Hier, j'avais espéré
de briller avec trois ou quatre vieilles femmes, qui
certainement ne m'en imposent point, et je devais dire les
20 plus jolies choses du monde : je fus plus d'un quart d'heure
à diriger ma conversation ; mais elles ne tinrent jamais un
propos suivi, et elles coupèrent, comme des Parques[1]
fatales, le fil de tous mes discours. Veux-tu que je te dise ?
La réputation de bel esprit coûte bien à soutenir[2]. Je ne sais
25 comment tu as fait pour y parvenir. — Il me vient une
pensée, reprit l'autre : travaillons de concert à nous donner
de l'esprit ; associons-nous pour cela. Chaque jour, nous
nous dirons de quoi nous devons parler, et nous nous
secourrons si bien que, si quelqu'un vient nous interrompre
30 au milieu de nos idées, nous l'attirerons nous-mêmes, et, s'il
ne veut pas venir de bon gré, nous lui ferons violence. Nous
conviendrons des endroits où il faudra approuver, de ceux
où il faudra sourire, des autres où il faudra rire tout à fait
et à gorge déployée. Tu verras que nous donnerons le ton à
35 toutes les conversations, et qu'on admirera la vivacité de
notre esprit et le bonheur de nos reparties. Nous nous
protégerons par des signes de tête mutuels. Tu brilleras
aujourd'hui, demain tu seras mon second. J'entrerai avec
toi dans une maison, et je m'écrierai en te montrant : "Il
40 faut que je vous dise une réponse bien plaisante que
Monsieur vient de faire à un homme que nous avons trouvé
dans la vue." Et je me tournerai vers toi : "Il ne s'y attendait
pas, il a été bien étonné." Je réciterai quelques-uns de mes
vers, et tu diras : "J'y étais quand il les fit ; c'était dans un

1. **Parques :** dans l'Antiquité, les trois déesses de la destinée (Chloto, Achésis, Atropos) qui filent et tranchent le fil de la vie.
2. On peut penser au Cydias de La Bruyère (*Caractères*, V, 75).

45 souper, et il ne rêva pas un moment." Souvent même nous
nous raillerons, toi et moi, et l'on dira : "Voyez comme ils
s'attaquent, comme ils se défendent ! Ils ne s'épargnent pas.
Voyons comment il sortira de là. À merveille ! Quelle
présence d'esprit ! Voilà une véritable bataille." Mais on ne
50 dira pas que nous nous étions escarmouchés[1] la veille. Il
faudra acheter de certains livres qui sont des recueils de
bons mots composés à l'usage de ceux qui n'ont point
d'esprit, et qui en veulent contrefaire : tout dépend d'avoir
des modèles. Je veux qu'avant six mois nous soyons en état
55 de tenir une conversation d'une heure toute remplie de bons
mots. Mais il faudra avoir une attention : c'est de soutenir
leur fortune. Ce n'est pas assez de dire un bon mot ; il faut
le répandre et le semer partout. Sans cela, autant de perdu ;
et je t'avoue qu'il n'y a rien de si désolant que de voir une
60 jolie chose qu'on a dite mourir dans l'oreille d'un sot qui
l'entend. Il est vrai que souvent il y a une compensation, et
que nous disons aussi bien des sottises qui passent
incognito ; et c'est la seule chose qui peut nous consoler
dans cette occasion. Voilà, mon cher, le parti qu'il nous faut
65 prendre. Fais ce que je te dirai, et je te promets avant six
mois une place à l'Académie. C'est pour te dire que le
travail ne sera pas long : car pour lors tu pourras renoncer
à ton art ; tu seras homme d'esprit malgré que tu en aies.
On remarque en France que, dès qu'un homme entre dans
70 une compagnie, il prend d'abord ce qu'on appelle *l'esprit
du corps*. Tu seras de même, et je ne crains pour toi que
l'embarras des applaudissements. »

De Paris, le 6 de la lune de Zilcadé, 1714.

1. **Escarmouchés** : accrochés. L'escarmouche est une petite altercation.

LETTRE LV

RICA À IBBEN, À SMYRNE

Chez les peuples d'Europe, le premier quart d'heure du mariage aplanit toutes les difficultés : les dernières faveurs sont toujours de même date que la bénédiction nuptiale ; les femmes n'y font point comme nos
5 Persanes, qui disputent le terrain quelquefois des mois entiers ; il n'y a rien de si plénier[1] : si elles ne perdent rien, c'est qu'elles n'ont rien à perdre ; mais on sait toujours, chose honteuse ! le moment de leur défaite, et, sans consulter les astres, on peut prédire au juste l'heure
10 de la naissance de leurs enfants.

Les Français ne parlent presque jamais de leurs femmes : c'est qu'ils ont peur d'en parler devant des gens qui les connaissent mieux qu'eux.

Il y a parmi eux des hommes très malheureux que
15 personne ne console : ce sont les maris jaloux. Il y en a que tout le monde hait : ce sont les maris jaloux. Il y en a que tous les hommes méprisent : ce sont encore les maris jaloux.

Aussi n'y a-t-il point de pays où ils soient en si petit nombre que chez les Français. Leur tranquillité n'est pas
20 fondée sur la confiance qu'ils ont en leurs femmes ; c'est, au contraire, sur la mauvaise opinion qu'ils en ont. Toutes les sages précautions des Asiatiques, les voiles qui les couvrent, les prisons où elles sont détenues, la vigilance des eunuques, leur paraissent des moyens plus propres à
25 exercer l'industrie de ce sexe qu'à la lasser. Ici les maris prennent leur parti de bonne grâce, et regardent les

1. **Plénier** : se dit des choses qui se passent sans difficulté (expression gasconne).

infidélités comme des coups d'une étoile[1] inévitable. Un mari qui voudrait seul posséder sa femme serait regardé comme un perturbateur de la joie publique, et comme un
30 insensé qui voudrait jouir de la lumière du soleil à l'exclusion des autres hommes.

Ici un mari qui aime sa femme est un homme qui n'a pas assez de mérite pour se faire aimer d'une autre ; qui abuse de la nécessité de la loi pour suppléer aux agréments qui
35 lui manquent ; qui se sert de tous ses avantages au préjudice d'une société entière ; qui s'approprie ce qui ne lui avait été donné qu'en engagement, et qui agit autant qu'il est en lui pour renverser une convention tacite qui fait le bonheur de l'un et de l'autre sexe. Ce titre de mari
40 d'une jolie femme, qui se cache en Asie avec tant de soin, se porte ici sans inquiétude : on se sent en état de faire diversion partout. Un prince se console de la perte d'une place par la prise d'une autre. Dans le temps que le Turc nous prenait Bagdad, n'enlevions-nous pas au Mogol la
45 forteresse de Candahar[2] ?

Un homme qui, en général, souffre les infidélités de sa femme n'est point désapprouvé ; au contraire, on le loue de sa prudence : il n'y a que les cas particuliers qui déshonorent.
50 Ce n'est pas qu'il n'y ait des dames vertueuses, et on peut dire qu'elles sont distinguées : mon conducteur me les faisait toujours remarquer. Mais elles étaient toutes si laides qu'il faut être un saint pour ne pas haïr la vertu.

Après ce que je t'ai dit des mœurs de ce pays-ci, tu
55 t'imagines facilement que les Français ne s'y piquent guère

1. **Étoile** : la fatalité.
2. **Candahar** : allusion à la prise de Bagdad par les Turcs (1638) et à celle de Kandahar par les Persans (1649). Le Grand Mogol règne en Inde.

de constance. Ils croient qu'il est aussi ridicule de jurer à une femme qu'on l'aimera toujours, que de soutenir qu'on se portera toujours bien, ou qu'on sera toujours heureux. Quand ils promettent à une femme qu'ils l'aimeront toujours, ils supposent qu'elle, de son côté, leur promet d'être toujours aimable, et, si elle manque à sa parole, ils ne se croient plus engagés à la leur.

De Paris, le 7 de la lune de Zilcadé, 1714.

LETTRE LVI

USBEK À IBBEN, À SMYRNE

Le jeu est très en usage en Europe : c'est un état que d'être joueur ; ce seul titre tient lieu de naissance, de bien, de probité : il met tout homme qui le porte au rang des honnêtes gens, sans examen, quoiqu'il n'y ait personne qui ne sache qu'en jugeant ainsi, il s'est trompé très souvent ; mais on est convenu d'être incorrigible.

Les femmes y sont surtout très adonnées. Il est vrai qu'elles ne s'y livrent guère dans leur jeunesse que pour favoriser une passion plus chère ; mais, à mesure qu'elles vieillissent, leur passion pour le jeu semble rajeunir, et cette passion remplit tout le vide des autres.

Elles veulent ruiner leurs maris, et, pour y parvenir, elles ont des moyens pour tous les âges, depuis la tendre jeunesse jusques à la vieillesse la plus décrépite : les habits et les équipages commencent le dérangement ; la coquetterie l'augmente ; le jeu l'achève.

J'ai vu souvent neuf ou dix femmes, ou plutôt neuf ou dix siècles rangés autour d'une table ; je les ai vues dans

leurs espérances, dans leurs craintes, dans leurs joies,
20 surtout dans leurs fureurs. Tu aurais dit qu'elles
n'auraient jamais le temps de s'apaiser, et que la vie allait
les quitter avant leur désespoir ; tu aurais été en doute si
ceux qu'elles payaient étaient leurs créanciers ou leurs
légataires[1].

25 Il semble que notre saint Prophète ait eu principalement
en vue de nous priver de tout ce qui peut troubler notre
raison : il nous a interdit l'usage du vin, qui la tient
ensevelie ; il nous a, par un précepte exprès, défendu les
jeux de hasard[2] ; et, quand il lui a été impossible d'ôter la
30 cause des passions, il les a amorties. L'amour, parmi nous,
ne porte ni trouble ni fureur ; c'est une passion
languissante, qui laisse notre âme dans le calme : la
pluralité des femmes nous sauve de leur empire ; elle
tempère la violence de nos désirs.

De Paris, le 10 de la lune de Zilhagé, 1714.

LETTRE LVII

USBEK À RHÉDI, À VENISE

 Les libertins entretiennent ici un nombre infini de filles de
joie, et les dévôts, un nombre innombrable de dervis[3]. Ces
dervis font trois vœux : d'obéissance, de pauvreté et de

1. **Leurs légataires** : leurs héritiers.
2. « Ô croyants, le vin, les jeux de hasard, les statues et le sort des flèches sont une abomination inventée par Satan. Abstenez-vous-en. » (Coran, V, 92.)
3. **Dervis** : voir lettre XXIV, note 2, page 96.

chasteté. On dit que le premier est le mieux observé de
5 tous ; quant au second, je te réponds qu'il ne l'est point ; je
te laisse à juger du troisième.

Mais, quelques riches que soient ces dervis, ils ne
quittent jamais la qualité de pauvres ; notre glorieux
sultan renoncerait plutôt à ses magnifiques et sublimes
10 titres. Ils ont raison : car ce titre de pauvre les empêche
de l'être.

Les médecins et quelques-uns de ces dervis qu'on
appelle *confesseurs* sont toujours ici ou trop estimés ou
trop méprisés ; cependant on dit que les héritiers
15 s'accommodent mieux des médecins que des
confesseurs.

Je fus l'autre jour dans un couvent de ces dervis. Un
d'entre eux, vénérable par ses cheveux blancs,
m'accueillit fort honnêtement ; il me fit voir toute la
20 maison ; nous entrâmes dans le jardin, et nous nous
mîmes à discourir. « Mon père, lui dis-je, quel emploi
avez-vous dans la communauté ? — Monsieur, me
répondit-il avec un air très content de ma question, je
suis casuiste[1]. — Casuiste ? repris-je : depuis que je suis
25 en France, je n'ai pas ouï parler de cette charge. —
Quoi ! vous ne savez pas ce que c'est qu'un casuiste ? Eh
bien ! écoutez : je vais vous en donner une idée qui ne
vous laissera rien à désirer. Il y a deux sortes de péchés :
de mortels, qui excluent absolument du Paradis ; et de
30 véniels, qui offensent Dieu à la vérité, mais ne l'irritent
pas au point de nous priver de la béatitude. Or tout
notre art consiste à bien distinguer ces deux sortes de
péchés : car, à la réserve de quelques libertins, tous les

1. **Casuiste** : théologien qui s'applique à résoudre les cas de conscience.

chrétiens veulent gagner le Paradis ; mais il n'y a guère
35 personne qui ne le veuille gagner à meilleur marché qu'il
est possible. Quand on connaît bien les péchés mortels,
on tâche de ne pas commettre de ceux-là, et l'on fait son
affaire. Il y a des hommes qui n'aspirent pas à une si
grande perfection, et, comme ils n'ont point d'ambition,
40 ils ne se soucient pas des premières places. Aussi
entrent-ils en Paradis le plus juste qu'ils peuvent ;
pourvu qu'ils y soient, cela leur suffit : leur but est de
n'en faire ni plus ni moins[1]. Ce sont des gens qui
ravissent le ciel, plutôt qu'ils ne l'obtiennent, et qui
45 disent à Dieu : "Seigneur, j'ai accompli les conditions à
la rigueur ; vous ne pouvez vous empêcher de tenir vos
promesses : comme je n'en ai pas fait plus que vous n'en
avez demandé, je vous dispense de m'en accorder plus
que vous n'en avez promis." Nous sommes donc des
50 gens nécessaires, Monsieur. Ce n'est pas tout pourtant ;
vous allez bien voir autre chose. L'action ne fait pas le
crime, c'est la connaissance de celui qui la commet :
celui qui fait un mal, tandis qu'il peut croire que ce n'en
est pas un, est en sûreté de conscience ; et comme il y a
55 un nombre infini d'actions équivoques, un casuiste peut
leur donner un degré de bonté qu'elles n'ont point, en
les déclarant bonnes ; et, pourvu qu'il puisse persuader
qu'elles n'ont pas de venin, il le leur ôte tout entier. Je
vous dis ici le secret d'un métier où j'ai vieilli ; je vous
60 en fait voir les raffinements : il y a un tour à donner à
tout, même aux choses qui en paraissent les moins
susceptibles. — Mon père, lui dis-je, cela est fort bon ;

1. On peut penser aux *Provinciales* de Pascal, où les casuistes sont accusés de complaisance à l'égard des plus fortunés.

mais comment vous accommodez-vous avec le Ciel ? Si le Sophi[1] avait à sa cour un homme qui fît à son égard ce que vous faites contre votre Dieu, qui mît de la différence entre ses ordres, et qui apprît à ses sujets dans quel cas ils doivent les exécuter, et dans quel autre ils peuvent les violer, il le ferait empaler sur l'heure. » Je saluai mon dervis et le quittai sans attendre sa réponse.

De Paris, le 23 de la lune de Maharram, 1714.

1. **Sophi :** prince de la Perse.

REPÈRES

• Quelles lettres encadrent cette lettre LVII ? Quels en sont les épistoliers ? Quels en sont les thèmes ?
• Quel est le thème de cette lettre ?
• Cette lettre relève-t-elle de la satire ? Justifiez votre réponse.
• Quel est le ton de cette lettre ?
• À quelles lettres précédentes pouvez-vous relier cette lettre LVII ?

OBSERVATION

• Observez les sujets grammaticaux sur lesquels s'ouvrent les deux premières phrases ? N'y a-t-il rien qui vous surprenne ?
• À quoi sert le mot « dervis » dans cette lettre ?
• Sur quel procédé d'écriture le premier paragraphe de cette lettre se fonde-t-il ?
• Dans les deux premiers courts paragraphes de la lettre, la critique vous paraît-elle violente ou modérée ? Justifiez votre réponse en examinant l'écriture et en essayant de nommer une ou deux figures de style exploitées en cet endroit par Montesquieu.
• Pourquoi Montesquieu use-t-il, par la suite, du discours direct ?
• Est-il important que le père jésuite parle au discours direct ? En quoi ?

INTERPRÉTATIONS

Une vision « janséniste » des jésuites
• Pascal, avant Montesquieu, a attaqué les jésuites en leur reprochant leur corruption et leur laxisme : ces griefs apparaissent-ils également dans la lettre LVII ? Quelles expressions en témoignent ?

• À votre avis, Montesquieu reproduit-il les paroles du casuiste ou les invente-t-il pour les placer dans sa bouche ?

• Comment Pascal procède-t-il dans le texte p. 433 de cette édition ? Comparez la stratégie de Pascal à celle de Montesquieu : qu'en déduisez-vous ?

• Quelle figure de pensée le discours direct exploite-t-il aussi bien dans les *Provinciales* de Pascal que dans cette lettre ?

• Montesquieu n'est pourtant pas janséniste : pourquoi se place-t-il quand même du côté de Pascal lorsqu'il s'agit de critiquer le clergé catholique, et notamment les membres de la Compagnie de Jésus ?

• À quelle obédience religieuse Montesquieu appartient-il par ses origines familiales ? Par son mariage ? (Reportez-vous à sa biographie p. 10 pour répondre à cette question.)

DE LA LECTURE À L'ÉCRITURE

Exercice d'écriture

Vous êtes Usbek et vous rencontrez l'abbé Pierre ou mère Thérésa. Réécrivez la lettre en donnant la parole à l'un de ces deux personnages.

LETTRE LVIII

RICA À RHÉDI, À VENISE

À Paris, mon cher Rhédi, il y a bien des métiers. Là un homme obligeant vient, pour un peu d'argent, vous offrir le secret de faire de l'or.

Un autre vous promet de vous faire coucher avec les
5 Esprits aériens, pourvu que vous soyez seulement trente ans sans voir de femmes.

Vous trouverez encore des devins si habiles qu'ils vous diront toute votre vie, pourvu qu'ils aient seulement eu un quart d'heure de conversation avec vos domestiques.

10 Des femmes adroites font de la virginité une fleur qui fleurit et renaît tous les jours, et se cueille la centième fois plus douloureusement que la première.

Il y en a d'autres qui, réparant par la force de leur art toutes les injures du temps, savent rétablir sur un visage
15 une beauté qui chancelle, et même rappeler une femme du sommet de la vieillesse pour la faire redescendre jusqu'à la jeunesse la plus tendre.

Tous ces gens-là vivent, ou cherchent à vivre dans une ville qui est la mère de l'invention.

20 Les revenus des citoyens ne s'y afferment point : ils ne consistent qu'en esprit et en industrie ; chacun a la sienne, qu'il fait valoir de son mieux.

Qui voudrait nombrer tous les gens de loi qui poursuivent le revenu de quelque mosquée, aurait aussitôt
25 compté les sables de la mer et les esclaves de notre monarque.

Un nombre infini de maîtres de langues, d'arts et de sciences, enseignent ce qu'ils ne savent pas, et ce talent est

bien considérable : car il ne faut pas beaucoup d'esprit
30 pour montrer ce qu'on sait ; mais il en faut infiniment pour
enseigner ce qu'on ignore.

On ne peut mourir ici que subitement ; la mort ne saurait
autrement exercer son empire : car il y a dans tous les coins
des gens qui ont des remèdes infaillibles contre toutes les
35 maladies imaginables.

Toutes les boutiques sont tendues de fils invisibles, où se
vont prendre tous les acheteurs. L'on en sort pourtant
quelquefois à bon marché : une jeune marchande cajole un
homme une heure entière pour lui faire acheter un paquet
40 de cure-dents.

Il n'y a personne qui ne sorte de cette ville plus
précautionné qu'il n'y est entré : à force de faire part de
son bien aux autres, on apprend à le conserver ; seul
avantage des étrangers dans cette ville enchanteresse.

De Paris, le 10 de la lune de Saphar, 1714.

LETTRE LIX

RICA À USBEK, À ***

J'étais l'autre jour dans une maison où il y avait un
cercle de gens de toute espèce : je trouvai la conversation
occupée par deux vieilles femmes, qui avaient en vain
travaillé tout le matin à se rajeunir. « Il faut avouer, disait
5 une d'entre elles, que les hommes d'aujourd'hui sont bien
différents de ceux que nous voyions dans notre jeunesse :
ils étaient polis, gracieux, complaisants. Mais, à présent,
je les trouve d'une brutalité insupportable. — Tout est
changé, dit pour lors un homme qui paraissait accablé de

10 goutte. Le temps n'est plus comme il était : il y a quarante ans, tout le monde se portait bien ; on marchait ; on était gai ; on ne demandait qu'à rire et à danser. À présent, tout le monde est d'une tristesse insupportable. » Un moment après, la conversation tourna du côté de la politique.

15 « Morbleu ! dit un vieux seigneur, l'État n'est plus gouverné : trouvez-moi à présent un ministre comme M. Colbert. Je le connaissais beaucoup, ce M. Colbert : il était de mes amis ; il me faisait toujours payer de mes pensions avant qui que ce fût. Le bel ordre qu'il y avait

20 dans les finances ! Tout le monde était à son aise. Mais aujourd'hui je suis ruiné. — Monsieur, dit pour lors un ecclésiastique, vous parlez là du temps le plus miraculeux de notre invincible monarque. Y a-t-il rien de si grand que ce qu'il faisait alors pour détruire l'hérésie[1] ? — Et

25 comptez-vous pour rien l'abolition des duels ? dit, d'un air content, un autre homme qui n'avait point encore parlé. — La remarque est judicieuse, me dit quelqu'un à l'oreille : cet homme est charmé de l'édit, et il l'observe si bien qu'il y a six mois qu'il reçut cent coups de bâton

30 pour ne le pas violer. »

Il me semble, Usbek, que nous ne jugeons jamais des choses que par un retour secret que nous faisons sur nous-mêmes. Je ne suis pas surpris que les nègres peignent le diable d'une blancheur éblouissante et leurs dieux noirs

35 comme du charbon ; que la Vénus de certains peuples ait des mamelles qui lui pendent jusques aux cuisses ; et qu'enfin tous les idolâtres aient représenté leurs dieux avec une figure humaine et leur aient fait part de toutes leurs

1. **L'hérésie** : notamment le protestantisme et le jansénisme.

inclinations. On a dit fort bien que, si les triangles faisaient
40 un dieu, ils lui donneraient trois côtés[1].

Mon cher Usbek, quand je vois des hommes qui
rampent sur un atome, c'est-à-dire la Terre, qui n'est
qu'un point de l'Univers, se proposer directement pour
modèles de la Providence, je ne sais comment accorder
45 tant d'extravagance avec tant de petitesse.

De Paris, le 14 de la lune de Saphar, 1714.

LETTRE LX

USBEK À IBBEN, À SMYRNE

Tu me demandes s'il y a des Juifs en France ? Sache que,
partout où il y a de l'argent, il y a des Juifs. Tu me demandes
ce qu'ils y font ? Précisément ce qu'ils font en Perse : rien ne
ressemble plus à un Juif d'Asie qu'un Juif européen.

5 Ils font paraître chez les Chrétiens, comme parmi nous,
une obstination invincible pour leur religion, qui va
jusques à la folie.

La religion juive est un vieux tronc qui a produit deux
branches qui ont couvert toute la terre : je veux dire le
10 Mahométisme et le Christianisme ; ou plutôt c'est une
mère qui a engendré deux filles qui l'ont accablée de mille
plaies : car, en fait de religion, les plus proches sont les plus
grandes ennemies. Mais, quelque mauvais traitement
qu'elle en ait reçu, elle ne laisse pas de se glorifier de les
15 avoir mises au monde ; elle se sert de l'une et de l'autre

1. Attaque contre l'anthropomorphisme. Elle vient de Spinoza.

pour embrasser le Monde entier, tandis que, d'un autre côté, sa vieillesse embrasse tous les temps.

Les Juifs se regardent donc comme la source de toute sainteté et l'origine de toute religion. Ils nous regardent, au contraire, comme des hérétiques qui ont changé la Loi, ou plutôt comme des Juifs rebelles.

Si le changement s'était fait insensiblement, ils croient qu'ils auraient été facilement séduits ; mais, comme il s'est fait tout à coup et d'une manière violente, comme ils peuvent marquer le jour et l'heure de l'une et de l'autre naissance, ils se scandalisent de trouver en nous des âges, et se tiennent fermes à une religion que le Monde même n'a pas précédée.

Ils n'ont jamais eu dans l'Europe un calme pareil à celui dont ils jouissent. On commence à se défaire parmi les Chrétiens de cet esprit d'intolérance qui les animait. On s'est mal trouvé, en Espagne, de les avoir chassés[1], et, en France, d'avoir fatigué[2] des Chrétiens dont la croyance différait un peu de celle du prince[3]. On s'est aperçu que le zèle pour les progrès de la religion est différent de l'attachement qu'on doit avoir pour elle ; et que, pour l'aimer et l'observer, il n'est pas nécessaire de haïr et de persécuter ceux qui ne l'observent pas.

Il serait à souhaiter que nos musulmans pensassent aussi sensément sur cet article que les Chrétiens ; que l'on pût, une bonne fois, faire la paix entre Hali et Abubeker[4] et laisser à Dieu le soin de décider des mérites de ces saints prophètes. Je voudrais qu'on les honorât par des actes de vénération et de respect, et non pas par de vaines

1. Les juifs en ont été chassés en 1492.
2. **Fatigué** : importuné.
3. Allusion à la révocation de l'édit de Nantes (1685).
4. Allusion au schisme musulman entre chiites et sunnites.

préférences ; et qu'on cherchât à mériter leur faveur,
45 quelque place que Dieu leur ait marquée, soit à sa droite,
ou bien sous le marchepied de son trône.

De Paris, le 18 de la lune de Saphar, 1714.

LETTRE LXI

USBEK À RHÉDI, À VENISE

J'entrai l'autre jour dans une église fameuse qu'on
appelle *Notre-Dame*. Pendant que j'admirais ce superbe
édifice, j'eus occasion de m'entretenir avec un
ecclésiastique que la curiosité y avait attiré comme moi. La
5 conversation tomba sur la tranquillité de sa profession.

« La plupart des gens, me dit-il, envient le bonheur de
notre état, et ils ont raison. Cependant il a ses
désagréments. Nous ne sommes point si séparés du monde
que nous n'y soyons appelés en mille occasions ; là, nous
10 avons un rôle très difficile à soutenir.

« Les gens du monde sont étonnants : ils ne peuvent
souffrir notre approbation, ni nos censures : si nous les
voulons corriger, ils nous trouvent ridicules ; si nous les
approuvons, ils nous regardent comme des gens au-
15 dessous de notre caractère. Il n'y a rien de si humiliant que
de penser qu'on a scandalisé les impies mêmes. Nous
sommes donc obligés de tenir une conduite équivoque et
d'en imposer aux libertins, non pas par un caractère
décidé, mais par l'incertitude où nous les mettons de la
20 manière dont nous recevons leurs discours. Il faut avoir
beaucoup d'esprit pour cela : cet état de neutralité est
difficile. Les gens du monde, qui hasardent tout, qui se

livrent à toutes leurs saillies, qui, selon le succès, les poussent ou les abandonnent, réussissent bien mieux.

25 « Ce n'est pas tout : cet état si heureux et si tranquille, que l'on vante tant, nous ne le conservons pas dans le monde. Dès que nous y paraissons, on nous fait disputer : on nous fait entreprendre, par exemple, de prouver l'utilité de la prière à un homme qui ne croit pas en Dieu, la
30 nécessité du jeûne à un autre qui a nié toute sa vie l'immortalité de l'âme : l'entreprise est laborieuse, et les rieurs ne sont pas pour nous. Il y a plus : une certaine envie d'attirer les autres dans nos opinions nous tourmente sans cesse et est, pour ainsi dire, attachée à notre profession.
35 Cela est aussi ridicule que si on voyait les Européens travailler, en faveur de la nature humaine, à blanchir le visage des Africains. Nous troublons l'État, nous nous tourmentons nous-mêmes pour faire recevoir des points de religion qui ne sont point fondamentaux, et nous
40 ressemblons à ce conquérant de la Chine qui poussa ses sujets à une révolte générale pour les avoir voulu obliger à se rogner les cheveux ou les ongles[1].

« Le zèle même que nous avons pour faire remplir à ceux dont nous sommes chargés les devoirs de notre sainte
45 religion, est souvent dangereux, et il ne saurait être accompagné de trop de prudence. Un empereur nommé *Théodose*[2] fit passer au fil de l'épée tous les habitants d'une ville, même les femmes et les enfants ; s'étant ensuite présenté pour entrer dans une église, un évêque nommé

1. Allusion à la conquête de la Chine par les Tartares en 1643. Cette anecdote viendrait des *Nouveaux Voyages autour du monde*, de Dampier (1698).
2. **Théodose** : Théodose I[er] conquit Thessalonique en 390. Il en massacra les habitants. Selon la légende, saint Ambroise lui interdit d'entrer dans la cathédrale de Milan.

50 *Ambroise* lui fit fermer les portes, comme à un meurtrier et un sacrilège ; et, en cela, il fit une action héroïque. Cet empereur, ayant ensuite fait la pénitence qu'un tel crime exigeait, étant admis dans l'église, alla se placer parmi les prêtres ; le même évêque l'en fit sortir, et, en cela, il fit
55 l'action d'un fanatique : tant il est vrai que l'on doit se défier de son zèle. Qu'importait à la religion ou à l'État que ce prince eût ou n'eût pas une place parmi les prêtres ? »

De Paris, le premier de la lune de Rebiab 1, 1714.

LETTRE LXII

ZÉLIS À USBEK, À PARIS

Ta fille ayant atteint sa septième année, j'ai cru qu'il était temps de la faire passer dans les appartements intérieurs du sérail, et de ne point attendre qu'elle ait dix ans pour la confier aux eunuques noirs. On ne saurait de trop bonne
5 heure priver une jeune personne des libertés de l'enfance, et lui donner une éducation sainte dans les sacrés murs où la pudeur habite.

Car je ne puis être de l'avis de ces mères qui ne renferment leurs filles que lorsqu'elles sont sur le point de
10 leur donner un époux ; qui, les condamnant au sérail plutôt qu'elles ne les y consacrent, leur font embrasser violemment une manière de vie qu'elles auraient dû leur inspirer. Faut-il tout attendre de la force de la raison, et rien de la douceur de l'habitude ?

15 C'est en vain que l'on nous parle de la subordination où la Nature nous a mises. Ce n'est pas assez de nous la faire sentir : il faut nous la faire pratiquer, afin qu'elle nous soutienne dans ce temps critique où les passions commencent à naître et à nous encourager à l'indépendance.

20 Si nous n'étions attachées à vous que par le devoir, nous pourrions quelquefois l'oublier. Si nous n'y étions entraînées que par le penchant, peut-être un penchant plus fort pourrait l'affaiblir. Mais, quand les lois nous donnent à un homme, elles nous dérobent à tous les autres et nous
25 mettent aussi loin d'eux que si nous en étions à cent mille lieues.

La Nature, industrieuse en faveur des hommes, ne s'est pas bornée à leur donner les désirs : elle a voulu que nous

en eussions nous-mêmes, et que nous fussions des
30 instruments animés de leur félicité ; elle nous a mises dans
le feu des passions, pour les faire vivre tranquilles ; s'ils
sortent de leur insensibilité, elle nous a destinées à les y
faire rentrer, sans que nous puissions jamais goûter cet
heureux état où nous les mettons.

35 Cependant, Usbek, ne t'imagine pas que ta situation soit
plus heureuse que la mienne : j'ai goûté ici mille plaisirs
que tu ne connais pas ; mon imagination a travaillé sans
cesse à m'en faire connaître le prix : j'ai vécu, et tu n'as fait
que languir.

40 Dans la prison même où tu me retiens, je suis plus libre
que toi : tu ne saurais redoubler tes attentions pour me
faire garder, que je ne jouisse de tes inquiétudes ; et tes
soupçons, ta jalousie, tes chagrins, sont autant de marques
de ta dépendance.

45 Continue, cher Usbek : fais veiller sur moi nuit et jour ;
ne te fie pas même aux précautions ordinaires ; augmente
mon bonheur en assurant le tien ; et sache que je ne
redoute rien que ton indifférence.

Du sérail d'Ispahan, le 2 de la lune de Reibab 1, 1714.

LETTRE LXIII

RICA À USBEK, À***

Je crois que tu veux passer ta vie à la campagne : je ne te
perdais au commencement que pour deux ou trois jours, et
en voilà quinze que je ne t'ai vu. Il est vrai que tu es dans
une maison charmante, que tu y trouves une société qui te

5 convient, que tu y raisonnes tout à ton aise : il n'en faut pas davantage pour te faire oublier tout l'Univers.

Pour moi, je mène à peu près la même vie que tu m'as vu mener : je me répands dans le monde, et je cherche à le connaître. Mon esprit perd insensiblement tout ce qui lui
10 reste d'asiatique, et se plie sans effort aux mœurs européennes. Je ne suis plus si étonné de voir dans une maison cinq ou six femmes avec cinq ou six hommes, et je trouve que cela n'est pas mal imaginé.

Je le puis dire : je ne connais les femmes que depuis que
15 je suis ici ; j'en ai plus appris dans un mois que je n'aurais fait en trente ans dans un sérail.

Chez nous, les caractères sont tous uniformes, parce qu'ils sont forcés : on ne voit point les gens tels qu'ils sont, mais tels qu'on les oblige d'être. Dans cette servitude du
20 cœur et de l'esprit, on n'entend parler que la crainte, qui n'a qu'un langage, et non pas la nature, qui s'exprime si différemment, et qui paraît sous tant de formes.

La dissimulation, cet art parmi nous si pratiqué et si nécessaire, est ici inconnue : tout parle, tout se voit, tout
25 s'entend ; le cœur se montre comme le visage ; dans les mœurs, dans la vertu, dans le vice même, on aperçoit toujours quelque chose de naïf.

Il faut, pour plaire aux femmes, un certain talent différent de celui qui leur plaît encore davantage : il
30 consiste dans une espèce de badinage[1] dans l'esprit qui les amuse en ce qu'il semble leur promettre à chaque instant ce qu'on ne peut tenir que dans de trop longs intervalles.

Ce badinage, naturellement fait pour les toilettes, semble être parvenu à former le caractère général de la Nation : on

1. **Badinage** : art de plaisanter pour plaire.

35 badine au Conseil ; on badine à la tête d'une armée ; on badine avec un ambassadeur. Les professions ne paraissent ridicules qu'à proportion du sérieux qu'on y met : un médecin ne le serait plus si ses habits étaient moins lugubres, et s'il tuait ses malades en badinant.

De Paris, le 10 de la lune de Rebiab 1, 1714.

LETTRE LXIV

LE CHEF DES EUNUQUES NOIRS À USBEK, À PARIS

Je suis dans un embarras que je ne saurais t'exprimer, magnifique seigneur : le sérail est dans un désordre et une confusion épouvantables ; la guerre règne entre tes femmes ; tes eunuques sont partagés ; on n'entend que
5 plaintes, que murmures, que reproches ; mes remontrances sont méprisées : tout semble permis dans ce temps de licence[1], et je n'ai plus qu'un vain titre dans le sérail.

Il n'y a aucune de tes femmes qui ne se juge au-dessus des autres par sa naissance, par sa beauté, par ses richesses, par
10 son esprit, par ton amour, et qui ne fasse valoir quelques-uns de ces titres pour avoir toutes les préférences. Je perds à chaque instant cette longue patience avec laquelle, néanmoins, j'ai eu le malheur de les mécontenter toutes : ma prudence, ma complaisance même, (vertu si rare et si
15 étrangère dans le poste que j'occupe), ont été inutiles.

Veux-tu que je te découvre, magnifique seigneur, la cause de tous ces désordres ? Elle est toute dans ton cœur et dans

1. **Licence** : liberté exagérée.

les tendres égards que tu as pour elles. Si tu ne me retenais pas la main ; si, au lieu de la voie des remontrances, tu me laissais celle des châtiments ; si, sans te laisser attendrir à leurs plaintes et à leurs larmes, tu les envoyais pleurer devant moi, qui ne m'attendris jamais, je les façonnerais bientôt au joug qu'elles doivent porter, et je lasserais leur humeur impérieuse et indépendante.

Enlevé dès l'âge de quinze ans au fond de l'Afrique, ma patrie, je fus d'abord vendu à un maître qui avait plus de vingt femmes ou concubines. Ayant jugé à mon air grave et taciturne que j'étais propre au sérail, il ordonna que l'on achevât de me rendre tel, et me fit faire une opération pénible dans les commencements, mais qui me fut heureuse dans la suite, parce qu'elle m'approcha de l'oreille, et de la confiance de mes maîtres. J'entrai dans ce sérail, qui fut pour moi un nouveau monde. Le premier eunuque, l'homme le plus sévère que j'aie vu de ma vie, y gouvernait avec un empire absolu. On n'y entendait parler ni de divisions, ni de querelles : un silence profond régnait partout ; toutes ces femmes étaient couchées à la même heure, d'un bout de l'année à l'autre, et levées à la même heure ; elles entraient dans le bain tour à tour ; elles en sortaient au moindre signe que nous leur en faisions ; le reste du temps, elles étaient presque toujours enfermées dans leurs chambres. Il avait une règle, qui était de les faire tenir dans une grande propreté, et il avait pour cela des attentions inexprimables : le moindre refus d'obéir était puni sans miséricorde. « Je suis, disait-il, esclave ; mais je le suis d'un homme qui est votre maître et le mien, et j'use du pouvoir qu'il m'a donné sur vous : c'est lui qui vous châtie, et non pas moi, qui ne fais que prêter ma main. » Ces femmes n'entraient jamais dans la chambre de mon maître qu'elles n'y fussent appelées ; elles recevaient cette

grâce avec joie et s'en voyaient privées sans se plaindre. Enfin, moi, qui étais le dernier des noirs dans ce sérail tranquille, j'étais mille fois plus respecté que je ne le suis dans le tien, où je les commande tous.

55 Dès que ce grand eunuque eut connu mon génie, il tourna les yeux de mon côté ; il parla de moi à mon maître, comme d'un homme capable de travailler selon ses vues, et de lui succéder dans le poste qu'il remplissait. Il ne fut point étonné de ma grande jeunesse : il crut que mon
60 attention me tiendrait lieu d'expérience. Que te dirai-je ? Je fis tant de progrès dans sa confiance qu'il ne faisait plus difficulté de mettre dans mes mains les clefs des lieux terribles qu'il gardait depuis si longtemps. C'est sous ce grand maître que j'appris l'art difficile de commander, et
65 que je me formai aux maximes d'un gouvernement inflexible. J'étudiai sous lui le cœur des femmes ; il m'apprit à profiter de leurs faiblesses et à ne point m'étonner de leurs hauteurs. Souvent il se plaisait à me les voir conduire jusqu'au dernier retranchement de
70 l'obéissance ; il les faisait ensuite revenir insensiblement, et voulait que je parusse pour quelque temps plier moi-même. Mais il fallait le voir dans ces moments où il les trouvait tout près du désespoir, entre les prières et les reproches : il soutenait leurs larmes sans s'émouvoir et se sentait flatté de
75 cette espèce de triomphe. « Voilà, disait-il d'un air content, comment il faut gouverner les femmes. Leur nombre ne m'embarrasse pas : je conduirais de même toutes celles de notre grand monarque. Comment un homme peut-il espérer de captiver leur cœur, si ses fidèles eunuques n'ont
80 commencé par soumettre leur esprit ? »

Il avait non seulement de la fermeté, mais aussi de la pénétration : il lisait leurs pensées et leurs dissimulations ; leurs gestes étudiés, leur visage feint, ne lui dérobaient

rien ; il savait toutes leurs actions les plus cachées et leurs
85 paroles les plus secrètes ; il se servait des unes pour
connaître les autres, et il se plaisait à récompenser la
moindre confidence. Comme elles n'abordaient leur mari
que lorsqu'elles étaient averties, l'eunuque y appelait qui il
voulait, et tournait les yeux de son maître sur celle qu'il
90 avait en vue ; et cette distinction était la récompense de
quelque secret révélé. Il avait persuadé à son maître qu'il
était du bon ordre qu'il lui laissât ce choix, afin de lui
donner une autorité plus grande. Voilà comme on
gouvernait, magnifique seigneur, dans un sérail qui était, je
95 crois, le mieux réglé qu'il y eût en Perse.

Laisse-moi les mains libres ; permets que je me fasse
obéir. Huit jours remettront l'ordre dans le sein de la
confusion. C'est ce que ta gloire demande, et que ta sûreté
exige.

De son sérail d'Ispahan, le 9 de la lune de Rebiab 1, 1714.

LETTRE LXV

USBEK À SES FEMMES, AU SÉRAIL D'ISPAHAN

J'apprends que le sérail est dans le désordre, et qu'il est
rempli de querelles et de divisions intestines. Que vous
recommandai-je en partant, que la paix et la bonne
intelligence ? Vous me le promîtes. Était-ce pour me
5 tromper ?

C'est vous qui seriez trompées si je voulais suivre les
conseils que me donne le grand Eunuque, si je voulais
employer mon autorité pour vous faire vivre comme mes
exhortations le demandaient de vous.

10 Je ne sais me servir de ces moyens violents que lorsque j'ai tenté tous les autres. Faites donc en votre considération ce que vous n'avez pas voulu faire à la mienne.

Le premier Eunuque a grand sujet de se plaindre : il dit que vous n'avez aucun égard pour lui. Comment pouvez-15 vous accorder cette conduite à la modestie de votre état ? N'est-ce pas à lui que, pendant mon absence, votre vertu est confiée ? C'est un trésor sacré, dont il est le dépositaire. Mais ces mépris que vous lui témoignez font voir que ceux qui sont chargés de vous faire vivre dans les lois de 20 l'honneur vous sont à charge.

Changez donc de conduite, je vous prie, et faites en sorte que je puisse, une autre fois, rejeter les propositions que l'on me fait contre votre liberté et votre repos.

Car je voudrais vous faire oublier que je suis votre 25 maître, pour me souvenir seulement que je suis votre époux.

De Paris, le 5 de la lune de Chahban 1, 714.

LETTRE LXVI

RICA, À***

On s'attache ici beaucoup aux sciences, mais je ne sais si on est fort savant. Celui qui doute de tout comme philosophe n'ose rien nier comme théologien[1]. Cet homme contradictoire est toujours content de lui, pourvu qu'on 5 convienne des qualités.

1. Sans doute allusion à Descartes.

La fureur de la plupart des Français, c'est d'avoir de l'esprit, et la fureur de ceux qui veulent avoir de l'esprit, c'est de faire des livres.

Cependant il n'y a rien de si mal imaginé : la Nature semblait avoir sagement pourvu à ce que les sottises des hommes fussent passagères, et les livres les immortalisent. Un sot devrait être content d'avoir ennuyé tous ceux qui ont vécu avec lui : il veut encore tourmenter les races futures, il veut que sa sottise triomphe de l'oubli, dont il aurait pu jouir comme du tombeau ; il veut que la postérité soit informée qu'il a vécu, et qu'elle sache à jamais qu'il a été un sot.

De tous les auteurs, il n'y en a point que je méprise plus que les compilateurs[1], qui vont, de tous côtés, chercher des lambeaux des ouvrages des autres, qu'ils plaquent dans les leurs, comme des pièces de gazon dans un parterre. Ils ne sont point au-dessus de ces ouvriers d'imprimerie qui rangent des caractères, qui, combinés ensemble, font un livre où ils n'ont fourni que la main. Je voudrais qu'on respectât les livres originaux, et il me semble que c'est une espèce de profanation de tirer les pièces qui les composent du sanctuaire où elles sont, pour les exposer à un mépris qu'elles ne méritent point.

Quand un homme n'a rien à dire de nouveau, que ne se tait-il ? Qu'a-t-on affaire de ces doubles emplois ? « Mais je veux donner un nouvel ordre. — Vous êtes un habile homme : vous venez dans ma bibliothèque, et vous mettez en bas les livres qui sont en haut, et en haut ceux qui sont en bas. C'est un beau chef-d'œuvre ! »

1. **Compilateurs** : auteurs qui empruntent aux autres.

35 Je t'écris sur ce sujet, ***, parce que je suis outré d'un livre que je viens de quitter, qui est si gros qu'il semblait contenir la Science universelle ; mais il m'a rompu la tête sans m'avoir rien appris.

 Adieu.

De Paris, le 8 de la lune de Chahban, 1714.

LETTRE LXVII

IBBEN À USBEK, À PARIS

 Trois vaisseaux sont arrivés ici sans m'avoir apporté de tes nouvelles. Es-tu malade ? ou te plais-tu à m'inquiéter ?

 Si tu ne m'aimes pas dans un pays où tu n'es lié à rien, que sera-ce au milieu de la Perse et dans le sein de ta 5 famille ? Mais peut-être que je me trompe : tu es assez aimable pour trouver partout des amis. Le cœur est citoyen de tous les pays. Comment une âme bien faite peut-elle s'empêcher de former des engagements ? Je te l'avoue : je respecte les anciennes amitiés ; mais je ne suis pas fâché 10 d'en faire partout de nouvelles.

 En quelque pays que j'aie été, j'y ai vécu comme si j'avais dû y passer ma vie[1] : j'ai eu le même empressement pour les gens vertueux, la même compassion ou plutôt la même tendresse pour les malheureux, la même estime pour ceux que 15 la prospérité n'a point aveuglés. C'est mon caractère, Usbek : partout où je trouverai des hommes, je me choisirai des amis.

1. Emprunt aux *Pensées* de Pascal : « Quand j'ai voyagé dans les pays étrangers, je m'y suis attaché comme au mien propre. »

Il y a ici un Guèbre[1] qui, après toi, a, je crois, la première place dans mon cœur : c'est l'âme de la probité même. Des raisons particulières l'ont obligé de se retirer dans cette ville où il vit tranquillement du produit d'un trafic honnête, avec une femme qu'il aime. Sa vie est toute marquée d'actions généreuses, et, quoiqu'il cherche la vie obscure, il y a plus d'héroïsme dans son cœur que dans celui des plus grands monarques.

Je lui ai parlé mille fois de toi ; je lui montre toutes tes lettres ; je remarque que cela lui fait plaisir ; et je vois déjà que tu as un ami qui t'est inconnu.

Tu trouveras ici ses principales aventures : quelque répugnance qu'il eût à les écrire, il n'a pu les refuser à mon amitié, et je les confie à la tienne.

HISTOIRE D'APHÉRIDON ET D'ASTARTÉ[2]

Je suis né parmi les Guèbres, d'une religion qui est peut-être la plus ancienne qui soit au monde. Je fus si malheureux que l'amour me vint avant la raison : j'avais à peine six ans, que je ne pouvais vivre qu'avec ma sœur ; mes yeux s'attachaient toujours sur elle, et, lorsqu'elle me quittait un moment, elle les retrouvait baignés de larmes ; chaque jour n'augmentait pas plus mon âge que mon amour. Mon père, étonné d'une si forte sympathie, aurait bien souhaité de nous marier ensemble, selon l'ancien

1. **Guèbres :** Persans qui refusèrent l'islamisation consécutive à la conquête arabe du VII^e siècle et conservèrent leur religion « zoroastrienne » (Zoroastre ou Zarathoustra était un prophète iranien), qui se caractérisait par une haute conscience du bien et du mal.
2. Le nom **Astarté** est la transcription en grec de celui de la déesse phénicienne Ishtar. **Aphéridon** est la transcription grecque du nom d'un roi de Perse plus ou moins mythique, Aphridun.

40 usage des Guèbres, introduit par Cambyse[1] ; mais la
crainte des Mahométans, sous le joug desquels nous
vivons, empêche ceux de notre nation de penser à ces
alliances saintes, que notre religion ordonne plutôt qu'elle
ne permet, et qui sont des images si naïves de l'union déjà
45 formée par la Nature.

Mon père, voyant donc qu'il aurait été dangereux de
suivre mon inclination et la sienne, résolut d'éteindre une
flamme qu'il croyait naissante, mais qui était déjà à sa
dernière période. Il prétexta un voyage et m'emmena avec
50 lui, laissant ma sœur entre les mains d'une de ses parentes :
car ma mère était morte depuis deux ans. Je ne vous dirai
point quel fut le désespoir de cette séparation : j'embrassai
ma sœur toute baignée de larmes ; mais je n'en versai
point : car la douleur m'avait rendu comme insensible.
55 Nous arrivâmes à Tefflis, et mon père, ayant confié mon
éducation à un de nos parents, m'y laissa et s'en retourna
chez lui.

Quelque temps après, j'appris que, par le crédit d'un de
ses amis, il avait fait entrer ma sœur dans le beiram du Roi,
60 où elle était au service d'une sultane. Si l'on m'avait appris
sa mort, je n'en aurais pas été plus frappé : car, outre que
je n'espérais plus de la revoir, son entrée dans le beiram
l'avait rendue mahométane, et elle ne pouvait plus, suivant
le préjugé de cette religion, me regarder qu'avec horreur.
65 Cependant, ne pouvant plus vivre à Tefflis[2], las de moi-
même et de la vie, je retournai à Ispahan. Mes premières
paroles furent amères à mon père : je lui reprochai d'avoir
mis sa fille en un lieu où l'on ne peut entrer qu'en

1. **Cambyse** : il aurait épousé sa sœur Méroé.
2. **Tefflis** : capitale de la Géorgie, pays alors vassal de la Perse.

changeant de religion : « Vous avez attiré sur votre famille, lui dis-je, la colère de Dieu, et du Soleil qui vous éclaire ; vous avez plus fait que si vous aviez souillé les Éléments, puisque vous avez souillé l'âme de votre fille, qui n'est pas moins pure : j'en mourrai de douleur et d'amour ; mais puisse ma mort être la seule peine que Dieu vous fasse sentir ! » À ces mots, je sortis, et, pendant deux ans, je passai ma vie à aller regarder les murailles du beiram[1] et considérer le lieu où ma sœur pouvait être, m'exposant tous les jours mille fois à être égorgé par les eunuques qui font la ronde autour de ces redoutables lieux.

Enfin, mon père mourut, et la sultane que ma sœur servait, la voyant tous les jours croître en beauté, en devint jalouse et la maria avec un eunuque qui la souhaitait avec passion. Par ce moyen, ma sœur sortit du sérail et prit avec son eunuque une maison à Ispahan.

Je fus plus de trois mois sans pouvoir lui parler : l'eunuque, le plus jaloux de tous les hommes, me remettant[2] toujours, sous divers prétextes. Enfin j'entrai dans son beiram, et il me fit parler au travers d'une jalousie. Des yeux de lynx ne l'auraient pas pu découvrir, tant elle était enveloppée d'habits et de voiles, et je ne pus la reconnaître qu'au son de sa voix. Quelle fut mon émotion quand je me vis si près, et si éloigné d'elle ! Je me contraignis, car j'étais examiné. Quant à elle, il me parut qu'elle versa quelques larmes. Son mari voulut me faire quelques mauvaises excuses ; mais je le traitai comme le dernier des esclaves. Il fut bien embarrassé quand il dit que je parlais à ma sœur une langue qui lui était inconnue : c'était l'ancien persan, qui est

1. **Beiram :** Montesquieu confond ce nom, donné à une grande fête de l'Islam qui clôt le Ramadan, avec celui donné au harem, *haram*.
2. **Me remettant :** me renvoyant (remettant à plus tard mon entrée).

notre langue sacrée. « Quoi ! ma sœur, lui dis-je, est-il vrai que vous avez quitté la religion de vos pères ? Je sais qu'en 100 entrant au beiram, vous avez dû faire profession du Mahométisme. Mais, dites-moi, votre cœur a-t-il pu consentir, comme votre bouche, à quitter une religion qui me permet de vous aimer ? Et pour qui la quittez-vous, cette religion qui nous doit être si chère ? Pour un misérable 105 encore flétri des fers qu'il a portés ; qui, s'il était homme, serait le dernier de tous ! — Mon frère, dit-elle, cet homme dont vous parlez est mon mari ; il faut que je l'honore, tout indigne qu'il vous paraît ; et je serais aussi la dernière des femmes si... — Ah ! ma sœur, lui dis-je, vous êtes guèbre ; il 110 n'est ni votre époux, ni ne peut l'être. Si vous êtes fidèle comme vos pères, vous ne devez le regarder que comme un monstre. — Hélas ! dit-elle, que cette religion se montre à moi de loin ! À peine en savais-je les préceptes qu'il les fallut oublier. Vous voyez que cette langue que je vous parle ne 115 m'est plus familière, et que j'ai toutes les peines du monde à m'exprimer. Mais comptez que le souvenir de notre enfance me charme toujours ; que, depuis ce temps-là, je n'ai eu que de fausses joies ; qu'il ne s'est pas passé de jour que je n'aie pensé à vous ; que vous avez eu plus de part que vous ne 120 croyez à mon mariage ; et que je n'y ai été déterminée que par l'espérance de vous revoir. Mais que ce jour, qui m'a tant coûté, va me coûter encore ! Je vous vois tout hors de vous-même ; mon mari frémit de rage et de jalousie. Je ne vous verrai plus ; je vous parle sans doute pour la dernière fois de 125 ma vie. Si cela était, mon frère, elle ne serait pas longue. » À ces mots, elle s'attendrit, et se voyant hors d'état de tenir la conversation, elle me quitta le plus désolé des hommes.

Trois ou quatre jours après, je demandai à voir ma sœur. Le barbare eunuque aurait bien voulu m'en empêcher, 130 mais, outre que ces sortes de maris n'ont pas sur leurs

femmes la même autorité que les autres, il aimait si éperdument ma sœur qu'il ne savait rien lui refuser. Je la vis encore dans le même lieu et sous les mêmes voiles, accompagnée de deux esclaves ; ce qui me fit avoir recours à notre langue particulière. « Ma sœur, lui dis-je, d'où vient que je ne puis vous voir sans me trouver dans une situation affreuse ? Les murailles qui vous tiennent enfermée, ces verrous et ces grilles, ces misérables gardiens qui vous observent, me mettent en fureur. Comment avez-vous perdu la douce liberté dont jouissaient vos ancêtres ? Votre mère, qui était si chaste, ne donnait à son mari, pour garant de sa vertu, que sa vertu même. Ils vivaient heureux, l'un et l'autre, dans une confiance mutuelle, et la simplicité de leurs mœurs était pour eux une richesse plus précieuse mille fois que le faux éclat dont vous semblez jouir dans cette maison somptueuse. En perdant votre religion, vous avez perdu votre liberté, votre bonheur et cette précieuse égalité qui fait l'honneur de votre sexe. Mais ce qu'il y a de pis encore, c'est que vous êtes, non pas la femme, car vous ne pouvez l'être, mais l'esclave d'un esclave qui a été dégradé de l'humanité. — Ah ! mon frère, dit-elle, respectez mon époux, respectez la religion que j'ai embrassée. Selon cette religion, je n'ai pu vous entendre, ni vous parlez sans crime. — Quoi, ma sœur ! lui dis-je tout transporté, vous la croyez donc véritable, cette religion ? — Ah ! dit-elle, qu'il me serait avantageux qu'elle ne le fût pas ! Je fais pour elle un trop grand sacrifice pour que je puisse ne la pas croire ; et si mes doutes... » À ces mots, elle se tut. « Oui, vos doutes, ma sœur, sont bien fondés, quels qu'ils soient. Qu'attendez-vous d'une religion qui vous rend malheureuse dans ce monde-ci et ne vous laisse point d'espérance pour l'autre ? Songez que la nôtre est la plus

ancienne qui soit au Monde ; qu'elle a toujours fleuri dans
165 la Perse, et n'a pas d'autre origine que cet empire, dont les
commencements ne sont point connus ; que ce n'est que le
hasard qui y a introduit le Mahométisme ; que cette secte
y a été établie, non par la voie de la persuasion, mais de la
conquête[1]. Si nos princes naturels n'avaient pas été
170 faibles, vous verriez régner encore le culte de ces anciens
Mages. Transportez-vous dans ces siècles reculés : tout
vous parlera du Magisme[2], et rien de la secte
mahométane, qui, plusieurs milliers d'années après,
n'était pas même dans son enfance. — Mais, dit-elle,
175 quand ma religion serait plus moderne que la vôtre, elle
est au moins plus pure, puisqu'elle n'adore que Dieu ; au
lieu que vous adorez encore le Soleil, les Étoiles, le Feu, et
même les Éléments. — Je vois, ma sœur, que vous avez
appris parmi les Musulmans à calomnier notre sainte
180 religion. Nous n'adorons ni les Astres ni les Éléments, et
nos pères ne les ont jamais adorés ; jamais ils ne leur ont
élevé des temples ; jamais ils ne leur ont offert des
sacrifices ; ils leur ont seulement rendu un culte religieux,
mais inférieur, comme à des ouvrages et des
185 manifestations de la Divinité. Mais, ma sœur, au nom de
Dieu, qui nous éclaire, recevez ce livre sacré que je vous
porte ; c'est le livre de notre législateur Zoroastre[3] ; lisez-
le sans prévention ; recevez dans votre cœur les rayons de
lumière qui vous éclaireront en le lisant ; souvenez-vous
190 de vos pères qui ont si longtemps honoré le Soleil dans la

1. C'est en 651 après Jésus-Christ que les armées musulmanes des lieutenants
d'Omar repoussèrent le dernier souverain sassanide au fond du Khorassan.
2. **Magisme** : savoir et pratique des mages, qui sont des prêtres et des astrologues
dans la Babylone antique, en Assyrie et en Perse.
3. **Zoroastre** (ou Zarathoustra) : prophète à l'origine de la religion des guèbres. Sa
doctrine, qui sépare le bien et le mal, a inspiré Nietzsche dans *Ainsi parlait Zarathoustra*.

ville sainte de Balk[1] ; et, enfin, souvenez-vous de moi, qui n'espère de repos, de fortune, de vie, que de votre changement. » Je la quittai tout transporté, et la laissai seule décider la plus grande affaire que je pusse avoir de ma vie.

J'y retournai deux jours après ; je ne lui parlai point ; j'attendis dans le silence l'arrêt de ma vie ou de ma mort. « Vous êtes aimé, mon frère, me dit-elle, et par une Guèbre. J'ai longtemps combattu. Mais, dieux ! que l'amour lève de difficultés ! que je suis soulagée ! Je ne crains plus de vous trop aimer ; je puis ne mettre point de bornes à mon amour ; l'excès même en est légitime. Ah ! que ceci convient bien à l'état de mon cœur ! Mais vous, qui avez su rompre les chaînes que mon esprit s'était forgées, quand romprez-vous celles qui me lient les mains ? Dès ce moment, je me donne à vous. Faites voir, par la promptitude avec laquelle vous m'accepterez, combien ce présent vous est cher. Mon frère, la première fois que je pourrai vous embrasser, je crois que je mourrai dans vos bras. » Je n'exprimerais jamais bien la joie que je sentis à ces paroles : je me crus et je me vis, en effet, en un instant, le plus heureux de tous les hommes ; je vis presque accomplir tous les désirs que j'avais formés en vingt-cinq ans de vie, et évanouir tous les chagrins qui me l'avaient rendue si laborieuse. Mais, quand je me fus un peu accoutumé à ces douces idées, je trouvai que je n'étais pas si près de mon bonheur que je me l'étais figuré tout à coup, quoique j'eusse surmonté le plus grand de tous les obstacles. Il fallait surprendre la vigilance de ses gardiens.

1. **Balk** : c'est dans cette ville, qui serait aujourd'hui située au nord de l'Afghanistan, que Zoroastre convertit le roi Gushtasp.

220 Je n'osais confier à personne le secret de ma vie. Je n'avais
que ma sœur ; elle n'avait que moi. Si je manquais mon
coup, je courais le risque d'être empalé ; mais je ne voyais
pas de peine plus cruelle que de le manquer. Nous
convînmes qu'elle m'enverrait demander une horloge que
225 son père lui avait laissée, et que j'y mettrais dedans une
lime pour scier les jalousies d'une fenêtre qui donnait dans
la rue, et une corde nouée pour descendre ; que je ne la
verrais plus dorénavant ; mais que j'irais toutes les nuits
sous cette fenêtre attendre qu'elle pût exécuter son dessein.
230 Je passai quinze nuits entières sans voir personne, parce
qu'elle n'avait pas trouvé le temps favorable. Enfin la
seizième, j'entendis une scie qui travaillait. De temps en
temps, l'ouvrage était interrompu, et, dans ces intervalles,
ma frayeur était inexprimable. Après une heure de travail,
235 je la vis qui attachait la corde ; elle se laissa aller, et glissa
dans mes bras. Je ne connus plus le danger, et je restai
longtemps sans bouger de là. Je la conduisis hors de la
ville, où j'avais un cheval tout prêt ; je la mis en croupe
derrière moi et m'éloignai, avec toute la promptitude
240 imaginable, d'un lieu qui pouvait nous être si funeste.
Nous arrivâmes avant le jour chez un Guèbre, dans un lieu
désert où il était retiré, vivant frugalement du travail de ses
mains ; nous ne jugeâmes pas à propos de rester chez lui,
et, par son conseil, nous entrâmes dans une épaisse forêt,
245 et nous nous mîmes dans le creux d'un vieux chêne,
jusques à ce que le bruit de notre évasion se fût dissipé.
Nous vivions tous deux dans ce séjour écarté, sans
témoins, nous répétant sans cesse que nous nous aimerions
toujours, attendant l'occasion que quelque prêtre guèbre
250 pût faire la cérémonie du mariage prescrite par nos livres
sacrés. « Ma sœur, lui dis-je, que cette union est sainte ! La
Nature nous avait unis ; notre sainte loi va nous unir

encore. » Enfin un prêtre vint calmer notre impatience amoureuse. Il fit, dans la maison du paysan, toutes les cérémonies du mariage ; il nous bénit et nous souhaita mille fois toute la vigueur de Gustaspe et la sainteté de l'Hohoraspe[1]. Bientôt après, nous quittâmes la Perse, où nous n'étions pas en sûreté, et nous nous retirâmes en Géorgie. Nous y vécûmes un an, tous les jours plus charmés l'un de l'autre ; mais, comme mon argent allait finir, et que je craignais la misère pour ma sœur, non pas pour moi, je la quittai pour aller chercher quelque secours chez nos parents. Jamais adieu ne fut plus tendre. Mais mon voyage me fut non seulement inutile, mais funeste : car, ayant trouvé, d'un côté, tous nos biens confisqués, de l'autre, mes parents presque dans l'impuissance de me secourir, je ne rapportai d'argent précisément que ce qu'il fallait pour mon retour. Mais quel fut mon désespoir ! Je ne trouvai plus ma sœur. Quelques jours avant mon arrivée, des Tartares avaient fait une incursion dans la ville où elle était, et, comme ils la trouvèrent belle, ils la prirent, et la vendirent à des Juifs qui allaient en Turquie, et ne laissèrent qu'une petite fille dont elle était accouchée quelques mois auparavant. Je suivis ces Juifs et les joignis à trois lieues de là. Mes prières, mes larmes, furent vaines : ils me demandèrent toujours trente tomans[2], et ne se relâchèrent jamais d'un seul. Après m'être adressé à tout le monde, avoir imploré la protection des prêtres turcs et chrétiens, je m'adressai à un marchand arménien, je lui vendis ma fille, et me vendis aussi pour trente-cinq tomans. J'allai aux Juifs, je leur donnai trente tomans et portai les

1. **Gustape** ou Gushtasp (ancien persan : Vistaha) : roi perse converti par Zoroastre. Son père était Lohrasp ou l'Hohoraspe, selon la transcription de Montesquieu.
2. **Toman** : ancienne monnaie de Perse.

cinq autres à ma sœur, que je n'avais pas encore vue :
« Vous êtes libre, lui dis-je, ma sœur, et je puis vous
embrasser. Voilà cinq tomans que je vous porte. J'ai du
285 regret qu'on me m'ait pas acheté davantage. — Quoi ! dit-
elle, vous vous êtes vendu ? — Oui, lui dis-je. — Ah !
malheureux ; qu'avez-vous fait ? N'étais-je pas assez
infortunée, sans que vous travaillassiez à me le rendre
davantage ? Votre liberté me consolait, et votre esclavage
290 va me mettre au tombeau. Ah ! mon frère, que votre
amour est cruel ! Et ma fille ? Je ne la vois point. — Je l'ai
vendue aussi », lui dis-je. Nous fondîmes tous deux en
larmes et n'eûmes pas la force de nous rien dire. Enfin
j'allai trouver mon maître, et ma sœur y arriva presque
295 aussitôt que moi. Elle se jeta à ses genoux. « Je vous
demande, dit-elle, la servitude, comme les autres vous
demandent la liberté. Prenez-moi. Vous me vendrez plus
cher que mon mari. » Ce fut alors qu'il se fit un combat qui
arracha les larmes des yeux de mon maître.
300 « Malheureux ! dit-elle, as-tu pensé que je pusse accepter
ma liberté aux dépens de la tienne ? Seigneur, vous voyez
deux infortunés qui mourront si vous nous séparez. Je me
donne à vous. Payez-moi. Peut-être que cet argent et mes
services pourront quelque jour obtenir de vous ce que je
305 n'ose vous demander. Il est de votre intérêt de ne nous
point séparer : comptez que je dispose de ma vie. »
L'Arménien était un homme doux, qui fut touché de nos
malheurs. « Servez-moi l'un et l'autre avec fidélité et avec
zèle, et je vous promets que, dans un an, je vous donnerai
310 votre liberté. Je vois que vous ne méritez, ni l'un ni l'autre,
les malheurs de votre condition. Si, lorsque vous serez
libres, vous êtes aussi heureux que vous le méritez, si la
fortune vous rit, je suis certain que vous me satisferez de la
perte que je souffrirai. » Nous embrassâmes tous deux ses

genoux, et le suivîmes dans son voyage. Nous nous soulagions l'un et l'autre dans les travaux de la servitude, et j'étais charmé lorsque j'avais pu faire l'ouvrage qui était tombé à ma sœur.

La fin de l'année arriva ; notre maître tint sa parole et nous délivra. Nous retournâmes à Tefflis. Là je trouvai un ancien ami de mon père, qui exerçait avec succès la médecine dans cette ville ; il me prêta quelque argent avec lequel je fis quelque négoce. Quelques affaires m'appelèrent ensuite à Smyrne, où je m'établis. J'y vis depuis six ans, et j'y jouis de la plus aimable et de la plus douce société du Monde : l'union règne dans ma famille, et je ne changerais pas ma condition pour celle de tous les rois du Monde. J'ai été assez heureux pour retrouver le marchand arménien à qui je dois tout, et je lui ai rendu des services signalés.

De Smyrne, le 27 de la lune de Gemmadi 2, 1714.

LETTRE LXVIII

RICA À USBEK, À ***

J'allai l'autre jour dîner chez un homme de robe[1], qui m'en avait prié plusieurs fois. Après avoir parlé de bien des choses, je lui dis : « Monsieur, il me paraît que votre métier est bien pénible. — Pas tant que vous vous l'imaginez, répondit-il : de la manière dont nous le faisons, ce n'est qu'un amusement. — Mais quoi ? n'avez-vous pas toujours la tête remplie des

1. **Homme de robe :** homme au service de la justice ; la robe distingue en effet les officiers de justice.

affaires d'autrui ? N'êtes-vous pas toujours occupé de choses qui ne sont point intéressantes ? — Vous avez raison ; ces choses ne sont point intéressantes : car nous nous y
10 intéressons si peu que rien, et cela même fait que le métier n'est pas si fatigant que vous dites. » Quand je vis qu'il prenait la chose d'une manière si dégagée, je continuai, et lui dis : « Monsieur, je n'ai point vu votre cabinet. — Je le crois : car je n'en ai point. Quand je pris cette charge, j'eus besoin
15 d'argent pour la payer ; je vendis ma bibliothèque, et le libraire qui la prit, d'un nombre prodigieux de volumes, ne me laissa que mon livre de raison[1]. Ce n'est pas que je les regrette : nous autres juges ne nous enflons point d'une vaine science. Qu'avons-nous à faire de tous ces volumes de lois ?
20 Presque tous les cas sont hypothétiques et sortent de la règle générale. — Mais ne serait-ce pas, Monsieur, lui dis-je, parce que vous les en faites sortir ? Car enfin, pourquoi chez tous les peuples du Monde y aurait-il des lois si elles n'avaient pas leur application ? et comment peut-on les appliquer si on ne les
25 sait pas ? — Si vous connaissiez le Palais, reprit le magistrat, vous ne parleriez pas comme vous faites : nous avons des livres vivants, qui sont les avocats ; ils travaillent pour nous et se chargent de nous instruire. — Et ne se chargent-ils pas aussi quelquefois de vous tromper ? lui repartis-je. Vous ne feriez
30 donc pas mal de vous garantir de leurs embûches : ils ont des armes avec lesquelles ils attaquent votre équité ; il serait bon que vous en eussiez aussi pour la défendre, et que vous n'allassiez pas vous mettre dans la mêlée, habillés à la légère, parmi des gens cuirassés jusques aux dents. »

De Paris, le 13 de la lune de Chahban 1, 1714.

1. **Livre de raison** : livre de comptes, registre où l'on consigne ses comptes ou la chronique familiale.

LETTRE LXIX

USBEK À RHÉDI, À VENISE

Tu ne te serais jamais imaginé que je fusse devenu plus métaphysicien[1] que je ne l'étais : cela est pourtant, et tu en seras convaincu quand tu auras essuyé ce débordement de ma philosophie[2].

Les philosophes les plus sensés qui ont réfléchi sur la nature de Dieu ont dit qu'il était un être souverainement parfait ; mais ils ont extrêmement abusé de cette idée : ils ont fait une énumération de toutes les perfections différentes que l'homme est capable d'avoir et d'imaginer, et en ont changé l'idée de la Divinité, sans songer que souvent ces attributs s'entrempêchent, et qu'ils ne peuvent subsister dans un même sujet sans se détruire.

Les poètes d'Occident disent qu'un peintre, ayant voulu faire le portrait de la Déesse de la Beauté, assembla les plus belles Grecques[3] et prit de chacune ce qu'elle avait de plus agréable, dont il fit un tout pour ressembler à la plus belle de toutes les Déesses. Si un homme en avait conclu qu'elle était blonde et brune, qu'elle avait les yeux noirs et bleus, qu'elle était douce et fière, il aurait passé pour ridicule.

Souvent Dieu manque d'une perfection qui pourrait lui donner une grande imperfection ; mais il n'est jamais limité que par lui-même : il est lui-même sa nécessité. Ainsi, quoique Dieu soit tout-puissant, il ne peut pas violer ses promesses, ni

1. **Métaphysicien :** personne qui pratique la métaphysique, c'est-à-dire la recherche rationnelle des causes de l'univers et des principes premiers des connaissances, à travers la quête de l'être absolu.
2. Cette lettre s'inspirerait de la *Théodicée* de Leibniz.
3. Cinq jeunes filles de Crotone posèrent pour le portrait d'Hélène par Zeuxis.

tromper les hommes. Souvent même l'impuissance n'est pas
25 dans lui, mais dans les choses relatives ; et c'est la raison
pourquoi il ne peut pas changer l'essence des choses.

Ainsi il n'y a pas sujet de s'étonner que quelques-uns de
nos docteurs aient osé nier la prescience infinie de Dieu, sur
ce fondement qu'elle est incompatible avec sa justice.

30 Quelque hardie que soit cette idée, la métaphysique s'y
prête merveilleusement. Selon ses principes, il n'est pas
possible que Dieu prévoie les choses qui dépendent de la
détermination des causes libres, parce que ce qui n'est
point arrivé n'est point, et, par conséquent, ne peut être
35 connu : car le rien, qui n'a point de propriétés, ne peut être
aperçu. Dieu ne peut pas lire dans une volonté qui n'est
point, et voir dans l'âme une chose qui n'existe point en
elle : car, jusques à ce qu'elle se soit déterminée, cette
action qui la détermine n'est point en elle.

40 L'âme est l'ouvrière de sa détermination ; mais il y a des
occasions où elle est tellement indéterminée qu'elle ne sait
pas même de quel côté se déterminer. Souvent même elle ne
le fait que pour faire usage de sa liberté ; de manière que
Dieu ne peut voir cette détermination par avance, ni dans
45 l'action de l'âme, ni dans l'action que les objets font sur elle.

Comment Dieu pourrait-il prévoir les choses qui dépendent
de la détermination des causes libres ? Il ne pourrait les voir
que de deux manières : par conjecture, ce qui est
contradictoire avec la prescience infinie ; ou bien il les verrait
50 comme des effets nécessaires qui suivraient infailliblement
d'une cause qui les produirait de même, ce qui est encore plus
contradictoire : car l'âme serait libre par la supposition, et,
dans le fait, elle ne le serait pas plus qu'une boule de billard
n'est libre de se remuer, lorsqu'elle est poussée par une autre.

55 Ne crois pas pourtant que je veuille borner la science de
Dieu. Comme il fait agir les créatures à sa fantaisie, il

connaît tout ce qu'il veut connaître. Mais, quoiqu'il pusse voir tout, il ne se sert pas toujours de cette faculté : il laisse ordinairement à la créature la faculté d'agir ou de ne pas agir, pour lui laisser celle de mériter ou de démériter ; c'est pour lors qu'il renonce au droit qu'il a d'agir sur elle et de la déterminer. Mais, quand il veut savoir quelque chose, il le sait toujours, parce qu'il n'a qu'à vouloir qu'elle arrive comme il la voit, et déterminer les créatures conformément à sa volonté. C'est ainsi qu'il tire ce qui doit arriver du nombre des choses purement possibles, en fixant par ses décrets les déterminations futures des esprits, et les privant de la puissance qu'il leur a donnée d'agir ou de ne pas agir[1].

Si l'on peut se servir d'une comparaison dans une chose qui est au-dessus des comparaisons : un monarque ignore ce que son ambassadeur fera dans une affaire importante ; s'il le veut savoir, il n'a qu'à lui ordonner de se comporter d'une telle manière, et il pourra assurer que la chose arrivera comme il la projette.

L'Alcoran et les livres des Juifs s'élèvent sans cesse contre le dogme de la prescience absolue[2] : Dieu y paraît partout ignorer la détermination future des esprits, et il semble que ce soit la première vérité que Moïse ait enseignée aux hommes.

Dieu met Adam dans le Paradis terrestre, à condition qu'il ne mangera point d'un certain fruit : précepte absurde dans un être qui connaîtrait les déterminations futures des âmes ; car enfin un tel être peut-il mettre des conditions à ses grâces sans les rendre dérisoires ? C'est comme si un homme qui aurait su la prise de Bagdat disait à un autre :

1. Leibniz en arrive à la même conclusion dans sa *Théodicée*.
2. Ce n'est vrai que pour le Coran, pas pour l'Ancien Testament.

85 « Je vous donne cent tomans si Bagdat n'est pas pris. » Ne ferait-il pas là une bien mauvaise plaisanterie ?

Mon cher Rhédi, pourquoi tant de philosophie ? Dieu est si haut que nous n'apercevons pas même ses nuages. Nous ne le connaissons bien que dans ses préceptes. Il est
90 immense, spirituel, infini. Que sa grandeur nous ramène à notre faiblesse. S'humilier toujours, c'est l'adorer toujours.

De Paris, le dernier de la lune de Chahban, 1714.

LETTRE LXX

ZÉLIS À USBEK, À PARIS

Soliman, que tu aimes, est désespéré d'un affront qu'il vient de recevoir. Un jeune étourdi, nommé Suphis, recherchait depuis trois mois sa fille en mariage : il paraissait content de la figure de la fille, sur le rapport
5 et la peinture que lui en avaient faits les femmes qui l'avaient vue dans son enfance ; on était convenu de la dot, et tout s'était passé sans aucun incident. Hier, après les premières cérémonies, la fille sortit à cheval, accompagnée de son eunuque, et couverte, selon la
10 coutume, depuis la tête jusques aux pieds. Mais, dès qu'elle fut arrivée devant la maison de son mari prétendu, il lui fit fermer la porte, et il jura qu'il ne la recevrait jamais si on n'augmentait la dot. Les parents accoururent, de côté et d'autre, pour accommoder
15 l'affaire, et, après bien de la résistance, Soliman convint de faire un petit présent à son gendre. Les cérémonies du mariage s'accomplirent, et l'on conduisit la fille dans le lit avec assez de violence ; mais, une heure après, cet

étourdi se leva furieux, lui coupa le visage en plusieurs
20 endroits, soutenant qu'elle n'était pas vierge, et la
renvoya à son père. On ne peut pas être plus frappé
qu'il l'est de cette injure. Il y a des personnes qui
soutiennent que cette fille est innocente. Les pères sont
bien malheureux d'être exposés à de tels affronts. Si ma
25 fille recevait un pareil traitement, je crois que j'en
mourrais de douleur.

Adieu.

Du sérail de Fatmé, le 9 de la lune de Gemmadi 1, 1714.

LETTRE LXXI

USBEK À ZÉLIS

Je plains Soliman, d'autant plus que le mal est sans
remède, et que son gendre n'a fait que se servir de la liberté
de la Loi. Je trouve cette loi bien dure d'exposer ainsi
l'honneur d'une famille aux caprices d'un fou.

5 On a beau dire que l'on a des indices certains pour
connaître la vérité, c'est une vieille erreur dont on est
aujourd'hui revenu parmi nous ; et nos médecins donnent
des raisons invincibles de l'incertitude de ces preuves. Il n'y
a pas jusqu'aux Chrétiens qui ne les regardent comme
10 chimériques, quoiqu'elles soient clairement établies par
leurs livres sacrés et que leur ancien législateur en ait fait
dépendre l'innocence ou la condamnation de toutes les
filles.

J'apprends avec plaisir le soin que tu te donnes de
15 l'éducation de la tienne. Dieu veuille que son mari la
trouve aussi belle et aussi pure que Fatima. Qu'elle ait dix

eunuques pour la garder ; qu'elle soit l'honneur et l'ornement du sérail où elle est destinée ; qu'elle n'ait sur sa tête que des lambris dorés et ne marche que sur des tapis
20 superbes ; et, pour comble de souhaits, puissent mes yeux la voir dans toute sa gloire !

De Paris, le 5 de la lune de Chalval, 1714.

Lettre LXXII

Rica à Ibben, à ★★★

Je me trouvai l'autre jour dans une compagnie où je vis un homme bien content de lui. Dans un quart d'heure, il décida trois questions de morale, quatre problèmes historiques et cinq points de physique. Je n'ai jamais vu un
5 décisionnaire si universel : son esprit ne fut jamais suspendu par le moindre doute. On laissa les sciences ; on parla des nouvelles du temps ; il décida sur les nouvelles du temps. Je voulus l'attraper, et je dis en moi-même : « Il faut que je me mette dans mon fort ; je vais me réfugier dans
10 mon pays. » Je lui parlai de la Perse. Mais, à peine lui eus-je dit quatre mots, qu'il me donna deux démentis, fondés sur l'autorité de MM. Tavernier et Chardin. « Ah ! bon Dieu ! dis-je en moi-même, quel homme est-ce là ? » Mon parti fut bientôt pris : je me tus, je le laissai parler, et il
15 décide encore.

De Paris, le 8 de la lune de Zilcadé, 1715.

Lettre LXXIII

Rica à ★★★

J'ai ouï parler d'une espèce de tribunal qu'on appelle l'*Académie française*. Il n'y en a point de moins respecté dans le Monde : car on dit qu'aussitôt qu'il a décidé, le Peuple casse ses arrêts et lui impose des lois qu'il est obligé de suivre.

Il y a quelque temps que, pour fixer son autorité, il donna un code de ses jugements. Cet enfant[1] de tant de pères était presque vieux quand il naquit, et, quoiqu'il fût légitime, un bâtard[2], qui avait déjà paru, l'avait presque étouffé dans sa naissance.

Ceux qui le composent n'ont d'autres fonctions que de jaser sans cesse ; l'éloge va se placer comme de lui-même dans leur babil éternel, et, sitôt qu'ils sont initiés dans ses mystères, la fureur du panégyrique[3] vient les saisir et ne les quitte plus.

Ce corps a quarante têtes, toutes remplies de figures, de métaphores et d'antithèses ; tant de bouches ne parlent que par exclamation ; ses oreilles veulent toujours être frappées par la cadence et l'harmonie. Pour les yeux, il n'en est pas question : il semble qu'il soit fait pour parler, et non pas pour voir. Il n'est point ferme sur ses pieds : car le temps, qui est son fléau, l'ébranle à tous les instants et

1. L'impression du dictionnaire de l'Académie française, commencée en 1678, fut arrêtée en 1692.
2. Il s'agit du *Dictionnaire universel* de Furetière dont l'autorisation de publication fut annulée en 1685 et qui fut publié à La Haye en 1690, deux ans après la mort de son auteur.
3. **Panégyrique :** discours à la louange de quelqu'un ; ici, allusion aux discours de réception.

détruit tout ce qu'il a fait. On a dit autrefois que ses mains
étaient avides. Je ne t'en dirai rien, et je laisse décider cela
25 à ceux qui le savent mieux que moi.

Voilà des bizarreries, ***, que l'on ne voit point dans
notre Perse. Nous n'avons point l'esprit porté à ces
établissements singuliers et bizarres ; nous cherchons
toujours la nature dans nos coutumes simples et nos
30 manières naïves.

De Paris, le 27 de la lune de Zilhagé, 1715.

LETTRE LXXIV

USBEK À RICA, À ***

Il y a quelques jours qu'un homme de ma connaissance
me dit : « Je vous ai promis de vous produire dans les
bonnes maisons de Paris : je vous mène à présent chez un
grand seigneur qui est un des hommes du Royaume qui
5 représente le mieux. »

« Que veut dire cela, Monsieur ? Est-ce qu'il est plus
poli, plus affable que les autres ? — Non, me dit-il. — Ah !
j'entends ! il fait sentir à tous les instants la supériorité
qu'il a sur tous ceux qui l'approchent. Si cela est, je n'ai
10 que faire d'y aller : je la lui passe tout entière, et je prends
condamnation. »

Il fallut pourtant marcher, et je vis un petit homme si fier, il
prit une prise de tabac avec tant de hauteur, il se moucha si
impitoyablement, il cracha avec tant de flegme, il caressa ses
15 chiens d'une manière si offensante pour les hommes, que je ne
pouvais me lasser de l'admirer. « Ah ! bon Dieu ! dis-je en
moi-même, si, lorsque j'étais à la cour de Perse, je représentais

ainsi, je représentais un grand sot ! » Il aurait fallu, Rica, que nous eussions eu un bien mauvais naturel pour aller faire cent
20 petites insultes à des gens qui venaient tous les jours chez nous nous témoigner leur bienveillance : ils savaient bien que nous étions au-dessus d'eux, et, s'ils l'avaient ignoré, nos bienfaits le leur auraient appris chaque jour. N'ayant rien à faire pour nous faire respecter, nous faisions tout pour nous rendre
25 aimables : nous nous communiquions aux plus petits ; au milieu des grandeurs, qui endurcissent toujours, ils nous trouvaient sensibles ; ils ne voyaient que notre cœur au-dessus d'eux : nous descendions jusqu'à leurs besoins. Mais, lorsqu'il fallait soutenir la majesté du prince dans les
30 cérémonies publiques ; lorsqu'il fallait faire respecter la Nation aux étrangers ; lorsque, enfin, dans les occasions périlleuses, il fallait animer les soldats, nous remontions cent fois plus haut que nous n'étions descendus : nous ramenions la fierté sur notre visage, et l'on trouvait quelquefois que nous
35 représentions assez bien.

De Paris, le 10 de la lune de Saphar, 1715.

LETTRE LXXV

USBEK À RHÉDI, À VENISE

Il faut que je te l'avoue : je n'ai point remarqué chez les chrétiens cette persuasion vive de leur religion qui se trouve parmi les musulmans. Il ÿ a bien loin chez eux de la profession à la croyance, de la croyance à la conviction, de la
5 conviction à la pratique. La religion est moins un sujet de sanctification qu'un sujet de disputes qui appartient à tout le monde : les gens de cour, les gens de guerre, les femmes

mêmes s'élèvent contre les ecclésiastiques, et leur demandent de leur prouver ce qu'ils sont résolus de ne pas croire. Ce
10 n'est pas qu'ils se soient déterminés par raison, et qu'ils aient pris la peine d'examiner la vérité ou la fausseté de cette religion qu'ils rejettent : ce sont des rebelles qui ont senti le joug et l'ont secoué avant de l'avoir connu. Aussi ne sont-ils pas plus fermes dans leur incrédulité que dans leur foi ; ils
15 vivent dans un flux et reflux qui les porte sans cesse de l'un à l'autre. Un d'eux me disait un jour : « Je crois l'immortalité de l'âme par semestre ; mes opinions dépendent absolument de la constitution de mon corps : selon que j'ai plus ou moins d'esprits animaux[1], que mon estomac digère bien ou mal,
20 que l'air que je respire est subtil ou grossier, que les viandes[2] dont je me nourris sont légères ou solides, je suis spinoziste[3], socinien[4], catholique, impie ou dévot. Quand le médecin est auprès de mon lit, le confesseur me trouve à son avantage. Je sais bien empêcher la religion de m'affliger quand je me porte
25 bien ; mais je lui permets de me consoler quand je suis malade : lorsque je n'ai plus rien à espérer d'un côté, la religion se présente et me gagne par ses promesses ; je veux bien m'y livrer, et mourir du côté de l'espérance. »

Il y a longtemps que les princes chrétiens affranchirent
30 tous les esclaves de leurs États, parce que, disaient-ils, le christianisme rend tous les hommes égaux. Il est vrai que cet

1. **Esprits animaux** : dans l'ancienne médecine, atomes légers qui sont constituées les parties les plus subtiles du corps. « Ce sont les esprits vitaux et animaux qui enflent les muscles pour soutenir les corps » (Furetière).
2. **Viandes** : au sens ancien de « nourriture ».
3. **Spinoziste** : partisan de Spinoza, philosophe hollandais (1632-1677) qui propose de passer de la connaissance imparfaite (imagination, opinion) à la science intuitive de l'idée vraie. Spinoza est aussi opposé à toute conception anthropomorphique de Dieu.
4. **Socinien** : partisan de Socin, fondateur de la doctrine du socinianisme, niant la Trinité et la divinité du Christ.

acte de religion leur était très utile : ils abaissaient par là les seigneurs, de la puissance desquels ils retiraient le bas peuple. Ils ont ensuite fait des enquêtes dans des pays où ils
35 ont vu qu'il leur était avantageux d'avoir des esclaves : ils ont permis d'en acheter et d'en vendre, oubliant ce principe de religion qui les touchait tant. Que veux-tu que je te dise ? Vérité dans un temps, erreur dans un autre. Que ne faisons-nous comme les chrétiens ? Nous sommes bien simples de
40 refuser des établissements et des conquêtes faciles dans des climats heureux[1], parce que l'eau n'y est pas assez pure pour nous laver selon les principes du saint Alcoran.

Je rends grâces au Dieu tout-puissant, qui a envoyé Hali, son grand prophète, de ce que je professe une religion qui
45 se fait préférer à tous les intérêts humains, et qui est pure comme le ciel, dont elle est descendue.

De Paris, le 13 de la lune de Saphar, 1715.

LETTRE LXXVI

USBEK À SON AMI IBBEN, À SMYRNE

Les lois sont furieuses en Europe contre ceux qui se tuent eux-mêmes : on les fait mourir, pour ainsi dire, une seconde fois ; ils sont traînés indignement par les rues ; on les note d'infamie ; on confisque leurs biens.
5 Il me paraît, Ibben, que ces lois sont bien injustes. Quand je suis accablé de douleur, de misère, de mépris, pourquoi

1. « Les Mahométans ne se soucient point de prendre Venise, parce qu'ils n'y trouveraient pas d'eau pour leurs purifications » (note de Montesquieu).

veut-on m'empêcher de mettre fin à mes peines, et me priver cruellement d'un remède qui est en mes mains ?

Pourquoi veut-on que je travaille pour une société, dont je consens de n'être plus ? que je tienne, malgré moi, une convention qui s'est faite sans moi ? La société est fondée sur un avantage mutuel. Mais lorsqu'elle me devient onéreuse, qui m'empêche d'y renoncer ? La vie m'a été donnée comme une faveur ; je puis donc la rendre lorsqu'elle ne l'est plus : la cause cesse ; l'effet doit donc cesser aussi.

Le prince veut-il que je sois son sujet, quand je ne retire point les avantages de la sujétion ? Mes concitoyens peuvent-ils demander ce partage inique de leur utilité et de mon désespoir ? Dieu, différent de tous les bienfaiteurs, veut-il me condamner à recevoir des grâces qui m'accablent ?

Je suis obligé de suivre les lois, quand je vis sous les lois. Mais, quand je n'y vis plus, peuvent-elles me lier encore ?

Mais, dira-t-on, vous troublez l'ordre de la Providence. Dieu a uni votre âme avec votre corps, et vous l'en séparez. Vous vous opposez donc à ses desseins, et vous lui résistez.

Que veut dire cela ? Troublé-je l'ordre de la Providence, lorsque je change les modifications de la matière et que je rends carrée une boule que les premières lois du mouvement, c'est-à-dire les lois de la création et de la conservation, avaient faite ronde ? Non, sans doute : je ne fais qu'user du droit qui m'a été donné, et, en ce sens, je puis troubler à ma fantaisie toute la nature, sans que l'on puisse dire que je m'oppose à la Providence.

Lorsque mon âme sera séparée de mon corps, y aura-t-il moins d'ordre et moins d'arrangement dans l'Univers ? Croyez-vous que cette nouvelle combinaison soit moins parfaite et moins dépendante des lois générales ? que le Monde y ait perdu quelque chose ? et que les ouvrages de Dieu soient moins grands, ou plutôt immenses ?

40 Pensez-vous que mon corps, devenu un épi de blé, un ver, un gazon, soit changé en un ouvrage de la Nature moins digne d'elle ? et que mon âme, dégagée de tout ce qu'elle avait de terrestre, soit devenue moins sublime ?

Toutes ces idées, mon cher Ibben, n'ont d'autre source que 45 notre orgueil : nous ne sentons point notre petitesse, et, malgré qu'on en ait[1], nous voulons être comptés dans l'Univers, y figurer, et y être un objet important. Nous nous imaginons que l'anéantissement d'un être aussi parfait que nous dégraderait toute la nature, et nous ne concevons pas 50 qu'un homme de plus ou de moins dans le monde — que dis-je ? — tous les hommes ensemble, cent millions de têtes comme la nôtre, ne sont qu'un atome subtil et délié, que Dieu n'aperçoit qu'à cause de l'immensité de ses connaissances.

De Paris, le 15 de la lune de Saphar, 1715.

LETTRE LXXVII

IBBEN À USBEK, À PARIS

Mon cher Usbek, il me semble que, pour un vrai musulman, les malheurs sont moins des châtiments que des menaces. Ce sont des jours bien précieux que ceux qui nous portent à expier les offenses. C'est le temps des 5 prospérités qu'il faudrait abréger. Que servent toutes ces impatiences, qu'à faire voir que nous voudrions être heureux indépendamment de celui qui donne les félicités parce qu'il est la félicité même ?

1. **Malgré qu'on en ait** : malgré nous.

Si un être est composé de deux êtres, et que la nécessité
10 de conserver l'union marque plus la soumission aux ordres
du créateur, on en a pu faire une loi religieuse. Si cette
nécessité de conserver l'union est un meilleur garant des
actions des hommes, on en a pu faire une loi civile.

De Smyrne, le dernier jour de la lune de Saphar, 1715.

Lettre LXXVIII

Rica à Usbek, à ***

Je t'envoie la copie d'une lettre qu'un Français qui est en
Espagne a écrite ici : je crois que tu seras bien aise de la voir.

Je parcours depuis six mois l'Espagne et le Portugal, et je vis
parmi des peuples qui, méprisant tous les autres, font aux seuls
5 Français l'honneur de les haïr.

La gravité est le caractère brillant des deux nations ; elle se
manifeste principalement de deux manières : par les lunettes et
par la moustache.

Les lunettes font voir démonstrativement que celui qui les porte est
10 un homme consommé dans les sciences et enseveli dans de profondes
lectures, à un tel point que sa vue est affaiblie ; et tout nez qui en est
orné ou chargé peut passer, sans contredit, pour le nez d'un savant.

Quant à la moustache, elle est respectable par elle-même, et
indépendamment des conséquences ; quoiqu'on ne laisse pas
15 quelquefois d'en tirer de grandes utilités pour le service du
Prince et l'honneur de la Nation, comme le fit bien voir un
fameux général portugais dans les Indes[1] : car, se trouvant avoir

1. « Jean de Castro » (note de Montesquieu). *Les Indes* désignent ici l'Amérique
(Indes occidentales).

besoin d'argent, il se coupa une de ses moustaches et envoya demander aux habitants de Goa vingt mille pistoles sur ce
20 gage ; elles lui furent prêtées d'abord, et, dans la suite, il retira sa moustache avec honneur.

On conçoit aisément que des peuples graves et flegmatiques comme ceux-là peuvent avoir de l'orgueil : aussi en ont-ils. Ils le fondent ordinairement sur deux
25 choses bien considérables. Ceux qui vivent dans le continent de l'Espagne et du Portugal se sentent le cœur extrêmement élevé, lorsqu'ils sont ce qu'ils appellent de *vieux Chrétiens*, c'est-à-dire qu'ils ne sont pas originaires de ceux à qui l'Inquisition a persuadé dans ces derniers
30 siècles d'embrasser la religion chrétienne. Ceux qui sont dans les Indes ne sont pas moins flattés lorsqu'ils considèrent qu'ils ont le sublime mérite d'être, comme ils disent, *hommes de chair blanche*. Il n'y a jamais eu, dans le sérail du Grand Seigneur[1], de sultane si orgueilleuse de
35 sa beauté que le plus vieux et le plus vilan mâtin ne l'est de la blancheur olivâtre de son teint, lorsqu'il est dans une ville du Mexique, assis sur sa porte, les bras croisés. Un homme de cette conséquence, une créature si parfaite, ne travaillerait pas pour tous les trésors du Monde, et ne se
40 résoudrait jamais, par une vile et mécanique industrie[2], de compromettre l'honneur et la dignité de sa peau.

Car il faut savoir que, lorsqu'un homme a un certain mérite en Espagne, comme, par exemple, quand il peut ajouter aux qualités dont je viens de parler celle d'être le propriétaire
45 d'une grande épée, ou d'avoir appris de son père l'art de faire jurer une discordante guitare, il ne travaille plus : son

1. **Grand Seigneur :** le sultan de Turquie.
2. **Industrie :** habileté manuelle.

honneur s'intéresse au repos de ses membres. Celui qui reste assis dix heures par jour obtient précisément la moitié plus de considération qu'un autre qui n'en reste que cinq, parce que
50 c'est sur les chaises que la noblesse s'acquiert.

Mais, quoique ces invincibles ennemis du travail fassent parade d'une tranquillité philosophique, ils ne l'ont pourtant pas dans le cœur : car ils sont toujours amoureux. Ils sont les premiers hommes du monde pour mourir de
55 langueur sous la fenêtre de leurs maîtresses, et tout Espagnol qui n'est pas enrhumé ne saurait passer pour galant[1].

Ils sont premièrement dévots, et secondement jaloux. Ils se garderont bien d'exposer leurs femmes aux entreprises d'un soldat criblé de coups ou d'un magistrat décrépit ;
60 mais ils les enfermeront avec un novice fervent, qui baisse les yeux, ou un robuste Franciscain, qui les élève.

Ils permettent à leurs femmes de paraître avec le sein découvert ; mais ils ne veulent pas qu'on leur voie le talon, et qu'on les surprenne par le bout des pieds.

65 On dit partout que les rigueurs de l'amour sont cruelles. Elles le sont encore plus pour les Espagnols : les femmes les guérissent de leurs peines ; mais elles ne font que leur en faire changer, et il leur reste souvent un long et fâcheux souvenir d'une passion éteinte.

70 Ils ont de petites politesses qui, en France, paraîtraient mal placées : par exemple, un capitaine ne bat jamais son soldat sans lui en demander la permission, et l'Inquisition ne fait jamais brûler un Juif sans lui faire ses excuses.

Les Espagnols qu'on ne brûle pas paraissent si attachés
75 à l'Inquisition, qu'il y aurait de la mauvaise humeur de la leur ôter. Je voudrais seulement qu'on en établît une autre,

1. Allusion à la fable de La Fontaine, « L'Âne et le petit Chien ».

non pas contre les hérétiques, mais contre les hérésiarques[1] qui attribuent à de petites pratiques monacales la même efficacité qu'aux sept sacrements, qui adorent tout ce qu'ils vénèrent, et qui sont si dévots qu'ils sont à peine Chrétiens.

Vous pourrez trouver de l'esprit et du bon sens chez les Espagnols ; mais n'en cherchez point dans leurs livres. Voyez une de leurs bibliothèques, les romans d'un côté, et les scolastiques[2] de l'autre. Vous diriez que les parties en ont été faites, et le tout rassemblé, par quelque ennemi secret de la raison humaine.

Le seul de leurs livres qui soit bon est celui qui a fait voir le ridicule de tous les autres[3].

Ils ont fait des découvertes immenses dans le Nouveau Monde, et ils ne connaissent pas encore leur propre continent : il y a sur leurs rivières tel pont qui n'a pas encore été découvert, et dans leurs montagnes des nations qui leur sont inconnues[4].

Ils disent que le soleil se lève et se couche dans leur pays ; mais il faut dire aussi qu'en faisant sa course, il ne rencontre que des campagnes ruinées et des contrées désertes.

Je ne serais pas fâché, Usbek, de voir une lettre écrite à Madrid par un Espagnol qui voyagerait en France : je crois qu'il vengerait bien sa nation. Quel vaste champ pour un homme flegmatique et pensif ! Je m'imagine qu'il commencerait ainsi la description de Paris :

1. L'*hérétique* soutient une hérésie, opinion ou doctrine religieuse condamnée par le catholicisme. L'*hérésiarque* est l'auteur d'une hérésie, le chef de la secte hérétique.
2. **Scolastiques** : relatifs à la philosophie et à la théologie enseignées au Moyen Âge.
3. Le *Don Quichotte*, de Cervantès (1547-1616).
4. « Las Batuecas » (note de Montesquieu). Ce sont deux vallées de la province de Salamanque, qui seraient restées sauvages et inconnues pendant des siècles.

Il y a ici une maison où l'on met les fous. On croirait d'abord qu'elle est la plus grande de la Ville ; non : le remède est bien petit pour le mal. Sans doute que les Français, extrêmement décriés chez leurs voisins, enferment quelques fous dans une maison, pour persuader que ceux qui sont dehors ne le sont pas.

Je laisse là mon Espagnol.
Adieu, mon cher Usbek.

De Paris, le 17 de la lune de Saphar, 1715.

LETTRE LXXIX

LE GRAND EUNUQUE NOIR À USBEK, À PARIS

Hier des Arméniens menèrent au sérail une jeune esclave de Circassie, qu'ils voulaient vendre. Je la fis entrer dans les appartements secrets, je la déshabillai, je l'examinai avec les regards d'un juge, et plus je l'examinai, plus je lui trouvai de grâces. Une pudeur virginale semblait vouloir les dérober à ma vue : je vis tout ce qu'il lui en coûtait pour obéir : elle rougissait de se voir nue, même devant moi, qui, exempt des passions qui peuvent alarmer la pudeur, suis inanimé sous l'empire de ce sexe, et qui, ministre de la modestie, dans les actions les plus libres, ne porte que de chastes regards et ne puis inspirer que l'innocence.

Dès que je l'eus jugée digne de toi, je baissai les yeux ; je lui jetai un manteau d'écarlate ; je lui mis au doigt un anneau d'or ; je me prosternai à ses pieds ; je l'adorai comme la reine de ton cœur ; je payai les Arméniens ; je la

dérobai à tous les yeux. Heureux Usbek ! tu possèdes plus de beautés que n'en enferment tous les palais d'Orient. Quel plaisir pour toi de trouver, à ton retour, tout ce que la Perse a de plus ravissant, et de voir dans ton sérail renaître les grâces, à mesure que le temps et la possession travaillent à les détruire !

Du sérail de Fatmé, le premier de la lune de Rebiab 1, 1715.

REPÈRES

• Quelles lettres encadrent cette lettre ? Y a-t-il un rapport entre les lettres LXXVIII, LXXIX et LXXX ?

• Qu'en déduisez-vous quant à la composition de l'œuvre ?

• Pourquoi Montesquieu reprend-il ici l'histoire du sérail ? Depuis quand l'avons-nous quittée ?

• Quelle fonction cette lettre vous paraît-elle remplir dans l'économie de l'œuvre ?

• Comment cette courte lettre est-elle structurée ? Donnez un titre aux parties que vous distinguez.

OBSERVATION

• Comment se marque dans la première phrase le réalisme historique et géographique ?

• À quel temps sont les propositions brèves et juxtaposées qui succèdent à cette première phrase ?

• Quel pronom personnel les débute ? Pourquoi ?

• Que met en valeur cette sécheresse de la narration ?

• Quel connecteur temporel marque un renversement ?

• Par quels signes voit-on que l'eunuque laisse ensuite la jeune fille occuper le premier plan ?

• À quel moment revient-il sur le devant de la scène ?

• Que symbolise l'écarlate du manteau dont l'eunuque couvre la jeune fille ?

INTERPRÉTATIONS

Les paradoxes du sérail

• Comment passe-t-on dans cette page de la chasteté à l'érotisme ?

• Esclave et reine : quelle réflexion suscite ce texte quant à la relation homme/femme ?

• Peut-on appliquer ce brutal renversement de l'humiliation en vénération ?

• Que dit ce renversement sur la relation de pouvoir du sérail ?

Le sérail, comme diversion et divertissement
• Pourquoi le temps n'a-t-il pas de prise sur le sérail ?
• Qu'est-ce qui peut faire rêver un Occidental ?
• Qu'est-ce qui peut le faire réfléchir ?

DE LA LECTURE À L'ÉCRITURE

Exercice d'écriture

Imaginez une lettre par laquelle la jeune héroïne, une fois devenue l'épouse d'Usbek, lui relaterait cet épisode, tel qu'elle l'aurait fixé dans son souvenir.

LETTRE LXXX

USBEK À RHÉDI, À VENISE

Depuis que je suis en Europe, mon cher Rhédi, j'ai vu bien des gouvernements : ce n'est pas comme en Asie, où les règles de la politique se trouvent partout les mêmes.

J'ai souvent recherché quel était le gouvernement le plus
5 conforme à la raison. Il m'a semblé que le plus parfait est celui qui va à son but à moins de frais ; de sorte que celui qui conduit les hommes de la manière qui convient le plus à leur penchant et à leur inclination est le plus parfait.

Si, dans un gouvernement doux, le peuple est aussi soumis que
10 dans un gouvernement sévère, le premier est préférable, puisqu'il est plus conforme à la raison, et que la sévérité est un motif étranger.

Compte, mon cher Rhédi, que dans un État, les peines plus ou moins cruelles ne font pas que l'on obéisse plus aux lois. Dans les
15 pays où les châtiments sont modérés, on les craint comme dans ceux où ils sont tyranniques et affreux.

Soit que le gouvernement soit doux, soit qu'il soit cruel, on punit toujours par degrés : on inflige un châtiment plus ou moins grand à un crime plus ou moins grand. L'imagination se plie
20 d'elle-même aux mœurs du pays où l'on est : huit jours de prison ou une légère amende frappent autant l'esprit d'un Européen, nourri dans un pays de douceur, que la perte d'un bras intimide un Asiatique. Ils attachent un certain degré de crainte à un certain degré de peine, et chacun le partage à sa façon : le
25 désespoir de l'infamie vient désoler un Français condamné à une peine qui n'ôterait pas un quart d'heure de sommeil à un Turc.

D'ailleurs je ne vois pas que la police, la justice et l'équité soient mieux observées en Turquie, en Perse, chez le Mogol,

que dans les républiques de Hollande, de Venise, et dans l'Angleterre même ; je ne vois pas qu'on y commette moins de crimes, et que les hommes, intimidés par la grandeur des châtiments, y soient plus soumis aux lois.

Je remarque, au contraire, une source d'injustice et de vexations au milieu de ces mêmes États.

Je trouve même le prince, qui est la loi même, moins maître que partout ailleurs.

Je vois que, dans ces moments rigoureux, il y a toujours des mouvements tumultueux, où personne n'est le chef, et que, quand une fois l'autorité violente est méprisée, il n'en reste plus assez à personne pour la faire revenir ;

Que le désespoir même de l'impunité confirme le désordre et le rend plus grand ;

Que, dans ces États, il ne se forme point de petite révolte, et qu'il n'y a jamais d'intervalle entre le murmure et la sédition ;

Qu'il ne faut point que les grands événements y soient préparés par de grandes causes : au contraire, le moindre accident produit une grande révolution, souvent aussi imprévue de ceux qui la font, que de ceux qui la souffrent.

Lorsqu'Osman[1], empereur des Turcs, fut déposé, aucun de ceux qui commirent cet attentat ne songeait à le commettre : ils demandaient seulement en suppliant qu'on leur fît justice sur quelque grief ; une voix, qu'on n'a jamais connue, sortit de la foule par hasard, le nom de Mustapha[2] fut prononcé, et soudain Mustapha fut empereur.

De Paris, le 2 de la lune de Rébiab 1, 1715.

1. **Osman :** il s'agit du Osman II, destitué et étranglé en 1622.
2. **Mustapha :** oncle d'Osman II, déposé en 1618, rappelé en 1622, encore destitué en 1623 au profit d'Amurat IV.

LETTRE LXXXI

NARGUM, ENVOYÉ DE PERSE EN MOSCOVIE,
À USBEK, À PARIS

De toutes les Nations du monde, mon cher Usbek, il n'y en a pas qui ait surpassé celle des Tartares par la gloire ou par la grandeur des conquêtes. Ce peuple est le vrai dominateur de l'Univers : tous les autres semblent être faits
5 pour le servir ; il est également le fondateur et le destructeur des empires ; dans tous les temps, il a donné sur la Terre des marques de sa puissance ; dans tous les âges, il a été le fléau des nations.

Les Tartares ont conquis deux fois la Chine, et ils la
10 tiennent encore sous leur obéissance[1].

Ils dominent sur les vastes pays qui forment l'empire du Mogol.

Maîtres de la Perse, ils sont assis sur le trône de Cyrus[2] et de Gustaspe[3]. Ils ont soumis la Moscovie. Sous le nom
15 des Turcs, ils ont fait des conquêtes immenses dans l'Europe, l'Asie et l'Afrique, et ils dominent sur ces trois parties de l'Univers.

Et, pour parler de temps plus reculés, c'est d'eux que sont sortis quelques-uns des peuples qui ont renversé l'Empire
20 romain.

1. Gengis-Khan (1175-1227) établit sa domination en Asie depuis la mer Noire jusqu'en Corée. Il s'empara de la Chine en 1212 et de la Perse en 1221. C'est en 1644 que le Tartare Xunchi prit Pékin et détrôna les Ming.
2. **Cyrus** : Cyrus II le Grand fut le fondateur de l'Empire perse achéménide (550-530 avant J. -C).
3. **Gustaspe** : voir lettre LXVII, note 1, page 197.

Qu'est-ce que les conquêtes d'Alexandre, en comparaison de celles de Genghis-Khan ?

Il n'a manqué à cette victorieuse nation que des historiens, pour célébrer la mémoire de ses merveilles.

25 Que d'actions immortelles ont été ensevelies dans l'oubli ! Que d'empires par eux fondés, dont nous ignorons l'origine ! Cette belliqueuse nation, uniquement occupée de sa gloire présente, sûre de vaincre dans tous les temps, ne songeait point à se signaler dans l'avenir par la
30 mémoire de ses conquêtes passées.

De Moscou, le 4 de la lune de Rébiab 1, 1715.

LETTRE LXXXII

RICA À IBBEN, À SMYRNE

Quoique les Français parlent beaucoup, il y a cependant parmi eux une espèce de dervis[1] taciturnes qu'on appelle *Chartreux*. On dit qu'ils se coupent la langue en entrant dans le couvent, et on souhaiterait fort que tous les autres
5 dervis se retranchassent de même tout ce que leur profession leur rend inutile.

À propos de gens taciturnes, il y en a de bien plus singuliers que ceux-là, et qui ont un talent bien extraordinaire. Ce sont ceux qui savent parler sans rien dire,
10 et qui amusent une conversation, pendant deux heures de temps, sans qu'il soit possible de les déceler, d'être leur plagiaire, ni de retenir un mot de ce qu'ils ont dit.

1. **Dervis :** voir lettre XXIV, note 2, page 96.

Ces sortes de gens sont adorés des femmes ; mais ils ne le sont pas tant que d'autres, qui ont reçu de la Nature l'aimable talent de sourire à propos, c'est-à-dire à chaque instant, et qui portent la grâce d'une joyeuse approbation sur tout ce qu'elles disent.

Mais ils sont au comble de l'esprit lorsqu'ils savent entendre finesse à tout et trouver mille petits traits ingénieux dans les choses les plus communes.

J'en connais d'autres, qui se sont bien trouvés d'introduire dans les conversations des choses inanimées et d'y faire parler leur habit brodé, leur perruque blonde, leur tabatière, leur canne et leurs gants. Il est bon de commencer de la rue à se faire écouter par le bruit du carrosse et du marteau, qui frappe rudement la porte : cet avant-propos prévient pour le reste du discours, et, quand l'exorde[1] est beau, il rend supportables toutes les sottises qui viennent ensuite, mais qui, par bonheur, arrivent trop tard.

Je te promets que ces petits talents, dont on ne fait aucun cas chez nous, servent bien ici ceux qui sont assez heureux pour les avoir, et qu'un homme de bon sens ne brille guère devant eux.

De Paris, le 6 de la lune de Rébiab 2, 1715.

1. **Exorde** : première partie d'un discours dans la rhétorique ancienne.

Lettre LXXXIII

Usbek à Rhédi, à Venise

S'il y a un Dieu, mon cher Rhédi, il faut nécessairement qu'il soit juste : car, s'il ne l'était pas, il serait le plus mauvais et le plus imparfait de tous les êtres.

La Justice est un rapport de convenance, qui se trouve
5 réellement entre deux choses ; ce rapport est toujours le même, quelque être qui le considère, soit que ce soit Dieu, soit que ce soit un ange, ou enfin que ce soit un homme.

Il est vrai que les hommes ne voient pas toujours ces rapports ; souvent même, lorsqu'ils les voient, ils s'en
10 éloignent ; et leur intérêt est toujours ce qu'ils voient le mieux. La Justice élève sa voix ; mais elle a peine à se faire entendre dans le tumulte des passions.

Les hommes peuvent faire des injustices, parce qu'ils ont intérêt de les commettre, et qu'ils préfèrent leur propre
15 satisfaction à celle des autres. C'est toujours par un retour sur eux-mêmes qu'ils agissent : nul n'est mauvais gratuitement. Il faut qu'il y ait une raison qui détermine, et cette raison est toujours une raison d'intérêt.

Mais il n'est pas possible que Dieu fasse jamais rien
20 d'injuste ; dès qu'on suppose qu'il voit la Justice, il faut nécessairement qu'il la suive, car, comme il n'a besoin de rien, et qu'il se suffit à lui-même, il serait le plus méchant de tous les êtres, puisqu'il le serait sans intérêt.

Ainsi, quand il n'y aurait pas de Dieu, nous devrions toujours
25 aimer la Justice ; c'est-à-dire faire nos efforts pour ressembler à cet être dont nous avons une si belle idée, et qui, s'il existait, serait nécessairement juste. Libres que nous serions du joug de la religion, nous ne devrions pas l'être de celui de l'équité.

Voilà, Rhédi, ce qui m'a fait penser que la Justice est
30 éternelle et ne dépend point des conventions humaines ; et,
quand elle en dépendrait, ce serait une vérité terrible, qu'il
faudrait se dérober à soi-même.

Nous sommes entourés d'hommes plus forts que nous ;
ils peuvent nous nuire de mille manières différentes ; les
35 trois quarts du temps ils peuvent le faire impunément.
Quel repos pour nous de savoir qu'il y a dans le cœur de
tous ces hommes un principe intérieur qui combat en notre
faveur et nous met à couvert de leurs entreprises !

Sans cela nous devrions être dans une frayeur
40 continuelle ; nous passerions devant les hommes comme
devant les lions, et nous ne serions jamais assurés un
moment de notre bien, de notre honneur et de notre vie.

Toutes ces pensées m'animent contre ces docteurs qui
représentent Dieu comme un être qui fait un exercice
45 tyrannique de sa puissance ; qui le font agir d'une manière
dont nous ne voudrions pas agir nous-mêmes, de peur de
l'offenser ; qui le chargent de toutes les imperfections qu'il
punit en nous, et, dans leurs opinions contradictoires, le
représentent tantôt comme un être mauvais, tantôt comme
50 un être qui hait le mal et le punit.

Quand un homme s'examine, quelle satisfaction pour lui
de trouver qu'il a le cœur juste ! Ce plaisir, tout sévère qu'il
est, doit le ravir : il voit son être autant au-dessus de ceux
qui ne l'ont pas, qu'il se voit au-dessus des tigres et des
55 ours. Oui, Rhédi, si j'étais sûr de suivre toujours
inviolablement cette équité que j'ai devant les yeux, je me
croirais le premier des hommes.

De Paris, le premier de la lune de Gemmadi 1, 1715.

Une analyse par petites touches successives

• Qui a écrit ces lettres ? Pourquoi ?

• Examinez la lettre XIX : de quel sentiment témoigne-t-elle ?

• Pourquoi Usbek découvre-t-il peu à peu et non d'emblée le système politique du despostisme ?

• Cette découverte faite peu à peu est-elle vraisemblable d'un point de vue psychologique ?

• En quoi participe-t-elle à l'histoire psychologique d'Usbek ?

• Quels pays sont concernés par le despotisme ?

• En quoi la lettre LXXX marque-t-elle une rupture ? Sur quels plans cette rupture a-t-elle lieu ?

• Dans la lettre LXXXIII, pourquoi le pouvoir despotique est-il illégitime ?

Une réflexion de plus en plus universelle

• Quels pays l'analyse politique parcourt-elle? Pourquoi ?

• Qu'est-ce qui fait du despotisme un système politique voué à la violence ?

• La justice est-elle compatible avec le despostisme ? Pourquoi ?

• Le despotisme a-t-il un lien avec le sérail ? Lequel ?

• Qu'est-ce qui prouve qu'Usbek parle en « citoyen du monde » ?

• Ces analyses politiques vous paraissent-elles dépassées ? Restent-elles d'actualité ? Pourquoi ?

• Y a-t-il dans les *Lettres persanes* la mise au jour d'une « pathologie » du pouvoir ? Justifiez votre réponse.

LETTRE LXXXIV

RICA À ***

Je fus hier aux Invalides. J'aimerais autant avoir fait cet établissement, si j'étais prince, que d'avoir gagné trois batailles : on y trouve partout la main d'un grand monarque. Je crois que c'est le lieu le plus respectable de la
5　Terre.

Quel spectacle de voir rassemblées dans un même lieu toutes ces victimes de la Patrie, qui ne respirent que pour la défendre, et qui, se sentant le même cœur, et non pas la même force, ne se plaignent que de l'impuissance où elles
10　sont de se sacrifier encore pour elle !

Quoi de plus admirable que de voir ces guerriers débiles, dans cette retraite, observer une discipline aussi exacte que s'ils y étaient contraints par la présence d'un ennemi, chercher une dernière satisfaction dans cette image de la
15　guerre, et partager leur cœur et leur esprit entre les devoirs de la religion et ceux de l'art militaire !

Je voudrais que les noms de ceux qui meurent pour la Patrie fussent conservés dans les temples, et écrits dans des registres qui fussent comme la source de la gloire et de la
20　noblesse.

De Paris, le 15 de la lune de Gemmadi 1, 1715.

LETTRE LXXXV

USBEK À MIRZA, À ISPAHAN

Tu sais, Mirza, que quelques ministres de Chah Soliman[1] avaient formé le dessein d'obliger tous les Arméniens de Perse de quitter le royaume ou de se faire Mahométans, dans la pensée que notre empire serait toujours pollué, tandis qu'il garderait dans son sein ces infidèles.

C'était fait de la grandeur persane, si, dans cette occasion, l'aveugle dévotion[2] avait été écoutée.

On ne sait comment la chose manqua : ni ceux qui firent la proposition, ni ceux qui la rejetèrent, n'en connurent les conséquences ; le hasard fit l'office de la raison et de la politique, et sauva l'Empire d'un péril plus grand que celui qu'il aurait pu courir de la perte d'une bataille et de la prise de deux villes.

En proscrivant les Arméniens, on pensa détruire en un seul jour tous les négociants et presque tous les artisans du royaume. Je suis sûr que le Grand Chah Abas[3] aurait mieux aimé se faire couper les deux bras que de signer un ordre pareil, et qu'en envoyant au Mogol et aux autres rois des Indes ses sujets les plus industrieux, il aurait cru leur donner la moitié de ses États.

1. **Soliman :** il régna de 1666 à 1694. Dans son récit de voyage, Tavernier raconte qu'on voulut convertir les Arméniens parce qu'ils avaient refusé de souscrire un emprunt. La peur les fit payer.
2. **Aveugle dévotion :** Montesquieu établit un parallèle avec la révocation de l'édit de Nantes.
3. **Abas :** Abbas Ier, qui régna de 1587 à 1629, battit les Turcs au combat et fit de grands travaux, ce qui permet ici le parallèle avec Louis XIV.

Les persécutions que nos Mahométans zélés ont faites aux Guèbres[1] les ont obligés de passer en foule dans les Indes, et ont privé la Perse de cette nation si appliquée au
25 labourage, et qui seule, par son travail, était en état de vaincre la stérilité de nos terres.

Il ne restait à la dévotion qu'un second coup à faire ; c'était de ruiner l'industrie[2] : moyennant quoi l'Empire tombait de lui-même, et, avec lui, par une suite nécessaire,
30 cette même religion qu'on voulait rendre si florissante.

S'il faut raisonner sans prévention, je ne sais pas, Mirza, s'il n'est pas bon que dans un État il y ait plusieurs religions.

On remarque que ceux qui vivent dans des religions
35 tolérées se rendent ordinairement plus utiles à leur patrie que ceux qui vivent dans la religion dominante ; parce que, éloignés des honneurs, ne pouvant se distinguer que par leur opulence et leurs richesses, ils sont portés à acquérir par leur travail et à embrasser les emplois de la Société les
40 plus pénibles.

D'ailleurs, comme toutes les religions contiennent des préceptes utiles à la Société, il est bon qu'elles soient observées avec zèle. Or qu'y a-t-il de plus capable d'animer ce zèle que leur multiplicité ?
45 Ce sont des rivales qui ne se pardonnent rien. La jalousie descend jusqu'aux particuliers : chacun se tient sur ses gardes et craint de faire des choses qui déshonoreraient son parti et l'exposeraient aux mépris et aux censures impardonnables du parti contraire.

1. **Guèbres** : Persans qui refusèrent l'Islam et gardèrent leur foi en Zoroastre (voir lettre LXVII, note 1, page 189).
2. Allusion au départ forcé des protestants après la révocation de l'édit de Nantes, qui coûta très cher à la France.

50 Aussi a-t-on toujours remarqué qu'une secte nouvelle introduite dans un État était le moyen le plus sûr pour corriger tous les abus de l'ancienne.

On a beau dire qu'il n'est pas de l'intérêt du prince de souffrir plusieurs religions dans son État. Quand toutes les
55 sectes du monde viendraient s'y rassembler, cela ne lui porterait aucun préjudice, parce qu'ils n'y en a aucune qui ne prescrive l'obéissance et ne prêche la soumission.

J'avoue que les histoires sont remplies de guerres de religion. Mais, qu'on y prenne bien garde : ce n'est point la
60 multiplicité des religions qui a produit ces guerres, c'est l'esprit d'intolérance, qui animait celle qui se croyait la dominante ; c'est cet esprit de prosélytisme que les Juifs ont pris des Égyptiens, et qui, d'eux, est passé, comme une maladie épidémique et populaire, aux Mahométans et aux
65 Chrétiens ; c'est, enfin, cet esprit de vertige, dont les progrès ne peuvent être regardés que comme une éclipse entière de la raison humaine.

Car, enfin, quand il n'y aurait pas de l'inhumanité à affliger la conscience des autres ; quand il n'en
70 résulterait aucun des mauvais effets qui en germent à milliers, il faudrait être fou pour s'en aviser. Celui qui veut me faire changer de religion ne le fait sans doute que parce qu'il ne changerait pas la sienne, quand on voudrait l'y forcer : il trouve donc étrange que je ne
75 fasse pas une chose qu'il ne ferait pas lui-même, peut-être pour l'empire du monde.

De Paris, le 26 de la lune de Gemmadi 1, 1715.

LETTRE LXXXVI

RICA À ***

Il semble ici que les familles se gouvernent toutes seules. Le mari n'a qu'une ombre d'autorité sur sa femme, le père sur ses enfants, le maître sur ses esclaves. La justice se mêle de tous les différends, et sois sûr qu'elle est toujours
5 contre le mari jaloux, le père chagrin, le maître incommode.

J'allai l'autre jour dans le lieu où se rend la justice. Avant d'y arriver, il faut passer sous les armes d'un nombre infini de jeunes marchandes, qui vous appellent
10 d'une voix trompeuse. Ce spectacle, d'abord, est assez riant ; mais il devient lugubre lorsqu'on entre dans les grandes salles, où l'on ne voit que des gens dont l'habit est encore plus grave que la figure. Enfin, on entre dans le lieu sacré où se révèlent tous les secrets des familles, et où
15 les actions les plus cachées sont mises au grand jour.

Là, une fille modeste vient avouer les tourments d'une virginité trop longtemps gardée, ses combats et sa douloureuse résistance. Elle est si peu fière de sa victoire, qu'elle menace toujours d'une défaite prochaine, et, pour
20 que son père n'ignore plus ses besoins, elle les expose à tout le peuple.

Une femme effrontée vient ensuite exposer les outrages qu'elle a faits à son époux comme une raison d'en être séparée.

25 Avec une modestie pareille, une autre vient dire qu'elle est lasse de porter le titre de femme sans en jouir : elle vient révéler les mystères cachés dans la nuit du mariage ; elle veut qu'on la livre aux regards des experts les plus habiles,

et qu'une sentence la rétablisse dans tous les droits de la
30 virginité. Il y en a même qui osent défier leurs maris, et leur
demander en public un combat que les témoins rendent si
difficile : épreuve aussi flétrissante pour la femme qui la
soutient, que pour le mari qui y succombe.

Un nombre infini de filles, ravies[1] ou séduites, font les
35 hommes beaucoup plus mauvais qu'ils ne sont. L'amour fait
retentir ce tribunal : on n'y entend parler que de pères irrités,
de filles abusées, d'amants infidèles et de maris chagrins.

Par la loi qui y est observée, tout enfant né pendant le
mariage est censé d'être au mari. Il a beau avoir de bonnes
40 raisons pour ne pas le croire : la loi le croit pour lui et le
soulage de l'examen et des scrupules.

Dans ce tribunal, on prend les voix à la majeure ; mais
on dit qu'on a reconnu, par expérience, qu'il vaudrait
mieux les recueillir à la mineure. Et cela est assez naturel :
45 car il y a très peu d'esprits justes, et tout le monde convient
qu'il y en a une infinité de faux.

De Paris, le premier de la lune de Gemmadi 2, 1715.

LETTRE LXXXVII

RICA À ***

On dit que l'homme est un animal sociable. Sur ce pied-
là, il me paraît qu'un Français est plus homme qu'un
autre : c'est l'homme par excellence, car il semble être fait
uniquement pour la société.

1. **Ravies :** au sens ancien d'« enlevées » (qui ont subi un rapt).

⁵ Mais j'ai remarqué parmi eux des gens qui non seulement sont sociables, mais sont eux-mêmes la Société universelle. Ils se multiplient dans tous les coins ; ils peuplent en un moment les quatre quartiers d'une ville. Cent hommes de cette espèce abondent plus que deux mille ¹⁰ citoyens ; ils pourraient réparer, aux yeux des étrangers, les ravages de la peste ou de la famine. On demande dans les écoles si un corps peut être en un instant en plusieurs lieux ; ils sont une preuve de ce que les philosophes mettent en question.

¹⁵ Ils sont toujours empressés, parce qu'ils ont l'affaire importante de demander à tous ceux qu'ils voient, où ils vont, et d'où ils viennent.

On ne leur ôterait jamais de la tête qu'il est de la bienséance de visiter chaque jour le public en détail, sans ²⁰ compter les visites qu'ils font en gros dans les lieux où l'on s'assemble. Mais, comme la voie en est trop abrégée, elles sont comptées pour rien dans les règles de leur cérémonial.

Ils fatiguent plus les portes des maisons à coups de marteau, que les vents et les tempêtes. Si l'on allait ²⁵ examiner la liste de tous les portiers, on y trouverait chaque jour leur nom estropié de mille manières en caractères suisses. Ils passent leur vie à la suite d'un enterrement, dans des compliments de condoléances ou dans des félicitations de mariage. Le roi ne fait point de ³⁰ gratification à quelqu'un de ses sujets qu'il ne leur en coûte une voiture, pour lui en aller témoigner leur joie. Enfin, ils reviennent chez eux, bien fatigués, se reposer pour pouvoir reprendre le lendemain leurs pénibles fonctions.

Un d'eux mourut l'autre jour de lassitude, et on mit cette ³⁵ épitaphe sur son tombeau : « C'est ici que repose celui qui ne s'est jamais reposé. Il s'est promené à cinq cent trente enterrements. Il s'est réjoui de la naissance de deux mille six

cent quatre-vingts enfants. Les pensions dont il a félicité ses amis, toujours en des termes différents, montent à deux 40 millions six cent mille livres ; le chemin qu'il a fait sur le pavé, à neuf mille six cents stades ; celui qu'il a fait dans la campagne, à trente-six. Sa conversation était amusante : il avait un fonds tout fait de trois cent soixante-cinq contes ; il possédait, d'ailleurs, depuis son jeune âge, cent dix-huit 45 apophtegmes[1] tirés des Anciens qu'il employait dans les occasions brillantes. Il est mort enfin à la soixantième année de son âge. Je me tais, Voyageur. Car comment pourrais-je achever de te dire ce qu'il a fait et ce qu'il a vu ? »

De Paris, le 3 de la lune de Gemmadi 2, 1715.

Lettre LXXXVIII

Usbek à Rhédi, à Venise

À Paris, règnent la liberté et l'égalité. La naissance, la vertu, le mérite même de la guerre, quelque brillant qu'il soit, ne sauve pas un homme de la foule dans laquelle il est confondu. La jalousie des rangs y est inconnue. On dit que 5 le premier de Paris est celui qui a les meilleurs chevaux à son carrosse.

Un grand seigneur est un homme qui voit le roi, qui parle aux ministres, qui a des ancêtres, des dettes et des pensions. S'il peut, avec cela, cacher son oisiveté par un air 10 empressé, ou par un feint attachement pour les plaisirs, il croit être le plus heureux de tous les hommes.

1. **Apophtegmes :** paroles mémorables, citations célèbres.

En Perse, il n'y a de grand que ceux à qui le Monarque donne quelque part au gouvernement. Ici, il y a des gens qui sont grands par leur naissance ; mais ils sont sans
15 crédit. Les rois font comme ces ouvriers habiles qui, pour exécuter leurs ouvrages, se servent toujours des machines les plus simples.

La faveur est la grande divinité des Français. Le ministre est le grand-prêtre, qui lui offre bien des victimes. Ceux qui
20 l'entourent ne sont point habillés de blanc : tantôt sacrificateurs et tantôt sacrifiés, ils se dévouent eux-mêmes à leur idole avec tout le peuple.

De Paris, le 9 de la lune de Gemmadi 2, 1715.

LETTRE LXXXIX

USBEK À IBBEN, À SMYRNE

Le désir de la gloire n'est point différent de cet instinct que toutes les créatures ont pour leur conservation. Il semble que nous augmentons notre être lorsque nous pouvons le porter dans la mémoire des autres : c'est une
5 nouvelle vie que nous acquérons, et qui nous devient aussi précieuse que celle que nous avons reçue du ciel.

Mais, comme tous les hommes ne sont pas également attachés à la vie, ils ne sont pas aussi également sensibles à la gloire. Cette noble passion est bien toujours gravée dans
10 leur cœur ; mais l'imagination et l'éducation la modifient de mille manières.

Cette différence, qui se trouve d'homme à homme, se fait encore plus sentir de peuple à peuple.

On peut poser pour maxime que, dans chaque État, le
15 désir de la gloire croît avec la liberté des sujets et diminue
avec elle : la gloire n'est jamais compagne de la servitude.

Un homme de bon sens me disait l'autre jour : « On est,
en France, à bien des égards, plus libre qu'en Perse ; aussi
y aime-t-on plus la gloire. Cette heureuse fantaisie fait faire
20 à un Français avec plaisir et avec goût ce que votre sultan
n'obtient de ses sujets qu'en leur mettant sans cesse devant
les yeux les supplices et les récompenses.

« Aussi, parmi nous, le prince est-il jaloux de l'honneur
du dernier de ses sujets. Il y a pour le maintenir des
25 tribunaux respectables : c'est le trésor sacré de la Nation,
et le seul dont le souverain n'est pas le maître, parce qu'il
ne peut l'être, sans choquer ses intérêts. Ainsi, si un sujet se
trouve blessé dans son honneur par son prince, soit par
quelque préférence, soit par la moindre marque de mépris,
30 il quitte sur-le-champ sa cour, son emploi, son service, et se
retire chez lui.

« La différence qu'il y a des troupes françaises aux
vôtres, c'est que les unes, composées d'esclaves
naturellement lâches, ne surmontent la crainte de la mort
35 que par celle du châtiment : ce qui produit dans l'âme un
nouveau genre de terreur qui la rend comme stupide ; au
lieu que les autres se présentent aux coups avec délice et
bannissent la crainte par une satisfaction qui lui est
supérieure.

40 « Mais le sanctuaire de l'honneur, de la réputation et de
la vertu, semble être établi dans les républiques et dans les
pays où l'on peut prononcer le mot de *Patrie*. À Rome, à
Athènes, à Lacédémone, l'honneur payait seul les services
les plus signalés. Une couronne de chêne ou de laurier, une
45 statue, un éloge, était une récompense immense pour une
bataille gagnée ou une ville prise.

« Là, un homme qui avait fait une belle action se trouvait suffisamment récompensé par cette action même. Il ne pouvait voir un de ses compatriotes qu'il ne ressentît le plaisir d'être son bienfaiteur ; il comptait le nombre de ses services par celui de ses concitoyens. Tout homme est capable de faire du bien à un homme ; mais c'est ressembler aux dieux que de contribuer au bonheur d'une société entière.

« Or cette noble émulation ne doit-elle point être entièrement éteinte dans le cœur de vos Persans, chez qui les emplois et les dignités ne sont que des attributs de la fantaisie du souverain ? La réputation et la vertu y sont regardées comme imaginaires, si elles ne sont accompagnées de la faveur du prince, avec laquelle elles naissent et meurent de même. Un homme qui a pour lui l'estime publique n'est jamais sûr de ne pas être déshonoré demain : le voilà aujourd'hui général d'armée ; peut-être que le prince le va faire son cuisinier, et qu'il ne lui laissera plus à espérer d'autre éloge que celui d'avoir fait un bon ragoût. »

De Paris, le 15 de la lune de Gemmadi 2, 1715.

LETTRE XC

USBEK AU MÊME, À SMYRNE

De cette passion générale que la nation française a pour la gloire, il s'est formé dans l'esprit des particuliers un certain je ne sais quoi, qu'on appelle *point d'honneur*. C'est proprement le caractère de chaque profession ; mais il est plus marqué chez les gens de guerre, et c'est le point d'honneur par

excellence. Il me serait bien difficile de te faire sentir ce que c'est : car nous n'en avons point précisément d'idée.

Autrefois, les Français, surtout les nobles, ne suivaient guère d'autres lois que celles de ce point d'honneur : elles réglaient toute la conduite de leur vie, et elles étaient si sévères qu'on ne pouvait sans une peine plus cruelle que la mort, je ne dis pas les enfreindre, mais en éluder la plus petite disposition.

Quand il s'agissait de régler les différends, elles ne prescrivaient guère qu'une manière de décision, qui était le duel, qui tranchait toutes les difficultés[1]. Mais ce qu'il y avait de mal, c'est que souvent le jugement se rendait entre d'autres parties que celles qui y étaient intéressées.

Pour peu qu'un homme fût connu d'un autre, il fallait qu'il entrât dans la dispute, et qu'il payât de sa personne, comme s'il avait été lui-même en colère. Il se sentait toujours honoré d'un tel choix et d'une préférence si flatteuse ; et tel qui n'aurait pas voulu donner quatre pistoles à un homme pour le sauver de la potence, lui et toute sa famille, ne faisait aucune difficulté d'aller risquer pour lui mille fois sa vie.

Cette manière de décider était assez mal imaginée : car, de ce qu'un homme était plus adroit ou plus fort qu'un autre, il ne s'ensuivait pas qu'il eût de meilleures raisons.

Aussi les rois l'ont-ils défendue sous des peines très sévères[2] ; mais c'est en vain : l'Honneur, qui veut toujours régner, se révolte, et il ne reconnaît point de lois.

1. Au XVIIe siècle, le duel était condamné par les moralistes, notamment par La Bruyère. Montesquieu en connaît l'origine : pour les anciennes lois germaniques, le duel est le jugement de Dieu.
2. En 1679, un édit de Louis XIV punissait de mort les duellistes. Cet édit fut renouvelé par Louis XV en 1725.

Ainsi les Français sont dans un état bien violent : car les mêmes lois de l'honneur obligent un honnête homme de se venger quand il a été offensé ; mais, d'un autre côté, la justice le punit des plus cruelles peines lorsqu'il se venge. Si l'on suit les lois de l'honneur, on périt sur un échafaud ; si l'on suit celles de la justice, on est banni pour jamais de la société des hommes. Il n'y a donc que cette cruelle alternative, ou de mourir, ou d'être indigne de vivre.

De Paris, le 18 de la lune de Gemmadi 2, 1715.

LETTRE XCI

USBEK À RUSTAN, À ISPAHAN

Il paraît ici un personnage travesti[1] en ambassadeur de Perse, qui se joue insolemment des deux plus grands rois du monde. Il apporte au monarque des Français des présents que le nôtre ne saurait donner à un roi d'Irimette ou de Géorgie, et, par sa lâche avarice[2], il a flétri la majesté des deux empires.

Il s'est rendu ridicule devant un peuple qui prétend être le plus poli de l'Europe, et il a fait dire en Occident que le roi des rois ne domine que sur des barbares[3].

1. Méhémet Riza Beg, soi-disant ambassadeur de Perse, n'était qu'un imposteur. Il était simple percepteur d'impôts en Perse. Arrivé à Paris en 1715, il y fit une entrée solennelle et fut reçu par Louis XIV à Versailles.
2. Le coffre apporté à Versailles ne contenait que « cent six petites perles, deux cent quatre-vingt-dix turquoises et deux boîtes de baume de Mumie ». On s'indigna à la Cour d'une telle avarice.
3. Ses excentricités furent nombreuses : rixes avec les mousquetaires, exercices à cheval sur les remparts…

Il a reçu des honneurs qu'il semblait avoir voulu se faire refuser lui-même, et, comme si la cour de France avait eu plus à cœur la grandeur persane que lui, elle l'a fait paraître avec dignité devant un peuple dont il est le mépris[1].

Ne dis point ceci à Ispahan : épargne la tête d'un malheureux. Je ne veux pas que nos ministres le punissent de leur propre imprudence et de l'indigne choix qu'il ont fait.

De Paris, le dernier de la lune de Gemmadi 2, 1715.

LETTRE XCII

USBEK À RHÉDI, À VENISE

Le monarque[2] qui a si longtemps régné n'est plus. Il a bien fait parler des gens pendant sa vie ; tout le monde s'est tu à sa mort. Ferme et courageux dans ce dernier moment, il a paru ne céder qu'au destin. Ainsi mourut le grand Chah Abas[3], après avoir rempli toute la Terre de son nom.

Ne crois pas que ce grand événement n'ait fait faire ici que des réflexions morales. Chacun a pensé à ses affaires, et à prendre ses avantages dans ce changement. Le roi, arrière-petit-fils du monarque défunt, n'ayant que cinq ans, un prince, son oncle, a été déclaré régent du royaume[4].

Le feu roi avait fait un testament qui bornait l'autorité du régent. Ce prince habile a été au Parlement, et, y exposant

1. La réception du 19 février 1715 fut somptueuse.
2. « Il mourut le 1ᵉʳ septembre 1715 » (note de Montesquieu).
3. **Abas** : voir lettre LXXXV, note 3, page 231.
4. **Régent du royaume** : Philippe, duc d'Orléans (1674-1723). La séance du Parlement dont il est question eut lieu le 2 septembre.

tous les droits de sa naissance, il a fait casser la disposition du monarque, qui, voulant se survivre à lui-même, semblait
15 avoir prétendu régner encore après sa mort.

Les parlements ressemblent à ces ruines que l'on foule aux pieds, mais qui rappellent toujours l'idée de quelque temple fameux par l'ancienne religion des peuples. Ils ne se mêlent guère plus que de rendre la justice, et leur autorité est
20 toujours languissante, à moins que quelque conjoncture imprévue ne vienne lui rendre la force et la vie. Ces grands corps ont suivi le destin des choses humaines : ils ont cédé au temps, qui détruit tout, à la corruption des mœurs, qui a tout affaibli, à l'autorité suprême, qui a tout abattu.

25 Mais le régent, qui a voulu se rendre agréable au peuple, a paru d'abord respecter cette image de la liberté publique, et, comme s'il avait pensé à relever de terre le temple et l'idole, il a voulu qu'on les regardât comme l'appui de la monarchie et le fondement de toute autorité légitime[1].

De Paris, le 4 de la lune de Rhégeb, 1715.

LETTRE XCIII

USBEK À SON FRÈRE, SANTON
AU MONASTÈRE DE CASBIN

Je m'humilie devant toi, sacré Santon[2], et je me prosterne ; je regarde les vestiges de tes pieds comme la prunelle de mes yeux. Ta sainteté est si grande qu'il semble

1. **Légitime** : le 15 septembre, le Régent rendit aux Parlements leur droit de remontrance sur les édits royaux, que Louis XIV leur avait retiré après la Fronde.
2. **Santon** : ascète musulman, presque synonyme de *derviche*.

que tu aies le cœur de notre saint prophète ; tes austérités
étonnent le ciel même ; les anges t'ont regardé du sommet
de la gloire et ont dit : « Comment est-il encore sur la terre,
puisque son esprit est avec nous et vole autour du trône qui
est soutenu par les nuées ? »

Et comment ne t'honorerais-je pas, moi qui ai appris de
nos docteurs que les dervis, même infidèles, ont toujours
un caractère de sainteté, qui les rend respectables aux vrais
croyants, et que Dieu s'est choisi, dans tous les coins de la
terre, des âmes plus pures que les autres, qu'il a séparées
du monde impie, afin que leurs mortifications[1] et leurs
prières ferventes suspendissent sa colère prête à tomber sur
tant de peuples rebelles ?

Les chrétiens disent des merveilles de leurs premiers
santons[2], qui se réfugièrent à milliers dans les déserts
affreux de la Thébaïde et eurent pour chefs Paul, Antoine
et Pacôme. Si ce qu'ils en disent est vrai, leurs vies sont
aussi pleines de prodiges que celles de nos plus sacrés
immaums. Ils passaient quelquefois dix ans entiers sans
voir un seul homme, mais ils habitaient la nuit et le jour
avec des démons ; ils étaient sans cesse tourmentés par ces
esprits malins : ils les trouvaient au lit ; ils les trouvaient à
table ; jamais d'asile contre eux. Si tout ceci est vrai,
Santon vénérable, il faudrait avouer que personne n'aurait
jamais vécu en plus mauvaise compagnie.

Les chrétiens sensés regardent toutes ces histoires comme
une allégorie bien naturelle, qui nous peut servir à nous faire
sentir le malheur de la condition humaine. En vain
cherchons-nous dans le désert un état tranquille : les

1. **Mortifications :** souffrances que l'on s'impose dans un but spirituel.
2. Il s'agit des cénobites (moines) de la Thébaïde, partie méridionale de la Haute-
Égypte où les chrétiens fuyant les persécutions trouvèrent refuge.

tentations nous suivent toujours ; nos passions, figurées par les démons, ne nous quittent point encore ; ces monstres du
35 cœur, ces illusions de l'esprit, ces vains fantômes de l'erreur et du mensonge, se montrent toujours à nous pour nous séduire et nous attaquent jusque dans les jeûnes et les cilices, c'est-à-dire jusque dans notre force même.

Pour moi, Santon vénérable, je sais que l'envoyé de Dieu
40 a enchaîné Satan et l'a précipité dans les abîmes ; il a purifié la terre, autrefois pleine de son empire, et l'a rendue digne du séjour des anges et des prophètes.

De Paris, le 9 de la lune de Chahban, 1715.

LETTRE XCIV

USBEK À RHÉDI, À VENISE

Je n'ai jamais ouï parler du droit public qu'on n'ait commencé par rechercher soigneusement quelle est l'origine des sociétés, ce qui me paraît ridicule. Si les hommes n'en formaient point, s'ils se quittaient et se
5 fuyaient les uns les autres, il faudrait en demander la raison, et chercher pourquoi ils se tiennent séparés. Mais ils naissent tous liés les uns aux autres ; un fils est né auprès de son père, et il s'y tient : voilà la société, et la cause de la société[1].
10 Le droit public est plus connu en Europe qu'en Asie ; cependant on peut dire que les passions des princes, la

1. Pour Montesquieu, la société ne s'oppose pas à la nature mais elle en dérive (il s'oppose donc à Hobbes et à Rousseau).

patience des peuples, la flatterie des écrivains, en ont corrompu tous les principes.

Ce droit, tel qu'il est aujourd'hui, est une science qui apprend aux princes jusqu'à quel point ils peuvent violer la justice sans choquer leurs intérêts. Quel dessein, Rhédi, de vouloir, pour endurcir leur conscience, mettre l'iniquité en système, d'en donner des règles, d'en former des principes et d'en tirer des conséquences !

La puissance illimitée de nos sublimes sultans, qui n'a d'autre règle qu'elle-même, ne produit pas plus de monstres que cet art indigne qui veut faire plier la justice, tout inflexible qu'elle est.

On dirait, Rhédi, qu'il y a deux justices toutes différentes : l'une qui règle les affaires des particuliers, qui règne dans le droit civil ; l'autre qui règle les différends qui surviennent de peuple à peuple, qui tyrannise dans le droit public : comme si le droit public n'était pas lui-même un droit civil, non pas à la vérité d'un pays particulier, mais du monde.

Je t'expliquerai dans une autre lettre mes pensées là-dessus.

De Paris, le premier de la lune de Zilhagé, 1716.

LETTRE XCV

USBEK AU MÊME

Les magistrats doivent rendre la justice de citoyen à citoyen. Chaque peuple la doit rendre lui-même de lui à un autre peuple. Dans cette seconde distribution de justice, on ne peut employer d'autres maximes que dans la première.

5 De peuple à peuple, il est rarement besoin de tiers pour juger, parce que les sujets de disputes sont presque toujours clairs et faciles à terminer. Les intérêts de deux nations sont ordinairement si séparés qu'il ne faut qu'aimer la justice pour la trouver ; on ne peut guère se prévenir dans sa propre cause.

10 Il n'en est pas de même des différends qui arrivent entre particuliers. Comme ils vivent en société, leurs intérêts sont si mêlés et si confondus, il y en a de tant de sortes différentes, qu'il est nécessaire qu'un tiers débrouille ce que la cupidité des parties cherche à obscurcir.

15 Il n'y a que deux sortes de guerres justes : les unes qui se font pour repousser un ennemi qui attaque ; les autres, pour secourir un allié qui est attaqué.

 Il n'y aurait point de justice de faire la guerre pour des querelles particulières du prince, à moins que le cas ne 20 fût si grave qu'il méritât la mort du prince ou du peuple qui l'a commis. Ainsi un prince ne peut faire la guerre parce qu'on lui aura refusé un honneur qui lui est dû, ou parce qu'on aura eu quelque procédé peu convenable à l'égard de ses ambassadeurs, et autres choses pareilles ; 25 non plus qu'un particulier ne peut tuer celui qui lui refuse la préséance. La raison en est que, comme la déclaration de guerre doit être un acte de justice, dans laquelle il faut toujours que la peine soit proportionnée à la faute, il faut voir si celui à qui on déclare la guerre 30 mérite la mort : car faire la guerre à quelqu'un, c'est vouloir le punir de mort.

 Dans le droit public, l'acte de justice le plus sévère, c'est la guerre ; puisqu'elle peut avoir l'effet de détruire la Société.

35 Les représailles sont du second degré. C'est une loi que les tribunaux n'ont pu s'empêcher d'observer, de mesurer la peine par le crime.

Un troisième acte de justice est de priver un prince des avantages qu'il peut tirer de nous, proportionnant toujours la peine à l'offense.

Le quatrième acte de justice, qui doit être le plus fréquent, est la renonciation à l'alliance du peuple dont on a à se plaindre. Cette peine répond à celle du bannissement, que les tribunaux ont établie pour retrancher les coupables de la Société. Ainsi un prince à l'alliance duquel nous renonçons est retranché de notre Société et n'est plus un des membres qui la composent.

On ne peut pas faire de plus grand affront à un prince que de renoncer à son alliance, ni lui faire de plus grand honneur que de la contracter. Il n'y a rien, parmi les hommes, qui leur soit plus glorieux et même plus utile que d'en voir d'autres toujours attentifs à leur conservation.

Mais, pour que l'alliance nous lie, il faut qu'elle soit juste : ainsi une alliance faite entre deux nations pour en opprimer une troisième n'est pas légitime, et on peut la violer sans crime.

Il n'est pas même de l'honneur et de la dignité du prince de s'allier avec un tyran. On dit qu'un monarque d'Égypte[1] fit avertir le roi de Samos[2] de sa cruauté et de sa tyrannie, et le somma de s'en corriger. Comme il ne le fit pas, il lui envoya dire qu'il renonçait à son amitié et à son alliance.

La conquête ne donne point un droit par elle-même : lorsque le peuple subsiste, elle est un gage de la paix et de la réparation du tort ; et, si le peuple est détruit ou dispersé, elle est le monument d'une tyrannie.

1. **Monarque d'Égypte** : Amasis.
2. **Le roi de Samos** : il s'agit de Polycrate, tyran de l'île de Samos.

Les traités de paix sont si sacrés parmi les hommes qu'il semble qu'ils soient la voix de la nature, qui réclame ses droits. Ils sont tous légitimes lorsque les conditions en sont 70 telles que les deux peuples peuvent se conserver ; sans quoi, celle des deux sociétés qui doit périr, privée de sa défense naturelle par la paix, la peut chercher dans la guerre.

Car la Nature, qui a établi les différents degrés de force 75 et de faiblesse parmi les hommes, a encore souvent égalé la faiblesse à la force par le désespoir.

Voilà, cher Rhédi, ce que j'appelle le droit public. Voilà le droit des gens, ou plutôt celui de la raison.

De Paris, le 4 de la lune de Zilhagé, 1716.

LETTRE XCVI

LE PREMIER EUNUQUE À USBEK, À PARIS

Il est arrivé ici beaucoup de femmes jaunes du royaume de Visapour[1] ; j'en ai acheté une pour ton frère le gouverneur de Mazendéran[2], qui m'envoya il y a un mois son commandement sublime et cent tomans.

5 Je me connais en femmes, d'autant mieux qu'elles ne me surprennent pas, et qu'en moi les yeux ne sont point troublés par les mouvements du cœur.

Je n'ai jamais vu de beauté si régulière et si parfaite : ses yeux brillants portent la vie sur son visage, et relèvent

1. **Royaume de Visapour :** situé en Inde, dans la région de Bombay.
2. **Mazendéran :** province persane, sur les rives méridionales de la Caspienne.

10 l'éclat d'une couleur qui pourrait effacer tous les charmes de la Circassie.

Le premier eunuque d'un négociant d'Ispahan la marchandait avec moi ; mais elle se dérobait dédaigneusement à ses regards et semblait chercher les miens, comme si elle
15 avait voulu me dire qu'un vil marchand n'était pas digne d'elle, et qu'elle était destinée à un plus illustre époux.

Je te l'avoue, je sens en moi-même une joie secrète quand je pense aux charmes de cette belle personne : il me semble que je la vois entrer dans le sérail de ton frère ; je me plais
20 à prévoir l'étonnement de toutes ses femmes : la douleur impérieuse des unes ; l'affliction muette, mais plus douloureuse, des autres ; la consolation maligne de celles qui n'espèrent plus rien ; et l'ambition irritée de celles qui espèrent encore.

25 Je vais, d'un bout du royaume à l'autre, faire changer tout un sérail de face. Que de passions je vais émouvoir ! Que de craintes et de peines je prépare !

Cependant, dans le trouble du dedans, le dehors ne sera pas moins tranquille : les grandes révolutions seront
30 cachées dans le fond du cœur ; les chagrins seront dévorés et les joies, contenues ; l'obéissance ne sera pas moins exacte, et la règle moins inflexible ; la douceur, toujours contrainte de paraître, sortira du fond même du désespoir.

Nous remarquons que, plus nous avons de femmes sous
35 nos yeux, moins elles nous donnent d'embarras. Une plus grande nécessité de plaire, moins de facilité de s'unir, plus d'exemples de soumission : tout cela leur forme des chaînes. Les unes sont sans cesse attentives sur les démarches des autres : il semble que, de concert avec nous,
40 elles travaillent à se rendre plus dépendantes ; elles font une partie de notre ouvrage et nous ouvrent les yeux quand nous les fermons. Que dis-je ? Elles irritent sans cesse le

maître contre leurs rivales, et elles ne voient pas combien elles se trouvent près de celles qu'on punit.

45 Mais tout cela, magnifique seigneur, tout cela n'est rien sans la présence du maître. Que pouvons-nous faire avec ce vain fantôme d'une autorité qui ne se communique jamais tout entière ? Nous ne représentons que faiblement la moitié de toi-même : nous ne pouvons que leur montrer

50 une odieuse sévérité. Toi, tu tempères la crainte par les espérances ; plus absolu quand tu caresses, que tu ne l'es quand tu menaces.

 Reviens donc, magnifique seigneur, reviens dans ces lieux porter partout les marques de ton empire. Viens adoucir

55 des passions désespérées ; viens ôter tout prétexte de faillir ; viens apaiser l'amour qui murmure, et rendre le devoir même aimable ; viens, enfin, soulager tes fidèles eunuques d'un fardeau qui s'appesantit chaque jour.

Du sérail d'Ispahan, le 8 de la lune de Zilhagé, 1716.

LETTRE XCVII

USBEK À HASSEIN,
DERVIS DE LA MONTAGNE DE JARON[1]

 Ô toi, sage Dervis, dont l'esprit curieux brille de tant de connaissances, écoute ce que je vais te dire.

 Il y a ici des philosophes qui, à la vérité, n'ont point atteint jusqu'au faîte de la sagesse orientale : ils n'ont point

5 été ravis jusqu'au trône lumineux ; ils n'ont ni entendu les

philosophie vocab

1. **Jaron** : bourgade au sud de Chiraz.

paroles ineffables dont les concerts des anges retentissent,
60 ni senti les formidables accès d'une fureur divine ; mais,
laissés à eux-mêmes, privés des saintes merveilles, ils
suivent dans le silence les traces de la raison humaine.

Tu ne saurais croire jusqu'où ce guide les a conduits. Ils
ont débrouillé le chaos et ont expliqué, par une mécanique
10 simple, l'ordre de l'architecture divine. L'auteur de la
nature a donné du mouvement à la matière : il n'en a pas
fallu davantage pour produire cette prodigieuse variété
d'effets que nous voyons dans l'Univers.

Que les législateurs ordinaires nous proposent des lois
15 pour régler les sociétés des hommes ; des lois aussi sujettes
au changement que l'esprit de ceux qui les proposent, et
des peuples qui les observent ! Ceux-ci ne nous parlent que
des lois générales, immuables, éternelles, qui s'observent
sans aucune exception, avec un ordre, une régularité et une
20 promptitude infinie, dans l'immensité des espaces.

Et que crois-tu, homme divin, que soient ces lois ? Tu
t'imagines peut-être qu'entrant dans le conseil de l'Éternel,
tu vas être étonné par la sublimité des mystères ; tu
renonces par avance à comprendre, tu ne te proposes que
25 d'admirer.

Mais tu changeras bientôt de pensée : elles n'éblouissent
point par un faux respect ; leur simplicité les a fait
longtemps méconnaître, et ce n'est qu'après bien des
réflexions qu'on en a vu toute la fécondité et toute
30 l'étendue.

La première est que tout corps tend à décrire une ligne
droite, à moins qu'il ne rencontre quelque obstacle qui l'en
détourne ; et la seconde, qui n'en est qu'une suite, c'est que
tout corps qui tourne autour d'un centre tend à s'en
35 éloigner, parce que, plus il en est loin, plus la ligne qu'il
décrit approche de la ligne droite.

Voilà, sublime dervis, la clef de la nature ; voilà des principes féconds, dont on tire des conséquences à perte de vue.

40 La connaissance de cinq ou six vérités a rendu leur philosophie pleine de miracles, et leur a fait faire presque autant de prodiges et de merveilles que tout ce qu'on nous raconte de nos saints prophètes.

Car, enfin, je suis persuadé qu'il n'y a aucun de nos 45 docteurs qui n'eût été embarrassé, si on lui eût dit de peser dans une balance tout l'air qui est autour de la terre, ou de mesurer toute l'eau qui tombe chaque année sur sa surface, et qui n'eût pensé plus de quatre fois avant de dire combien de lieues le son fait dans une heure, quel temps un rayon 50 de lumière emploie à venir du soleil à nous ; combien de toises il y a d'ici à Saturne ; quelle est la courbe selon laquelle un vaisseau doit être taillé pour être le meilleur voilier qu'il soit possible.

Peut-être que, si quelque homme divin avait orné les 55 ouvrages de ces philosophes de paroles hautes et sublimes ; s'il y avait mêlé des figures hardies et des allégories mystérieuses, il aurait fait un bel ouvrage, qui n'aurait cédé qu'au saint Alcoran.

Cependant, s'il faut te dire ce que je pense, je ne 60 m'accommode guère du style figuré. Il y a dans notre Alcoran un grand nombre de petites choses qui me paraissent toujours telles, quoiqu'elles soient relevées par la force et la vie de l'expression. Il semble d'abord que les livres inspirés ne sont que les idées divines rendues en 65 langage humain. Au contraire, dans notre Alcoran, on trouve souvent le langage de Dieu et les idées des hommes, comme si, par un admirable caprice, Dieu y avait dicté les paroles, et que l'homme eût fourni les pensées.

Tu diras peut-être que je parle trop librement de ce qu'il y a de plus saint parmi nous ; tu croiras que c'est le fruit de l'indépendance où l'on vit dans ce pays. Non grâce au Ciel, l'esprit n'a pas corrompu le cœur, et, tandis que je vivrai, Hali[1] sera mon prophète.

De Paris, le 10 de la lune de Chahban, 1716.

LETTRE XCVIII

USBEK À IBBEN, À SMYRNE

Il n'y a point de pays au monde où la fortune soit si inconstante que dans celui-ci. Il arrive tous les dix ans des révolutions qui précipitent le riche dans la misère et enlèvent le pauvre, avec des ailes rapides, au comble des richesses. Celui-ci est étonné de sa pauvreté ; celui-là l'est de son abondance. Le nouveau riche admire la sagesse de la Providence ; le pauvre, l'aveugle fatalité du destin.

Ceux qui lèvent les tributs[2] nagent au milieu des trésors : parmi eux, il y a peu de Tantales[3]. Ils commencent pourtant ce métier par la dernière misère ; ils sont méprisés comme de la boue pendant qu'ils sont pauvres ; quand ils sont riches, on les estime assez : aussi ne négligent-ils rien pour acquérir de l'estime.

1. **Hali** : Ali, gendre de Mahomet, époux de Fatima.
2. **Tributs** : contributions, impôts.
3. **Tantale** : fils de Zeus supplicié pour avoir révélé les secrets des dieux. Il fut plongé dans l'eau jusqu'au cou sans pourtant pouvoir en boire une seule goutte (le niveau baissant quand il cherchait à se désaltérer). Dans une autre version, il est prisonnier d'un rocher.

15 Ils sont à présent dans une situation bien terrible. On vient d'établir une chambre qu'on appelle *de Justice*[1], parce qu'elle va leur ravir tout leur bien. Ils ne peuvent ni détourner ni cacher leurs effets : car on les oblige de les déclarer au juste, sous peine de la vie. Ainsi on les fait passer
20 par un défilé bien étroit : je veux dire entre la vie et leur argent. Pour comble d'infortune, il y a un ministre[2] connu par son esprit, qui les honore de ses plaisanteries et badine sur toutes les délibérations du Conseil. On ne trouve pas tous les jours des ministres disposés à faire rire le peuple, et
25 l'on doit savoir bon gré à celui-ci de l'avoir entrepris.

 Le corps des laquais est plus respectable en France qu'ailleurs ; c'est un séminaire de grands seigneurs[3] : il remplit le vide des autres états. Ceux qui le composent prennent la place des grands malheureux, des magistrats
30 ruinés, des gentilshommes tués dans les fureurs de la guerre ; et, quand ils ne peuvent pas suppléer par eux-mêmes, ils relèvent toutes les grandes maisons par le moyen de leurs filles, qui sont comme une espèce de fumier qui engraisse les terres montagneuses et arides.

35 Je trouve, Ibben, la Providence admirable dans la manière dont elle a distribué les richesses : si elle ne les avait accordées qu'aux gens de bien, on ne les aurait pas assez distinguées de la vertu, et on n'en aurait plus senti tout le néant. Mais, quand on examine qui sont les gens
40 qui en sont les plus chargés, à force de mépriser les riches, on vient enfin à mépriser les richesses.

 De Paris, le 26 de la lune de Maharram, 1717.

1. **Chambre de justice** : chambre créée par un édit du Régent le 1ᵉʳ mars 1716, destinée à s'attaquer à tous ceux qui détournaient trop d'impôts, trop d'argent de l'État.
2. **Un ministre** : il s'agirait d'Adrien Maurice, duc de Noailles, président du Conseil des finances.
3. Voir La Bruyère, « Des biens de fortune », *Caractères*, VI, 15, 19, 20, 21.

LETTRE XCIX

RICA À RHÉDI, À VENISE

Je trouve les caprices de la mode, chez les Français, étonnants[1]. Ils ont oublié comment ils étaient habillés cet été ; ils ignorent encore plus comment ils le seront cet hiver. Mais, surtout, on ne saurait croire combien il en coûte à un mari pour mettre sa femme à la mode.

Que me servirait de te faire une description exacte de leur habillement et de leurs parures ? Une mode nouvelle viendrait détruire tout mon ouvrage, comme celui de leurs ouvriers, et, avant que tu eusses reçu ma lettre, tout serait changé.

Une femme qui quitte Paris pour aller passer six mois à la campagne en revient aussi antique que si elle s'y était oubliée trente ans. Le fils méconnaît le portrait de sa mère, tant l'habit avec lequel elle est peinte lui paraît étranger : il s'imagine que c'est quelque Américaine[2] qui y est représentée, ou que le peintre a voulu exprimer quelqu'une de ses fantaisies.

Quelquefois les coiffures montent insensiblement, et une révolution les fait descendre tout à coup. Il a été un temps que leur hauteur immense mettait le visage d'une femme au milieu d'elle-même. Dans un autre, c'étaient les pieds qui occupaient cette place : les talons faisaient un piédestal qui les tenait en l'air. Qui pourrait le croire ? Les architectes ont été souvent obligés de hausser, de baisser et d'élargir

1. Lieu commun chez les moralistes. La Bruyère y consacre la section XIII de ses *Caractères*.
2. **Américaine** : indienne d'Amérique.

25 leurs portes, selon que les parures des femmes exigeaient
d'eux ce changement, et les règles de leur art ont été
asservies à ces caprices. On voit quelquefois sur un visage
une quantité prodigieuse de mouches[1], et elles
disparaissent toutes le lendemain. Autrefois, les femmes
30 avaient de la taille et des dents ; aujourd'hui, il n'en est pas
question. Dans cette changeante nation, quoi qu'en disent
les mauvais plaisants, les filles se trouvent autrement faites
que leurs mères.

Il en est des manières et de la façon de vivre comme des
35 modes : les Français changent de mœurs selon l'âge de leur
roi. Le monarque pourrait même parvenir à rendre la
nation grave, s'il l'avait entrepris. Le Prince imprime le
caractère de son esprit à la Cour, la Cour à la Ville, la Ville,
aux provinces. L'âme du souverain est un moule qui donne
40 la forme à toutes les autres.

De Paris, le 8 de la lune de Saphar, 1717.

LETTRE C

RICA AU MÊME

Je te parlais l'autre jour de l'inconstance prodigieuse des
Français sur leurs modes. Cependant il est inconcevable à
quel point ils en sont entêtés : ils y rappellent[2] tout ; c'est
la règle avec laquelle ils jugent de tout ce qui se fait chez les
5 autres nations : ce qui est étranger leur paraît toujours

1. **Mouches :** minuscules cercles de taffetas noir portés sur le visage ou le décolleté.
2. **Rappellent :** ramènent.

ridicule. Je t'avoue que je ne saurais guère ajuster cette fureur pour leurs coutumes avec l'inconstance avec laquelle ils en changent tous les jours.

10 Quand je te dis qu'ils méprisent tout ce qui est étranger, je ne parle que des bagatelles : car, sur les choses importantes, ils semblent s'être méfiés d'eux-mêmes jusqu'à se dégrader. Ils avouent de bon cœur que les autres peuples sont plus sages, pourvu qu'on convienne qu'ils sont mieux vêtus. Ils veulent bien s'assujettir aux lois d'une

15 nation rivale, pourvu que les perruquiers français décident en législateurs sur la forme des perruques étrangères. Rien ne leur paraît si beau que de voir le goût de leurs cuisiniers régner du septentrion au midi, et les ordonnances de leurs coiffeuses portées dans toutes les toilettes de l'Europe.

20 Avec ces nobles avantages, que leur importe que le bon sens leur vienne d'ailleurs et qu'ils aient pris de leurs voisins tout ce qui concerne le gouvernement politique et civil ?

Qui peut penser qu'un royaume, le plus ancien et le plus puissant de l'Europe, soit gouverné, depuis plus de dix

25 siècles, par des lois qui ne sont pas faites pour lui ? Si les Français avaient été conquis, ceci ne serait pas difficile à comprendre ; mais ils sont les conquérants[1].

Ils ont abandonné les lois anciennes[2], faites par leurs premiers rois dans les assemblées générales de la nation ; et

30 ce qu'il y a de singulier, c'est que les lois romaines[3], qu'ils ont prises à la place, étaient en partie faites et en partie

1. Montesquieu confond les Français avec les Francs. Ceux-là devraient, selon lui, s'inspirer des anciennes lois germaniques plutôt que du droit romain.
2. **Les lois anciennes** : il s'agit des lois saliques, rédigées vers la fin du Ve siècle après J.-C.
3. **Les lois romaines** : elles datent également du Ve siècle et furent rassemblées dans le *Digeste* et les *Institutes*, à la demande de Justinien, empereur d'Orient. En fait, le droit romain n'a été enseigné en France qu'à partir du XIIe siècle dans les universités.

rédigées par des empereurs contemporains de leurs législateurs.

Et, afin que l'acquisition fût entière, et que tout le bon
35 sens leur vînt d'ailleurs, ils ont adopté toutes les constitutions des Papes et en ont fait une nouvelle partie de leur droit[1] : nouveau genre de servitude.

Il est vrai que, dans les derniers temps, on a rédigé par écrit quelques statuts des villes et des provinces ; mais ils
40 sont presque tous pris du droit romain[2].

Cette abondance de lois adoptées et, pour ainsi dire, naturalisées, est si grande qu'elle accable également la justice et les juges. Mais ces volumes de lois ne sont rien en comparaison de cette armée effroyable de glossateurs, de
45 commentateurs, de compilateurs : gens aussi faibles par le peu de justesse de leur esprit qu'ils sont forts par leur nombre prodigieux.

Ce n'est pas tout. Ces lois étrangères ont introduit des formalités dont l'excès est la honte de la raison humaine. Il
50 serait assez difficile de décider si la forme s'est rendue plus pernicieuse lorsqu'elle est entrée dans la jurisprudence, ou lorsqu'elle s'est logée dans la médecine ; si elle a fait plus de ravages sous la robe d'un jurisconsulte que sous le large chapeau d'un médecin ; et si, dans l'une, elle a plus ruiné
55 de gens qu'elle n'en a tué dans l'autre.

De Paris, le 17 de la lune de Saphar, 1717.

1. **Leur droit :** il s'agit du droit canon qui s'est constitué du XIᵉ au XIIᵉ siècle. Il s'applique aux problèmes juridiques liés à la discipline et à la morale catholiques.
2. Écrites dès le Moyen Âge, les coutumes provinciales vont coexister avec le droit romain jusqu'à la Révolution.

LETTRE CI

USBEK À ***

On parle toujours ici de la Constitution[1]. J'entrai l'autre jour dans une maison où je vis d'abord un gros homme avec un teint vermeil[2], qui disait d'une voix forte : « J'ai donné mon mandement ; je n'irai point répondre à tout ce que vous dites ; mais lisez-le, ce mandement, et vous verrez que j'y ai résolu tous vos doutes. J'ai bien sué pour le faire, dit-il en portant la main sur le front : j'ai eu besoin de toute ma doctrine, et il m'a fallu lire bien des auteurs latins. — Je le crois, dit un homme qui se trouva là : car c'est un bel ouvrage, et je défierais bien ce Jésuite qui vient si souvent vous voir d'en faire un meilleur. — Lisez-le donc, reprit-il, et vous serez plus instruit sur ces matières dans un quart d'heure que si je vous en avais parlé toute la journée. » Voilà comment il évitait d'entrer en conversation et de commettre sa suffisance. Mais, comme il se vit pressé, il fut obligé de sortir de ses retranchements, et il commença à dire théologiquement force sottises, soutenu d'un dervis qui les lui rendait très respectueusement. Quand deux hommes qui étaient là lui niaient quelque principe, il disait d'abord : « Cela est certain : nous l'avons jugé ainsi, et nous sommes des juges infaillibles. — Et comment, lui dis-je alors, êtes-vous des juges infaillibles ? — Ne voyez-

1. **Constitution** : bulle *Unigenitus* par laquelle le pape Clément XI condamne en 1713 les cent une propositions extraites des *Réflexions sur le Nouveau Testament du père Quesnel*. Cela équivalait à une condamnation du mouvement janséniste. La bulle est enregistrée par le Parlement en 1714, sous la pression de Louis XIV.
2. Peut-être s'agit-il de Fleury, évêque de Fréjus, qui avait écrit un mandement plein d'une grande science théologique contre Quesnel. Fleury, qui passait pour être l'ami des jésuites, fut nommé précepteur du Dauphin en 1715.

vous pas, reprit-il, que le Saint-Esprit nous éclaire ?
— Cela est heureux, lui répondis-je : car, de la manière
25 dont vous avez parlé aujourd'hui, je reconnais que vous
avez grand besoin d'être éclairé. »

De Paris, le 18 de la lune de Rebiab 1, 1717.

LETTRE CII

USBEK À IBBEN, À SMYRNE

Les plus puissants États de l'Europe sont ceux de
l'Empereur, des rois de France, d'Espagne et d'Angleterre.
L'Italie et une grande partie de l'Allemagne sont partagées
en un nombre infini de petits États, dont les princes sont, à
5 proprement parler, les martyrs de la souveraineté. Nos
glorieux sultans ont plus de femmes que quelques-uns de
ces princes n'ont de sujets. Ceux d'Italie, qui ne sont pas
pas si unis, sont plus à plaindre : leurs États sont ouverts
comme des caravansérails[1], où ils sont obligés de loger les
10 premiers qui viennent ; il faut donc qu'ils s'attachent aux
grands princes et leur fassent part de leur frayeur plutôt
que de leur amitié.

La plupart des gouvernements d'Europe sont
monarchiques, ou plutôt sont ainsi appelés : car je ne sais
15 pas s'il y en a jamais eu véritablement de tels ; au moins
est-il difficile qu'ils aient subsisté longtemps dans leur
pureté. C'est un état violent, qui dégénère toujours en
despotisme ou en république : la puissance ne peut jamais

1. **Caravansérails** : voir lettre XLVI, note 1, page 138.

être également partagée entre le peuple et le prince ;
20 l'équilibre est trop difficile à garder. Il faut que le pouvoir
diminue d'un côté pendant qu'il augmente de l'autre ; mais
l'avantage est ordinairement du côté du prince, qui est à la
tête des armées.

Aussi le pouvoir des rois d'Europe est-il bien grand, et on
25 peut dire qu'ils l'ont tel qu'ils le veulent. Mais ils ne
l'exercent point avec tant d'étendue que nos sultans :
premièrement, parce qu'ils ne veulent point choquer les
mœurs et la religion des peuples ; secondement, parce qu'il
n'est pas de leur intérêt de le porter si loin.

30 Rien ne rapproche plus nos princes de la condition de leurs
sujets que cet immense pouvoir qu'ils exercent sur eux ; rien
ne les soumet plus aux revers et aux caprices de la fortune.

L'usage où ils sont de faire mourir tous ceux qui leur
déplaisent, au moindre signe qu'ils font, renverse la
35 proportion qui doit être entre les fautes et les peines, qui
est comme l'âme des États et l'harmonie des empires ; et
cette proportion, scrupuleusement gardée par les princes
chrétiens, leur donne un avantage infini sur nos sultans.

Un Persan qui, par imprudence ou par malheur, s'est
40 attiré la disgrâce du prince, est sûr de mourir : la moindre
faute ou le moindre caprice le met dans cette nécessité.
Mais, s'il avait attenté à la vie de son souverain, s'il avait
voulu livrer ses places aux ennemis, il en serait quitte aussi
pour perdre la vie : il ne court donc pas plus de risque dans
45 ce dernier cas que dans le premier.

Aussi, dans la moindre disgrâce, voyant la mort certaine,
et ne voyant rien de pis, il se porte naturellement à troubler
l'État et à conspirer contre le souverain : seule ressource
qui lui reste.

50 Il n'en est pas de même des grands d'Europe, à qui la
disgrâce n'ôte rien que la bienveillance et la faveur. Ils se

retirent de la Cour et ne songent qu'à jouir d'une vie tranquille et des avantages de leur naissance. Comme on ne les fait guère périr que pour le crime de lèse-majesté, ils craignent d'y tomber, par la considération de ce qu'ils ont à perdre et du peu qu'ils ont à gagner : ce qui fait qu'on voit peu de révoltes, et peu de princes qui périssent d'une mort violente.

Si, dans cette autorité illimitée qu'ont nos princes, ils n'apportaient pas tant de précautions pour mettre leur vie en sûreté, ils ne vivraient pas un jour ; et, s'ils n'avaient à leur solde un nombre innombrable de troupes pour tyranniser le reste de leurs sujets, leur empire ne subsisterait pas un mois.

Il n'y a que quatre ou cinq siècles qu'un roi de France prit des gardes, contre l'usage de ces temps-là, pour se garantir des assassins qu'un petit prince d'Asie avait envoyés pour le faire périr[1] : jusque-là, les rois avaient vécu tranquilles au milieu de leurs sujets, comme des pères au milieu de leurs enfants.

Bien loin que les rois de France puissent, de leur propre mouvement, ôter la vie à un de leurs sujets, comme nos sultans, ils portent, au contraire, toujours avec eux la grâce de tous les criminels : il suffit qu'un homme ait été assez heureux pour voir l'auguste visage de son prince, pour qu'il cesse d'être indigne de vivre. Ces monarques sont comme le soleil, qui porte partout la chaleur et la vie.

De Paris, le 8 de la lune de Rebiab 2, 1717.

1. Il s'agit de Philippe Auguste, que Richard Cœur de Lion aurait voulu faire assassiner en 1192 par des « fous de Dieu » musulmans.

LETTRE CIII

USBEK AU MÊME

Pour suivre l'idée de ma dernière lettre, voici à peu près ce que me disait, l'autre jour, un Européen assez sensé.

« Le plus mauvais parti que les princes d'Asie aient pu prendre, c'est de se cacher comme ils font. Ils veulent se rendre plus respectables ; mais ils font respecter la royauté, et non pas le Roi, et attachent l'esprit des sujets à un certain trône, et non pas à une certaine personne.

« Cette puissance invisible qui gouverne est toujours la même pour le Peuple. Quoique dix rois, qu'il ne connaît que de nom, se soient égorgés l'un après l'autre, il ne sent aucune différence ; c'est comme s'il avait été gouverné successivement par des esprits.

« Si le détestable parricide[1] de notre grand roi Henri IV avait porté ce coup sur un roi des Indes, maître du sceau royal et d'un trésor immense, qui aurait semblé amassé pour lui, il aurait pris tranquillement les rênes de l'Empire sans qu'un seul homme eût pensé à réclamer son roi, sa famille et ses enfants.

« On s'étonne de ce qu'il n'y a presque jamais de changement dans le gouvernement des princes d'Orient. D'où vient cela, si ce n'est de ce qu'il est tyrannique et affreux ?

« Les changements ne peuvent être faits que par le Prince, ou par le Peuple. Mais, là, les princes n'ont garde d'en faire, parce que, dans un si haut degré de puissance, ils ont tout ce qu'ils peuvent avoir : s'ils changeaient quelque chose, ce ne pourrait être qu'à leur préjudice.

1. **Parricide :** il s'agit de Ravaillac qui assassina Henri IV en 1610.

« Quant aux sujets, si quelqu'un d'eux forme quelque résolution, il ne saurait l'exécuter sur l'État : il faudrait qu'il contrebalançât tout à coup une puissance redoutable et toujours unique ; le temps lui manque, comme les moyens ; mais il n'a qu'à aller à la source de ce pouvoir, et il ne lui faut qu'un bras et qu'un instant.

« Le meurtrier monte sur le trône, pendant que le monarque en descend, tombe et va expirer à ses pieds.

« Un mécontent, en Europe, songe à entretenir quelque intelligence secrète, à se jeter chez les ennemis, à se saisir de quelque place, à exciter quelques vains murmures parmi les sujets. Un mécontent, en Asie, va droit au prince, étonne, frappe, renverse ; il en efface jusqu'à l'idée : dans un instant, l'esclave et le maître ; dans un instant, usurpateur et légitime.

« Malheureux le roi qui n'a qu'une tête ! Il semble ne réunir sur elle toute sa puissance que pour indiquer au premier ambitieux l'endroit où il la trouvera tout entière. »

De Paris, le 17 de la lune de Rebiab 2, 1717.

LETTRE CIV

USBEK AU MÊME

Tous les peuples d'Europe ne sont pas également soumis à leurs princes : par exemple, l'humeur impatiente des Anglais ne laisse guère à leur roi le temps d'appesantir son autorité ; la soumission et l'obéissance sont les vertus dont ils se piquent le moins. Ils disent là-dessus des choses bien extraordinaires. Selon eux, il n'y a qu'un lieu qui puisse attacher les hommes, qui est celui de la gratitude : un mari, une femme, un père et un fils ne sont liés entre eux que par

l'amour qu'ils se portent, ou par les bienfaits qu'ils se
10 procurent, et ces motifs divers de reconnaissance sont
l'origine de tous les royaumes et de toutes les sociétés.

Mais, si un prince, bien loin de faire vivre ses sujets
heureux, veut les accabler et les détruire, le fondement de
l'obéissance cesse : rien ne les lie, rien ne les attache à lui ;
15 et ils rentrent dans leur liberté naturelle. Ils soutiennent
que tout pouvoir sans bornes ne saurait être légitime, parce
qu'il n'a jamais pu avoir d'origine légitime. Car nous ne
pouvons pas, disent-ils, donner à un autre plus de pouvoir
sur nous que nous n'en avons nous-mêmes. Or nous
20 n'avons pas sur nous-mêmes un pouvoir sans bornes : par
exemple, nous ne pouvons pas nous ôter la vie. Personne
n'a donc, concluent-ils, sur la terre un tel pouvoir.

Le crime de lèse-majesté n'est autre chose, selon eux, que
le crime que le plus faible commet contre le plus fort en lui
25 désobéissant, de quelque manière qu'il lui désobéisse. Aussi
le peuple d'Angleterre qui se trouva le plus fort contre un de
leurs rois, déclara-t-il que c'était un crime de lèse-majesté à
un prince de faire la guerre à ses sujets[1]. Ils ont donc grande
raison quand ils disent que le précepte de leur Alcoran qui
30 ordonne de se soumettre aux puissances n'est pas bien
difficile à suivre, puisqu'il leur est impossible de ne le pas
observer ; d'autant que ce n'est pas au plus vertueux qu'on
les oblige de se soumettre, mais à celui qui est le plus fort.

Les Anglais disent qu'un de leurs rois, ayant vaincu et
35 fait prisonnier un prince qui lui disputait la couronne,
voulut lui reprocher son infidélité et sa perfidie : « Il n'y a

1. Avant même le procès de Charles Ier devant la Haute Cour, la Chambre des
Communes déclara en 1649 qu'« un roi pouvait se rendre coupable de lèse-majesté
envers son peuple ».

qu'un moment, dit le prince infortuné, qu'il vient d'être décidé lequel de nous deux est le traître[1]. »

40 Un usurpateur déclare rebelles tous ceux qui n'ont point opprimé la Patrie comme lui ; et, croyant qu'il n'y a pas de lois où il ne voit point de juges, il fait révérer comme des arrêts du Ciel les caprices du hasard et de la fortune.

De Paris, le 20 de la lune de Rebiab 2, 1717.

LETTRE CV

RHÉDI À USBEK, À PARIS

Tu m'as beaucoup parlé, dans une de tes lettres, des sciences et des arts cultivés en Occident. Tu me vas regarder comme un barbare ; mais je ne sais si l'utilité que l'on en retire dédommage les hommes du mauvais usage
5 que l'on en fait tous les jours.

J'ai ouï dire que la seule invention des bombes avait ôté la liberté à tous les peuples de l'Europe. Les princes, ne pouvant plus confier la garde des places aux bourgeois, qui, à la première bombe, se seraient rendus, ont eu un
10 prétexte pour entretenir de gros corps de troupes réglées, avec lesquelles ils ont, dans la suite, opprimé leurs sujets.

Tu sais que, depuis l'invention de la poudre, il n'y a plus de places imprenables ; c'est-à-dire, Usbek, qu'il n'y a plus d'asile sur la terre contre l'injustice et la violence.

1. Il s'agirait de la réponse du prince Édouard, fils d'Henri VI, au roi Édouard IV, qui venait de remporter la bataille de Tewkesburry (1471).

15 Je tremble toujours qu'on ne parvienne à la fin à découvrir quelque secret qui fournisse une voie plus abrégée pour faire périr les hommes, détruire les peuples et les nations entières.

 Tu as lu les historiens ; fais-y bien attention : presque toutes
20 les monarchies n'ont été fondées que sur l'ignorance des arts et n'ont été détruites que parce qu'on les a trop cultivés. L'ancien empire de Perse peut nous en fournir un exemple domestique.

 Il n'y a pas longtemps que je suis en Europe ; mais j'ai ouï parler à des gens sensés des ravages de la chimie : il semble
25 que ce soit un quatrième fléau qui ruine les hommes et les détruit en détail, mais continuellement ; tandis que la guerre, la peste, la famine, les détruisent en gros, mais par intervalles.

 Que nous a servi l'invention de la boussole et la découverte de tant de peuples, qu'à nous communiquer
30 leurs maladies, plutôt que leurs richesses ? L'or et l'argent avaient été établis, par une convention générale, pour être le prix de toutes les marchandises et un gage de leur valeur, par la raison que ces métaux étaient rares et inutiles à tout autre usage : que nous importait-il donc qu'ils devinssent
35 plus communs, et que, pour marquer la valeur d'une denrée, nous eussions deux ou trois signes au lieu d'un ? Cela n'en était que plus incommode.

 Mais, d'un autre côté, cette invention a été bien pernicieuse aux pays qui ont été découverts. Les nations
40 entières ont été détruites, et les hommes qui ont échappé à la mort ont été réduits à une servitude si rude que le récit en fait frémir les musulmans.

 Heureuse l'ignorance des enfants de Mahomet ! Aimable simplicité, si chérie de notre saint Prophète, vous me
45 rappelez toujours la naïveté des anciens temps et la tranquillité qui régnait dans le cœur de nos premiers pères !

De Venise, le 5 de la lune de Rhamazan, 1717.

Lettre CVI

Usbek à Rhédi, à Venise

Ou tu ne penses pas ce que tu dis, ou bien tu fais mieux que tu ne penses. Tu as quitté ta patrie pour t'instruire, et tu méprises toute instruction. Tu viens pour te former dans un pays où l'on cultive les beaux-arts, et tu les regardes
5 comme pernicieux. Tu le dirai-je, Rhédi ? Je suis plus d'accord avec toi que tu ne l'es avec toi-même.

As-tu bien réfléchi à l'état barbare et malheureux où nous entraînerait la perte des arts ? Il n'est pas nécessaire de se l'imaginer : on peut le voir. Il y a encore des peuples
10 sur la terre chez lesquels un singe passablement instruit pourrait vivre avec honneur : il s'y trouverait à peu près à la portée des autres habitants ; on ne lui trouverait point l'esprit singulier, ni le caractère bizarre ; il passerait tout comme un autre et serait même distingué par sa gentillesse.

15 Tu dis que les fondateurs des empires ont presque tous ignoré les arts. Je ne te nie pas que des peuples barbares n'aient pu, comme des torrents impétueux, se répandre sur la terre et couvrir de leurs armées féroces les royaumes les plus policés. Mais, prends-y garde, ils ont appris les arts ou
20 les ont fait exercer aux peuples vaincus ; sans cela, leur puissance aurait passé comme le bruit du tonnerre et des tempêtes.

Tu crains, dis-tu, que l'on n'invente quelque manière de destruction plus cruelle que celle qui est en usage. Non : si
25 une si fatale invention venait à se découvrir, elle serait bientôt prohibée par le droit des gens ; et le consentement unanime des nations ensevelirait cette découverte. Il n'est point de l'intérêt des princes de faire des conquêtes par de

pareilles voies : ils doivent chercher des sujets, et non pas
des terres.

Tu te plains de l'invention de la poudre et des bombes ;
tu trouves étrange qu'il n'y ait plus de place imprenable :
c'est-à-dire que tu trouves étrange que les guerres soient
aujourd'hui terminées plus tôt qu'elles ne l'étaient
autrefois.

Tu dois avoir remarqué, en lisant les histoires, que,
depuis l'invention de la poudre, les batailles sont beaucoup
moins sanglantes qu'elles ne l'étaient, parce qu'il n'y a
presque plus de mêlée.

Et quand il se serait trouvé quelque cas particulier où un
art aurait été préjudiciable, doit-on pour cela le rejeter ?
Penses-tu, Rhédi, que la religion que notre saint Prophète
a apportée du Ciel soit pernicieuse, parce qu'elle servira un
jour à confondre les perfides chrétiens ?

Tu crois que les arts amollissent les peuples et, par là,
sont cause de la chute des empires. Tu parles de la ruine de
celui des anciens Perses, qui fut l'effet de leur mollesse.
Mais il s'en faut bien que cet exemple décide, puisque les
Grecs, qui les vainquirent tant de fois, et les subjuguèrent,
cultivaient les arts avec infiniment plus de soin qu'eux.

Quand on dit que les arts rendent les hommes efféminés,
on ne parle pas du moins de gens qui s'y appliquent,
puisqu'ils ne sont jamais dans l'oisiveté, qui, de tous les
vices, est celui qui amollit le plus le courage.

Il n'est donc question que de ceux qui en jouissent. Mais,
comme, dans un pays policé, ceux qui jouissent des
commodités d'un art sont obligés d'en cultiver un autre, à
moins de se voir réduits à une pauvreté honteuse, il suit que
l'oisiveté et la mollesse sont incompatibles avec les arts.

Paris est peut-être la ville du monde la plus sensuelle, et
où l'on raffine le plus sur les plaisirs ; mais c'est peut-être

celle où l'on mène une vie plus dure. Pour qu'un homme vive délicieusement, il faut que cent autres travaillent sans relâche. Une femme s'est mis dans la tête qu'elle devait
65 paraître à une assemblée avec une certaine parure ; il faut que, dès ce moment, cinquante artisans ne dorment plus et n'aient plus le loisir de boire et de manger : elle commande, et elle est obéie plus promptement que ne serait notre monarque, parce que l'intérêt est le plus grand monarque
70 de la terre.

Cette ardeur pour le travail, cette passion de s'enrichir, passe de condition en condition, depuis les artisans jusques aux grands. Personne n'aime à être plus pauvre que celui qu'il vient de voir immédiatement au-dessous de lui. Vous
75 voyez à Paris un homme qui a de quoi vivre jusqu'au jour du jugement, qui travaille sans cesse et court le risque d'accourcir ses jours, pour amasser, dit-il, de quoi vivre.

Le même esprit gagne la nation : on n'y voit que travail et qu'industrie. Où est donc ce peuple efféminé dont tu
80 parles tant ?

Je suppose, Rhédi, qu'on ne souffrît dans un royaume que les arts absolument nécessaires à la culture des terres, qui sont pourtant en grand nombre, et qu'on en bannît tous ceux qui ne servent qu'à la volupté ou à la fantaisie ;
85 je le soutiens : cet État serait un des plus misérables qu'il y eût au monde.

Quand les habitants auraient assez de courage pour se passer de tant de choses qu'ils doivent à leurs besoins, le peuple dépérirait tous les jours, et l'État deviendrait si
90 faible qu'il n'y aurait si petite puissance qui ne pût le conquérir.

Il me serait aisé d'entrer dans un long détail, et de te faire voir que les revenus des particuliers cesseraient presque absolument, et, par conséquent, ceux du prince. Il n'y

95 aurait presque plus de relation de facultés entre les
citoyens ; on verrait finir cette circulation de richesses et
cette progression de revenus qui vient de la dépendance où
sont les arts les uns des autres : chaque particulier vivrait
de sa terre et n'en retirerait que ce qu'il lui faut précisément
100 pour ne pas mourir de faim. Mais, comme ce n'est pas
quelquefois la vingtième partie des revenus d'un État, il
faudrait que le nombre des habitants diminuât à
proportion, et qu'il n'en restât que la vingtième partie.

Fais bien attention jusqu'où vont les revenus de
105 l'industrie. Un fonds ne produit annuellement à son maître
que la vingtième partie de sa valeur ; mais, avec une pistole
de couleur, un peintre fera un tableau qui lui en vaudra
cinquante. On en peut dire de même des orfèvres, des
ouvriers en laine, en soie, et de toutes sortes d'artisans.

110 De tout ceci, on doit conclure, Rhédi, que, pour qu'un
prince soit puissant, il faut que ses sujets vivent dans les
délices ; il faut qu'il travaille à leur procurer toutes sortes
de superfluités, avec autant d'attention que les nécessités
de la vie.

De Paris, le 14 de la lune de Chalval, 1717.

LETTRE CVII

RICA À IBBEN, À SMYRNE

J'ai vu le jeune Monarque. Sa vie est bien précieuse à ses
sujets. Elle ne l'est pas moins à toute l'Europe, par les
grands troubles que sa mort pourrait produire. Mais les
Rois sont comme les Dieux, et, pendant qu'ils vivent, on
5 doit les croire immortels. Sa physionomie est majestueuse,

mais charmante ; une belle éducation semble concourir avec un heureux naturel, et promet déjà un grand prince.

On dit que l'on ne peut jamais connaître le caractère des rois d'Occident jusques à ce qu'ils aient passé par les deux
10 grandes épreuves de leur maîtresse et de leur confesseur. On verra bientôt l'un et l'autre travailler à se saisir de l'esprit de celui-ci, et il se livrera pour cela de grands combats : car, sous un jeune prince, ces deux puissances sont toujours rivales ; mais elles se concilient et se
15 réunissent sous un vieux. Sous un jeune prince, le dervis a un rôle bien difficile à soutenir : la force du roi fait sa faiblesse ; mais l'autre triomphe également de sa faiblesse et de sa force.

Lorsque j'arrivai en France, je trouvai le feu Roi
20 absolument gouverné par les femmes, et, cependant, dans l'âge où il était, je crois que c'était le monarque de la terre qui en avait le moins besoin. J'entendis un jour une femme qui disait : « Il faut que l'on fasse quelque chose pour ce jeune colonel : sa valeur m'est connue ; j'en parlerai au
25 ministre. » Une autre disait : « Il est surprenant que ce jeune abbé ait été oublié ; il faut qu'il soit évêque : il est homme de naissance, et je pourrais répondre de ses mœurs. » Il ne faut pas pourtant que tu t'imagines que celles qui tenaient ces discours fussent des favorites du
30 Prince ; elles ne lui avaient peut-être pas parlé deux fois en leur vie : chose pourtant très facile à faire chez les princes européens. Mais c'est qu'il n'y a personne qui ait quelque emploi à la Cour, dans Paris ou dans les provinces, qui n'ait une femme par les mains de laquelle passent toutes les
35 grâces et quelquefois les injustices qu'il peut faire. Ces femmes ont toutes des relations les unes avec les autres et forment une espèce de république dont les membres toujours actifs se secourent et se servent mutuellement :

c'est comme un nouvel État dans l'État ; et celui qui est à
40 la Cour, à Paris, dans les provinces, qui voit agir des
ministres, des magistrats, des prélats, s'il ne connaît les
femmes qui les gouvernent, est comme un homme qui voit
bien une machine qui joue, mais qui n'en connaît point les
ressorts.

45 Crois-tu, Ibben, qu'une femme s'avise d'être la maîtresse
d'un ministre pour coucher avec lui ? Quelle idée ! C'est
pour lui présenter cinq ou six placets[1] tous les matins, et la
bonté de leur naturel paraît dans l'empressement qu'elles
ont de faire du bien à une infinité de gens malheureux qui
50 leur procurent cent mille livres de rente.

On se plaint, en Perse, de ce que le royaume est gouverné
par deux ou trois femmes. C'est bien pis en France, où les
femmes en général gouvernent, et non seulement prennent
en gros, mais même se partagent en détail toute l'autorité.

De Paris, le dernier de la lune de Chalval, 1717.

1. **Placets** : demandes faites par écrit pour réclamer justice ou obtenir une faveur.

REPÈRES

• Qui est l'auteur de la lettre ? À qui est-elle adressée ?
• Quel est le scripteur qui domine dans les six lettres précédentes ?
• Quel est le ton de cette lettre CVII ?
• Quel est le ton des lettres CI à CVI ?
• Que suscite cette lettre de Rica par rapport aux lettres précédentes (CI à CVI) ?
• Quelle est l'idée directrice de cette lettre CVII ?

OBSERVATION

• Qu'est-ce qui caractérise la première phrase de cette lettre ?
• Quel est l'objet du premier paragraphe ?
• Quel changement remarquez-vous dans le deuxième paragraphe ?
• Quel effet produit l'adverbe « absolument » dans le troisième paragraphe ?
• Pourquoi Rica use-t-il, dans ce même troisième paragraphe, du discours direct ?
• Relevez des hyperboles : à quoi servent-elles ?

INTERPRÉTATIONS

Satire et mécanisation

• Cette lettre respecte-t-elle la diversité des situations ou les schématise-t-elle ?
• Comment le pouvoir devient-il dans le texte une sorte de machine ? Sur quelles expressions se fonde l'analogie ?
• Sur quelle loi implacable ce texte fonde-t-il sa satire ?

Femmes dangereuses

• Pourquoi le pouvoir des femmes est-il hautement néfaste ?
• Qu'est-ce qui dans ce texte pousse les femmes à agir ?
• Cette vision de la femme est-elle moderne ? traditionnelle ?
• En quoi vient-elle justifier l'existence et l'organisation du sérail ?

DE LA LECTURE À L'ÉCRITURE

Exercice d'écriture

Sur les mêmes thèmes, imaginez la lettre qu'aurait écrite Usbek. Adoptez le ton de ce dernier.

LETTRE CVIII

USBEK À ***

Il y a une espèce de livres que nous ne connaissons point en Perse, et qui me paraissent ici fort à la mode : ce sont les journaux. La paresse se sent flattée en les lisant : on est ravi de pouvoir parcourir trente volumes
5 en un quart d'heure.

Dans la plupart des livres, l'auteur n'a pas fait les compliments ordinaires que les lecteurs sont aux abois : il les fait entrer à demi morts dans une matière noyée au milieu d'une mer de paroles. Celui-ci veut
10 s'immortaliser par un *in-douze*[1] ; celui-là, par un *in-quarto*[2] ; un autre, qui a de plus belles inclinations, vise à l'*in-folio*[3]. Il faut donc qu'il étende son sujet à proportion ; ce qu'il fait sans pitié, comptant pour rien la peine du pauvre lecteur, qui se tue à réduire ce que
15 l'auteur a pris tant de peine à amplifier.

Je ne sais, ***, quel mérite il y a à faire de pareils ouvrages : j'en ferais bien autant, si je voulais ruiner ma santé et un libraire.

Le grand tort qu'ont les journalistes, c'est qu'ils ne
20 parlent que des livres nouveaux ; comme si la vérité était jamais nouvelle. Il me semble que, jusqu'à ce qu'un homme ait lu tous les livres anciens, il n'a aucune raison de leur préférer les nouveaux.

1. *In-douze* : dont la feuille, pliée en douze feuillets, forme vingt-quatre pages.
2. *In-quarto* : dont la feuille, pliée en quatre feuillets, forme huit pages.
3. *In-folio* : dont la feuille d'impression est pliée en deux.

Mais, lorsqu'ils s'imposent la loi de ne parler que des
25 ouvrages encore tout chauds de la forge, ils s'en imposent
un autre, qui est d'être très ennuyeux. Ils n'ont garde de
critiquer les livres dont ils font les extraits, quelque raison
qu'ils en aient ; et, en effet, quel est l'homme assez hardi
pour vouloir se faire dix ou douze ennemis tous les mois ?
30 La plupart des auteurs ressemblent aux poètes, qui
souffriront une volée de coups de bâton sans se plaindre ;
mais qui, peu jaloux de leurs épaules, le sont si fort de leurs
ouvrages qu'ils ne sauraient soutenir la moindre critique. Il
faut donc bien se donner de garde de les attaquer par un
35 endroit si sensible, et les journalistes le savent bien. Ils font
donc tout le contraire. Ils commencent par louer la matière
qui est traitée : première fadeur. De là, ils passent aux
louanges de l'auteur ; louanges forcées ; car ils ont affaire
à des gens qui sont encore en haleine, tout prêts à se faire
40 faire raison, et à foudroyer à coups de plume un téméraire
journaliste.

De Paris, le 5 de la lune de Zilcadé, 1718.

Lettre CIX

Rica à ***

L'Université de Paris est une fille aînée des rois de France, et très aînée : car elle a plus de neuf cents ans[1] ; aussi rêve-t-elle quelquefois.

On m'a confié qu'elle eut, il y a quelque temps, un grand démêlé avec quelques docteurs, à l'occasion de la lettre Q[2], qu'elle voulait que l'on prononçât comme un K. La dispute s'échauffa si fort que quelques-uns furent dépouillés de leurs biens. Il fallut que le Parlement terminât le différend, et il accorda permission, par un arrêt solennel, à tous les sujets du roi de France, de prononcer cette lettre à leur fantaisie. Il faisait beau voir les deux corps de l'Europe les plus respectables occupés à décider du sort d'une lettre de l'alphabet.

Il semble, mon cher***, que les têtes des plus grands hommes s'étrécissent lorsqu'elles sont assemblées, et que, là où il y a plus de sages, il y ait aussi moins de sagesse. Les grands corps s'attachent toujours si fort aux minuties, aux vains usages, que l'essentiel ne va jamais qu'après. J'ai ouï dire qu'un roi d'Aragon[3] ayant assemblé les États d'Aragon et de Catalogne, les premières séances s'employèrent à décider en quelle langue les délibérations seraient conçues ;

1. Montesquieu suit une tradition qui fait remonter à Charlemagne la fondation de l'université de Paris.
2. « Il veut parler de la querelle de Ramus » (note de Montesquieu). Ramus, professeur au Collège de France, fut en butte aux attaques de la Sorbonne qui lui reprochait la manière dont il prononçait la lettre Q.
3. « C'était en 1610 » (note de Montesquieu). Ferdinand II (dit « le Catholique »), roi d'Aragon, assemblait les États d'Aragon et de Catalogne avant toute guerre, et dut discuter en 1610 pour savoir en quelle langue (aragonais ou catalan) se feraient les délibérations.

la dispute était vive, et les États se seraient rompus mille fois, si l'on n'avait imaginé un expédient, qui était que la demande serait faite en langage catalan et la réponse en aragonais.

De Paris, le 25 de la lune de Zilhagé, 1718.

LETTRE CX

RICA À ***

Le rôle d'une jolie femme est beaucoup plus grave que l'on ne pense : il n'y a rien de plus sérieux que ce qui se passe le matin à sa toilette, au milieu de ses domestiques ; un général d'armée n'emploie pas plus d'attention à placer
5 sa droite, ou son corps de réserve, qu'elle en met à poster une mouche, qui peut manquer, mais dont elle espère ou prévoit le succès.

Quelle gêne d'esprit, quelle attention pour concilier sans cesse les intérêts de deux rivaux, pour paraître neutre à
10 tous les deux, pendant qu'elle est livrée à l'un et à l'autre, et se rendre médiatrice sur tous les sujets de plainte qu'elle leur donne !

Quelle occupation pour faire succéder et renaître les parties de plaisir, et prévenir tous les accidents qui
15 pourraient les rompre !

Avec tout cela, la plus grande peine n'est pas de se divertir ; c'est de le paraître : ennuyez-les tant que vous voudrez, elles vous le pardonneront, pourvu que l'on puisse croire qu'elles se sont réjouies.

20 Je fus, il y a quelques jours, d'un souper que des femmes firent à la campagne. Dans le chemin, elles disaient sans cesse : « Au moins, il faudra bien nous divertir. »

Nous nous trouvâmes assez mal assortis et, par conséquent, assez sérieux : « Il faut avouer, dit une de ces 25 femmes, que nous nous divertissons bien : il n'y a pas aujourd'hui dans Paris une partie si gaie que la nôtre. » Comme l'ennui me gagnait, une femme me secoua et me dit : « Eh bien ! ne sommes-nous pas de bonne humeur ? — Oui, lui répondis-je en bâillant ; je crois que je crèverai 30 à force de rire. » Cependant la tristesse triomphait toujours des réflexions, et, quant à moi, je me sentis conduit, de bâillement en bâillement, dans un sommeil léthargique, qui finit tous mes plaisirs.

De Paris, le 11 de la lune de Maharram, 1718.

Lettre CXI

Usbek à ***

Le règne du feu Roi a été si long que la fin en avait fait oublier le commencement. C'est aujourd'hui la mode de ne s'occuper que des événements arrivés dans sa minorité, et on ne lit plus que les mémoires de ces temps-là[1].

Voici le discours qu'un des généraux de la ville de Paris prononça dans un conseil de guerre, et j'avoue que je n'y comprends pas grand-chose[2].

Messieurs, quoique nos troupes aient été repoussées avec perte, je crois qu'il nous sera facile de réparer cet échec. J'ai six couplets de chanson tout prêts à mettre au jour, qui, je m'assure, remettront toutes choses dans l'équilibre. J'ai fait choix de quelques voix très nettes, qui, sortant de la cavité de certaines poitrines très fortes, émouvront merveilleusement le peuple. Ils sont sur un air qui a fait, jusqu'à présent, un effet tout particulier.

Si cela ne suffit pas, nous ferons paraître une estampe qui fera voir Mazarin pendu.

Par bonheur pour nous, il ne parle pas bien français, et il l'écorche tellement qu'il n'est pas possible que ses affaires ne déclinent. Nous ne manquons pas de faire bien remarquer au peuple le ton ridicule dont il prononce. Nous relevâmes, il y a quelques jours, une faute de

1. Montesquieu pense ici aux *Mémoires du cardinal de Retz* qui relatent la Fronde.
2. On peut penser que c'est Retz qui parle et présente une synthèse humoristique de la Fronde.

grammaire si grossière qu'on en fit des farces par tous les
25 carrefours[1].

J'espère qu'avant qu'il soit huit jours le Peuple fera du
nom de Mazarin un mot générique pour exprimer toutes
les bêtes de somme et celles qui servent à tirer.

Depuis notre défaite, notre musique l'a si furieusement
30 vexé sur le péché originel que, pour ne pas voir ses partisans
réduits à la moitié, il a été obligé de renvoyer tous ses pages.

Ranimez-vous donc ; reprenez courge, et soyez sûrs que
nous lui feront repasser les monts à coups de sifflets.

De Paris, le 4 de la lune de Chahban, 1718.

LETTRE CXII[2]

RHÉDI À USBEK, À PARIS

Pendant le séjour que je fais en Europe, je lis les
historiens anciens et modernes : je compare tous les
temps ; j'ai du plaisir à les voir passer, pour ainsi dire,
devant moi, et j'arrête surtout mon esprit à ces grands
5 changements qui ont rendu les âges si différents des âges,
et la Terre si peu semblable à elle-même.

Tu n'as peut-être pas fait attention à une chose qui cause
tous les jours ma surprise. Comment le Monde est-il si peu

1. Mazarin aurait prononcé « arrêt d'union » (arrêt du Parlement organisant
l'assemblée des députés des quatre cours souveraines de Paris) « arrêt d'oignon ».
Les chansonniers de l'époque s'emparèrent de cette erreur de prononciation.
2. Montesquieu commence ici une série de onze lettres (112 à 122) sur les causes
de la dépopulation du monde. Cette idée de la dépopulation du monde remonte à
l'Antiquité et se fonde sur le mythe de l'âge d'or.

peuplé en comparaison de ce qu'il était autrefois ?
10 Comment la nature a-t-elle pu perdre cette prodigieuse
fécondité des premiers temps ? Serait-elle déjà dans sa
vieillesse, et tomberait-elle de langueur ?

J'ai resté plus d'un an en Italie, où je n'ai vu que le débris
de cette ancienne Italie, si fameuse autrefois. Quoique tout
15 le monde habite les villes, elles sont entièrement désertes et
dépeuplées : il semble qu'elles ne subsistent encore que
pour marquer le lieu où étaient ces cités puissantes dont
l'histoire a tant parlé.

Il y a des gens qui prétendent que la seule ville de Rome
20 contenait autrefois plus de peuple qu'un grand royaume de
l'Europe n'en a aujourd'hui. Il y a eu tel citoyen romain qui
avait dix et même vingt mille maisons de campagne ; et,
comme on y comptait quatre ou cinq cent mille citoyens,
on ne peut fixer le nombre de ses habitants sans que
25 l'imagination ne se révolte.

Il y avait autrefois dans la Sicile de puissants royaumes
et des peuples nombreux, qui en ont disparu depuis : cette
île n'a plus rien de considérable que ses volcans.

La Grèce est si déserte qu'elle ne contient pas la centième
30 partie de ses anciens habitants.

L'Espagne, autrefois si remplie, ne fait voir aujourd'hui
que des campagnes inhabitées ; et la France n'est rien en
comparaison de cette ancienne Gaule dont parle César.

Les pays du Nord sont fort dégarnis, et il s'en faut bien
35 que les peuples y soient, comme autrefois, obligés de se
partager et d'envoyer dehors, comme des essaims, des
colonies et des nations entières chercher de nouvelles
demeures.

La Pologne et la Turquie en Europe n'ont presque plus
40 de peuples.

On ne saurait trouver dans l'Amérique la cinquantième partie des hommes qui y formaient de si grands empires.

L'Asie n'est guère en meilleur état. Cette Asie Mineure, qui contenait tant de puissantes monarchies et un nombre si prodigieux de grandes villes, n'en a plus que deux ou trois. Quant à la grande Asie, celle qui est soumise au Turc n'est pas plus peuplée ; et, pour celle qui est sous la domination de nos rois, si on la compare à l'état florissant où elle était autrefois, on verra qu'elle n'a qu'une petite partie des habitants qui y étaient sans nombre du temps des Xerxès et des Darius[1].

Quant aux petits États qui sont autour de ces grands empires, ils sont réellement déserts : tels sont les royaumes d'Irimette, de Circassie et de Guriel[2]. Ces princes, avec de vastes États, comptent à peine cinquante mille sujets.

L'Égypte n'a pas moins manqué que les autres pays.

Enfin, je parcours la Terre, et je n'y trouve que des délabrements : je crois la voir sortir des ravages de la peste et de la famine.

L'Afrique a toujours été si inconnue qu'on ne peut en parler si précisément que des autres parties du monde ; mais, à ne faire attention qu'aux côtes de la Méditerranée, connues de tout temps, on voit qu'elle a extrêmement déchu de ce qu'elle était sous les Carthaginois et les Romains. Aujourd'hui ses princes sont si faibles que ce sont les plus petites puissances du Monde.

1. **Des Xerxès et des Darius :** noms de souverains achéménides qui régnèrent sur la Perse du VIᵉ au IIIᵉ siècle avant J.-C.
2. La Circassie est le pays des Tcherkesses au sud-est de Kouban. Guriel et Irimette sont deux principautés caucasiennes vassales des Turcs, situées entre la mer Noire et la Géorgie.

Après un calcul aussi exact qu'il peut l'être dans ces sortes de choses, j'ai trouvé qu'il y a à peine sur la terre la dixième partie des hommes qui y étaient dans les anciens temps. Ce qu'il y a d'étonnant, c'est qu'elle se dépeuple tous les jours, et, si cela continue, dans dix siècles elle ne sera qu'un désert.

Voilà, mon cher Usbek, la plus terrible catastrophe qui soit jamais arrivée dans le Monde ; mais à peine s'en est-on aperçu, parce qu'elle est arrivée insensiblement et dans le cours d'un grand nombre de siècles ; ce qui marque un vice intérieur, un venin secret et caché, une maladie de langueur qui afflige la Nature humaine.

De Venise, le 10 de la lune de Rhegeb, 1718.

LETTRE CXIII

USBEK À RHÉDI, À VENISE

Le Monde, mon cher Rhédi, n'est point incorruptible[1] ; les Cieux mêmes ne le sont pas : les astronomes sont des témoins oculaires de leurs changements, qui sont des effets bien naturels du mouvement universel de la matière.

La Terre est soumise, comme les autres planètes, aux lois des mouvements ; elle souffre au-dedans d'elle un combat perpétuel de ses principes : la Mer et le Continent semblent être dans une guerre éternelle ; chaque instant produit de nouvelles combinaisons.

Les hommes, dans une demeure si sujette aux changements, sont dans un état aussi incertain : cent mille

1. **Incorruptible** : au sens d'« inaltérable ».

causes peuvent agir, capables de les détruire, et, à plus forte raison, d'augmenter ou de diminuer leur nombre.

Je ne te parlerai pas de ces catastrophes particulières, si communes chez les historiens, qui ont détruit des villes et des royaumes entiers ; il y en a de générales, qui ont mis bien des fois le Genre humain à deux doigts de sa perte[1].

Les histoires sont pleines de ces pestes universelles qui ont tour à tour désolé l'univers. Elles parlent d'une, entre autres, qui fut si violente qu'elle brûla jusques à la racine des plantes, et se fit sentir dans tout le monde connu, jusques à l'empire du Catay ; un degré de plus de corruption aurait, peut-être dans un seul jour, détruit toute la Nature humaine.

Il n'y a pas deux siècles que la plus honteuse de toutes les maladies[2] se fit sentir en Europe, en Asie et en Afrique ; elle fit, dans très peu de temps, des effets prodigieux : c'était fait des hommes si elle avait continué ses progrès avec la même furie. Accablés de maux dès leur naissance, incapables de soutenir le poids des charges de la Société, ils auraient péri misérablement.

Qu'aurait-ce été si le venin eût été un peu plus exalté ? Et il le serait devenu sans doute si l'on n'avait été assez heureux pour trouver un remède aussi puissant que celui qu'on a découvert. Peut-être que cette maladie, attaquant les parties de la génération, aurait attaqué la génération même.

Mais pourquoi parler de la destruction qui aurait pu arriver au Genre humain ? N'est-elle pas arrivée, en effet, et le Déluge ne le réduisit-il pas à une seule famille ?

1. Le déluge fait partie de ces catastrophes.
2. **La plus honteuse de toutes les maladies :** la vérole, maladie vénérienne.

Il y a des philosophes qui distinguent deux créations : celle des choses et celle de l'homme. Ils ne peuvent comprendre que la matière et les choses créées n'aient que six mille ans ; que Dieu ait différé pendant toute l'éternité ses ouvrages et n'ait usé que d'hier de sa puissance créatrice. Serait-ce parce qu'il ne l'aurait pu, ou parce qu'il ne l'aurait pas voulu ? Mais, s'il ne l'a pas pu dans un temps, il ne l'a pas pu dans l'autre. C'est donc parce qu'il ne l'a pas voulu. Mais, comme il n'y a point de succession dans Dieu, si l'on admet qu'il ait voulu quelque chose une fois, il l'a voulue toujours et dès le commencement.

* Cependant tous les historiens nous parlent d'un premier père. Ils nous font voir la Nature humaine naissante. N'est-il pas naturel de penser qu'Adam fut sauvé d'un malheur commun, comme Noé le fut du Déluge, et que ces grands événements ont été fréquents sur la Terre depuis la création du Monde ?

Mais toutes les destructions ne sont pas violentes : nous voyons plusieurs parties de la terre se lasser de fournir à la subsistance des hommes. Que savons-nous si la Terre entière n'a pas des causes générales, lentes et imperceptibles, de lassitude ?

J'ai été bien aise de te donner ces idées générales avant de répondre plus particulièrement à ta lettre sur la diminution des peuples arrivée depuis dix-sept à dix-huit siècles. Je te ferai voir, dans une lettre suivante, qu'indépendamment des causes physiques, il y en a de morales qui ont produit cet effet.

De Paris, le 8 de la lune de Chahban, 1718.

* Dans les précédentes éditions, avant cet alinéa, on lisait celui-ci : « Il ne faut donc pas compter les années du monde : le nombre des grains de sable de la mer ne leur est pas plus comparable qu'un instant. »

LETTRE CXIV

USBEK AU MÊME

Tu cherches la raison pourquoi la Terre est moins peuplée qu'elle ne l'était autrefois, et, si tu y fais bien attention, tu verras que la grande différence vient de celle qui est arrivée dans les mœurs.

5 Depuis que la religion chrétienne et la mahométane ont partagé le Monde romain, les choses sont bien changées : il s'en faut de beaucoup que ces deux religions soient aussi favorables à la propagation de l'Espèce que celle de ces maîtres de l'Univers.

10 Dans cette dernière, la polygamie était défendue ; et, en cela, elle avait un très grand avantage sur la religion mahométane. Le divorce y était permis ; ce qui lui en donnait un autre, non moins considérable, sur la chrétienne.

15 Je ne trouve rien de si contradictoire que cette pluralité des femmes permises par le saint Alcoran, et l'ordre de les satisfaire donné dans le même livre. « Voyez vos femmes, dit le Prophète, parce que vous leur êtes nécessaires comme leurs vêtements, et qu'elles vous sont nécessaires comme

20 vos vêtements[1]. » Voilà un précepte qui rend la vie d'un véritable Musulman bien laborieuse. Celui qui a les quatre femmes établies par la Loi[2], ou seulement autant de concubines ou d'esclaves, ne doit-il pas être accablé de tant de vêtements ?

1. Coran, II, 183.
2. Coran, IV, 223 : « Épousez celles qui vous agréeront, ou deux, ou trois, ou quatre. »

« Vos femmes sont vos labourages, dit encore le Prophète ; approchez-vous donc de vos labourages, faites du bien pour vos âmes, et vous le trouverez un jour[1]. »

Je regarde un bon Musulman comme un athlète destiné à combattre sans relâche ; mais qui, bientôt faible et accablé de ses premières fatigues, languit dans le champ même de la victoire, et se trouve, pour ainsi dire, enseveli sous ses propres triomphes.

La Nature agit toujours avec lenteur, et pour ainsi dire, avec épargne : ses opérations ne sont jamais violentes ; jusque dans ses productions, elle veut de la tempérance ; elle ne va jamais qu'avec règle et mesure ; si on la précipite, elle tombe bientôt dans la langueur ; elle emploie toute la force qui lui reste à se conserver, perdant absolument sa vertu productrice et sa puissance générative.

C'est dans cet état de défaillance que nous met toujours ce grand nombre de femmes plus propre à nous épuiser qu'à nous satisfaire. Il est très ordinaire parmi nous de voir un homme dans un sérail prodigieux avec un très petit nombre d'enfants. Ces enfants mêmes sont, la plupart du temps, faibles et malsains, et se sentent de la langueur de leur père.

Ce n'est pas tout : ces femmes obligées à une continence forcée ont besoin d'avoir des gens pour les garder, qui ne peuvent être que des eunuques : la Religion, la jalousie et la raison même ne permettent pas d'en laisser approcher d'autres. Ces gardiens doivent être en grand nombre, soit afin de maintenir la tranquillité au-dedans, parmi les guerres que ces femmes se font sans cesse, soit pour empêcher les entreprises du dehors. Ainsi un homme qui a

1. Coran, IV, 223.

55 dix femmes ou concubines n'a pas trop d'autant d'eunuques pour les garder. Mais quelle perte pour la Société que ce grand nombre d'hommes morts dès leur naissance ! Quelle dépopulation ne doit-il pas s'en suivre !

Les filles esclaves qui sont dans le sérail, pour servir avec
60 les eunuques ce grand nombre de femmes, y vieillissent presque toujours dans une affligeante virginité : elles ne peuvent pas se marier pendant qu'elles y restent, et leurs maîtresses, une fois accoutumées à elles, ne s'en défont presque jamais.

65 Voilà comment un seul homme occupe à ses plaisirs tant de sujets de l'un et de l'autre sexe, les fait mourir pour l'État, et les rend inutiles à la propagation de l'Espèce.

Constantinople et Ispahan sont les capitales des deux plus grands empires du monde : c'est là que tout doit
70 aboutir, et que les peuples, attirés de mille manières, se rendent de toutes parts. Cependant elles périssent d'elles-mêmes, et elles seraient bientôt détruites, si les souverains n'y faisaient venir, presque à chaque siècle, des nations entières pour les repeupler. J'épuiserai ce sujet dans une
75 autre lettre.

De Paris, le 13 de la lune de Chahban, 1718.

LETTRE CXV

USBEK AU MÊME

Les Romains n'avaient pas moins d'esclaves que nous ; ils en avaient même plus ; mais ils en faisaient un meilleur usage.

Bien loin d'empêcher, par des voies forcées, la multiplication de ces esclaves, ils la favorisaient au contraire de tout leur pouvoir : ils les associaient le plus qu'ils pouvaient par des espèces de mariages. Par ce moyen, ils remplissaient leurs maisons de domestiques de tous les sexes, de tous les âges, et l'État d'un peuple innombrable.

Ces enfants, qui faisaient à la longue la richesse d'un maître, naissaient sans nombre autour de lui ; il était seul chargé de leur nourriture et de leur éducation ; les pères, libres de ce fardeau, suivaient uniquement le penchant de la nature, et multipliaient, sans craindre une trop nombreuse famille.

Je t'ai dit que, parmi nous, tous les esclaves sont occupés à garder nos femmes, et à rien de plus ; qu'ils sont, à l'égard de l'État, dans une perpétuelle léthargie ; de manière qu'il faut restreindre à quelques hommes libres, à quelques chefs de famille, la culture des arts et des terres, lesquels même s'y donnent le moins qu'ils peuvent.

Il n'en était pas de même chez les Romains : la République se servait avec un avantage infini de ce peuple d'esclaves. Chacun d'eux avait son pécule[1], qu'il possédait aux conditions que son maître lui imposait ; avec ce pécule, il travaillait et se tournait du côté où le portait son industrie[2]. Celui-ci faisait valoir la banque, celui-là se donnait au commerce de la mer ; l'un vendait des marchandises en détail ; l'autre s'appliquait à quelque art mécanique, ou bien affermait et faisait valoir des terres. Mais il n'y en avait aucun qui ne s'attachât de tout son pouvoir à faire profiter ce pécule, qui lui procurait, en

1. **Pécule** : économies qu'un esclave amassait pour acheter sa liberté.
2. **Industrie** : adresse, habileté manuelle dans un travail.

même temps, l'aisance dans la servitude présente et l'espérance d'une liberté future. Cela faisait un peuple 35 laborieux, animait les arts et l'industrie.

Ces esclaves, devenus riches par leurs soins et leur travail, se faisaient affranchir, et devenaient citoyens. La République se réparait sans cesse et recevait dans son sein de nouvelles familles, à mesure que les anciennes se 40 détruisaient.

J'aurai peut-être, dans mes lettres suivantes, occasion de te trouver que, plus il y a d'hommes dans un État, plus le commerce y fleurit ; je prouverai aussi facilement que, plus le commerce y fleurit, plus le nombre des hommes y 45 augmente : ces deux choses s'entraident et se favorisent nécessairement.

Si cela est, combien ce nombre prodigieux d'esclaves, toujours laborieux, devait-il s'accroître et s'augmenter ! L'industrie et l'abondance les faisaient naître, et eux, de 50 leur côté, faisaient naître l'abondance et l'industrie.

De Paris, le 16 de la lune de Chahban, 1718.

LETTRE CXVI

USBEK AU MÊME

Nous avons, jusques ici, parlé des pays mahométans, et cherché la raison pourquoi ils sont moins peuplés que ceux qui étaient soumis à la domination des Romains. Examinons à présent ce qui a produit cet effet chez les 5 Chrétiens.

Le divorce était permis dans la religion païenne, et il fut défendu aux Chrétiens. Ce changement, qui parut d'abord

de si petite conséquence, eut insensiblement des suites terribles, et telles qu'on peut à peine les croire.

On ôta non seulement toute la douceur du mariage, mais aussi l'on donna atteinte à sa fin : en voulant resserrer ses nœuds, on les relâcha ; et, au lieu d'unir les cœurs, comme on le prétendait, on les sépara pour jamais.

Dans une action si libre, et où le cœur doit avoir tant de part, on mit la gêne, la nécessité et la fatalité du destin même. On compta pour rien les dégoûts, les caprices et l'insociabilité des humeurs ; on voulut fixer le cœur, c'est-à-dire ce qu'il y a de plus variable et de plus inconstant dans la nature ; on attacha sans retour et sans espérance des gens accablés l'un de l'autre et presque toujours mal assortis ; et l'on fit comme ces tyrans, qui faisaient lier des hommes vivants à des corps morts.

Rien ne contribuait plus à l'attachement mutuel que la faculté du divorce : un mari et une femme étaient portés à soutenir patiemment les peines domestiques, sachant qu'ils étaient maîtres de les faire finir, et ils gardaient souvent ce pouvoir en main toute leur vie sans en user, par cette seule considération qu'ils étaient libres de le faire.

Il n'en est pas de même des Chrétiens, que leurs peines présentes désespèrent pour l'avenir. Ils ne voient dans les désagréments du mariage que leur durée et, pour ainsi dire, leur éternité : de là viennent les dégoûts, les discordes, les mépris, et c'est autant de perdu pour la postérité. À peine a-t-on trois ans de mariage qu'on en néglige l'essentiel ; on passe ensemble trente ans de froideur ; il se forme des séparations intestines aussi fortes et peut-être plus pernicieuses que si elles étaient publiques ; chacun vit et reste de son côté ; et tout cela au préjudice des races futures. Bientôt un homme, dégoûté d'une femme éternelle, se livrera aux filles de joie : commerce honteux et

si contraire à la société, lequel, sans remplir l'objet du mariage, n'en représente tout au plus que les plaisirs.

Si, de deux personnes ainsi liées, il y en a une qui n'est pas propre au dessein de la Nature et à la propagation de l'Espèce,
45 soit par son tempérament, soit par son âge, elle ensevelit l'autre avec elle, et la rend aussi inutile qu'elle l'est elle-même.

Il ne faut donc pas s'étonner si l'on voit chez les Chrétiens tant de mariages fournir un si petit nombre de citoyens. Le divorce est aboli ; les mariages mal assortis ne
50 se raccommodent plus ; les femmes ne passent plus, comme chez les Romains, successivement dans les mains de plusieurs maris, qui en tiraient, dans le chemin, le meilleur parti qu'il était possible.

J'ose le dire : si, dans une république comme Lacédémone[1],
55 où les citoyens étaient sans cesse gênés par des lois singulières et subtiles, et dans laquelle il n'y avait qu'une famille, qui était la République, il avait été établi que les maris changeassent de femmes tous les ans, il en serait né un peuple innombrable.

Il est assez difficile de faire bien comprendre la raison qui
60 a porté les Chrétiens à abolir le divorce. Le mariage, chez toutes les nations du Monde, est un contrat susceptible de toutes les conventions, et on n'en a dû bannir que celles qui auraient pu en affaiblir l'objet. Mais les Chrétiens ne le regardent pas dans ce point de vue ; aussi ont-ils bien de la
65 peine à dire ce que c'est. Ils ne le font pas consister dans le plaisir des sens ; au contraire, comme je te l'ai déjà dit, il semble qu'ils veulent l'en bannir autant qu'ils peuvent ; mais c'est une image, une figure et quelque chose de mystérieux que je ne comprends point.

De Paris, le 19 de la lune de Chahban, 1718.

1. **Lacédémone** : autre nom de Sparte, ville du Péloponnèse.

LETTRE CXVII

Usbek au même

La prohibition du divorce n'est pas la seule cause de la dépopulation des pays chrétiens. Le grand nombre d'eunuques qu'ils ont parmi eux n'en est pas une moins considérable.

Je parle des prêtres et dervis de l'un et de l'autre sexe, qui se vouent à une continence éternelle : c'est chez les Chrétiens la vertu par excellence ; en quoi je ne les comprends pas, ne sachant ce que c'est qu'une vertu dont il ne résulte rien.

Je trouve que leurs docteurs se contredisent manifestement, quand ils disent que le mariage est saint, et que le célibat, qui lui est opposé, l'est encore davantage ; sans compter qu'en fait de préceptes et de dogmes fondamentaux, le bien est toujours le mieux.

Le nombre de gens faisant profession de célibat est prodigieux. Les pères y condamnaient autrefois les enfants dès le berceau ; aujourd'hui ils s'y vouent eux-mêmes dès l'âge de quatorze ans ; ce qui revient à peu près à la même chose.

Ce métier de continence a anéanti plus d'hommes que les pestes et les guerres les plus sanglantes n'ont jamais fait. On voit dans chaque maison religieuse une famille éternelle, où il ne naît personne, et qui s'entretient aux dépens de toutes les autres. Ces maisons sont toujours ouvertes comme autant de gouffres où s'ensevelissent les races futures.

Cette politique est bien différente de celle des Romains, qui établissaient des lois pénales contre ceux qui se

refusaient aux lois du mariage, et voulaient jouir d'une
30 liberté si contraire à l'utilité publique.

Je ne te parle ici que des pays catholiques. Dans la
religion protestante, tout le monde est en droit de faire des
enfants ; elle ne souffre ni prêtres, ni dervis ; et si, dans
l'établissement de cette religion, qui ramenait tout aux
35 premiers temps, ses fondateurs n'avaient été accusés sans
cesse d'intempérance, il ne faut pas douter qu'après avoir
rendu la pratique du mariage universelle, ils n'en eussent
encore adouci le joug, et achevé d'ôter toute la barrière qui
sépare, en ce point, le Nazaréen[1] et Mahomet.

40 Mais, quoi qu'il en soit, il est certain que la religion
donne aux Protestants un avantage infini sur les
Catholiques.

J'ose le dire : dans l'état présent où est l'Europe, il n'est
pas possible que la religion catholique y subsiste cinq
45 cents ans.

Avant l'abaissement de la puissance d'Espagne, les
Catholiques étaient beaucoup plus forts que les
Protestants. Ces derniers sont peu à peu parvenus à un
équilibre. Les Protestants deviendront tous les jours plus
50 riches et plus puissants, et les Catholiques plus faibles.

Les pays protestants doivent être et sont réellement plus
peuplés que les catholiques : d'où il suit, premièrement,
que les tributs y sont plus considérables, parce qu'ils
augmentent à proportion du nombre de ceux qui les
55 payent ; secondement, que les terres y sont mieux
cultivées ; enfin, que le commerce y fleurit davantage,
parce qu'il y a plus de gens qui ont une fortune à faire, et
qu'avec plus de besoins, on y a plus de ressources pour les

1. **Le Nazaréen :** Jésus.

remplir. Quand il n'y a que le nombre de gens suffisants pour la culture des terres, il faut que le commerce périsse ; et, lorsqu'il n'y a que celui qui est nécessaire pour entretenir le commerce, il faut que la culture des terres manque ; c'est-à-dire : il faut que tous les deux tombent en même temps, parce que l'on ne s'attache jamais à l'un que ce ne soit aux dépens de l'autre.

Quant aux pays catholiques, non seulement la culture des terres y est abandonnée, mais même l'industrie y est pernicieuse : elle ne consiste qu'à apprendre cinq ou six mots d'une langue morte. Dès qu'un homme a cette provision par-devers lui, il ne doit plus s'embarrasser de sa fortune : il trouve dans le cloître une vie tranquille, qui, dans le monde, lui aurait coûté des sueurs et des peines.

Ce n'est pas tout : les dervis ont en leurs mains presque toutes les richesses de l'État ; c'est une société de gens avares, qui prennent toujours et ne rendent jamais ; ils accumulent sans cesse des revenus pour acquérir des capitaux. Tant de richesses tombent, pour ainsi dire, en paralysie : plus de circulation, plus de commerce, plus d'arts, plus de manufactures.

Il n'y a point de prince protestant qui ne lève sur ses peuples beaucoup plus d'impôts que le Pape n'en lève sur ses sujets ; cependant ces derniers sont pauvres, pendant que les autres vivent dans l'opulence. Le commerce ranime tout chez les uns, et le monachisme porte la mort partout chez les autres.

De Paris, le 26 de la lune de Chahban, 1718.

Lettre CXVIII

Usbek au même

Nous n'avons plus rien à dire de l'Asie et de l'Europe. Passons à l'Afrique. On ne peut guère parler que de ses côtes, parce qu'on ne connaît pas l'intérieur.

Celles de Barbarie, où la religion mahométane est
5 établie, ne sont plus si peuplées qu'elles étaient du temps des Romains, par les raisons que je t'ai déjà dites. Quant aux côtes de Guinée, elles doivent être furieusement dégarnies depuis deux cents ans que les petits rois, ou chefs des villages, vendent leurs sujets aux princes de l'Europe
10 pour les porter dans leurs colonies en Amérique.

Ce qu'il y a de singulier, c'est que cette Amérique, qui reçoit tous les ans de nouveaux habitants, est elle-même déserte, et ne profite point des pertes continuelles de l'Afrique. Ces esclaves, qu'on transporte dans un autre
15 climat, y périssent à milliers, et les travaux des mines, où l'on occupe sans cesse et les naturels du pays et les étrangers, les exhalaisons malignes[1] qui en sortent, le vif-argent, dont il faut faire un continuel usage, les détruisent sans ressource.

20 Il n'y a rien de si extravagant que de faire périr un nombre innombrable d'hommes pour tirer du fond de la terre l'or et l'argent : ces métaux d'eux-mêmes absolument inutiles, et qui ne sont des richesses que parce qu'on les a choisis pour en être les signes.

De Paris, le dernier de la lune de Chahban, 1718.

1. **Exhalaisons malignes :** le traitement du minerai d'or se faisait en effet par l'amalgame de mercure, procédé inauguré au Pérou en 1671.

LETTRE CXIX

USBEK AU MÊME

La fécondité d'un peuple dépend quelquefois des plus petites circonstances du Monde ; de manière qu'il ne faut souvent qu'un nouveau tour dans son imagination pour le rendre beaucoup plus nombreux qu'il n'était.

Les Juifs, toujours exterminés et toujours renaissants, ont réparé leurs pertes et leurs destructions continuelles, par cette seule espérance qu'ont parmi eux toutes les familles, d'y voir naître un roi puissant qui sera le maître de la Terre.

Les anciens rois de Perse n'avaient tant de milliers de sujets qu'à cause de ce dogme de la religion des Mages, que les actes les plus agréables à Dieu que les hommes pussent faire, c'était de faire un enfant, labourer un champ et planter un arbre[1].

Si la Chine a dans son sein un peuple si prodigieux, cela ne vient que d'une certaine manière de penser : car, comme les enfants regardent leurs pères comme des dieux ; qu'ils les respectent comme tels dès cette vie ; qu'ils les honorent après leur mort par des sacrifices, dans lesquels ils croient que leurs âmes, anéanties dans le Tien, reprennent une nouvelle vie : chacun est porté à augmenter une famille si soumise dans cette vie, et si nécessaire dans l'autre.

D'un autre côté, les pays des Mahométans deviennent tous les jours déserts à cause d'une opinion, qui, toute sainte qu'elle est, ne laisse pas d'avoir des effets très pernicieux lorsqu'elle est enracinée dans les esprits. Nous

1. Allusion à la religion des guèbres et aux paroles de Zoroastre.

nous regardons comme des voyageurs qui ne doivent penser qu'à une autre patrie : les travaux utiles et durables, les soins pour assurer la fortune de nos enfants, les projets
30 qui tendent au-delà d'une vie courte et passagère, nous paraissent quelque chose d'extravagant. Tranquilles pour le présent, sans inquiétude pour l'avenir, nous ne prenons la peine ni de réparer les édifices publics, ni de défricher les terres incultes, ni de cultiver celles qui sont en état de
35 recevoir nos soins : nous vivons dans une insensibilité générale, et nous laissons tout faire à la Providence.

C'est un esprit de vanité qui a établi chez les Européens l'injuste droit d'aînesse, si défavorable à la propagation, en ce qu'il porte l'attention d'un père sur un seul de ses
40 enfants, et détourne ses yeux de tous les autres ; en ce qu'il l'oblige, pour rendre solide la fortune d'un seul, de s'opposer à l'établissement de plusieurs ; enfin, en ce qu'il détruit l'égalité des citoyens qui en fait toute l'opulence.

De Paris, le 4 de la lune de Rhamazan, 1718.

LETTRE CXX

USBEK AU MÊME

Les pays habités par les Sauvages sont ordinairement peu peuplés, par l'éloignement qu'ils ont presque tous pour le travail et la culture de la terre. Cette malheureuse aversion est si forte que, lorsqu'ils font quelque imprécation contre
5 quelqu'un de leurs ennemis, ils ne lui souhaitent autre chose que d'être réduit à labourer un champ ; croyant qu'il n'y a que la chasse et la pêche qui soient un exercice noble et digne d'eux.

Mais, comme il y a souvent des années où la chasse et la pêche rendent très peu, ils sont désolés par des famines fréquentes ; sans compter qu'il n'y a pas de pays si abondant en gibier et en poisson qu'il puisse donner la subsistance à un grand peuple, parce que les animaux fuient toujours les endroits trop habités.

D'ailleurs, les bourgades de Sauvages, au nombre de deux ou trois cents habitants, détachées les unes des autres, ayant des intérêts aussi séparés que ceux de deux empires, ne peuvent pas se soutenir, parce qu'elles n'ont pas la ressource des grands États, dont toutes les parties se répondent et se secourent mutuellement.

Il y a chez les Sauvages une autre coutume qui n'est pas moins pernicieuse que la première : c'est la cruelle habitude où sont les femmes de se faire avorter, afin que leur grossesse ne les rende pas désagréables à leurs maris.

Il y a ici des lois terribles contre ce désordre ; elles vont jusques à la fureur. Toute fille qui n'a point été déclarer sa grossesse au magistrat est punie de mort si son fruit périt[1] ; la pudeur et la honte, les accidents mêmes ne l'excusent pas.

De Paris, le 9 de la lune de Rhamazan, 1718.

1. La déclaration de grossesse était obligatoire en France depuis le décret d'Henri II (février 1556).

LETTRE CXXI

USBEK AU MÊME

L'effet ordinaire des colonies est d'affaiblir les pays d'où on les tire, sans peupler ceux où on les envoie.

Il faut que les hommes restent où ils sont : il y a des maladies qui viennent de ce qu'on change un bon air contre un mauvais ; d'autres qui viennent précisément de ce qu'on en change[1].

L'air se charge, comme les plantes, des particules de la terre de chaque pays. Il agit tellement sur nous que notre tempérament en est fixé. Lorsque nous sommes transportés dans un autre pays, nous devenons malades. Les liquides étant accoutumés à une certaine consistance, les solides, à une certaine disposition, tous les deux, à un certain degré de mouvement, n'en peuvent plus souffrir d'autres, et ils résistent à un nouveau pli.

Quand un pays est désert, c'est un préjugé de quelque vice particulier dans la nature du terrain ou du climat. Ainsi, quand on ôte les hommes d'un ciel heureux pour les envoyer dans un tel pays, on fait précisément le contraire de ce qu'on se propose.

Les Romains savaient cela par expérience : ils reléguaient tous les criminels en Sardaigne, et ils y faisaient passer des Juifs. Il fallut se consoler de leur perte ; chose que le mépris qu'ils avaient pour ces misérables rendait très facile.

1. L'ensemble du paragraphe sur les maladies dues aux changements de climat a été rajouté en 1754.

Le grand Schah Abas[1], voulant ôter aux Turcs le moyen d'entretenir de grosses armées sur les frontières, transporta presque tous les Arméniens hors de leur pays, et en envoya plus de vingt mille familles dans la province de Guilan, qui périrent presque toutes en très peu de temps.

Tous les transports de peuple faits à Constantinople n'ont jamais réussi. Ce nombre prodigieux de Nègres dont nous avons parlé n'a point rempli l'Amérique.

Depuis la destruction des Juifs sous Adrien, la Palestine est sans habitants.

Il faut donc avouer que les grandes destructions sont presque irréparables, parce qu'un peuple qui manque à un certain point reste dans le même état ; et si, par hasard, il se rétablit, il faut des siècles pour cela.

Que si, dans un état de défaillance, la moindre des circonstances dont je t'ai parlé vient à concourir, non seulement il ne se répare pas, mais il dépérit tous les jours et tend à son anéantissement.

L'expulsion des Maures d'Espagne se fait encore sentir comme le premier jour : bien loin que ce vide se remplisse, il devient tous les jours plus grand.

Depuis la dévastation de l'Amérique, les Espagnols, qui ont pris la place de ses anciens habitants, n'ont pu la repeupler ; au contraire, par une fatalité que je ferais mieux de nommer une justice divine, les destructeurs se détruisent eux-mêmes, et se consument tous les jours.

Les princes ne doivent donc point songer à repeupler de grands pays par des colonies. Je ne dis pas qu'elles ne réussissent quelquefois : il y a des climats si heureux que l'espèce s'y multiplie toujours :

1. **Schah Abas :** Abbas I^{er} (voir lettre LXXXV, note 3, page 231).

témoins ces îles[1] qui ont été peuplées par des malades
55 que quelques vaisseaux y avaient abandonnés, et qui
y recouvraient aussitôt la santé.

Mais, quand ces colonies réussiraient, au lieu d'augmenter
la puissance, elles ne feraient que la partager, à moins
qu'elles n'eussent très peu d'étendue, comme sont celles que
60 l'on envoie pour occuper quelque place pour le commerce.

Les Carthaginois avaient, comme les Espagnols,
découvert l'Amérique ou, au moins, de grandes îles dans
lesquelles ils faisaient un commerce prodigieux ; mais,
quand ils virent le nombre de leurs habitants diminuer,
65 cette sage république défendit à ses sujets ce commerce et
cette navigation.

J'ose le dire : au lieu de faire passer les Espagnols dans
les Indes, il faudrait faire repasser les Indiens et les métis en
Espagne ; il faudrait rendre à cette monarchie tous ses
70 peuples dispersés ; et, si la moitié seulement de ces grandes
colonies se conservait, l'Espagne deviendrait la puissance
de l'Europe la plus redoutable.

On peut comparer les empires à un arbre dont les
branches trop étendues ôtent tout le suc du tronc, et ne
75 servent qu'à faire de l'ombrage.

Rien n'est plus propre à corriger les princes de la fureur
des conquêtes lointaines que l'exemple des Portugais et des
Espagnols.

Ces deux nations, ayant conquis avec une rapidité
80 inconcevable des royaumes immenses, plus étonnées de
leurs victoires que les peuples vaincus de leur défaite,
songèrent aux moyens de les conserver ; et prirent,
chacune pour cela, une voie différente.

1. « L'auteur parle peut-être de l'île de Bourbon » (note de Montesquieu).

Les Espagnols, désespérant de retenir les nations vaincues dans la fidélité, prirent le parti de les exterminer, et d'y envoyer d'Espagne des peuples fidèles. Jamais dessein horrible ne fut plus ponctuellement exécuté. On vit un peuple, aussi nombreux que tous ceux de l'Europe ensemble, disparaître de la Terre à l'arrivée de ces barbares, qui semblèrent, en découvrant les Indes, n'avoir pensé qu'à découvrir aux hommes quel était le dernier période de la cruauté.

Par cette barbarie, ils conservèrent ce pays sous leur domination. Juge par là combien les conquêtes sont funestes, puisque les effets en sont tels : car enfin, ce remède affreux était unique. Comment auraient-ils pu retenir tant de millions d'hommes dans l'obéissance ? Comment soutenir une guerre civile de si loin ? Que seraient-ils devenus, s'ils avaient donné le temps à ces peuples de revenir de l'admiration où ils étaient de l'arrivée de ces nouveaux Dieux, et de la crainte de leurs foudres ?

Quant aux Portugais, ils prirent une voie tout opposée : ils n'employèrent pas les cruautés. Aussi furent-ils bientôt chassés de tous les pays qu'ils avaient découverts. Les Hollandais favorisèrent la rébellion de ces peuples, et en profitèrent.

Quel prince envierait le sort de ces conquérants ? Qui voudrait de ces conquêtes à ces conditions ? Les uns en furent aussitôt chassés ; les autres en firent des déserts, et rendirent leur propre pays un désert encore.

C'est le destin des héros de se ruiner à conquérir des pays qu'ils perdent soudain, ou à soumettre des nations qu'ils sont obligés eux-mêmes de détruire : comme cet insensé qui se consumait à acheter des statues qu'il jetait dans la mer et des glaces qu'il brisait aussitôt.

De Paris, le 18 de la lune de Rhamazan, 1718.

LETTRE CXXII

USBEK AU MÊME

La douceur du gouvernement contribue merveilleusement à la propagation de l'Espèce. Toutes les républiques en sont une preuve constante, et, plus que toutes, la Suisse et la Hollande, qui sont les deux plus mauvais pays de l'Europe, si l'on considère la nature du terrain, et qui cependant sont les plus peuplés.

Rien n'attire plus les étrangers que la liberté et l'opulence qui la suit toujours : l'une se fait rechercher par elle-même, et nous sommes conduits par nos besoins dans les pays où l'on trouve l'autre.

L'Espèce se multiplie dans un pays où l'abondance fournit aux enfants, sans rien diminuer de la subsistance des pères.

L'égalité même des citoyens, qui produit ordinairement de l'égalité dans les fortunes, porte l'abondance et la vie dans toutes les parties du corps politique, et la répand partout.

Il n'en est pas de même des pays soumis au pouvoir arbitraire : le Prince, les courtisans et quelques particuliers possèdent toutes les richesses, pendant que tous les autres gémissent dans une pauvreté extrême.

Si un homme est mal à son aise, et qu'il sente qu'il fera des enfants plus pauvres que lui, il ne se mariera pas ; ou, s'il se marie, il craindra d'avoir un trop grand nombre d'enfants, qui pourraient achever de déranger sa fortune, et qui descendraient de la condition de leur père.

J'avoue que le rustique ou paysan, étant une fois marié, peuplera indifféremment, soit qu'il soit riche, soit qu'il soit

pauvre ; cette considération ne le touche pas : il a toujours
30 un héritage sûr à laisser à ses enfants, qui est son hoyau[1],
et rien ne l'empêche de suivre aveuglément l'instinct de la
nature.

Mais à quoi sert dans un État ce nombre d'enfants qui
languissent dans la misère ? Ils périssent presque tous à
35 mesure qu'ils naissent ; ils ne prospèrent jamais ; faibles et
débiles, ils meurent en détail de mille manières, tandis
qu'ils sont emportés en gros par les fréquentes maladies
populaires que la misère et la mauvaise nourriture
produisent toujours ; ceux qui en échappent atteignent
40 l'âge viril sans en avoir la force, et languissent tout le reste
de leur vie.

Les hommes sont comme les plantes, qui ne croissent
jamais heureusement si elles ne sont bien cultivées : chez
les peuples misérables, l'Espèce perd, et même quelquefois
45 dégénère.

La France peut fournir un grand exemple de tout ceci.
Dans les guerres passées, la crainte où étaient tous les
enfants de famille d'être enrôlés dans la milice les
obligeait de se marier[2], et cela dans un âge trop tendre et
50 dans le sein de la pauvreté. De tant de mariages, il naissait
bien des enfants, que l'on cherche encore en France, et
que la misère, la famine et les maladies en ont fait
disparaître.

Que si, dans un ciel aussi heureux, dans un royaume
55 aussi policé que la France, on fait de pareilles remarques,
que sera-ce dans les autres États ?

De Paris, le 23 de la lune de Rhamazan, 1718.

1. **Hoyau** : petite houe à lame courbe taillée en biseau, faite pour retourner la terre.
2. Des règlements excluaient de l'enrôlement les hommes mariés.

LETTRE CXXIII

USBEK AU MOLLAK MÉHÉMET ALI,
GARDIEN DES TROIS TOMBEAUX, À COM

Que nous servent les jeûnes des immaums[1] et les cilices des mollaks[2] ? La main de Dieu s'est deux fois appesantie sur les enfants de la Loi : le Soleil s'obscurcit et semble n'éclairer plus que leurs défaites ; leurs armées
5 s'assemblent, et elles sont dissipées comme la poussière.

L'Empire des Osmanlins[3] est ébranlé par les deux plus grands échecs qu'il ait jamais reçus : un moufti[4] chrétien ne le soutient qu'avec peine ; le grand vizir d'Allemagne est le fléau de Dieu, envoyé pour châtier les sectateurs d'Omar ;
10 il porte partout la colère du Ciel irrité contre leur rébellion et leur perfidie[5].

Esprit sacré des immaums, tu pleures nuit et jour sur les enfants du Prophète que le détestable Omar a dévoyés ; tes entrailles s'émeuvent à la vue de leurs malheurs, tu désires
15 leur conversion, et non pas leur perte ; tu voudrais les voir réunis sous l'étendard d'Hali par les larmes des Saints, et non pas dispersés dans les montagnes et dans les déserts par la terreur des Infidèles.

De Paris, le premier de la lune de Chalval, 1718.

1. **Immaums :** voir lettre XVIII, note 3, page 83.
2. **Mollaks :** voir lettre X, note 2, page 65.
3. **Osmanlins :** voir lettre VI, note 3, page 53.
4. **Moufti :** voir lettre XXIV, note 4, page 95.
5. Allusion aux campagnes de l'empereur Charles VI contre les Turcs. Le prince Eugène battit au combat le grand vizir Ali, le 5 août 1716. Le mufti chrétien serait le cardinal Alberoni, ministre de Philippe V d'Espagne.

LETTRE CXXIV

USBEK À RHÉDI, À VENISE

Quel peut être le motif de ces libéralités immenses que les princes versent sur leurs courtisans ? Veulent-ils se les attacher ? Ils leur sont déjà acquis autant qu'ils peuvent l'être ; et, d'ailleurs, s'ils acquièrent quelques-uns de leurs
5 sujets en les achetant, il faut bien, par la même raison, qu'ils en perdent une infinité d'autres en les appauvrissant.

Quand je pense à la situation des princes, toujours entourés d'hommes avides et insatiables, je ne puis que les plaindre, et je les plains encore davantage lorsqu'ils n'ont
10 pas la force de résister à des demandes toujours onéreuses à ceux qui ne demandent rien.

Je n'entends jamais parler de leurs libéralités, des grâces et des pensions qu'ils accordent, que je ne me livre à mille réflexions : une foule d'idées se présente à mon esprit ; il
15 me semble que j'entends publier cette ordonnance :

« Le courage infatigable de quelques-uns de nos sujets à nous demander des pensions ayant exercé sans relâche notre magnificence royale, nous avons enfin cédé à la multitude des requêtes qu'ils nous ont présentées,
20 lesquelles ont fait jusqu'ici la plus grande sollicitude du Trône. Ils nous ont représenté qu'ils n'ont point manqué, depuis notre avènement à la couronne, de se trouver à notre lever ; que nous les avons toujours vus sur notre passage immobiles comme des bornes ; et qu'ils se sont
25 extrêmement élevés pour regarder, sur les épaules les plus hautes, Notre Sérénité. Nous avons même reçu plusieurs requêtes de la part de quelques personnes du beau sexe, qui nous ont supplié de faire attention qu'il est notoire qu'elles

sont d'un entretien très difficile ; quelques-unes mêmes, très surannées, nous ont prié, branlant la tête, de faire attention qu'elles ont fait l'ornement de la cour des rois nos prédécesseurs, et que, si les généraux de leurs armées ont rendu l'État redoutable par leurs faits militaires, elles n'ont point rendu la Cour moins célèbre par leurs intrigues. Ainsi, désirant traiter les suppliants avec bonté et leur accorder toutes leurs prières, nous avons ordonné ce qui suit :

Que tout laboureur ayant cinq enfants retranchera journellement la cinquième partie du pain qu'il leur donne. Enjoignons aux pères de famille de faire la diminution, sur chacun d'eux, aussi juste que faire se pourra.

Défendons expressément à tous ceux qui s'appliquent à la culture de leurs héritages, ou qui les ont donnés à titre de ferme, d'y faire aucune réparation, de quelque espèce qu'elle soit.

Ordonnons que toutes personnes qui s'exercent à des travaux vils et mécaniques, lesquelles n'ont jamais été au lever de Notre Majesté, n'achètent désormais d'habits à eux, à leurs femmes et à leurs enfants, que de quatre ans en quatre ans ; leur interdisons, en outre, très étroitement ces petites réjouissances qu'ils avaient coutume de faire dans leurs familles les principales fêtes de l'année.

Et, d'autant que nous demeurons avertis que la plupart des bourgeois de nos bonnes villes sont entièrement occupés à pourvoir à l'établissement de leurs filles, lesquelles ne se sont rendues recommandables dans notre État que par une triste et ennuyeuse modestie, nous ordonnons qu'ils attendront à les marier jusqu'à ce qu'ayant atteint l'âge limité par les ordonnances elles

viennent à les y contraindre. Défendons à nos magistrats de pourvoir à l'éducation de leurs enfants[1]. »

De Paris, le premier de la lune de Chalval, 1718.

Lettre CXXV

Rica à ***

On est bien embarrassé, dans toutes les religions, quand il s'agit de donner une idée des plaisirs qui sont destinés à ceux qui ont bien vécu. On épouvante facilement les méchants par une longue suite de peines dont on les menace ; mais, 5 pour les gens vertueux, on ne sait que leur promettre. Ils semble que la nature des plaisirs soit d'être d'une courte durée ; l'imagination a peine à en représenter d'autres.

J'ai vu des descriptions du Paradis capables d'y faire renoncer tous les gens de bon sens : les uns font jouer sans 10 cesse de la flûte ces ombres heureuses ; d'autres les condamnent au supplice de se promener éternellement ; d'autres, enfin, qui les font rêver là-haut aux maîtresses d'ici-bas, n'ont pas cru que cent millions d'années fussent un terme assez long pour leur ôter le goût de ces 15 inquiétudes amoureuses.

Je me souviens à ce propos d'une histoire que j'ai ouï raconter à un homme qui avait été dans le pays du Mogol ; elle fait voir que les prêtres indiens[2] ne sont pas moins

1. Cette critique ironique des courtisans et des pensions royales, la forme même de l'ordonnance, tout nous ramène au règne de Louis XIV.
2. **Indiens** : de l'Inde.

stériles que les autres dans les idées qu'ils ont des plaisirs
20 du Paradis.

Une femme qui venait de perdre son mari vint en
cérémonie chez le Gouverneur de la Ville lui demander la
permission de se brûler ; mais, comme dans les pays
soumis aux Mahométans, on abolit tant qu'on peut cette
25 cruelle coutume, il la refusa absolument.

Lorsqu'elle vit ses prières impuissantes, elle se jeta dans
un furieux emportement. « Voyez, disait-elle, comme on
est gêné ! Il ne sera seulement pas permis à une pauvre
femme de se brûler quand elle en a envie ! A-t-on jamais vu
30 rien de pareil ? Ma mère, ma tante, mes sœurs, se sont
brûlées ; et, quand je vais demander permission à ce
maudit gouverneur, il se fâche et se met à crier comme un
enragé. »

Il se trouva là, par hasard, un jeune bonze[1]. « Homme
35 infidèle, dit le Gouverneur, est-ce toi qui as mis cette fureur
dans l'esprit de cette femme ? — Non, dit-il, je ne lui ai
jamais parlé. Mais, si elle m'en croit, elle consommera son
sacrifice : elle fera une action agréable au Dieu Brama.
Aussi en sera-t-elle bien récompensée : car elle retrouvera
40 dans l'autre monde son mari, et elle recommencera avec lui
un second mariage. — Que dites-vous ? dit la femme
surprise. Je retrouverai mon mari ? Ah ! Je ne me brûle
pas. Il était jaloux, chagrin et, d'ailleurs, si vieux que, si le
Dieu Brama n'a point fait sur lui quelque réforme,
45 sûrement il n'a pas besoin de moi. Me brûler pour lui ?...
Pas seulement le bout du doigt pour le retirer du fond des
Enfers. Deux vieux bonzes qui me séduisaient, et qui
savaient de quelle manière je vivais avec lui, n'avaient

1. **Bonze :** prêtre dans la religion bouddhique.

garde de me tout dire. Mais, si le Dieu Brama n'a que ce présent à me faire, je renonce à cette béatitude. Monsieur le Gouverneur, je me fais mahométane. Et pour vous, dit-elle en regardant le bonze, vous pouvez, si vous voulez, aller dire à mon mari que je me porte fort bien. »

De Paris, le 2 de la lune de Chalval, 1718.

REPÈRES

- Sur quel thème portaient les lettres CXII à CXXII d'Usbek ?
- Quel danger ont-elles fait subir au « roman » ?
- Quels étaient le thème et le ton des lettres CXXIII et CXXIV ?
- Sur quoi portent dans cette lettre CXXV les deux premiers paragraphes ?
- Comment l'entrée dans l'anecdote se fait-elle ?

OBSERVATION

- Comment la violence de la veuve est-elle mise en valeur ?
- Qu'est-ce qui fait le comique de l'anecdote ?
- Sur quel ton est fait le discours du jeune bonze ?
- Ce discours du bonze suscite-t-il l'effet escompté ?
- En quoi le bonze montre-t-il sa naïveté ?

INTERPRÉTATIONS

Mise à distance du mariage

- Sur quoi l'humour de cette lettre repose-t-il ?
- Quelle est la cible de l'ironie de Montesquieu ?
- Rica et Montesquieu croient-ils que le mariage soit propice au plaisir et au bonheur ?

Mise en question de la religion

- Comment le fanatisme de la veuve apparaît-il ?
- Quelle forme ce fanatisme prend-il dans la bouche du bonze ?
- Peut-on, à lire cette lettre, concevoir l'au-delà ?
- Montesquieu croit-il que la réflexion métaphysique soit utile ?

DE LA LECTURE À L'ÉCRITURE

Sujet de réflexion

« Les *Lettres persanes* sont un roman philosophique et
non un véritable roman parce que la fiction y est subor-
donnée à la pensée et qu'au fond l'auteur s'adresse à
notre raison plus qu'à notre cœur. » Vous analyserez et
au besoin discuterez cette phrase d'Henri Coulet.

LETTRE CXXVI

RICA À USBEK, À ***

Je t'attends ici demain ; cependant je t'envoie tes lettres d'Ispahan. Les miennes portent que l'ambassadeur du Grand Mogol a reçu ordre de sortir du royaume. On ajoute qu'on a fait arrêter le prince, oncle du Roi, qui est chargé de son éducation ; qu'on l'a fait conduire dans un château, où il est très étroitement gardé, et qu'on l'a privé de tous ses honneurs[1]. Je suis touché du sort de ce prince, et je le plains.

Je te l'avoue, Usbek, je n'ai jamais vu couler les larmes de personne sans en être attendri : je sens de l'humanité pour les malheureux, comme s'il n'y avait qu'eux qui fussent hommes, et les grands mêmes, pour lesquels je trouve dans mon cœur de la dureté quand ils sont élevés, je les aime sitôt qu'ils tombent.

En effet, qu'ont-ils à faire, dans la prospérité, d'une inutile tendresse ? Elle approche trop de l'égalité. Ils aiment bien mieux du respect, qui ne demande point de retour. Mais sitôt qu'ils sont déchus de leur grandeur, il n'y a que nos plaintes qui puissent leur en rappeler l'idée.

Je trouve quelque chose de bien naïf et même de bien grand dans les paroles d'un prince qui, près de tomber entre les mains de ses ennemis, voyant ses courtisans autour de lui qui pleuraient : « Je sens, leur dit-il, à vos larmes, que je suis encore votre roi[2]. »

De Paris, le 3 de la lune de Chalval, 1718.

1. Il s'agit de la transposition de la conspiration de Cellamare. Le prince de Cellamare, ambassadeur d'Espagne à Paris, complotait contre le Régent au nom de Philippe V, candidat au trône de France au cas où le jeune Louis XV mourrait. Son complice était le duc de Maine, bâtard de Louis XIV et de la Montespan, qui fut arrêté à son tour en 1718.
2. Mot de Quinte-Curce : « *Fides vestra et constantia ut regem me esse credam facit.* »

LETTRE CXXVII

RICA À IBBEN, À SMYRNE

Tu as ouï parler mille fois du fameux roi de Suède. Il assiégeait une place dans un royaume qu'on nomme *la Norvège* ; comme il visitait la tranchée, seul avec un ingénieur, il a reçu un coup dans la tête, dont il est mort[1].
5 On a fait sur-le-champ arrêter son premier ministre[2] ; les États se sont assemblés, et l'ont condamné à perdre la tête.

Il était accusé d'un grand crime : c'était d'avoir calomnié la Nation et de lui avoir fait perdre la confiance de son roi ; forfait qui, selon moi, mérite mille morts.

10 Car, enfin, si c'est une mauvaise action de noircir dans l'esprit du prince le dernier de ses sujets, qu'est-ce lorsque l'on noircit la Nation entière, et qu'on lui ôte la bienveillance de celui que la Providence a établi pour faire son bonheur ?

15 Je voudrais que les hommes parlassent aux Rois comme les Anges parlent à notre saint Prophète.

Tu sais que, dans les banquets sacrés où le Seigneur des Seigneurs descend du plus sublime trône du Monde pour se communiquer à ses esclaves, je me suis fait une loi sévère
20 de captiver une langue indocile. On ne m'a jamais vu abandonner une seule parole qui pût être amère au dernier de ses sujets. Quand il m'a fallu cesser d'être sobre, je n'ai point cessé d'être honnête homme ; et, dans cette épreuve de notre fidélité, j'ai risqué ma vie, et jamais ma vertu.

1. Montesquieu est informé par les gazettes. Le roi Charles XII a été tué le 3 novembre 1718.
2. **Ministre :** le ministre favori de Charles XII, Görtz, fut arrêté et condamné à avoir la tête tranchée. Görtz passait pour être le mauvais génie financier du roi.

25 Je ne sais comment il arrive qu'il n'y a presque jamais de prince si méchant que son ministre ne le soit encore davantage. S'il fait quelque action mauvaise, elle a presque toujours été suggérée ; de manière que l'ambition des princes n'est jamais si dangereuse que la bassesse d'âme de
30 ses conseillers. Mais comprends-tu qu'un homme qui n'est que d'hier dans le ministère, qui peut-être n'y sera pas demain, puisse devenir dans un moment l'ennemi de lui-même, de sa famille, de sa patrie et du peuple qui naîtra à jamais de celui qu'il va faire opprimer ?

35 Un prince a des passions ; le ministre les remue. C'est de ce côté-là qu'il dirige son ministère ; il n'a point d'autre but, ni n'en veut connaître. Les courtisans le séduisent par leurs louanges, et lui le flatte plus dangereusement par ses conseils, par les desseins qu'il lui inspire, et par les
40 maximes qu'il lui propose.

De Paris, le 25 de la lune de Saphar, 1719.

LETTRE CXXVIII

RICA À USBEK, À ***

Je passais l'autre jour sur le Pont-Neuf avec un de mes amis : il rencontra un homme de sa connaissance qu'il me dit être un géomètre, et il n'y avait rien qui n'y parût : car il était dans une rêverie profonde. Il fallut que mon ami le tirât longtemps par la manche et le secouât pour le faire descendre jusques à lui, tant il était occupé d'une courbe, qui le tourmentait peut-être depuis plus de huit jours. Ils se firent tous deux beaucoup d'honnêtetés, et s'apprirent réciproquement quelques nouvelles littéraires. Ces discours les menèrent jusque sur la porte d'un café, où j'entrai avec eux.

Je remarquai que notre géométrie y fut reçu de tout le monde avec empressement, et que les garçons du café en faisaient beaucoup plus de cas que de deux mousquetaires qui étaient dans un coin. Pour lui, il parut qu'il se trouvait dans un lieu agréable : car il dérida un peu son visage, et se mit à rire comme s'il n'avait pas eu la moindre teinture de géométrie.

Cependant son esprit régulier toisait tout ce qui se disait dans la conversation. Il ressemblait à celui qui, dans un jardin, coupait avec son épée la tête des fleurs qui s'élevaient au-dessus des autres[1] : martyr de sa justesse, il était offensé d'une saillie comme une vue délicate est offensée par une lumière trop vive. Rien pour lui n'était indifférent, pourvu qu'il fût vrai. Aussi sa conversation

1. Selon Tite-Live, Tarquin le Superbe décapitait les pavots les plus élevés pour indiquer à son fils Sextus qu'il devait exécuter les notables de Gabies.

était-elle singulière. Il était arrivé ce jour-là de la campagne avec un homme qui avait vu un château superbe et des jardins magnifiques, et il n'avait vu, lui, qu'un bâtiment de soixante pieds de long sur trente-cinq de large, et un
30 bosquet barlong de dix arpents[1]. Il aurait fort souhaité que les règles de la perspective eussent été tellement observées que les allées des avenues eussent paru partout de même largeur, et il aurait donné pour cela une méthode infaillible. Il parut fort satisfait d'un cadran qu'il y avait
35 démêlé, d'une structure fort singulière, et il s'échauffa fort contre un savant qui était auprès de moi, qui malheureusement lui demanda si ce cadran marquait les heures babyloniennes[2]. Un nouvelliste parla du bombardement du château de Fontarabie[3] : et il nous
40 donna soudain les propriétés de la ligne que les bombes avaient décrite en l'air, et, charmé de savoir cela, il voulut en ignorer entièrement le succès. Un homme se plaignait d'avoir été ruiné l'hiver d'auparavant par une inondation. « Ce que vous me dites là m'est fort agréable, dit alors le
45 géomètre : je vois que je ne me suis pas trompé dans l'observation que j'ai faite, et qu'il est au moins tombé sur la Terre deux pouces d'eau plus que l'année passée. »

Un moment après, il sortit, et nous le suivîmes. Comme il allait assez vite, et qu'il négligeait de regarder devant lui,
50 il fut rencontré directement par un autre homme. Ils se choquèrent rudement, et de ce coup ils rejaillirent, chacun de leur côté, en raison réciproque de leur vitesse et de leurs

1. **Arpents :** ancienne mesure agraire, correspondant à 34 hectares.
2. **Babyloniennes :** ce sont les Babyloniens qui apprirent aux Grecs et aux Romains la division du jour en douze heures.
3. **Fontarabie :** citadelle assiégée par le maréchal de Berwick, qui finit par se rendre le 18 juin 1719.

masses[1]. Quand ils furent un peu revenus de leur étourdissement, cet homme, portant la main sur le front, dit au géomètre : « Je suis bien aise que vous m'ayez heurté, car j'ai une grande nouvelle à vous apprendre : je viens de donner mon Horace au public. — Comment ! dit le géomètre, il y a deux mille ans qu'il y est. — Vous ne m'entendez pas, reprit l'autre : c'est une traduction de cet ancien auteur que je viens de mettre au jour ; il y a vingt ans que je m'occupe à faire des traductions. — Quoi ! Monsieur, dit le géomètre, il y a vingt ans que vous ne pensez pas ? Vous parlez pour les autres, et ils pensent pour vous ? — Monsieur, dit le savant, croyez-vous que je n'aie pas rendu un grand service au public, de lui rendre la lecture des bons auteurs familière ? — Je ne dis pas tout à fait cela : j'estime autant qu'un autre les sublimes génies que vous travestissez. Mais vous ne leur ressemblerez point : car, si vous traduisez toujours, on ne vous traduira jamais. Les traductions sont comme ces monnaies de cuivre qui ont bien la même valeur qu'une pièce d'or et même sont d'un plus grand usage pour le peuple ; mais elles sont toujours faibles et d'un mauvais aloi. Vous voulez, dites-vous, faire renaître parmi nous ces illustres morts, et j'avoue que vous leur donnez bien un corps ; mais vous ne leur rendez pas la vie : il y manque toujours un esprit pour les animer. Que ne vous appliquez-vous plutôt à la recherche de tant de belles vérités qu'un calcul facile nous fait découvrir tous les jours ? »

Après ce petit conseil, ils se séparèrent, je crois, très mécontents l'un de l'autre.

De Paris, le dernier de la lune de Rébiab 2, 1719.

1. Il s'agit là de la mécanique cartésienne, pas encore de celle de Newton.

LETTRE CXXIX

USBEK À RHÉDI, À VENISE

La plupart des législateurs ont été des hommes bornés, que le hasard a mis à la tête des autres, et qui n'ont presque consulté que leurs préjugés et leurs fantaisies.

Il semble qu'ils aient méconnu la grandeur et la dignité
5 même de leur ouvrage : ils se sont amusés à faire des institutions puériles, avec lesquelles ils se sont, à la vérité, conformés aux petits esprits, mais décrédités auprès des gens de bon sens.

Ils se sont jetés dans des détails inutiles ; ils ont donné
10 dans les cas particuliers, ce qui marque un génie étroit qui ne voit les choses que par parties, et n'embrasse rien d'une vue générale.

Quelques-uns ont affecté de se servir d'une autre langue que la vulgaire : chose absurde pour un faiseur de lois.
15 Comment peut-on les observer, si elles ne sont pas connues ?

Ils ont souvent aboli sans nécessité celles qu'ils ont trouvées établies ; c'est-à-dire qu'ils ont jeté les peuples dans les désordres inséparables des changements.

Il est vrai que, par une bizarrerie qui vient plutôt de la
20 nature que de l'esprit des hommes, il est quelquefois nécessaire de changer certaines lois. Mais le cas est rare, et, lorsqu'il arrive, il n'y faut toucher que d'une main tremblante : on y doit observer tant de solennités et apporter tant de précautions que le peuple en conclut
25 naturellement que les lois sont bien saintes, puisqu'il faut tant de formalités pour les abroger.

Souvent ils les ont faites trop subtiles, et ont suivi des idées logiciennes plutôt que l'équité naturelle. Dans la

suite, elles ont été trouvées trop dures, et, par un esprit d'équité, on a cru devoir s'en écarter ; mais ce remède était un nouveau mal. Quelles que soient les lois, il faut toujours les suivre et les regarder comme la conscience publique, à laquelle celle des particuliers doit se conformer toujours.

Il faut pourtant avouer que quelques-uns d'entre eux ont eu une attention qui marque beaucoup de sagesse : c'est qu'ils ont donné aux pères une grande autorité sur leurs enfants. Rien ne soulage plus les magistrats ; rien ne dégarnit plus les tribunaux ; rien, enfin, ne répand plus de tranquillité dans un État, où les mœurs font toujours de meilleurs citoyens que les lois.

C'est, de toutes les puissances, celle dont on abuse le moins ; c'est la plus sacrée de toutes les magistratures[1] ; c'est la seule qui ne dépend pas des conventions, et qui les a même précédées.

On remarque que, dans les pays où l'on met dans les mains paternelles plus de récompenses et de punitions, les familles sont mieux réglées : les pères sont l'image du Créateur de l'Univers, qui, quoiqu'il puisse conduire les hommes par son amour, ne laisse pas de se les attacher encore par les motifs de l'espérance et de la crainte.

Je ne finirai pas cette lettre sans te faire remarquer la bizarrerie de l'esprit des Français. On dit qu'ils ont retenu des lois romaines un nombre infini de choses inutiles et même pis, et ils n'ont pas pris d'elles la puissance paternelle, qu'elles ont établie comme la première autorité légitime.

De Paris, le 4 de la lune de Gemmadi 2, 1719.

─────────────

1. Le pouvoir paternel constitue pour Montesquieu le modèle naturel de toute législation.

LETTRE CXXX

RICA À ***

Je te parlerai dans cette lettre d'une certaine nation qu'on appelle *les Nouvellistes*[1], qui s'assemble dans un jardin magnifique[2], où leur oisiveté est toujours occupée. Ils sont très inutiles à l'État, et leurs discours de cinquante ans
5 n'ont pas un effet différent de celui qu'aurait pu produire un silence aussi long. Cependant ils se croient considérables, parce qu'ils s'entretiennent de projets magnifiques et traitent de grands intérêts.

La base de leurs conversations est une curiosité frivole et
10 ridicule : il n'y a point de cabinet si mystérieux qu'ils ne prétendent pénétrer ; ils ne sauraient consentir à ignorer quelque chose ; ils savent combien notre auguste sultan a de femmes, combien il fait d'enfants toutes les années ; et, quoiqu'ils ne fassent aucune dépense en espions, ils sont
15 instruits des mesures qu'il prend pour humilier l'empereur des Turcs et celui des Mogols.

À peine ont-ils épuisé le présent qu'ils se précipitent dans l'avenir, et, marchant au-devant de la Providence, ils la préviennent sur toutes les démarches des hommes. Ils
20 conduisent un général par la main, et, après l'avoir loué de mille sottises qu'il n'a pas faites, ils lui en préparent mille autres qu'il ne fera pas.

Ils font voler les armées comme les grues et tomber les murailles comme des cartons ; ils ont des ponts sur toutes
25 les rivières, des routes secrètes dans toutes les montagnes,

1. *Nouvellistes* : journalistes (ceux qui sont au courant des *nouvelles*).
2. **Un jardin magnifique** : il s'agit des Tuileries.

des magasins immenses dans les sables brûlants ; il ne leur manque que le bon sens.

Il y a un homme avec qui je loge, qui reçut cette lettre d'un nouvelliste. Comme elle m'a paru singulière, je la gardai. La voici :

MONSIEUR,

Je me trompe rarement dans mes conjectures sur les affaires du temps. Le 1ᵉʳ janvier 1711, je prédis que l'empereur Joseph mourrait dans le cours de l'année. Il est vrai que, comme il se portait fort bien, je crus que je me ferais moquer de moi si je m'expliquais d'une manière bien claire : ce qui fit que je me servis de termes un peu énigmatiques ; mais les gens qui savent raisonner m'entendirent bien. Le 17 avril de la même année, il mourut de la petite vérole.

Dès que la guerre fut déclarée entre l'Empereur et les Turcs[1], j'allai chercher nos messieurs dans tous les coins des Tuileries ; je les assemblai près du bassin et leur prédis qu'on ferait le siège de Belgrade, et qu'il serait pris. J'ai été assez heureux pour que ma prédiction ait été accomplie. Il est vrai que, vers le milieu du siège, je pariai cent pistoles qu'il serait pris le 18 août[2] ; il ne fut pris que le lendemain. Peut-on perdre à si beau jeu ?

Lorsque je vis que la flotte d'Espagne débarquait en Sardaigne, je jugeai qu'elle en ferait la conquête ; je le dis, et cela se trouva vrai. Enflé de ce succès, j'ajoutai que cette flotte victorieuse irait débarquer à Final, pour faire la conquête du Milanais. Comme je trouvai de la résistance à faire recevoir

1. Le prince Eugène, généralissime de l'empereur Charles VI, entra en campagne contre les Turcs en juillet 1716.
2. *Le dix-huit août* : « de l'année 1717 » (note de Montesquieu).

cette idée, je voulus la soutenir glorieusement : je pariai cinquante pistoles, et je les perdis encore : car ce diable

55 d'Alberoni[1], malgré la foi des traités, envoya sa flotte en Sicile et trompa tout à la fois deux grands politiques, le duc de Savoie et moi.

Tout cela, Monsieur, me déroute si fort que j'ai résolu de prédire toujours et de ne parier jamais. Autrefois nous ne

60 connaissions point aux Tuileries l'usage des paris, et feu M. le comte de L...[2] ne les souffrait guère. Mais, depuis qu'une troupe de petits-maîtres s'est mêlée parmi nous, nous ne savons plus où nous en sommes : à peine ouvrons-nous la bouche pour dire une nouvelle, qu'un de ces jeunes gens

65 propose de parier contre.

L'autre jour, comme j'ouvrais mon manuscrit et accommodais mes lunettes sur mon nez, un de ces fanfarons, saisissant justement l'intervalle du premier mot au second, me dit : « Je parie cent pistoles que non. » Je fis semblant de

70 n'avoir pas fait attention à cette extravagance, et, reprenant la parole d'une voix plus forte, je dis : « M. le maréchal de ★★★ ayant appris... — Cela est faux, me dit-il. Vous avez toujours des nouvelles extravagantes, il n'y a pas le sens commun à tout cela. »

75 Je vous prie, Monsieur, de me faire le plaisir de me prêter trente pistoles : car je vous avoue que ces paris m'ont fort dérangé. Je vous envoie la copie de deux lettres que j'ai écrites au Ministre.

Je suis, etc.

1. **Alberoni** : il lança un corps expéditionnaire en Sardaigne qui y débarqua le 2 août 1717. Puis il attaqua la Sicile en 1718. Le duc de Savoie dut céder la Sicile à Philippe V.
2. **M. le comte de L...** : Il s'agit du Comte de Lionne, ses papiers conservés à la Bibliothèque témoignent d'une organisation préfigurant la presse moderne.

LETTRES D'UN NOUVELLISTE AU MINISTRE

MONSEIGNEUR,

Je suis le sujet le plus zélé que le roi ait jamais eu. C'est moi qui obligeai un de mes amis d'exécuter le projet que j'avais formé d'un livre pour démontrer que Louis le Grand était le plus grand de tous les princes qui ont mérité le nom de Grand. Je travaille depuis longtemps à un autre ouvrage qui fera encore plus d'honneur à notre nation, si Votre Grandeur veut m'accorder un privilège : mon dessein est de prouver que, depuis le commencement de la Monarchie, les Français n'ont jamais été battus, et que ce que les historiens ont dit jusqu'ici de nos désavantages sont de véritables impostures. Je suis obligé de les redresser en bien des occasions, et j'ose me flatter que je brille surtout dans la critique.

Je suis, Monseigneur, etc.

MONSEIGNEUR,

Depuis la perte que nous avons faite de M. le comte de L..., nous vous supplions d'avoir la bonté de nous permettre d'élire un président. Le désordre se met dans nos conférences, et les affaires d'État n'y sont pas traitées avec la même discussion que par le passé : nos jeunes gens vivent absolument sans égard pour les anciens, et entre eux sans discipline ; c'est le véritable conseil de Roboam[1], où les jeunes imposent aux vieillards. Nous avons beau leur représenter que nous étions paisibles possesseurs des Tuileries vingt ans

1. Allusion à la Bible, Rois, XII, 8 : « Mais Roboam laissa le conseil que les vieillards lui avaient donné et consulta les jeunes gens qui avaient été nourris avec lui. »

avant qu'ils fussent au Monde ; je crois qu'ils nous en chasseront à la fin, et qu'obligés de quitter ces lieux où nous avons tant de fois évoqué les ombres de nos héros français, il faudra que nous allions tenir nos conférences au Jardin du Roi[1], ou dans quelque lieu plus écarté.

Je suis, etc.

De Paris, le 7 de la lune de Gemmadi, 1719.

LETTRE CXXXI

RHÉDI À RICA, À PARIS

Une des choses qui a le plus exercé ma curiosité en arrivant en Europe, c'est l'histoire et l'origine des républiques. Tu sais que la plupart des Asiatiques n'ont pas seulement d'idée de cette sorte de gouvernement, et que l'imagination ne les a pas servis jusques à leur faire comprendre qu'il puisse y en avoir sur la terre d'autre que le despotique.

Les premiers gouvernements que nous connaissons étaient monarchiques : ce ne fut que par hasard, et par la succession des siècles, que les républiques se formèrent.

La Grèce ayant été abîmée par un déluge, de nouveaux habitants vinrent la peupler. Elle tira presque toutes ses colonies d'Égypte et des contrées de l'Asie les plus voisines ; et, comme ces pays étaient gouvernés par des rois, les peuples qui en sortirent furent gouvernés de même.

1. **Jardin du Roi** : actuel Jardin des Plantes.

Mais, la tyrannie de ces princes devenant trop pesante, on secoua le joug, et du débris de tant de royaumes s'élevèrent ces républiques qui firent si fort fleurir la Grèce, seule polie au milieu des Barbares.

L'amour de la liberté, la haine des rois, conserva longtemps la Grèce dans l'indépendance, et étendit au loin le gouvernement républicain. Les villes grecques trouvèrent des alliés dans l'Asie Mineure : elles y envoyèrent des colonies aussi libres qu'elles, qui leur servirent de remparts contre les entreprises des rois de Perse. Ce n'est pas tout : la Grèce peupla l'Italie ; l'Italie, l'Espagne, et peut-être les Gaules. On sait que cette grande Hespérie[1], si fameuse chez les Anciens, était au commencement la Grèce, que ses voisins regardaient comme un séjour de félicité. Les Grecs, qui ne trouvaient point chez eux ce pays heureux, l'allèrent chercher en Italie ; ceux de l'Italie, en Espagne ; ceux d'Espagne, dans la Bétique[2] ou le Portugal : de manière que toutes ces régions portèrent ce nom chez les Anciens. Ces colonies grecques apportèrent avec elles un esprit de liberté qu'elles avaient pris dans ce doux pays. Ainsi on ne voit guère, dans ces temps reculés, de monarchies dans l'Italie, l'Espagne, les Gaules. Tu verras bientôt que les peuples du Nord et d'Allemagne n'étaient pas moins libres ; et, si l'on trouve des vestiges de quelque royauté parmi eux, c'est qu'on a pris pour des rois les chefs des armées ou des républiques[3].

1. **Hespérie :** nom par lequel les Grecs désignaient l'Italie.
2. **Bétique :** ancienne province romaine d'Espagne, correspondant à l'Andalousie actuelle.
3. Cette esquisse de l'histoire universelle sera prolongée dans les *Considérations sur les causes de la grandeur des Romains et de leur décadence*.

Tout ceci se passait en Europe ; car, pour l'Asie et l'Afrique, elles ont toujours été accablées sous le despotisme, si vous en exceptez quelques villes de l'Asie Mineure dont nous avons parlé, et la république de Carthage en Afrique.

Le monde fut partagé entre deux puissantes républiques, celle de Rome et celle de Carthage. Il n'y a rien de si connu que les commencements de la République romaine, et rien qui le soit si peu que l'origine de celle de Carthage. On ignore absolument la suite des princes africains depuis Didon[1], et comment ils perdirent leur puissance. C'eût été un grand bonheur pour le Monde que l'agrandissement prodigieux de la République romaine, s'il n'y avait pas eu cette différence injuste entre les citoyens romains et les peuples vaincus ; si l'on avait donné aux gouverneurs des provinces une autorité moins grande ; si les lois si saintes pour empêcher leur tyrannie avaient été observées ; et s'ils ne s'étaient pas servis, pour les faire taire, des mêmes trésors que leur injustice avait amassés.

César opprima la République romaine, et la soumit à un pouvoir arbitraire.

L'Europe gémit longtemps sous un gouvernement militaire et violent, et la douceur romaine fut changée en une cruelle oppression.

Cependant une infinité de nations inconnues sortirent du Nord, se répandirent comme des torrents dans les provinces romaines, et, trouvant autant de facilités à faire des conquêtes qu'à exercer leurs pirateries, elles démembrèrent l'Empire et fondèrent des royaumes. Ces

1. **Didon** : princesse de Tyr qui vint fonder Carthage sur la côte africaine. Elle s'immola sur un bûcher pour échapper à Iarbas, roi des Gétules, qui voulait l'épouser.

peuples étaient libres, et ils bornaient si fort l'autorité de leurs rois qu'ils n'étaient proprement que des chefs ou des généraux. Ainsi ces royaumes, quoique fondés par la force, ne sentirent point le joug du vainqueur. Lorsque les peuples d'Asie, comme les Turcs et les Tartares, firent des conquêtes, soumis à la volonté d'un seul, ils ne songèrent qu'à lui donner de nouveaux sujets et à établir par les armes son autorité violente. Mais les peuples du Nord, libres dans leur pays, s'emparant des provinces romaines, ne donnèrent point à leurs chefs une grande autorité. Quelques-uns même de ces peuples, comme les Vandales en Afrique, les Goths en Espagne, déposaient leurs rois dès qu'ils n'en étaient pas satisfaits ; et, chez les autres, l'autorité du prince était bornée de mille manières différentes : un grand nombre de seigneurs la partageaient avec lui ; les guerres n'étaient entreprises que de leur consentement ; les dépouilles étaient partagées entre le chef et les soldats ; aucun impôt en faveur du prince ; les lois étaient faites dans les assemblées de la Nation[1]. Voilà le principe fondamental de tous ces États qui se formèrent des débris de l'Empire romain.

De Venise, le 20 de la lune de Rhégeb, 1719.

1. Il s'agit d'une erreur reproduite dans *L'Esprit des lois*. En fait, les rois mérovingiens exerçaient seuls le pouvoir.

Lettre CXXXII

Rica à ***

Je fus, il y a cinq ou six mois, dans un café ; j'y remarquai un gentilhomme assez bien mis, qui se faisait écouter : il parlait du plaisir qu'il y avait de vivre à Paris ; il déplorait sa situation d'être obligé d'aller languir dans la province. 5 « J'ai, dit-il, quinze mille livres de rente en fonds de terre, et je me croirais plus heureux si j'avais le quart de ce bien-là en argent et en effets portables partout. J'ai beau presser mes fermiers et les accabler de frais de justice, je ne fais que les rendre plus insolvables ; je n'ai jamais pu voir cent 10 pistoles à la fois. Si je devais dix mille francs, on me ferait saisir toutes mes terres, et je serais à l'Hôpital[1]. »

Je sortis sans avoir fait grande attention à tout ce discours ; mais, me trouvant hier dans ce quartier, j'entrai dans la même maison, et j'y vis un homme grave, d'un visage 15 pâle et allongé, qui, au milieu de cinq ou six discoureurs, paraissait morne et pensif jusques à ce que, prenant brusquement la parole : « Oui, Messieurs, dit-il en haussant la voix, je suis ruiné[2] ; je n'ai plus de quoi vivre ; car j'ai actuellement chez moi deux cent mille livres en billets de 20 banque et cent mille écus d'argent. Je me trouve dans une situation affreuse : je me suis cru riche, et me voilà à l'Hôpital. Au moins, si j'avais seulement une petite terre où je pusse me retirer, je serais sûr d'avoir de quoi vivre ; mais je n'ai pas grand comme ce chapeau de fonds de terre. »

1. **L'Hôpital** : asile pour les gens sans ressources.
2. **Ruiné** : Montesquieu décrit ici les conséquences de la crise financière déclenchée par le système de Law.

Je tournai par hasard la tête d'un autre côté, et je vis un autre homme qui faisait des grimaces de possédé. « À qui se fier désormais ? s'écriait-il. Il y a un traître que je croyais si fort de mes amis que je lui avais prêté mon argent ; et il me l'a rendu ! Quelle perfidie horrible[1] ! Il a beau faire : dans mon esprit, il sera toujours déshonoré. »

Tout près de là était un homme très mal vêtu, qui, élevant les yeux au Ciel, disait : « Dieu bénisse les projets de nos ministres ! Puissé-je voir les actions à deux mille, et tous les laquais de Paris plus riches que leurs maîtres ! » J'eus la curiosité de demander son nom. « C'est un homme extrêmement pauvre, me dit-on ; aussi a-t-il un pauvre métier : il est généalogiste, et il espère que son art rendra si les fortunes continuent, et que tous ces nouveaux riches auront besoin de lui pour réformer leur nom, décrasser leurs ancêtres et orner leurs carrosses. Il s'imagine qu'il va faire autant de gens de qualité qu'il voudra, et il tressaillit de joie de voir multiplier ses pratiques. »

Enfin je vis entrer un vieillard pâle et sec, que je reconnus pour nouvelliste avant qu'il se fût assis. Il n'était pas du nombre de ceux qui ont une assurance victorieuse contre tous les revers et présagent toujours les victoires et les trophées ; c'était, au contraire, un de ces trembleurs qui n'ont que des nouvelles tristes. « Les affaires vont bien mal du côté d'Espagne, dit-il : nous n'avons point de cavalerie sur la frontière, et il est à craindre que le prince Pio, qui en a un gros corps, ne fasse contribuer tout le Languedoc[2]. »

1. Les débiteurs se dépêchaient de payer leurs dettes en billets dépréciés.
2. Pendant que Berwick prenait Fontarabie et Pasajes, le prince Pio de Savoie, au service de l'Espagne, concentrait ses troupes en Catalogne et menaçait d'envahir le Languedoc.

Il y avait vis-à-vis de moi un philosophe assez mal en ordre, qui prenait le nouvelliste en pitié et haussait les épaules à
55 mesure que l'autre haussait la voix. Je m'approchai de lui, et il me dit à l'oreille : « Vous voyez que ce fat nous entretient, il y a une heure, de sa frayeur pour le Languedoc, et moi, j'aperçus hier au soir une tache dans le Soleil, qui, si elle augmentait, pourrait faire tomber toute
60 la nature en engourdissement, et je n'ai pas dit un seul mot. »

De Paris, le 17 de la lune de Rhamazan, 1719.

LETTRE CXXXIII

RICA À ***

J'allai l'autre jour voir une grande bibliothèque dans un couvent de dervis[1], qui en sont comme les dépositaires, mais qui sont obligés d'y laisser entrer tout le monde à certaines heures.
5 En entrant, je vis un homme grave qui se promenait au milieu d'un nombre innombrable de volumes qui l'entouraient. J'allai à lui, et le priai de me dire quels étaient quelques-uns de ces livres que je voyais mieux reliés que les autres. « Monsieur, me dit-il, j'habite ici une terre
10 étrangère : je n'y connais personne. Bien des gens font de pareilles questions ; mais vous voyez bien que je n'irai pas lire tous ces livres pour les satisfaire. J'ai mon bibliothécaire qui vous donnera satisfaction : car il

1. La tradition veut que ce soit la bibliothèque de l'abbaye de Saint-Victor.

s'occupe nuit et jour à déchiffrer tout ce que vous voyez là ;
c'est un homme qui n'est bon à rien, et qui nous est très à
charge, parce qu'il ne travaille point pour le couvent. Mais
j'entends l'heure du réfectoire qui sonne. Ceux qui, comme
moi, sont à la tête d'une communauté, doivent être les
premiers à tous les exercices. » En disant cela, le moine me
poussa dehors, ferma la porte, et comme s'il eût volé,
disparut à mes yeux.

De Paris, le 21 de la lune de Rhamazan, 1719.

LETTRE CXXXIV

RICA AU MÊME

Je retournai le lendemain à cette bibliothèque, où je
trouvai tout un autre homme que celui que j'avais vu la
première fois : son air était simple ; sa physionomie
spirituelle, et son abord, très affable. Dès que je lui eus fait
connaître ma curiosité, il se mit en devoir de la satisfaire,
et même, en qualité d'étranger, de m'instruire. « Mon Père,
lui dis-je, quels sont ces gros volumes qui tiennent tout ce
côté de bibliothèque ?

— Ce sont, me dit-il, les interprètes de l'Écriture.

— Il y en a un grand nombre ! lui repartis-je. Il faut que
l'Écriture fût bien obscure autrefois et bien claire à
présent. Reste-t-il encore quelques doutes ? Peut-il y
avoir des points contestés ? — S'il y en a, bon Dieu ! s'il
y en a ! me répondit-il. Il y en a presque autant que de
lignes. — Oui ? lui dis-je. Et qu'ont donc fait tous ces
auteurs ? — Ces auteurs, me repartit-il, n'ont point
cherché dans l'Écriture ce qu'il faut croire, mais ce qu'ils

croient eux-mêmes ; ils ne l'ont point regardée comme un livre où étaient contenus les dogmes qu'ils devaient
20 recevoir, mais comme un ouvrage qui pourrait donner de l'autorité à leurs propres idées. C'est pour cela qu'ils en ont corrompu tous les sens et ont donné la torture à tous les passages. C'est un pays où les hommes de toutes les sectes font des descentes et vont comme au pillage ; c'est
25 un champ de bataille où les nations ennemies qui se rencontrent livrent bien des combats, où l'on s'attaque, où l'on s'escarmouche de bien des manières.

« Tout près de là, voyez les livres ascétiques ou de dévotion ; ensuite, les livres de morale, bien plus utiles ;
30 ceux de théologie, doublement inintelligibles, et par la matière qui y est traitée, et par la manière de la traiter ; les ouvrages des mystiques, c'est-à-dire des dévots qui ont le cœur tendre. — Ah ! mon Père, lui dis-je, un moment. N'allez pas si vite. Parlez-moi de ces mystiques. —
35 Monsieur, me dit-il, la dévotion échauffe un cœur disposé à la tendresse, et lui fait envoyer des esprits au cerveau, qui l'échauffent de même : d'où naissent les extases et les ravissements. Cet état est le délire de la dévotion. Souvent il se perfectionne, ou plutôt dégénère en quiétisme[1] : vous
40 savez qu'un quiétiste n'est autre chose qu'un homme fou, dévot et libertin.

« Voyez les casuistes, qui mettent au jour les secrets de la nuit, qui forment dans leur imagination tous les monstres que le démon d'amour peut produire, les
45 rassemblent, les comparent, et en font l'objet éternel de leurs pensées : heureux si le cœur ne se met pas de la

1. **Quiétisme** : doctrine mystique de Molinos, selon laquelle la perfection chrétienne consiste en un état de communion mystique avec Dieu : l'âme est alors indifférente aux œuvres et à son propre salut.

partie et ne devient pas lui-même complice de tant d'égarements si naïvement décrits et si nûment peints !

« Vous voyez, Monsieur, que je pense librement, et que je vous dis tout ce que je pense. Je suis naturellement naïf, et plus encore avec vous qui êtes un étranger, qui voulez savoir les choses, et les savoir telles qu'elles sont. Si je voulais, je ne vous parlerais de tout ceci qu'avec admiration ; je vous dirais sans cesse : "Cela est divin, cela est respectable ; il y a du merveilleux." Et il en arriverait de deux choses l'une, ou que je vous tromperais, ou que je me déshonorerais dans votre esprit. »

Nous en restâmes là ; une affaire qui survint au dervis rompit notre conversation jusques au lendemain.

De Paris, le 23 de la lune de Rhamazan, 1719.

LETTRE CXXXV

RICA AU MÊME

Je revins à l'heure marquée, et mon homme me mena précisément à l'endroit où nous nous étions quittés. « Voici, me dit-il, les grammairiens, les glossateurs et les commentateurs. — Mon Père, lui dis-je, tous ces gens-là ne peuvent-ils pas se dispenser d'avoir du bon sens ? — Oui, dit-il ; ils le peuvent, et même il n'y paraît pas : leurs ouvrages n'en sont pas plus mauvais ; ce qui est très commode pour eux. — Cela est vrai, lui dis-je, et je connais bien des philosophes qui feraient bien de s'appliquer à ces sortes de sciences.

« — Voilà, poursuivit-il, les orateurs, qui ont le talent de persuader indépendamment des raisons, et les géomètres, qui obligent un homme, malgré lui, d'être persuadé, et le convainquent avec tyrannie.

15 « Voici les livres de métaphysique, qui traitent de si grands intérêts, et dans lesquels l'infini se rencontre partout ; les livres de physique, qui ne trouvent pas plus de merveilleux dans l'économie du vaste Univers que dans la machine la plus simple de nos artisans ; les

20 livres de médecine, ces monuments de la fragilité de la nature et de la puissance de l'art, qui font trembler quand ils traitent des maladies mêmes les plus légères, tant ils nous rendent la mort présente, mais qui nous mettent dans une sécurité entière quand ils parlent de la

25 vertu des remèdes, comme si nous étions devenus immortels.

« Tout près de là, sont les livres d'anatomie, qui contiennent bien moins la description des parties du corps humain que les noms barbares qu'on leur a donnés : chose

30 qui ne guérit ni le malade de son mal, ni le médecin de son ignorance.

« Voici la chimie, qui habite tantôt l'Hôpital et tantôt les Petites-Maisons[1], comme des demeures qui lui sont également propres.

35 « Voici les livres de science, ou plutôt d'ignorance occulte ; tels sont ceux qui contiennent quelque espèce de diablerie : exécrables, selon la plupart des gens, pitoyables, selon moi. Tels sont encore les livres d'astrologie judiciaire. — Que dites-vous, mon Père ? Les livres d'astrologie

1. **Petites-Maisons** : lieux où l'on enfermait les fous, alors que l'Hôpital servait d'asile aux plus pauvres. Montesquieu pense plutôt, dans ce paragraphe, aux alchimistes.

judiciaire[1] ! repartis-je avec feu. Et ce sont ceux dont nous faisons le plus de cas en Perse ; ils règlent toutes les actions de notre vie, et nous déterminent dans toutes nos entreprises. Les astrologues sont proprement nos directeurs ; ils font plus : ils entrent dans le Gouvernement de l'État. — Si cela est, me dit-il, vous vivez sous un joug bien plus dur que celui de la raison. Voilà le plus étrange de tous les empires : je plains bien une famille, et encore plus une nation, qui se laisse si fort dominer par les Planètes. — Nous nous servons, lui repartis-je, de l'astrologie comme vous vous servez de l'algèbre. Chaque nation a sa science, selon laquelle elle règle sa politique ; tous les astrologues ensemble n'ont jamais fait tant de sottises en notre Perse qu'un seul de vos algébristes[2] en a fait ici. Croyez-vous que le concours fortuit des astres ne soit pas une règle aussi sûre que les beaux raisonnements de votre faiseur de Système ? Si l'on comptait les voix là-dessus en France et en Perse, ce serait un beau sujet de triomphe pour l'astrologie ; vous verriez les calculateurs bien humiliés. Quel accablant corollaire n'en pourrait-on pas tirer contre eux ? »

Notre dispute fut interrompue, et il fallut nous quitter.

De Paris, le 26 de la lune de Rhamazan, 1719.

1. **Judiciaire** : relatif au jugement, au pouvoir de discerner le vrai du faux.
2. **Un seul de vos algébristes** : allusion ironique à Law.

LETTRE CXXXVI

RICA AU MÊME

Dans l'entrevue suivante, mon savant me mena dans un cabinet particulier. « Voici les livres d'histoire moderne, me dit-il. Voyez premièrement les histoires de l'Église et des Papes, livres que je lis pour m'édifier, et qui font en moi souvent un effet tout contraire.

« Là, ce sont ceux qui ont écrit de la décadence du formidable Empire romain, qui s'était formé du débris de tant de monarchies, et sur la chute duquel il s'en forma aussi tant de nouvelles. Un nombre infini de peuples barbares, aussi inconnus que les pays qu'ils habitaient, parurent tout à coup, l'inondèrent, le ravagèrent, le dépecèrent, et fondèrent tous les royaumes que vous voyez à présent en Europe. Ces peuples n'étaient point proprement barbares, puisqu'ils étaient libres ; mais ils le sont devenus depuis que, soumis pour la plupart à une puissance absolue, ils ont perdu cette douce liberté si conforme à la raison, à l'humanité et à la nature.

« Vous voyez ici les historiens de l'Empire d'Allemagne, qui n'est qu'une ombre du premier Empire, mais qui est, je crois, la seule puissance qui soit sur la terre que la division n'a point affaiblie ; la seule, je crois encore, qui se fortifie à mesure de ses pertes, et qui, lente à profiter des succès, devient indomptable par ses défaites.

« Voici les historiens de France, où l'on voit d'abord la puissance des rois se former, mourir deux fois, renaître de même, languir ensuite pendant plusieurs siècles ; mais, prenant insensiblement des forces de toutes parts, accrue de toutes parts,

monter à son dernier période : semblable à ces fleuves qui, dans leur course, perdent leurs eaux ou se cachent sous terre ; puis, reparaissant de nouveau, grossis par les rivières qui s'y jettent, entraînent avec rapidité tout ce qui s'oppose à leur passage.

« Là, vous voyez la nation espagnole sortir de quelques montagnes ; les princes mahométans subjugués aussi insensiblement qu'ils avaient rapidement conquis ; tant de royaumes réunis dans une vaste monarchie, qui devint presque la seule : jusqu'à ce qu'accablée de sa propre grandeur et de sa fausse opulence, elle perdit sa force et sa réputation même et ne conserva que l'orgueil de sa première puissance.

« Ce sont ici les historiens d'Angleterre, où l'on voit la liberté sortir sans cesse des feux de la discorde et de la sédition ; le Prince toujours chancelant sur un trône inébranlable ; une nation impatiente, sage dans sa fureur même, et qui, maîtresse de la Mer (chose inouïe jusqu'alors), mêle le commerce avec l'Empire.

« Tout près de là sont les historiens de cette autre reine de la Mer, la République de Hollande, si respectée en Europe et si formidable en Asie, où ses négociants voient tant de rois prosternés devant eux.

« Les historiens d'Italie vous représentent une nation autrefois maîtresse du Monde, aujourd'hui esclave de toutes les autres ; ses princes divisés et faibles, et sans autre attribut de souveraineté qu'une vaine politique.

« Voilà les historiens des républiques : de la Suisse, qui est l'image de la liberté ; de Venise, qui n'a de ressources qu'en son économie ; et de Gênes, qui n'est superbe que par ses bâtiments.

« Voici ceux du Nord et, entre autres, de la Pologne, qui use si mal de sa liberté et du droit qu'elle a d'élire ses rois,

qu'il semble qu'elle veuille consoler par là les peuples ses voisins, qui ont perdu l'un et l'autre. »

Là-dessus nous nous séparâmes jusques au lendemain.

De Paris, le 2 de la lune de Chalval, 1719.

LETTRE CXXXVII

RICA AU MÊME

Le lendemain, il me mena dans un autre cabinet. « Ce sont ici les poètes, me dit-il, c'est-à-dire ces auteurs dont le métier est de mettre des entraves au bon sens et d'accabler la raison sous les agréments, comme on ensevelissait 5 autrefois les femmes sous leurs ornements et leurs parures. Vous les connaissez ; ils ne sont pas rares chez les Orientaux, où le Soleil plus ardent semble échauffer les imaginations mêmes.

« Voilà les poèmes épiques. — Eh ! qu'est-ce que les 10 poèmes épiques ? — En vérité, me dit-il, je n'en sais rien ; les connaisseurs disent qu'on n'en a jamais fait que deux, et que les autres qu'on donne sous ce nom ne le sont point ; c'est aussi ce que je ne sais pas. Ils disent de plus qu'il est impossible d'en faire de nouveaux, et cela est encore plus 15 surprenant.

« Voici les poètes dramatiques, qui, selon moi, sont les poètes par excellence et les maîtres des passions. Il y en a de deux sortes : les comiques, qui nous remuent si doucement, et les tragiques, qui nous troublent et nous 20 agitent avec tant de violence.

« Voici les lyriques[1], que je méprise autant que j'estime les autres, et qui font de leur art une harmonieuse extravagance.

« On voit ensuite les auteurs des idylles[2] et des églogues[3], qui plaisent même aux gens de Cour par l'idée qu'ils leur donnent d'une certaine tranquillité qu'ils n'ont pas, et qu'ils leur montrent dans la condition des bergers.

« De tous les auteurs que nous avons vus, voici les plus dangereux : ce sont ceux qui aiguisent les épigrammes[4], qui sont de petites flèches déliées qui font une plaie profonde et inaccessible aux remèdes.

« Vous voyez ici les romans, dont les auteurs sont des espèces de poètes et qui outrent également le langage de l'esprit et celui du cœur : ils passent leur vie à chercher la nature et la manquent toujours, et leurs héros y sont aussi étrangers que les dragons ailés et les hippocentaures[5].

« J'ai vu, lui dis-je, quelques-uns de vos romans, et, si vous voyiez les nôtres, vous en seriez encore plus choqué. Ils sont aussi peu naturels et, d'ailleurs, extrêmement gênés par nos mœurs : il faut dix années de passion avant qu'un amant ait pu voir seulement le visage de sa maîtresse. Cependant les auteurs sont forcés de faire passer les lecteurs dans ces ennuyeux préliminaires. Or il est impossible que les incidents soient variés. On a recours à un artifice pire que le mal même qu'on veut guérir : c'est aux prodiges. Je suis sûr que vous ne trouverez pas bon

1. **Lyriques :** auteurs d'ouvrages destinés au chant, d'opéras.
2. **Idylles :** petits poèmes ou petites pièces à sujet pastoral.
3. **Églogues :** proche des idylles, poèmes à sujet pastoral (mettant en scène des bergers).
4. **Épigrammes :** petits poèmes satiriques, ou traits d'esprit mordant contre quelqu'un.
5. **Hippocentaures :** monstres fabuleux mi-chevaux, mi-hommes.

qu'une magicienne fasse sortir une armée de dessous terre, qu'un héros, lui seul, en détruise une de cent mille hommes. Cependant voilà nos romans. Ces aventures froides et souvent répétées nous font languir, et ces prodiges extravagants nous révoltent. »

De Paris, le 6 de la lune de Chalval, 1719.

LETTRE CXXXVIII

RICA À IBBEN, À SMYRNE

Les ministres se succèdent et se détruisent ici comme les saisons : depuis trois ans, j'ai vu changer quatre fois de système sur les finances. On lève aujourd'hui les tributs, en Turquie et en Perse, comme les levaient les fondateurs de ces empires ; il s'en faut bien qu'il en soit ici de même. Il est vrai que nous n'y mettons pas tant d'esprit que les Occidentaux : nous croyons qu'il n'y a pas plus de différence entre l'administration des revenus du prince et celle des biens d'un particulier, qu'il y en a entre compter cent mille tomans ou en compter cent. Mais il y a ici bien plus de finesse et de mystère. Il faut que de grands génies travaillent nuit et jour ; qu'ils enfantent sans cesse et avec douleur de nouveaux projets ; qu'ils écoutent les avis d'une infinité de gens qui travaillent pour eux sans en être priés ; qu'ils se retirent et vivent dans le fond d'un cabinet impénétrable aux grands et sacré aux petits ; qu'ils aient toujours la tête remplie de secrets importants, de desseins miraculeux, de systèmes nouveaux, et qu'absorbés dans les méditations, ils soient privés de l'usage de la parole, et quelquefois même de celui de la politesse.

Dès que le feu Roi eut fermé les yeux, on pensa à établir une nouvelle administration. On sentait qu'on était mal, mais on ne savait comment faire pour être mieux. On ne s'était pas bien trouvé de l'autorité sans bornes des ministres précédents ; on la voulut partager. On créa pour cet effet six ou sept conseils[1], et ce ministère est peut-être celui de tous qui a gouverné la France avec plus de sens. La durée en fut courte, aussi bien que celle du bien qu'il produisit.

La France, à la mort du feu Roi, était un corps accablé de mille maux : N...[2] prit le fer à la main, retrancha les chairs inutiles, et appliqua quelques remèdes topiques. Mais il restait toujours un vice intérieur à guérir. Un étranger est venu[3], qui a entrepris cette cure : après bien des remèdes violents, il a cru lui avoir rendu son embonpoint, et il l'a seulement rendue bouffie.

Tous ceux qui étaient riches il y a six mois sont à présent dans la pauvreté, et ceux qui n'avaient pas de pain regorgent de richesses. Jamais ces deux extrémités ne se sont touchées de si près. L'Étranger a tourné l'État comme un fripier tourne un habit : il fait paraître dessus ce qui était dessous ; et ce qui était dessus, il le met à l'envers. Quelles fortunes inespérées, incroyables même à ceux qui les ont faites ! Dieu ne tire pas plus rapidement les hommes du néant. Que de valets servis par leurs camarades, et peut-être demain par leurs maîtres !

1. **Six ou sept conseils** : allusion au système polysynodique, c'est-à-dire aux sept conseils qui assistaient le Régent. Ce dernier les supprima en 1718.
2. **N...** : le maréchal de Noailles, président du Conseil des Finances.
3. Allusion à John Law (1671-1729), financier écossais qui tenta une grande réforme financière fondée sur l'émission de papier-monnaie. La réforme de Law s'acheva par une banqueroute générale.

Tout ceci produit souvent des choses bizarres. Les laquais qui avaient fait fortune sous le règne passé vantent aujourd'hui leur naissance : ils rendent à ceux qui viennent
50 de quitter leur livrée dans une certaine rue, tout le mépris qu'on avait pour eux il y a six mois ; ils crient de toute leur force : « La noblesse est ruinée ! Quel désordre dans l'État ! Quelle confusion dans les rangs ! On ne voit que des inconnus faire fortune ! » Je te promets que ceux-ci
55 prendront bien leur revanche sur ceux qui viendront après eux, et que, dans trente ans, ces gens de qualité feront bien du bruit.

De Paris, le premier de la lune de Zilcadé, 1720.

LETTRE CXXXIX

RICA AU MÊME

Voici un grand exemple de la tendresse conjugale, non seulement dans une femme, mais dans une reine. La reine en Suède, voulant à toute force associer le prince son époux à la couronne, pour aplanir toutes les difficultés, a
5 envoyé aux États une déclaration par laquelle elle se désiste de la régence en cas qu'il soit élu[1].

Il y a soixante et quelques années qu'une autre reine, nommée *Christine*, abdiqua la couronne pour se donner tout entière à la philosophie. Je ne sais lequel de ces deux
10 exemples nous devons admirer davantage.

1. Ulrique Éléonore, sœur de Charles XII, fut élue librement par les États de Suède le 13 janvier 1719 et renonça au pouvoir en faveur de son époux.

Quoique j'approuve assez que chacun se tienne ferme dans le poste où la Nature l'a mis, et que je ne puisse louer la faiblesse de ceux qui, se trouvant au-dessous de leur état, le quittent comme par une espèce de désertion, je suis
15 cependant frappé de la grandeur d'âme de ces deux princesses, et de voir l'esprit de l'une et le cœur de l'autre supérieurs à leur fortune. Christine a songé à connaître dans le temps que les autres ne songent qu'à jouir, et l'autre ne veut jouir que pour mettre tout son bonheur entre les
20 mains de son auguste époux.

De Paris, le 27 de la lune de Maharram, 1720.

LETTRE CXL

RICA À USBEK, À ***

Le parlement de Paris vient d'être relégué dans une petite ville qu'on appelle *Pontoise*[1]. Le Conseil lui a envoyé enregistrer ou approuver une déclaration qui le déshonore, et il l'a enregistrée d'une manière qui déshonore le Conseil.
5 On menace d'un pareil traitement quelques parlements du royaume.

Ces compagnies sont toujours odieuses : elles n'approchent des rois que pour leur dire de tristes vérités, et, pendant qu'une foule de courtisans leur représentent
10 sans cesse un peuple heureux sous leur gouvernement, elles viennent démentir la flatterie, et apporter aux pieds du

1. ***Pontoise :*** le Parlement fut exilé à Pontoise, pour avoir refusé d'enregistrer l'édit royal qui imposait à la Compagnie des Indes l'obligation d'absorber une somme de 600 millions en billets.

trône les gémissements et les larmes dont elles sont dépositaires.

C'est un pesant fardeau, mon cher Usbek, que celui de la vérité, lorsqu'il faut la porter jusques aux princes. Ils doivent bien penser que ceux qui s'y déterminent y sont contraints, et qu'ils ne se résoudraient jamais à faire des démarches si tristes et si affligeantes pour ceux qui les font, s'ils n'y étaient forcés par leur devoir, leur respect, et même leur amour.

De Paris, le 21 de la lune de Gemmadi 1, 1720.

LETTRE CXLI

RICA AU MÊME

J'irai te voir sur la fin de la semaine. Que les jours couleront agréablement avec toi !

Je fus présenté, il y a quelques jours, à une dame de la Cour qui avait quelque envie de voir ma figure étrangère. Je la trouvai belle, digne des regards de notre monarque et d'un rang auguste dans le lieu sacré où son cœur repose.

Elle me fit mille questions sur les mœurs des Persans, et sur la manière de vivre des Persanes. Il me parut que la vie du sérail n'était pas de son goût, et qu'elle trouvait de la répugnance à voir un homme partagé entre dix ou douze femmes. Elle ne put voir sans envie le bonheur de l'un et sans pitié la condition des autres. Comme elle aime la lecture, surtout celle des poètes et des romans, elle souhaita que je lui parlasse des nôtres. Ce que je lui en dis redoubla sa curiosité : elle me pria de lui faire traduire un fragment de quelques-uns de

ceux que j'ai apportés. Je le fis et je lui envoyai quelques jours après un conte persan. Peut-être seras-tu bien aise de le voir travesti.

20 Du temps de Cheik-Ali-khan[1], il y avait en Perse une femme nommée *Zuléma* : elle savait par cœur tout le saint Alcoran ; il n'y avait point de dervis qui entendît mieux qu'elle les traditions des saints Prophètes ; les docteurs arabes n'avaient rien de si mystérieux qu'elle n'en comprît
25 tous les sens ; et elle joignait à tant de connaissances un certain caractère d'esprit enjoué, qui laissait à peine deviner si elle voulait amuser ceux à qui elle parlait, ou les instruire.

 Un jour qu'elle était avec ses compagnes dans une des
30 salles du sérail, une d'elles lui demanda ce qu'elle pensait de l'autre vie, et si elle ajoutait foi à cette ancienne tradition de nos docteurs, que le Paradis n'est fait que pour les hommes.

 C'est le sentiment commun, leur dit-elle ; il n'y a rien que
35 l'on n'ait fait pour dégrader notre sexe. Il y a même une nation répandue par toute la Perse, qu'on appelle la *Nation juive*, qui soutient, par l'autorité de ses livres sacrés, que nous n'avons point d'âme.

 Ces opinions si injurieuses n'ont d'autre origine que
40 l'orgueil des hommes, qui veulent porter leur supériorité au-delà même de leur vie, et ne pensent pas que, dans le Grand Jour, toutes les créatures paraîtront devant Dieu comme le néant, sans qu'il y ait entre elles de prérogatives que celles que la vertu y aura mises.

1. **Cheik-Ali-khan** : choisi comme grand vizir en 1668 par le roi Shah Soliman III. Il avait la réputation d'être très sensé et vertueux.

45 Dieu ne se bornera point dans ses récompenses ; et comme les hommes qui auront bien vécu et bien usé de l'empire qu'ils ont ici-bas sur nous, seront dans un paradis plein de beautés célestes et ravissantes, et telles que, si un mortel les avait vues, il se donnerait aussitôt la mort dans
50 l'impatience d'en jouir, aussi les femmes vertueuses iront dans un lieu de délices, où elles seront enivrées d'un torrent de voluptés avec des hommes divins qui leur seront soumis : chacune d'elles aura un sérail dans lequel ils seront enfermés, et des eunuques, encore plus fidèles que
55 les nôtres, pour les garder.

J'ai lu, ajouta-t-elle, dans un livre arabe, qu'un homme nommé *Ibrahim* était d'une jalousie insupportable. Il avait douze femmes extrêmement belles, qu'il traitait d'une manière très dure : il ne se fiait plus à ses eunuques ni aux
60 murs de son sérail ; il les tenait presque toujours sous la clef, enfermées dans leur chambre, sans qu'elles pussent se voir ni se parler : car il était même jaloux d'une amitié innocente. Toutes ses actions prenaient la teinture de sa brutalité naturelle ; jamais une douce parole ne sortit de sa
65 bouche, et jamais il ne fit le moindre signe qui n'ajoutât quelque chose à la rigueur de leur esclavage.

Un jour qu'il les avait toutes assemblées dans une salle de son sérail, une d'entre elles, plus hardie que les autres, lui reprocha son mauvais naturel. « Quand on cherche si fort
70 les moyens de se faire craindre, lui dit-elle, on trouve toujours auparavant ceux de se faire haïr. Nous sommes si malheureuses que nous ne pouvons nous empêcher de désirer un changement. D'autres, à ma place, souhaiteraient votre mort ; je ne souhaite que la mienne ;
75 et, ne pouvant espérer être séparée de vous que par là, il me sera encore bien doux d'en être séparée. » Ce discours, qui aurait dû le toucher, le fit entrer dans une furieuse colère ;

il tira son poignard et le lui plongea dans le sein. « Mes chères compagnes, dit-elle d'une voix mourante, si le ciel a
80 pitié de ma vertu, vous serez vengées. » À ces mots, elle quitta cette vie infortunée pour aller dans le séjour des délices où les femmes qui ont bien vécu jouissent d'un bonheur qui se renouvelle toujours.

D'abord elle vit une prairie riante, dont la verdure était
85 relevée par les peintures des fleurs les plus vives ; un ruisseau, dont les eaux étaient plus pures que le cristal, y faisait un nombre infini de détours. Elle entra ensuite dans des bocages charmants, dont le silence n'était interrompu que par le doux chant des oiseaux. De magnifiques jardins
90 se présentèrent ensuite : la Nature les avait ornés avec sa simplicité et toute sa magnificence. Elle trouva enfin un palais superbe, préparé pour elle et rempli d'hommes célestes destinés à ses plaisirs.

Deux d'entre eux se présentèrent aussitôt pour la
95 déshabiller ; d'autres la mirent dans le bain et la parfumèrent des plus délicieuses essences. On lui donna ensuite des habits infiniment plus riches que les siens. Après quoi, on la mena dans une grande salle, où elle trouva un feu fait avec des bois odoriférants, et une table couverte des
100 mets les plus exquis. Tout semblait concourir au ravissement de ses sens : elle entendait, d'un côté, une musique d'autant plus divine qu'elle était plus tendre ; de l'autre, elle ne voyait que des danses de ces hommes divins, uniquement occupés à lui plaire. Cependant tant de plaisirs ne devaient servir
105 qu'à la conduire insensiblement à des plaisirs plus grands. On la mena dans sa chambre, et, après l'avoir encore une fois déshabillée, on la porta dans un lit superbe, où deux hommes d'une beauté charmante la reçurent dans leurs bras. C'est pour lors qu'elle fut enivrée, et que ses
110 ravissements passèrent même ses désirs. « Je suis toute hors

de moi, leur disait-elle ; je croirais mourir, si je n'étais sûre
de mon immortalité. C'est en trop, laissez-moi : je succombe
sous la violence des plaisirs. Oui, vous rendez un peu le
calme à mes sens, je commence à respirer et à revenir à moi-
115 même. D'où vient que l'on a ôté les flambeaux ? Que ne
puis-je à présent considérer votre beauté divine ? Que ne
puis-je voir… Mais pourquoi voir ? Vous me faites rentrer
dans mes premiers transports. Ô Dieux ! que ces ténèbres
sont aimables ! Quoi ! je serai immortelle, et immortelle
120 avec vous ? Je serai ?… Non, je vous demande grâce : car je
vois bien que vous êtes gens à n'en demander jamais. »

Après plusieurs commandements réitérés, elle fut obéie ;
mais elle ne le fut que lorsqu'elle voulut l'être bien
sérieusement. Elle se reposa languissamment, et s'endormit
125 dans leurs bras. Deux moments de sommeil réparèrent sa
lassitude ; elle reçut deux baisers qui l'enflammèrent
soudain et lui firent ouvrir les yeux. « Je suis inquiète, dit-
elle : je crains que vous ne m'aimiez plus. » C'était un
doute dans lequel elle ne voulait pas rester longtemps :
130 aussi eut-elle avec eux tous les éclaircissements qu'elle
pouvait désirer. « Je suis désabusée, s'écria-t-elle. Pardon,
pardon ! Je suis sûre de vous. Vous ne me dites rien, mais
vous prouvez mieux que tout ce que vous me pourriez dire.
Oui, oui ! je vous le confesse, on n'a jamais tant aimé.
135 Mais quoi ! vous vous disputez tous deux l'honneur de me
persuader ? Ah ! si vous vous disputez, si vous joignez
l'ambition au plaisir de ma défaite, je suis perdue : vous
serez tous deux vainqueurs, il n'y aura que moi de vaincue,
mais je vous vendrai bien cher la victoire. »

140 Tout ceci ne fut interrompu que par le jour. Ses fidèles et
aimables domestiques entrèrent dans sa chambre, et firent
lever ces deux jeunes hommes, que deux vieillards
ramenèrent dans les lieux où ils étaient gardés pour ses

plaisirs. Elle se leva ensuite, et parut d'abord à cette cour idolâtre dans les charmes d'un déshabillé simple, et ensuite couverte des plus somptueux ornements. Cette nuit l'avait embellie : elle avait donné de la vie à son teint et de l'expression à ses grâces. Ce ne fut pendant tout le jour que danses, que concerts, que festins, que jeux, que promenades, et l'on remarquait qu'Anaïs se dérobait de temps en temps et volait vers ses deux jeunes héros. Après quelques précieux instants d'entrevue, elle revenait vers la troupe qu'elle avait quittée, toujours avec un visage plus serein. Enfin, sur le soir, on la perdit tout à fait : elle alla s'enfermer dans le sérail, où elle voulait, disait-elle, faire connaissance avec ces captifs immortels qui devaient à jamais vivre avec elle. Elle visita donc les appartements de ces lieux les plus reculés et les plus charmants, où elle compta cinquante esclaves d'une beauté miraculeuse : elle erra toute la nuit de chambre en chambre, recevant partout des hommages toujours différents et toujours les mêmes.

Voilà comment l'immortelle Anaïs passait sa vie, tantôt dans des plaisirs éclatants, tantôt dans des plaisirs solitaires ; admirée d'une troupe brillante, ou bien aimée d'un amant éperdu. Souvent elle quittait le palais enchanté pour aller dans une grotte champêtre ; les fleurs semblaient naître sous ses pas, et les jeux se présentaient en foule au-devant d'elle.

Il y avait plus de huit jours qu'elle était dans cette demeure heureuse, que, toujours hors d'elle-même, elle n'avait pas fait une seule réflexion : elle avait joui de son bonheur sans le connaître, et sans avoir eu un seul de ces moments tranquilles où l'âme se rend, pour ainsi dire, compte à elle-même, et s'écoute dans le silence des passions.

Les bienheureux ont des plaisirs si vifs qu'ils peuvent rarement jouir de cette liberté d'esprit. C'est pour cela qu'attachés invinciblement aux objets présents, ils perdent entièrement la mémoire des choses passées et
180 n'ont plus aucun souci de ce qu'ils ont connu ou aimé dans l'autre vie.

Mais Anaïs, dont l'esprit était vraiment philosophe, avait passé presque toute sa vie à méditer ; elle avait poussé ses réflexions beaucoup plus loin qu'on n'aurait dû
185 l'attendre d'une femme laissée à elle-même. La retraite austère que son mari lui avait fait garder ne lui avait laissé que cet avantage. C'est cette force d'esprit qui lui avait fait mépriser la crainte dont ses compagnes étaient frappées, et la mort, qui devait être la fin de ses peines et le
190 commencement de sa félicité.

Ainsi elle sortit peu à peu de l'ivresse des plaisirs, et s'enferma seule dans un appartement de son palais. Elle se laissa aller à des réflexions bien douces sur sa condition passée et sur sa félicité présente ; elle ne put s'empêcher de
195 s'attendrir sur le malheur de ses compagnes : on est sensible à des tourments que l'on a partagés. Anaïs ne se tint pas dans les simples bornes de la compassion : plus tendre envers ces infortunées, elle se sentit portée à les secourir.

200 Elle donna ordre à un de ces jeunes hommes qui étaient auprès d'elle, de prendre la figure de son mari, d'aller dans son sérail, de s'en rendre maître, de l'en chasser, et d'y rester à sa place jusqu'à ce qu'elle le rappelât.

L'exécution fut prompte : il fendit les airs, arriva à la
205 porte du sérail d'Ibrahim, qui n'y était pas. Il frappe ; tout lui est ouvert : les eunuques tombent à ses pieds ; il vole vers les appartements où les femmes d'Ibrahim étaient enfermées : il avait, en passant, pris les clefs dans la poche

de ce jaloux, à qui il s'était rendu invisible. Il entre, et les
10 surprend d'abord par son air doux et affable ; et, bientôt
après, il les surprend davantage par ses empressements et
par la rapidité de ses entreprises. Toutes eurent leur part de
l'étonnement, et elles l'auraient pris pour un songe s'il y
eût eu moins de réalité.

15 Pendant que ces nouvelles scènes se jouent dans le
sérail, Ibrahim heurte, se nomme, tempête et crie. Après
avoir essuyé bien des difficultés, il entre et jette les
eunuques dans un désordre extrême. Il marche à grands
pas ; mais il recule en arrière et tombe comme des nues,
20 quand il voit le faux Ibrahim, sa véritable image, dans
toutes les libertés d'un maître. Il marche à grands pas ;
mais il recule en arrière et tombe comme des nues, quand
il voit le faux Ibrahim, sa véritable image, dans toutes les
libertés d'un maître. Il crie au secours : il veut que les
25 eunuques lui aident à tuer cet imposteur ; mais il n'est pas
obéi. Il n'a plus qu'une bien faible ressource : c'est de s'en
rapporter au jugement de ses femmes. Dans une heure, le
faux Ibrahim avait séduit tous ses juges. L'autre est chassé
et traîné indignement hors du sérail ; et il aurait reçu la
30 mort mille fois, si son rival n'avait ordonné qu'on lui
sauvât la vie. Enfin le nouvel Ibrahim, resté maître du
champ de bataille, se montra de plus en plus digne d'un
tel choix, et se signala par des miracles jusqu'alors
inconnus.

35 « Vous ne ressemblez pas à Ibrahim, disaient ces femmes.
— Dites, dites plutôt que cet imposteur ne me ressemble
pas, disait le triomphant Ibrahim. Comment faut-il faire
pour être votre époux, si ce que je fais ne suffit pas ? —
Ah ! nous n'avons garde de douter, dirent les femmes. Si
40 vous n'êtes pas Ibrahim, il nous suffit que vous ayez si bien
mérité de l'être ; vous êtes plus Ibrahim en un jour qu'il ne

l'a été dans le cours de dix années. — Vous me promettez donc, reprit-il, que vous vous déclarerez en ma faveur contre cet imposteur ? — N'en doutez pas, dirent-elles
245 d'une commune voix : nous vous jurons une fidélité éternelle ; nous n'avons été que trop longtemps abusées : le traître ne soupçonnait point notre vertu ; il ne soupçonnait que sa faiblesse. Nous voyons bien que les hommes ne sont point faits comme lui ; c'est à vous sans doute qu'ils
250 ressemblent. Si vous saviez combien vous nous le faites haïr ! — Ah ! je vous donnerai souvent de nouveaux sujets de haine, reprit le faux Ibrahim : vous ne connaissez point encore tout le tort qu'il vous a fait. — Notre jugeons de son injustice par la grandeur de votre vengeance, reprirent-
255 elles. — Oui, vous avez raison, dit l'homme divin : j'ai mesuré l'expiation au crime ; je suis bien aise que vous soyez contentes de ma manière de punir. — Mais, dirent ces femmes, si cet imposteur revient, que ferons-nous ? — Il lui serait, je crois, difficile de vous tromper, répondit-il ;
260 dans la place que j'occupe auprès de vous, on ne se soutient guère par la ruse ; et, d'ailleurs, je l'enverrai si loin, que vous n'entendrez plus parler de lui. Pour lors, je prendrai sur moi le soin de votre bonheur : je ne serai point jaloux ; je saurai m'assurer de vous sans vous gêner ; j'ai assez
265 bonne opinion de mon mérite pour croire que vous me serez fidèles. Si vous n'étiez pas vertueuses avec moi, avec qui le seriez-vous ? »

Cette conversation dura longtemps entre lui et ces femmes, qui, plus frappées de la différence des deux
270 Ibrahim que de leur ressemblance, ne songeaient pas même à se faire éclaircir de tant de merveilles. Enfin le mari désespéré revint encore les troubler : il trouva toute sa maison dans la joie et ses femmes plus incrédules que jamais. La place n'était pas tenable pour un jaloux : il

275 sortit furieux, et un instant après le faux Ibrahim le suivit, le prit, le transporta dans les airs, et le laissa à deux mille lieues de là.

Ô Dieux ! dans quelle désolation se trouvèrent ces femmes dans l'absence de leur cher Ibrahim ! Déjà leurs
280 eunuques avaient repris leur sévérité naturelle ; toute la maison était en larmes ; elles s'imaginaient quelquefois que tout ce qui leur était arrivé n'était qu'un songe ; elles se regardaient toutes les unes les autres, et se rappelaient les moindres circonstances de ces étranges aventures. Enfin le
285 céleste Ibrahim revint, toujours plus aimable ; il leur parut que son voyage n'avait pas été pénible. Le nouveau maître prit une conduite si opposée à celle de l'autre qu'elle surprit tous les voisins. Il congédia les eunuques, rendit sa maison accessible à tout le monde ; il ne voulut pas même
290 souffrir que ses femmes se voilassent. C'était une chose singulière de les voir dans les festins parmi des hommes, aussi libres qu'eux. Ibrahim crut avec raison que les coutumes du pays n'étaient pas faites pour des citoyens comme lui. Cependant il ne se refusait aucune dépense : il
295 dissipa avec une immense profusion les biens du jaloux, qui, de retour trois ans après des pays lointains où il avait été transporté, ne trouva plus que ses femmes et trente-six enfants.

De Paris, le 26 de la lune de Gemmadi 1, 1720.

LETTRE CXLII

RICA À USBEK, À ***

Voici une lettre que je reçus hier d'un savant ; elle te paraîtra singulière :

MONSIEUR,

Il y a six mois que j'ai recueilli la succession d'un oncle
5 *très riche, qui m'a laissé cinq ou six cent mille livres et une*
maison superbement meublée. Il y a plaisir d'avoir du
bien, lorsqu'on en sait faire un bon usage. Je n'ai point
d'ambition, ni de goût pour les plaisirs : je suis presque
toujours enfermé dans un cabinet, où je mène la vie d'un
10 *savant ; c'est dans ce lieu que l'on trouve un curieux*
amateur de la vénérable antiquité.

Lorsque mon oncle eut fermé les yeux, j'aurais fort
souhaité de le faire enterrer avec les cérémonies observées
par les anciens Grecs et Romains ; mais je n'avais pour
15 *lors ni lacrymatoires, ni urnes, ni lampes antiques.*

Mais, depuis, je me suis bien pourvu de ces précieuses
raretés. Il y a quelques jours que je vendis ma vaisselle
d'argent pour acheter une lampe de terre qui avait servi à
un philosophe stoïcien. Je me suis défait de toutes les
20 *glaces dont mon oncle avait couvert presque tous les murs*
de ses appartements, pour avoir un petit miroir, un peu
fêlé, qui fut autrefois à l'usage de Virgile : je suis charmé
d'y voir ma figure représentée au milieu de celle du Cygne
de Mantoue. Ce n'est pas tout : j'ai acheté cent louis d'or
25 *cinq ou six pièces d'une monnaie de cuivre qui avait cours*
il y a deux mille ans. Je ne sache pas avoir à présent dans
ma maison un seul meuble qui n'ait été fait avant la

décadence de l'Empire. J'ai un petit cabinet de manuscrits
fort précieux et fort chers. Quoique je me tue la vue à les
30 lire, j'aime beaucoup mieux m'en servir que des
exemplaires imprimés, qui ne sont pas si corrects, et que
tout le monde a entre les mains. Quoique je ne sorte
presque jamais, je ne laisse pas d'avoir une passion
démesurée de connaître tous les anciens chemins qui étaient
35 du temps des Romains. Il y en a un qui est près de chez
moi, qu'un proconsul des Gaules fit faire, il y a environ
douze cents ans ; lorsque je vais à ma maison de campagne,
je ne manque jamais d'y passer, quoiqu'il soit très
incommode, et qu'il m'allonge de plus d'une lieue. Mais ce
40 qui me fait enrager, c'est qu'on y a mis des poteaux de bois
de distance en distance pour marquer l'éloignement des
villes voisines : je suis désespéré de voir ces misérables
indices, au lieu des colonnes militaires qui y étaient
autrefois ; je ne doute pas que je ne les fasse rétablir par
45 mes héritiers, et que je ne les engage à cette dépense par
mon testament. Si vous avez, Monsieur, quelque manuscrit
persan, vous me ferez plaisir de m'en accommoder ; je vous
le paierai tout ce que vous voudrez, et je vous donnerai par-
dessus le marché quelques ouvrages de ma façon, par
50 lesquels vous verrez que je ne suis point un membre inutile
de la République des lettres. Vous y remarquerez entre
autres une dissertation où je fais voir que la couronne dont
on se servait autrefois dans les triomphes était de chêne, et
non pas de laurier. Vous en admirerez une autre où je
55 prouve, par de doctes conjectures tirées des plus graves
auteurs grecs, que Cambyse[1] fut blessé à la jambe gauche,
et non pas à la droite ; une autre où je démontre qu'un petit

1. **Cambyse :** il s'agit de Cambyse II, roi de Perse, qui conquit l'Égypte.

front était une beauté très recherchée par les Romains. Je vous enverrai encore un volume in-quarto, *en forme d'explication d'un vers du sixième livre de l'*Énéide *de Virgile. Vous ne recevrez tout ceci que dans quelques jours, et, quant à présent, je me contente de vous envoyer ce fragment d'un ancien mythologiste grec qui n'avait point paru jusques ici, et que j'ai découvert dans la poussière d'une bibliothèque.*

Je vous quitte pour une affaire importante que j'ai sur les bras : il s'agit de restituer un beau passage de Pline le Naturaliste, que les copistes du cinquième siècle ont étrangement défiguré.

Je suis, etc.

FRAGMENT D'UN ANCIEN MYTHOLOGISTE[1]

Dans une île près des Orcades, il naquit un enfant qui avait pour père Éole, Dieu des Vents, et pour mère une nymphe de Calédonie. On dit de lui qu'il apprit tout seul à compter avec ses doigts, et que, dès l'âge de quatre ans, il distinguait si parfaitement les métaux que, sa mère ayant voulu lui donner une bague de laiton au lieu d'une d'or, il reconnut la tromperie, et la jeta par terre.

Dès qu'il fut grand, son père lui apprit le secret d'enfermer les vents dans des outres, qu'il vendait ensuite à tous les voyageurs. Mais, comme la marchandise n'était pas fort prisée dans son pays, il le quitta et se mit à courir le Monde en compagnie de l'aveugle Dieu du Hasard.

Il apprit dans ses voyages que, dans la Bétique[2], l'or reluisait de toutes parts ; cela fit qu'il y précipita ses pas. Il

1. C'est l'histoire de Law, né à Édimbourg.
2. Pastiche du *Télémaque*, la *Bétique* de Fénelon étant ici la France.

y fut fort mal reçu de Saturne[1], qui régnait pour lors. Mais
ce Dieu ayant quité la Terre, il s'avisa d'aller dans tous les
carrefours, où il criait sans cesse d'une voix rauque :
« Peuples de Bétique, vous croyez être riches parce que
vous avez de l'or et de l'argent. Votre erreur me fait pitié.
Croyez-moi, quittez le pays des vils métaux ; venez dans
l'Empire de l'Imagination, et je vous promets des richesses
qui vous étonneront vous-mêmes. » Aussitôt il ouvrit une
grande partie des outres qu'il avait apportées, et il
distribua de sa marchandise à qui en voulut.

Le lendemain, il revint dans les mêmes carrefours, et il
s'écria : « Peuples de Bétique, voulez-vous êtes riches ?
Imaginez-vous que je le suis beaucoup, et que vous l'êtes
beaucoup aussi ; mettez-vous tous les matins dans l'esprit
que votre fortune a doublé pendant la nuit ; levez-vous
ensuite ; et, si vous avez des créanciers, allez les payer de
ce que vous aurez imaginé, et dites-leur d'imaginer à leur
tour. »

Il reparut quelques jours après, et il parla ainsi :
« Peuples de Bétique, je vois bien que votre imagination
n'est pas si vive que les premiers jours. Laissez-vous
conduire à la mienne. Je mettrai tous les matins devant
vos yeux un écriteau qui sera pour vous la source des
richesses ; vous n'y verrez que quatre paroles, mais elles
seront bien significatives : car elles règleront la dot de vos
femmes, la légitime de vos enfants, le nombre de vos
domestiques. Et quant à vous, dit-il à ceux de la troupe
qui étaient le plus près de lui, quant à vous, mes chers
enfants (je puis vous appeler de ce nom : car vous avez
reçu de moi une seconde naissance), mon écriteau

1. **Saturne** : Louis XIV.

décidera de la magnificence de vos équipages, de la somptuosité de vos festins, du nombre et de la pension de vos maîtresses. »

À quelques jours de là, il arriva dans le carrefour tout
120 *essoufflé, et, transporté de colère, il s'écria : « Peuples de Bétique, je vous avais conseillé d'imaginer, et je vois que vous ne le faites pas. Eh bien ! à présent, je vous l'ordonne. » Là-dessus il les quitta brusquement ; mais la réflexion le rappela sur ses pas. « J'apprends que*
125 *quelques-uns de vous sont assez détestables pour conserver leur or et leur argent. Encore passe pour l'argent ; mais pour de l'or... pour de l'or... Ah ! cela me met dans une indignation... je jure, par mes outres sacrées, que, s'ils ne viennent pas me l'apporter, je les*
130 *punirai sévèrement... » Puis il ajouta d'un air tout à fait persuasif : « Croyez-vous que ce soit pour garder ces misérables métaux que je vous les demande ? Une marque de ma candeur, c'est que, lorsque vous me les apportâtes, il y a quelques jours, je vous en rendis sur-le-champ la*
135 *moitié. »*

Le lendemain, on l'aperçut de loin, et on le vit s'insinuer avec une voix douce et flatteuse : « Peuples de Bétique, j'apprends que vous avez une partie de vos trésors dans les pays étrangers. Je vous prie, faites-les moi venir : vous me
140 *ferez plaisir, et je vous en aurai une reconnaissance éternelle. »*

Le fils d'Éole parlait à des gens qui n'avaient pas grande envie de rire ; ils ne purent pourtant s'en empêcher : ce qui fit qu'il s'en retourna bien confus. Mais, reprenant
145 *courage, il hasarda encore une petite prière : « Je sais que vous avez des pierres précieuses. Au nom de Jupiter, défaites-vous-en : rien ne vous appauvrit comme ces sortes de choses. Défaites-vous-en, vous dis-je. Si vous ne*

50 *le pouvez pas par vous-mêmes, je vous donnerai des hommes d'affaires excellents. Que de richesses vont couler chez vous, si vous faites ce que je vous conseille ! Oui, je vous promets tout ce qu'il y a de plus pur dans mes outres. »*

55 *Enfin, il monta sur un tréteau, et, prenant une voix assurée, il dit : « Peuples de Bétique, j'ai comparé l'heureux état dans lequel vous êtes, avec celui où je vous trouvai lorsque j'arrivai ici : je vous vois le plus riche peuple de la Terre ; mais, pour achever votre fortune, souffrez que je vous ôte la moitié de vos biens. » À ces*

60 *mots, d'une aile légère, le fils d'Éole disparut, et laissa ses auditeurs dans une consternation inexprimable ; ce qui fit qu'il revint le lendemain, et parla ainsi : « Je m'aperçus hier que mon discours vous déplut extrêmement. Eh bien ! prenez que je ne vous aie rien dit. Il est vrai, la*

65 *moitié, c'est trop : il n'y a qu'à prendre d'autres expédients pour arriver au but que je me suis proposé : assemblons nos richesses dans un même endroit ; nous le pouvons facilement : car elles ne tiennent pas un gros volume. » Aussitôt il en disparut les trois quarts.*

De Paris, le 9 de la lune de Chahban, 1720.

LETTRE CXLIII

RICA À NATHANAËL LÉVI, MÉDECIN JUIF À LIVOURNE

Tu me demandes ce que je pense de la vertu des amulettes et de la puissance des talismans. Pourquoi t'adresses-tu à moi ? Tu es juif, et je suis mahométan ; c'est-à-dire que nous sommes tous deux bien crédules.

5 Je porte toujours sur moi plus de deux mille passages du saint Alcoran ; j'attache à mes bras un petit paquet où sont écrits les noms de plus de deux cents dervis ; ceux d'Ali[1], de Fatmé[2] et de tous les Purs, sont cachés en plus de vingt endroits de mes habits.

10 Cependant je ne désapprouve point ceux qui rejettent cette vertu que l'on attribue à de certaines paroles : il nous est bien plus difficile de répondre à leurs raisonnements qu'à eux de répondre à nos expériences.

Je porte tous ces chiffons sacrés par une longue habitude,
15 pour me conformer à une pratique universelle ; je crois que, s'ils n'ont pas plus de vertu que les bagues et les autres ornements dont on se pare, ils n'en ont pas moins. Mais, toi, tu mets toute ta confiance sur quelques lettres mystérieuses, et, sans cette sauvegarde, tu serais dans un effroi continuel.

20 Les hommes sont bien malheureux ! Ils flottent sans cesse entre de fausses espérances et des craintes ridicules ; et, au lieu de s'appuyer sur la raison, ils se font des monstres qui les intimident, ou des fantômes qui les séduisent.

Quel effet veux-tu que produise l'arrangement de certaines
25 lettres ? Quel effet veux-tu que leur dérangement puisse troubler ? Quelle relation ont-elles avec les vents, pour apaiser les tempêtes ; avec la poudre à canon, pour en vaincre l'effort ; avec ce que les médecins appellent l'*humeur peccante*[3] et la *cause morbifique*[4] des maladies, pour les guérir ?

30 Ce qu'il y a d'extraordinaire, c'est que ceux qui fatiguent leur raison pour lui faire rapporter de certains événements

1. **Ali** : époux de Fatmé (Fatima).
2. **Fatmé** ou Fatima : fille de Mahomet.
3. *Humeur peccante* : humeur mauvaise.
4. *Morbifique* : à rapprocher de *morbide*, « relatif à la maladie ».

à des vertus occultes n'ont pas un moindre effort à faire pour s'empêcher d'en voir la véritable cause.

Tu me diras que de certains prestiges ont fait gagner une bataille ; et, moi, je te dirai qu'il faut que tu t'aveugles pour ne pas trouver dans la situation du terrain, dans le nombre ou dans le courage des soldats, dans l'expérience des capitaines, des causes suffisantes pour produire cet effet dont tu veux ignorer la cause.

Je te passe pour un moment qu'il y ait des prestiges. Passe-moi à mon tour, pour un moment, qu'il n'y en ait point : car cela n'est pas impossible. Ce que tu m'accordes n'empêche pas que les deux armées ne puissent se battre. Veux-tu que, dans ce cas-là, aucune des deux ne puisse remporter la victoire ? Crois-tu que leur sort restera incertain jusques à ce qu'une puissance invisible vienne le déterminer ; que tous les coups seront perdus, toute la prudence vaine, et tout le courage inutile ? Penses-tu que la mort, dans ces occasions, rendue présente de mille manières, ne puisse pas produire dans les esprits ces terreurs paniques que tu as tant de peine à expliquer ? Veux-tu que, dans une armée de cent mille hommes, il ne puisse pas y avoir un seul homme timide ? Crois-tu que le découragement de celui-ci ne puisse pas produire le découragement d'un autre ; que le second, qui quitte un troisième, ne lui fasse pas bientôt abandonner un quatrième ? Il n'en faut pas davantage pour que le désespoir de vaincre saisisse soudain toute une armée et la saisisse d'autant plus facilement qu'elle se trouve plus nombreuse.

Tout le monde sait et tout le monde sent que les hommes, comme toutes les créatures qui tendent à conserver leur être, aiment passionnément la vie. On sait cela en général, et on cherche pourquoi, dans une certaine occasion particulière, ils ont craint de la perdre !

Quoique les livres sacrés de toutes les nations soient
65 remplis de ces terreurs paniques ou surnaturelles, je
n'imagine rien de si frivole, parce que, pour s'assurer qu'un
effet qui peut être produit par cent mille causes naturelles
est surnaturel, il faut avoir auparavant examiné si aucune
de ces causes n'a agi ; ce qui est impossible.
70 Je ne t'en dirai pas davantage, Nathanaël ; il me semble
que la matière ne mérite pas d'être si sérieusement traitée.

De Paris, le 20 de la lune de Chahban, 1720.

P.-S. — Comme je finissais, j'ai entendu crier dans la rue
une lettre d'un médecin de province à un médecin de Paris
75 (car ici toutes les bagatelles s'impriment, se publient, et
s'achètent) ; j'ai cru que je ferais bien de te l'envoyer, parce
qu'elle a du rapport à notre sujet. Il y a bien des choses que
je n'entends pas : mais toi qui es médecin, tu dois entendre
le langage de tes confrères.

80 LETTRE D'UN MÉDECIN DE PROVINCE
À UN MÉDECIN DE PARIS

*Il y avait dans notre ville un malade qui ne dormait
point depuis trente-cinq jours. Son médecin lui ordonna
l'opium ; mais il ne pouvait se résoudre à le prendre, et il
85 avait la coupe à la main qu'il était plus indéterminé que
jamais. Enfin il dit à son médecin : « Monsieur, je vous
demande seulement quartier jusqu'à demain : je connais
un homme qui n'exerce pas la médecine, mais qui a chez
lui un nombre innombrable de remèdes contre
90 l'insomnie. Souffrez que je l'envoie quérir, et, si je ne
dors pas cette nuit, je vous promets que je reviendrai à
vous. » Le médecin congédié, le malade fit fermer les*

rideaux, et dit à un petit laquais : « Tiens, va-t'en chez
M. Anis, et dis-lui qu'il vienne me parler. » M. Anis
arrive. « Mon cher monsieur Anis, je me meurs : je ne
puis dormir. N'auriez-vous point dans votre boutique La
C. du G.[1] ou bien quelque livre de dévotion, composé par
un R. P. J.[2], que vous n'avez pas pu vendre ? Car souvent
les remèdes les plus gardés sont les meilleurs. —
Monsieur, dit le libraire, j'ai chez moi La Cour sainte du
père Caussin[3], en six volumes, à votre service ; je vais
vous l'envoyer ; je souhaite que vous vous en trouviez
bien. Si vous voulez les œuvres du révérend père
Rodriguez[4], Jésuite espagnol, ne vous en faites faute.
Mais, croyez-moi, tenons-nous-en au père Caussin :
j'espère, avec l'aide de Dieu, qu'une période du père
Caussin vous fera autant d'effet qu'un feuillet tout entier
de La C. du G. » Là-dessus M. Anis sortit et courut
chercher le remède à sa boutique. La Cour sainte arrive ;
on en secoue la poudre ; le fils du malade, jeune écolier,
commence à la lire. Il en sentit le premier l'effet : à la
seconde page, il ne prononçait plus que d'une voix mal
articulée, et déjà toute la compagnie se sentait affaiblie.
Un instant après, tout ronfla, excepté le malade, qui,
après avoir été longtemps éprouvé, s'assoupit à la fin.

Le médecin arrive de grand matin : « Eh bien ! a-t-on
pris mon opium ? » On ne lui répond rien : la femme, la
fille, le petit garçon, tous transportés de joie, lui montrent
le père Caussin. Il demande ce que c'est. On lui dit :

1. **La C. du G. :** *La Connaissance du Globe*, selon les éditeurs anciens.

2. **Un R. P. J. :** un révérend père jésuite.

3. ***Caussin :*** Nicolas Caussin (1583-1651), auteur *de La Cour sainte ou Institution chrétienne des Grands* (1625).

4. **Père Rodriguez :** Alonso Rodriguez (1526-1616), auteur d'ouvrages ascétiques.

120 « *Vive le père Caussin ! Il faut l'envoyer relier. Qui l'eût dit ? Qui l'eût cru ? C'est un miracle ! Tenez, Monsieur, voyez donc le père Caussin ; c'est ce volume-là qui a fait dormir mon père.* » *Et là-dessus on lui expliqua la chose comme elle s'était passée.*

125 Le médecin était un homme subtil, rempli des mystères de la Cabale et de la puissance des paroles et des esprits. Cela le frappa, et, après plusieurs réflexions, il résolut de changer absolument sa pratique. « Voilà un fait bien singulier, dit-il. Je tiens une expérience ; il faut la pousser
130 plus loin. Et pourquoi un esprit ne pourrait-il pas transmettre à son ouvrage les mêmes qualités qu'il a lui-même ? Ne le voyons-nous pas tous les jours ? Au moins cela vaut-il bien la peine de l'essayer. Je suis las des apothicaires : leurs sirops, leurs juleps[1] et toutes les drogues
135 galéniques[2] ruinent les malades et leur santé. Changeons de méthode ; éprouvons la vertu des esprits. » Sur cette idée, il dressa une nouvelle pharmacie, comme vous allez voir par la description que je vous vais faire des principaux remèdes qu'il mit en pratique :

140 Tisane purgative.

« *Prenez trois feuilles de la* Logique *d'Aristote en grec, deux feuilles d'un traité de théologie scolastique le plus aigu (comme, par exemple, du subtil Scot), quatre de Paracelse, une d'Avicenne, six d'Averroès, trois de*
145 *Porphyre, autant de Plotin, autant de Jamblique. Faites infuser le tout pendant vingt-quatre heures, et prenez-en quatre prises par jour.* »

1. **Juleps** : potions à base d'eau et de sucre.
2. **Galéniques** : conformes à la doctrine de Galien.

Purgatif plus violent.

« *Prenez dix A... du C... concernant la B... et la C...*
des L...[1] *; faites-les distiller au bain-marie ; mortifiez une*
goutte de l'humeur âcre et piquante qui en viendra dans
un verre d'eau commune ; avalez le tout avec confiance. »

Vomitif.

« *Prenez six harangues, une douzaine d'oraisons funèbres*
indifféremment, prenant garde pourtant de ne point se servir
de celles de M. de N.[2], *un recueil de nouveaux opéras,*
cinquante romans, trente mémoires nouveaux ; mettez le
tout dans un matras, laissez-le en digestion pendant deux
jours, puis faites-le distiller au feu de sable.

« *Et, si tout cela ne suffit pas :*

Autre plus puissant.

« *Prenez une feuille de papier marbré qui ait servi à*
couvrir un recueil de pièces des J. F.[3] *; faites-le infuser*
l'espace de trois minutes ; faites chauffer une cuillerée de
cette infusion ; et avalez. »

Remède très simple pour guérir de l'asthme.

« *Lisez tous les ouvrages du révérend père*
Maimbourg[4], *ci-devant jésuite, prenant garde de ne vous*
arrêter qu'à la fin de chaque période, et vous sentirez la
faculté de respirer vous revenir peu à peu, sans qu'il soit
besoin de réitérer le remède. »

1. Très probablement : Dix Arrêts du Conseil concernant la Banque et la Compagnie des Indes.
2. Monsieur de Nîmes, c'est-à-dire Fléchier, auteur d'oraisons funèbres.
3. *J. F.* : un recueil de pièces des *Jeux Floraux*.
4. *Maimbourg* : le père Louis Maimbourg (1610-1686), historien très pompeux.

Pour préserver de la gale, grattelle, teigne, farcin des chevaux.

« *Prenez trois catégories d'Aristote, deux degrés*
175 *métaphysiques, une distinction, six vers de Chapelain, une phrase tirée des lettres de M. l'abbé de Saint-Cyran, écrivez le tout sur un morceau de papier, que vous plierez, attacherez à un ruban, et porterez au col.* »

Miraculum chymicum de violenta fermentatione
180 ### cum fumo, igne et flamma.

« *Misce Quesnellianam infusionem, cum infusione Lallemaniana*[1] *; fiat fermentatio cum magna vi, impetu et tonitru, acidis pugnantibus et invicem penetrantibus alcalinos sales ; fiet evaporatio ardentium spirituum. Pone*
185 *liquorem fermentatum in alambico : nihil inde extrahes et nihil invenies, nisi caput mortuum.* »

Lenitivum.

« *Recipe Molinae*[2] *anodyni chartas duas ; Escobaris relaxativi paginas sex ; Vasquii emollientis folium unum ;*
190 *infunde in aquae communis lib. iiij. Ad consumptionem dimidiae partis colentur et exprimantur ; et in expressione dissolve Bauni detersivi et Tamburini*[3] *abluentis folia iij.* »
« *Fiat clister.* »

1. *Lallemaniana* : le jésuite Lallemant écrivit contre le Père Quesnel, janséniste.
2. Molina (1536-1600), théologien espagnol (jésuite) qui déclencha la controverse sur la grâce.
3. On reconnaît les noms des casuistes rendus célèbres par Pascal : Escobar, Vasquez, Bauny, Tamburini.

In chlorosim, quam vulgus « pallidos colores »
aut « febrim amatoriam » appellat.

« Recipe Aretini figuras quatuor ; R. Thomae Sanchii De Matrimonio[1] folia ij. Infundantur in aquae communis libras quinque. »

« Fiat ptisana aperiens. »

Voilà les drogues que notre médecin mit en pratique avec un succès imaginable. Il ne voulait pas, disait-il, pour ne pas ruiner ses malades, employer des remèdes rares, et qui ne se trouvent presque point ; comme, par exemple, une épître dédicatoire qui n'ait fait bâiller personne ; une préface trop courte ; un mandement fait par un évêque ; et l'ouvrage d'un Janséniste méprisé par un Janséniste ou bien admiré par un Jésuite. Il disait que ces sortes de remèdes ne sont propres qu'à entretenir la charlatanerie, contre laquelle il avait une antipathie insurmontable.

LETTRE CXLIV

RICA À USBEK

Je trouvai, il y a quelques jours, dans une maison de campagne où j'étais allé, deux savants qui ont ici une grande célébrité. Leur caractère me parut admirable. La conversation du premier, bien appréciée, se réduisait à ceci : « Ce que j'ai dit est vrai, parce que je l'ai dit. » La

1. *Disputationes de matriminio* (1637), de Sanchez, qui fait partie des casuistes ayant découvert les secrets d'alcôve.

conversation du second portait sur autre chose : « Ce que je n'ai pas dit n'est pas vrai, parce que je ne l'ai pas dit. »

J'aimais assez le premier : car qu'un homme soit opiniâtre, cela ne me fait absolument rien ; mais qu'il soit
10 impertinent, cela me fait beaucoup. Le premier défend ses opinions ; c'est son bien. Le second attaque les opinions des autres, et c'est le bien de tout le monde.

Oh ! mon cher Usbek, que la vanité sert mal ceux qui en ont une dose plus forte que celle qui est nécessaire pour la
15 conservation de la nature ! Ces gens-là veulent être admirés à force de déplaire. Ils cherchent à être supérieurs, et ils ne sont pas seulement égaux.

Hommes modestes, venez, que je vous embrasse : vous faites la douceur et le charme de la vie. Vous croyez que
20 vous n'avez rien, et, moi, je vous dis que vous avez tout. Vous pensez que vous n'humiliez personne, et vous humiliez tout le monde. Et, quand je vous compare dans mon idée avec ces hommes absolus que je vois partout, je les précipite de leur tribunal, et je les mets à vos pieds.

De Paris, le 22 de la lune de Chahban, 1720.

LETTRE CXLV

USBEK À ***

Un homme d'esprit est ordinairement difficile dans les sociétés ; il choisit peu de personnes ; il s'ennuie avec tout ce grand nombre de gens qu'il lui plaît appeler mauvaise compagnie ; il est impossible qu'il ne fasse un peu sentir
5 son dégoût. Autant d'ennemis !

Sûr de plaire quand il voudra, il néglige très souvent de le faire.

Il est porté à la critique, parce qu'il voit plus de choses qu'un autre et les sent mieux.

Il ruine presque toujours sa fortune, parce que son esprit lui fournit pour cela un plus grand nombre de moyens.

Il échoue dans ses entreprises, parce qu'il hasarde beaucoup. Sa vue, qui se porte toujours loin, lui fait voir des objets qui sont à de trop grandes distances. Sans compter que, dans la naissance d'un projet, il est moins frappé des difficultés, qui viennent de la chose, que des remèdes qui sont de lui, et qu'il tire de son propre fonds.

Il néglige les menus détails, dont dépend cependant la réussite de presque toutes les grandes affaires.

L'homme médiocre, au contraire, cherche à tirer parti de tout : il sent bien qu'il n'a rien à perdre en négligences.

L'approbation universelle est plus ordinairement pour l'homme médiocre. On est charmé de donner à celui-ci, on est enchanté d'ôter à celui-là. Pendant que l'envie fond sur l'un, et qu'on ne lui pardonne rien, on supplée tout en faveur de l'autre : la vanité se déclare pour lui.

Mais, si un homme d'esprit a tant de désavantages, que dirons-nous de la dure condition des savants ?

Je n'y pense jamais que je ne me rappelle une lettre d'un d'eux à un de ses amis. La voici :

Monsieur,

Je suis un homme qui m'occupe, toutes les nuits, à regarder, avec des lunettes de trente pieds, ces grands corps qui roulent sur nos têtes ; et, quand je veux me délasser, je prends mes petits microscopes, et j'observe un ciron ou une mite.

Je ne suis point riche, et je n'ai qu'une seule chambre ; je n'ose même y faire du feu, parce que j'y tiens mon thermomètre, et que la chaleur étrangère le ferait hausser.

L'hiver dernier, je pensai mourir de froid, et quoique mon
40 *thermomètre, qui était au plus bas degré, m'avertît que*
mes mains allaient se geler, je ne me dérangeai point, et
j'ai la consolation d'être instruit exactement des
changements de temps les plus insensibles de toute l'année
passée[1].

45 *Je me communique fort peu, et, de tous les gens que je*
vois, je n'en connais aucun. Mais il y a un homme à
Stockholm, un autre à Leipsick, un autre à Londres, que
je n'ai jamais vus, et que je ne verrai sans doute jamais,
avec lesquels j'entretiens une correspondance si exacte,
50 *que je ne laisse pas passer un courrier sans leur écrire.*

Mais, quoique je ne connaisse personne dans mon
quartier, j'y suis dans une si mauvaise réputation, que je
serai, à la fin, obligé de le quitter. Il y a cinq ans que je fus
rudement insulté par une de mes voisines pour avoir fait
55 *la dissection d'un chien[2] qu'elle prétendait lui appartenir.*
La femme d'un boucher, qui se trouva là, se mit de la
partie, et, pendant que celle-là m'accablait d'injures,
celle-ci m'assommait à coups de pierres, conjointement
*avec le docteur ***, qui était avec moi, et qui reçut un*
60 *coup terrible sur l'os frontal et occipital, dont le siège de*
sa raison fut très ébranlé.

Depuis ce temps-là, dès qu'il s'écarte quelque chien au
bout de la rue, il est aussitôt décidé qu'il a passé par mes
mains. Une bonne bourgeoise, qui en avait perdu un petit,
65 *qu'elle aimait, disait-elle, plus que ses enfants, vint l'autre*
jour s'évanouir dans ma chambre ; et, ne le trouvant pas,
elle me cita devant le magistrat. Je crois que je ne serai

1. L'Académie de Bordeaux se préoccupait beaucoup de météorologie.
2. La même Académie pratiquait également la vivisection des chiens.

jamais délivré de la malice importune de ces femmes, qui,
avec leurs voix glapissantes, m'étourdissent sans cesse de
l'oraison funèbre de tous les automates qui sont morts
depuis dix ans.

 Je suis, etc.

Tous les savants étaient autrefois accusés de magie. Je n'en suis point étonné. Chacun disait en lui-même : « J'ai porté les talents naturels aussi loin qu'ils peuvent aller ; cependant un certain savant a des avantages sur moi : il faut bien qu'il y ait là quelque diablerie. »

À présent que ces sortes d'accusation sont tombées dans le décri[1], on a pris un autre tour, et un savant ne saurait guère éviter le reproche d'irréligion ou d'hérésie. Il a beau être absous par le peuple : la plaie est faite ; elle ne se fermera jamais bien. C'est toujours pour lui un endroit malade. Un adversaire viendra, trente ans après, lui dire modestement : « À Dieu ne plaise que je dise que ce dont on vous accuse soit vrai ! Mais vous avez été obligé de vous défendre. » C'est ainsi qu'on tourne contre lui sa justification même.

S'il écrit quelque histoire et qu'il ait de la noblesse dans l'esprit et quelque droiture dans le cœur, on lui suscite mille persécutions. On ira contre lui soulever le magistrat sur un fait qui s'est passé il y a mille ans, et on voudra que sa plume soit captive, si elle n'est pas vénale.

Plus heureux cependant que ces hommes lâches qui abandonnent leur foi pour une médiocre pension ; qui, à prendre toutes leurs impostures en détail, ne les vendent pas seulement une obole ; qui renversent la constitution de

1. **Décri** : défaveur, discrédit.

l'Empire, diminuent les droits d'une puissance, augmentent ceux d'une autre, donnent aux princes, ôtent aux peuples, font revivre des droits surannés, flattent les 100 passions qui sont en crédit de leur temps, et les vices qui sont sur le trône ; imposant à la postérité d'autant plus indignement qu'elle a moins de moyens de détruire leur témoignage.

Mais ce n'est point assez pour un auteur d'avoir essuyé 105 toutes ces insultes ; ce n'est point assez pour lui d'avoir été dans une inquiétude continuelle sur le succès de son ouvrage. Il voit le jour enfin, cet ouvrage qui lui a tant coûté : il lui attire des querelles de toutes parts. Et comment les éviter ? Il avait un sentiment ; il l'a soutenu 110 par ses écrits ; il ne savait pas qu'un homme, à deux cents lieues de lui, avait dit tout le contraire. Voilà cependant la guerre qui se déclare.

Encore s'il pouvait espérer d'obtenir quelque considération ! Non. Il n'est tout au plus estimé que de ceux qui se sont 115 appliqués au même genre de science que lui. Un philosophe a un mépris souverain pour un homme qui a la tête chargée de faits, et il est, à son tour, regardé comme un visionnaire par celui qui a une bonne mémoire.

Quant à ceux qui font profession d'une orgueilleuse 120 ignorance, ils voudraient que tout le genre humain fût enseveli dans l'oubli où ils seront eux-mêmes.

Un homme à qui il manque un talent se dédommage en le méprisant : il ôte cet obstacle qu'il rencontrait entre le mérite et lui, et, par là, se trouve au niveau de celui dont il 125 redoute les travaux.

Enfin, il faut joindre à une réputation équivoque la privation des plaisirs et la perte de la santé.

De Paris, le 26 de la lune de Chahban, 1720.

LETTRE CXLVI

Usbek à Rhédi, à Venise

Il y a longtemps que l'on a dit que la bonne foi était l'âme d'un grand ministère.

Un particulier peut jouir de l'obscurité où il se trouve : il ne se décrédite que devant quelques gens ; il se tient couvert devant les autres ; mais un ministre qui manque à la probité a autant de témoins, autant de juges, qu'il y a de gens qu'il gouverne.

Oserai-je le dire ? Le plus grand mal que fait un ministre sans probité n'est pas de desservir son prince et de ruiner son peuple ; il y en a un autre, à mon avis, mille fois plus dangereux : c'est le mauvais exemple qu'il donne.

Tu sais que j'ai longtemps voyagé dans les Indes[1]. J'y ai vu une nation, naturellement généreuse, pervertie en un instant, depuis le dernier de ses sujets jusqu'aux plus grands, par le mauvais exemple d'un ministre. J'y ai vu tout un peuple, chez qui la générosité, la probité, la candeur et la bonne foi ont passé de tous temps pour les qualités naturelles, devenir tout à coup le dernier des peuples ; le mal se communiquer et n'épargner pas même les membres les plus sains ; les hommes les plus vertueux faire des choses indignes et violer les premiers principes de la justice, sur ce vain prétexte qu'on la leur avait violée.

Ils appelaient des lois odieuses en garantie des actions les plus lâches, et nommaient *nécessité* l'injustice et la perfidie.

1. Les Indes désignent ici la France, ruinée « en un instant » par la banqueroute du système de Law.

J'ai vu la foi des contrats bannie, les plus saintes conventions anéanties, toutes les lois des familles renversées. J'ai vu des débiteurs avares, fiers d'une insolente pauvreté, instruments indignes de la fureur des
30 lois et de la rigueur des temps, feindre un paiement au lieu de le faire, et porter le couteau dans le sein de leurs bienfaiteurs[1].

J'en ai vu d'autres, plus indignes encore, acheter presque pour rien, ou plutôt ramasser de terre des feuilles de chêne,
35 pour les mettre à la place de la substance des veuves et des orphelins.

J'ai vu naître soudain, dans tous les cœurs, une soif insatiable des richesses. J'ai vu se former en un moment une détestable conjuration de s'enrichir, non par un
40 honnête travail et une généreuse industrie, mais par la ruine du prince, de l'État et des concitoyens.

J'ai vu un honnête citoyen, dans ces temps malheureux, ne se coucher qu'en disant : « J'ai ruiné une famille aujourd'hui ; j'en ruinerai une autre demain. »

45 « Je vais, disait un autre, avec un homme noir qui porte une écritoire à la main et un fer pointu à l'oreille, assassiner tous ceux à qui j'ai de l'obligation. »

Un autre disait : « Je vois que j'accommode mes affaires. Il est vrai que, lorsque j'allai, il y a trois jours, faire un
50 certain paiement, je laissai toute une famille en larmes, que je dissipai la dot de deux honnêtes filles, que j'ôtai l'éducation à un petit garçon. Le père en mourra de douleur, la mère périt de tristesse ; mais je n'ai fait que ce qui est permis par la loi. »

1. Il était légal de rembourser une dette empruntée en or par du papier-monnaie dévalué.

Quel plus grand crime que celui que commet un ministre lorsqu'il corrompt les mœurs de toute une nation, dégrade les âmes les plus généreuses, ternit l'éclat des dignités, obscurcit la vertu même, et confond la plus haute naissance dans le mépris universel ?

Que dira la postérité lorsqu'il lui faudra rougir de la honte de ses pères ? Que dira le peuple naissant lorsqu'il comparera le fer de ses aïeux avec l'or de ceux à qui il doit immédiatement le jour ? Je ne doute pas que les nobles ne retranchent de leurs quartiers un indigne degré de noblesse, qui les déshonore, et ne laissent la génération présente dans l'affreux néant où elle s'est mise.

De Paris, le 11 de la lune de Rhamazan, 1720.

— la progression.

LETTRE CXLVII

LE GRAND EUNUQUE À USBEK, À PARIS

Les choses sont venues à un état qui ne se peut plus soutenir : tes femmes se sont imaginé que ton départ laissait une impunité entière ; il se passe ici des choses horribles. Je tremble moi-même au cruel récit que je vais te faire.

Zélis, allant il y a quelques jours à la mosquée, laissa tomber son voile et parut presque à visage découvert devant tout le peuple.

J'ai trouvé Zachi couchée avec une de ses esclaves, chose si défendue par les lois du sérail.

J'ai surpris, par le plus grand hasard du monde, une lettre que je t'envoie ; je n'ai jamais pu découvrir à qui elle était adressée.

15 Hier au soir, un jeune garçon fut trouvé dans le jardin du sérail, et il se sauva par-dessus les murailles.

Ajoute à cela ce qui n'est pas parvenu à ma connaissance : car sûrement tu es trahi. J'attends tes ordres, et jusques à l'heureux moment que je les recevrai, je vais être dans une situation mortelle. Mais, si tu ne mets 20 toutes ces femmes à ma discrétion[1], je ne te réponds d'aucune d'elles, et j'aurais tous les jours des nouvelles aussi tristes à te mander.

Du sérail d'Ispahan, le premier de la lune de Rhégeb, 1717.

LETTRE CXLVIII

USBEK AU PREMIER EUNUQUE, AU SÉRAIL D'ISPAHAN

Recevez par cette lettre un pouvoir sans bornes sur tout le sérail : commandez avec autant d'autorité que moi-même. Que la crainte et la terreur marchent avec vous ; courez d'appartements en appartements porter les 5 punitions et les châtiments. Que tout vive dans la consternation ; que tout fonde en larmes devant vous. Interrogez tout le sérail ; commencez par les esclaves. N'épargnez pas mon amour : que tout subisse votre tribunal redoutable. Mettez au jour les secrets les plus 10 cachés. Purifiez ce lieu infâme, et faites-y rentrer la vertu bannie : car, dès ce moment, je mets sur votre tête les moindres fautes qui se commettront. Je soupçonne Zélis

1. **À ma discrétion :** sous mon autorité.

d'être celle à qui la lettre que vous avez surprise s'adressait. Examinez cela avec des yeux de lynx.

*De ***, le 11 de la lune de Zilhagé, 1718.*

LETTRE CXLIX

NARSIT À USBEK, À PARIS

Le grand Eunuque vient de mourir, magnifique Seigneur. Comme je suis le plus vieux de tes esclaves, j'ai pris sa place jusques à ce que tu aies fait connaître sur qui tu veux jeter les yeux.

5 Deux jours après sa mort, on m'apporta une de tes lettres qui lui était adressée ; je me suis bien gardé de l'ouvrir : je l'ai enveloppée avec respect et l'ai serrée jusques à ce que tu m'aies fait connaître tes sacrées volontés.

Hier, un esclave vint, au milieu de la nuit, me dire qu'il avait trouvé un jeune homme dans le sérail. Je me levai, j'examinai la chose, et je trouvai que c'était une vision.

Je te baise les pieds, sublime Seigneur, et je te prie de compter sur mon zèle, mon expérience et ma vieillesse.

Du sérail d'Ispahan, le 5 de la lune de Gemmadi 1, 1718.

LETTRE CL

USBEK À NARSIT, AU SÉRAIL D'ISPAHAN

Malheureux que vous êtes ! vous avez dans vos mains des lettres qui contiennent des ordres prompts et violents ; le moindre retardement peut me désespérer, et vous demeurez tranquille sous un vain prétexte !

5 Il se passe des choses horribles : j'ai peut-être la moitié de mes esclaves qui méritent la mort. Je vous envoie la lettre que le premier Eunuque m'écrivit là-dessus avant de mourir. Si vous aviez ouvert le paquet qui lui est adressé, vous y auriez trouvé des ordres sanglants. Lisez-les donc,
10 ces ordres, et vous périrez si vous ne les exécutez pas.

*De ***, le 25 de la lune de Chalval, 1718.*

LETTRE CLI

SOLIM À USBEK, À PARIS

Si je gardais plus longtemps le silence, je serais aussi coupable que tous ces criminels que tu as dans le sérail.

J'étais le confident du grand Eunuque, le plus fidèle de tes esclaves. Lorsqu'il se vit près de sa fin, il me fit appeler et
5 me dit ces paroles : « Je me meurs ; mais le seul chagrin que j'ai en quittant la vie, c'est que mes derniers regards ont trouvé les femmes de mon maître criminelles. Le Ciel puisse le garantir de tous les malheurs que je prévois ! Puisse, après ma mort, mon ombre menaçante venir avertir
10 ces perfides de leur devoir et les intimider encore ! Voilà les

clefs de ces redoutables lieux. Va les porter au plus vieux des noirs. Mais si, après ma mort, il manque de vigilance, songe à en avertir ton maître. » En achevant ces mots, il expira dans mes bras.

Je sais ce qu'il t'écrivit, quelque temps avant sa mort, sur la conduite de tes femmes : il y a dans le sérail une lettre qui aurait porté la terreur avec elle, si elle avait été ouverte. Celle que tu as écrite depuis a été surprise à trois lieues d'ici. Je ne sais ce que c'est : tout se tourne malheureusement.

Cependant tes femmes ne gardent plus aucune retenue : depuis la mort du grand Eunuque, il semble que tout leur soit permis. La seule Roxane est restée dans le devoir, et conserve de la modestie. On voit les mœurs se corrompre tous les jours. On ne trouve plus sur le visage de tes femmes cette vertu mâle et sévère qui y régnait autrefois : une joie nouvelle, répandue dans ces lieux, est un témoignage infaillible, selon moi, de quelque satisfaction nouvelle ; dans les plus petites choses, je remarque des libertés jusqu'alors inconnues. Il règne même parmi tes esclaves une certaine indolence pour leur devoir et pour l'observation des règles, qui me surprend : ils n'ont plus ce zèle ardent pour ton service qui semblait animer tout le sérail.

Tes femmes ont été huit jours à la campagne, à une de tes maisons les plus abandonnées. On dit que l'esclave qui en a soin a été gagné, et qu'un jour avant qu'elles arrivassent, il avait fait cacher deux hommes dans un réduit de pierre qui est dans la muraille de la principale chambre, d'où ils sortaient le soir, lorsque nous étions retirés. Le vieux eunuque qui est à présent à notre tête est un imbécile, à qui l'on fait croire tout ce qu'on veut.

Je suis agité d'une colère vengeresse contre tant de perfidie, et, si le Ciel voulait, pour le bien de ton service,

que tu me jugeasses capable de gouverner, je te promets
45 que, si tes femmes n'étaient pas vertueuses, au moins elles
seraient fidèles.

Du sérail d'Ispahan, le 6 de la line de Rébiab 1, 1719.

LETTRE CLII

NARSIT À USBEK, À PARIS

Roxane et Zélis ont souhaité d'aller à la campagne ; je
n'ai pas cru devoir le leur refuser. Heureux Usbek ! tu as
des femmes fidèles et des esclaves vigilants : je commande
en des lieux où la vertu semble s'être choisi un asile.
5 Compte qu'il ne s'y passera rien que tes yeux ne puissent
soutenir.

Il est arrivé un malheur qui me met en grande peine.
Quelques marchands arméniens, nouvellement arrivés à
Ispahan, avaient apporté une de tes lettres pour moi ; j'ai
10 envoyé un esclave pour la chercher ; il a été volé à son
retour, et la lettre est perdue. Écris-moi donc
promptement : car j'imagine que, dans ce changement, tu
dois avoir des choses de conséquence à me mander.

Du sérail de Fatmé, le 6 de la lune de Rébiab 1, 1719.

LETTRE CLIII

USBEK À SOLIM, AU SÉRAIL D'ISPAHAN

Je te mets le fer à la main. Je te confie ce que j'ai à présent dans le monde de plus cher, qui est ma vengeance. Entre dans ce nouvel emploi ; mais n'y porte ni cœur ni pitié. J'écris à mes femmes de t'obéir aveuglément. Dans la confusion de tant de crimes, elles tomberont devant tes regards. Il faut que je te doive mon bonheur et mon repos. Rends-moi mon sérail comme je l'ai laissé ; mais commence par l'expier. Extermine les coupables, et fais trembler ceux qui se proposaient de le devenir. Que ne peux-tu pas espérer de ton maître pour des services si signalés ? Il ne tiendra qu'à toi de te mettre au-dessus de ta condition même et de toutes les récompenses que tu as jamais désirées.

De Paris, le 4 de la lune de Chahban, 1719.

LETTRE CLIV

USBEK À SES FEMMES, AU SÉRAIL D'ISPAHAN

Puisse cette lettre être comme la foudre qui tombe au milieu des éclairs et des tempêtes ! Solim est votre premier eunuque, non pas pour vous garder, mais pour vous punir. Que tout le sérail s'abaisse devant lui. Il doit juger vos actions passées, et, pour l'avenir, il vous fera vivre sous un joug si rigoureux que vous regretterez votre liberté, si vous ne regrettez pas votre vertu.

De Paris, le 4 de la lune de Chahban, 1719.

LETTRE CLV

USBEK À NESSIR, À ISPAHAN

Heureux celui qui, connaissant le prix d'une vie douce et tranquille, repose son cœur au milieu de sa famille et ne connaît d'autre terre que celle qui lui a donné le jour !

Je vis dans un climat barbare, présent à tout ce qui
5 m'importune, absent de tout ce qui m'intéresse. Une tristesse sombre me saisit ; je tombe dans un accablement affreux : il me semble que je m'anéantis, et je ne me retrouve moi-même que lorsqu'une sombre jalousie vient s'allumer et enfanter dans mon âme la crainte, les
10 soupçons, la haine et les regrets.

Tu me connais, Nessir ; tu as toujours vu dans mon cœur comme dans le tien. Je te ferais pitié si tu savais mon état déplorable. J'attends quelquefois six mois entiers des nouvelles du sérail ; je compte tous les instants qui s'écoulent ;
15 mon impatience me les allonge toujours ; et, lorsque celui qui a été tant attendu est prêt d'arriver, il se fait dans mon cœur une révolution soudaine : ma main tremble d'ouvrir une lettre fatale. Cette inquiétude qui me désespérait, je la trouve l'état le plus heureux où je puisse être, et je crains d'en sortir par un
20 coup plus cruel pour moi que mille morts.

Mais, quelque raison que j'aie eue de sortir de ma patrie, quoique je doive ma vie à ma retraite, je ne puis plus, Nessir, rester dans cet affreux exil. Eh ! ne mourrais-je pas tout de même, en proie à mes chagrins ? J'ai pressé mille fois Rica de
25 quitter cette terre étrangère ; mais il s'oppose à toutes mes résolutions : il m'attache ici par mille prétextes ; il semble qu'il ait oublié sa patrie, ou plutôt il semble qu'il m'ait oublié moi-même, tant il est insensible à mes déplaisirs.

Malheureux que je suis ! Je souhaite de revoir ma patrie, peut-être pour devenir plus malheureux encore ! Eh ! qu'y ferai-je ? Je vais rapporter ma tête à mes ennemis. Ce n'est pas tout : j'entrerai dans le sérail ; il faut que j'y demande compte du temps funeste de mon absence. Et si j'y trouve des coupables, que deviendrai-je ? Et si la seule idée m'accable de si loin, que sera-ce, lorsque ma présence la rendra plus vive ? Que sera-ce, s'il faut que je voie, s'il faut que j'entende ce que je n'ose imaginer sans frémir ? Que sera-ce, enfin, s'il faut que des châtiments que je prononcerai moi-même soient des marques éternelles de ma confusion et de mon désespoir ?

J'irai m'enfermer dans des murs plus terribles pour moi que pour les femmes qui y sont gardées. J'y porterai tous mes soupçons ; leurs empressements ne m'en déroberont rien ; dans mon lit, dans leurs bras, je ne jouirai que de mes inquiétudes ; dans un temps si peu propre aux réflexions, ma jalousie trouvera à en faire. Rebut indigne de la Nature humaine, esclaves vils dont le cœur a été fermé pour jamais à tous les sentiments de l'amour, vous ne gémiriez plus sur votre condition si vous connaissiez le malheur de la mienne.

De Paris, le 4 de la lune de Chahban, 1719.

Repères

- Quelles lettres entourent cette lettre CLV ?
- Qu'est-ce qui fait la remarquable unité des dernières lettres de l'œuvre ?
- Quel est le ton de cette lettre ?
- Quelle vision d'Usbek cette lettre nous donne-t-elle ?

Observation

- En quoi la situation d'Usbek relève-t-elle du dilemme, tel qu'on pourrait le trouver dans une tragédie ?
- Y-a-t-il une transition entre le premier et le deuxième paragraphe ? Observez les pronoms personnels dans les deux paragraphes : que remarquez-vous ?
- À quelles images sont associés la souffrance et le malheur ?
- Comment les sentiments de jalousie qui obsèdent Usbek sont-ils présentés ?
- Quelles expressions vous paraissent particulièrement pathétiques ?

Interprétations

Une entrée dans la tragédie

- En quoi la situation d'Usbek s'avère-t-elle tragique ?
- Quelles expressions appartiennent au vocabulaire de la tragédie ?
- Le traitement du temps vous paraît-il relever de celui de la tragédie ? Pourquoi ?
- Comment interprétez-vous l'adjectif « fatal » ?

Une réflexion sur les passions

• Qu'est-ce qui détruit dans la pensée d'Usbek les progrès intellectuels accomplis par le voyage ?

• En quoi la jalousie est-elle montrée comme une pathologie, une implacable folie ?

• Pour Montesquieu, la raison peut-elle vaincre la passion ?

• Comment apparaît, dans une telle lettre, la nature humaine, vue par Montesquieu ?

DE LA LECTURE À L'ÉCRITURE

Sujet de réflexion

Vous vous demanderez pourquoi Montesquieu utilise l'expression « une espèce de roman » à propos des *Lettres persanes* ? Ne sont-elles pas un roman à part entière ?

LETTRE CLVI

ROXANE À USBEK, À PARIS

L'horreur, la nuit et l'épouvante règnent dans le sérail :
un deuil affreux l'environne. Un tigre y exerce à chaque
instant toute sa rage : il a mis dans les supplices deux
eunuques blancs qui n'ont avoué que leur innocence ; il
5 a vendu une partie de nos esclaves, et nous a obligées de
changer entre nous celles qui nous restaient. Zachi et
Zélis ont reçu dans leur chambre, dans l'obscurité de la
nuit, un traitement indigne : le sacrilège n'a pas craint
de porter sur elles ses viles mains. Il nous tient enfermées
10 chacune dans notre appartement, et quoique nous y
soyons seules, il nous y fait vivre sous le voile. Il ne nous
est plus permis de nous parler ; ce serait un crime de
nous écrire ; nous n'avons plus rien de libre que les
pleurs.
15 Une troupe de nouveaux eunuques est entrée dans le
sérail, où ils nous assiègent nuit et jour : notre sommeil est
sans cesse interrompu par leurs méfiances feintes ou
véritables. Ce qui me console, c'est que tout ceci ne durera
pas longtemps, et que ces peines finiront avec ma vie. Elle
20 ne sera pas longue, cruel Usbek : je ne te donnerai pas le
temps de faire cesser tous ces outrages.

Du sérail d'Ispahan, le 2 de la lune de Maharram, 1720.

LETTRE CLVII[1]

ZACHI À USBEK, À PARIS

Ô Ciel ! un barbare m'a outragée jusque dans la manière de me punir ! Il m'a infligé ce châtiment qui commence par alarmer la pudeur ; ce châtiment qui met dans l'humiliation extrême ; ce châtiment qui ramène, pour ainsi dire, à l'enfance.

Mon âme, d'abord anéantie sous la honte, reprenait le sentiment d'elle-même et commençait à s'indigner, lorsque mes cris firent retentir les voûtes de mes appartements. On m'entendit demander grâce au plus vil de tous les humains, et tenter sa pitié à mesure qu'il était plus inexorable.

Depuis ce temps, son âme insolente et servile s'est élevée sur la mienne. Sa présence, ses regards, ses paroles, tous les malheurs viennent m'accabler. Quand je suis seule, j'ai du moins la consolation de verser des larmes ; mais, lorsqu'il s'offre à ma vue, la fureur me saisit, je la trouve impuissante, et je tombe dans le désespoir.

Le tigre ose me dire que tu es l'auteur de toutes ces barbaries. Il voudrait m'ôter mon amour et profaner jusques aux sentiments de mon cœur. Quand il me prononce le nom de celui que j'aime, je ne sais plus me plaindre, et je ne puis plus que mourir.

J'ai soutenu ton absence, et j'ai conservé mon amour par la force de mon amour. Les nuits, les jours, les moments, tout a été pour toi. J'étais superbe de mon amour même, et le tien me faisait respecter ici. Mais à présent... Non, je ne puis plus soutenir l'humiliation où je suis descendue. Si je suis innocente, reviens pour m'aimer. Reviens, si je suis coupable, pour que j'expire à tes pieds.

Du sérail d'Ispahan, le 2 de la lune de Maharram, 1720.

1. Cette lettre ainsi que la suivante et la CLX n'apparaissent qu'en 1754.

LETTRE CLVIII

ZÉLIS À USBEK, À PARIS

À mille lieues de moi, vous me jugez coupable ; à mille lieues de moi, vous me punissez.

Qu'un eunuque barbare porte sur moi ses viles mains, il agit par votre ordre. C'est le tyran qui m'outrage, et non pas celui qui exerce la tyrannie.

Vous pouvez, à votre fantaisie, redoubler vos mauvais traitements. Mon cœur est tranquille depuis qu'il ne peut plus vous aimer.

Votre âme se dégrade, et vous devenez cruel. Soyez sûr que vous n'êtes point heureux.

Adieu.

Du sérail d'Ispahan, le 2 de la lune de Maharran, 1720.

LETTRE CLIX

SOLIM À USBEK, À PARIS

Je me plains, magnifique Seigneur, et je te plains : jamais serviteur fidèle n'est descendu dans l'affreux désespoir où je suis. Voici tes malheurs et les miens. Je ne t'en écris qu'en tremblant.

Je jure, par tous les prophètes du Ciel, que, depuis que tu m'as confié tes femmes, j'ai veillé nuit et jour sur elles ; que je n'ai jamais suspendu un moment le cours de mes inquiétudes. J'ai commencé mon ministère par les châtiments, et je les ai suspendus sans sortir de mon austérité naturelle.

Mais que te dis-je ? Pourquoi te vanter ici une fidélité qui t'a été inutile ? Oublie tous mes services passés ; regarde-moi comme un traître ; et punis-moi de tous les crimes que je n'ai pas pu empêcher.

Roxane, la superbe Roxane ! ô Ciel ! à qui se fier désormais ? Tu soupçonnais Zélis, et tu avais pour Roxane une sécurité entière. Mais sa vertu farouche était une cruelle imposture : c'était le voile de sa perfidie. Je l'ai surprise dans les bras d'un jeune homme, qui, dès qu'il s'est vu découvert, est venu sur moi. Il m'a donné deux coups de poignard. Les eunuques, accourus au bruit, l'ont entouré. Il s'est défendu longtemps, en a blessé plusieurs ; il voulait même rentrer dans la chambre, pour mourir, disait-il, aux yeux de Roxane. Mais enfin, il a cédé au nombre, et il est tombé à nos pieds.

Je ne sais si j'attendrai, sublime Seigneur, tes ordres sévères : tu as mis ta vengeance en mes mains ; je ne dois pas la faire languir.

Du sérail d'Ispahan, le 8 de la lune de Rébiab 1, 1720.

LETTRE CLX

SOLIM À USBEK, À PARIS

J'ai pris mon parti : tous tes malheurs vont disparaître ; je vais punir.

Je sens déjà une joie secrète ; mon âme et la tienne vont s'apaiser : nous allons exterminer le crime, et l'innocence
5 va pâlir.

Ô vous qui semblez n'être faites que pour ignorer tous vos sens et être indignées de vos désirs mêmes, éternelles victimes de la honte et de la pudeur, que ne puis-je vous faire entrer à grands flots dans ce sérail malheureux, pour
10 vous voir étonnées de tout le sang que j'y vais répandre !

Du sérail d'Ispahan, le 8 de la lune de Rébiab 1, 1720.

LETTRE CLXI

ROXANE À USBEK, À PARIS

Oui, je t'ai trompé ; j'ai séduit tes eunuques ; je me suis jouée de ta jalousie ; et j'ai su, de ton affreux sérail, faire un lieu de délices et de plaisirs.

Je vais mourir ; le poison va couler dans mes veines.
5 Car que ferais-je ici, puisque le seul homme qui me retenait à la vie n'est plus ? Je meurs ; mais mon ombre s'envole bien accompagnée : je viens d'envoyer devant moi ces gardiens sacrilèges qui ont répandu le plus beau sang du monde.

Comment as-tu pensé que je fusse assez crédule pour m'imaginer que je ne fusse dans le Monde que pour adorer tes caprices ? que, pendant que tu te permets tout, tu eusses le droit d'affliger tous mes désirs ? Non ! J'ai pu vivre dans la servitude, mais j'ai toujours été libre : J'ai réformé tes lois sur celles de la nature, et mon esprit s'est toujours tenu dans l'indépendance.

Tu devrais me rendre grâces encore du sacrifice que je t'ai fait ; de ce que je me suis abaissée jusqu'à te paraître fidèle ; de ce que j'ai lâchement gardé dans mon cœur ce que j'aurais dû faire paraître à toute la Terre ; enfin, de ce que j'ai profané la vertu, en souffrant qu'on appelât de ce nom ma soumission à tes fantaisies.

Tu étais étonné de ne point trouver en moi les transports de l'amour. Si tu m'avais bien connue, tu y aurais trouvé toute la violence de la haine.

Mais tu as eu longtemps l'avantage de croire qu'un cœur comme le mien t'était soumis. Nous étions tous deux heureux : tu me croyais trompée, et je te trompais.

Ce langage, sans doute, te paraît nouveau. Serait-il possible qu'après t'avoir accablé de douleurs, je te forçasse encore d'admirer mon courage ? Mais c'en est fait : le poison me consume ; ma force m'abandonne ; la plume me tombe des mains ; je sens affaiblir jusqu'à ma haine ; je me meurs.

Du sérail d'Ispahan, le 8 de la lune de Rébiab 1, 1720.

Approfondissement de la réflexion psychologique

• En quoi la lettre XXVI est-elle unique dans l'œuvre ? Quel visage y prend Usbek ?

• Peut-on relier cette lettre à la lettre CLV et en déduire un portrait psychologique d'Usbek ?

• Comment la lettre XXVI prépare-t-elle le dénouement du roman du sérail ?

• Pourquoi Montesquieu concentre-t-il à la fin de l'œuvre quinze lettres sur le sérail ?

• Montesquieu a ajouté en 1754 les lettres CLVII, CLVIII et CLX : qu'apportent-elles ?

• Pourquoi les lettres CLIII et CLV sont-elles datées du même jour ? En quoi la lettre CLV peut-elle être rapprochée de la lettre CXLVI ?

Une réflexion sur la nature humaine autant que sur le despotisme

• En quoi est-ce la tyrannie qui a entraîné le désordre ?

• La tyrannie peut-elle se stabiliser ? Est-elle fatalement entraînée vers le triomphe de la violence ?

• Est-ce finalement la raison ou la passion qui l'emporte dans l'œuvre ?

• Quels thèmes philosophiques développe la lettre ultime de Roxane ?

• Aux yeux de Roxane, quelle est la valeur humaine suprême ?

• La nature humaine est-elle paradoxale ou cohérente, aux yeux de Montesquieu ?

• Quel est le clivage essentiel de l'œuvre et de la nature humaine ?

Sujet de réflexion

« Il y a dans les *Lettres persanes* un roman. Nous ne nous y intéressons plus guère : il affadit la verte âpreté de tant de pages. » Pensez-vous que ce jugement de G. Ascoli, dans *l'Histoire de la littérature française* publiée chez Larousse en 1923 soit fondé ?

Kuslir Aga ou chef des Eunuques noirs des femmes. 94

Comment lire l'œuvre

Structure et action

Genre et structure : le roman épistolaire

On peut lire dans *Quelques Réflexions sur les Lettres persanes* : « Rien n'a plu davantage que d'y trouver, sans y penser, une espèce de roman. On en voit le commencement, le progrès, la fin. Les divers personnages sont placés dans une chaîne qui les lie. » Montesquieu insiste par ces mots sur la cohérence d'une œuvre où tout se tient, sans que les liaisons ne soient brutales ni serrées : miracle d'une « chaîne » qui sait demeurer secrète pour faire croire au désordre, au disparate, à la désinvolture. Cependant, par l'expression « une espèce de roman », l'écrivain attire aussi notre attention sur le problématique rattachement des *Lettres persanes* au genre romanesque.

Les *Lettres persanes* sont d'abord et avant tout un roman épistolaire de type polyphonique, c'est-à-dire combinant les voix de divers épistoliers. Ce choix d'une structure complexe et souple est fondamental. Il autorise une pluralité de points de vue autant que la diversification des tons. Ces différents tons, plus ou moins graves ou enjoués, faussement frivoles ou sérieusement profonds, ont aussi pour fonction de dérober aux lecteurs la figure de l'auteur. La structure générique interdit en effet à ce dernier de faire irruption dans son œuvre, d'y parler en son nom. Mais on sent bien que certaines lettres, pour ne pas dire la plupart, servent à Montesquieu de tribune. Les Persans sont ses porte-parole. Par eux, par

leur étonnement, leur ironie ou leur colère, par leur réserve et même par leurs préjugés, se fait jour l'idéal naissant des Lumières. Un idéal fait de sensibilité autant que de raison, et qui se cherche au travers d'une multiplicité de dénonciations qui sont autant de questionnements. Les thématiques des *Lettres persanes* foisonnent. Elles relèvent aussi bien de l'actualité de Montesquieu que d'une interrogation, plus angoissée, sur l'art de gouverner les hommes, sur l'obscurantisme des religions, sur cette éternelle barbarie qui semble, autant que l'intelligence, ressortir à la nature humaine.

Cette structure imposée par le genre a bien évidemment un effet sur l'histoire que vivent les différents personnages, ce que l'on appelle aujourd'hui la « diégèse ». Cette diégèse, dans Les *Lettres persanes*, ne constitue pas une narration suivie des faits. Elle est en partie laissée à reconstruire par le lecteur, dont l'intelligence est davantage sollicitée que dans un roman de facture classique. Le lecteur doit en effet reconstituer la diégèse à partir de récits tronqués, toujours partiaux, car faits à partir de points de vue parfaitement subjectifs. Chaque épistolier est enfermé dans sa seule pensée, et nous n'avons jamais accès qu'à sa façon singulière de voir le monde.

En outre l'histoire est double, car elle entrecroise le « roman du sérail » et la transformation, psychologique et intellectuelle, que le voyage fait subir aux deux Persans héros de l'œuvre. Le séjour de ceux-ci à Paris se déroule de 1712 à 1720, et il a pour effet de rendre Usbek plus grave en même temps que plus enclin à la remise en cause, et d'aiguiser l'esprit déjà vif de Rica, d'affirmer son sens de l'humour et son goût pour l'ironie. L'intelligence de nos deux héros, en tous cas, s'ouvre et s'élargit : le rôle formateur des voyages est bien connu. Mais pendant que

nos deux Persans s'acclimatent, le sérail, livré à lui-même, se désagrège. C'est sur ces deux mouvements, l'un à Paris, l'autre à Ispahan, qu'est construite la diégèse. On notera aussi que les progrès de la réflexion et de la culture réalisés à Paris trouvent un contrepoint dans la montée en puissance des passions qui envahissent le sérail. Ordre et désordre, pôle masculin et pôle féminin sont mis en balance et en relation d'opposition en même temps que de complémentarité, dans cette « espèce de roman » que constituent les *Lettres persanes*.

D'autre part, cette « espèce de roman » mêle subtilement les genres : récit de voyage, roman oriental, roman de formation, apologue, satire, conte…

Structure du roman

Le « roman » s'organise en **trois parties** :

1 - Le voyage d'Ispahan à Paris qui est raconté par 23 lettres d'Usbek et de ses amis. Il dure 13 mois et demi, du 19 mars 1711 au 4 mai 1712.

2 - L'arrivée à Paris et la découverte du monde occidental, qui se décomposent en deux phases.

– La première est centrée sur la mort de Louis XIV, et elle se compose de 69 lettres écrites sur 3 ans et demi, de mai 1712 à septembre 1715. La **mort du roi Louis XIV** est annoncée dans la lettre XCII, datée du 4 septembre 1715. Cette phase donne lieu à l'observation des mœurs occidentales, à leur satire morale.

– La deuxième est celle de la **Régence**, et elle est constituée de 54 lettres, censées êtres écrites sur 5 ans, de septembre 1715 à novembre 1720. C'est l'épisode du système de Law qui est au cœur de cette séquence, et ce système financier et ses conséquences désastreuses sont jugés dans la lettre CXLVI.

3 - Le drame du sérail qui n'est composé que de 14 lettres. Il a pourtant été annoncé par la lettre XCVI du 8 février 1716, et par la lettre CXLVII datée du 1er septembre 1717. Les désordres sont relativement anciens, mais l'histoire du sérail a été mise en sommeil depuis une année lorsqu'elle explose, brutalement. Le Grand Eunuque meurt le 5 juillet 1718, Solim reçoit les pleins pouvoirs le 4 octobre 1719 et découvre que Roxane a un amant le 8 mai 1720. Roxane se suicide ce même jour, lorsque son amour pour un autre homme que son mari Usbek est découvert. Ce drame laisse prévoir le retour d'Usbek, après neuf ans d'absence.

Montesquieu a donc veillé à ce que la chronologie des faits soit plausible. Il a aussi misé sur une accélération finale, propre à frapper le lecteur.

La composition de l'œuvre est habile, particulièrement réfléchie : on peut lire l'histoire des Troglodytes (lettres XI à XIV situées dans la première partie de l'œuvre) comme une mise en abyme de l'histoire du sérail qui enveloppe dans sa trame toute la correspondance : le pays des Troglodytes, comme le sérail, est un lieu clos, et, par sa clôture, son retrait du reste du monde, il a réussi à instaurer une harmonie entre les êtres, en faisant taire les désirs égoïstes et régner la vertu. Mais cette harmonie se révèle précaire, impossible à pérenniser. On peut aussi et surtout lire ces deux histoires qui se reflètent l'une l'autre, celles des Troglodytes et celle du sérail, comme des mythes révélant le pessimisme foncier de Montesquieu : aucun système politique ne lui paraît propre à faire régner le bonheur.

Le roman se structure aussi sur des oppositions : entre l'Orient et l'Occident, entre le pôle de la raison et celui de la passion, entre le pôle du masculin et celui du féminin, entre le pôle du sérieux et celui de la dérision.

la solitude,
Le reclus

Les personnages

Les voyageurs

Usbek, grand seigneur d'Ispahan
Rica, son ami
Ibbi, serviteur d'Usbek
Jaron, eunuque renvoyé de Smyrne au sérail

Les épouses favorites du sérail d'Usbek

Fatmé
Roxane
Zachi
Zélis
Zéphis

Les gardiens du sérail

Narsit, doyen des eunuques
Le Premier Eunuque noir ou Grand Eunuque
Le Premier Eunuque blanc
Solim, successeur du Premier Eunuque
Pharam, esclave qu'on veut castrer

Les amis

Ibben, à Smyrne
Mirza, à Ispahan
Nargum, envoyé de Perse en Moscovie
Nessir, à Ispahan
Rhédi, à Venise
Rustan, à Ispahan

Les deux Persans :
une opposition de tempérament

Nos deux Persans ont-ils une épaisseur psychologique ou ne servent-ils que de porte-parole aux raisonnements et réflexions de Montesquieu ?

Nul portrait en tout cas n'est fait d'eux en bonne et due forme. Il était possible qu'un des correspondants nous décrive l'un ou les deux Persans. Tel n'a pas été le choix de Montesquieu. Pourtant l'écrivain a voulu leur donner une individualité. Il l'a fait en s'appuyant sur la théorie des tempéraments, elle-même fondée sur la prédominance de certaines humeurs : Rica est sanguin, Usbek est mélancolique. On a vu que Montesquieu avait bâti son œuvre sur une série d'oppositions qui sont aussi des complémentarités. Il en va de même des tempéraments des deux héros masculins : Usbek est grave et profond, Rica prend la vie du bon côté, il en dégage les aspects insolites ou amusants.

Or, c'est essentiellement par le contraste des tons employés par nos deux épistoliers persans que leur caractère va apparaître. C'est aussi leur situation familiale qui les oppose : Usbek a le souci lancinant du sérail, alors que Rica est libre de tout engagement. D'ailleurs, dans la lettre CLV, Usbek se plaint que Rica ne puisse partager ses « déplaisirs » ; il a auparavant signalé dans la lettre XXVII la « jeunesse et la gaieté naturelle » de son compagnon. La répartition des thèmes abordés par l'un et par l'autre procède aussi de cette opposition entre un tempérament grave et un tempérament euphorique, et elle contribue à la renforcer : Usbek disserte sur les grands problèmes sociolo-

giques, politiques, religieux. Rica mène avec allant les satires de mœurs ; il est du reste l'auteur de la célèbre lettre XXX.

Les deux personnages sont au demeurant mus par une même curiosité. Celle-ci les pousse à la découverte, à l'observation, à la réflexion. Conformément à une longue tradition, en effet, le voyage a une fonction formatrice et philosophique dans les *Lettres persanes*. Mais le personnage le plus important, le seul dont l'évolution psychologique et intellectuelle soit patente, le seul qui soit pris dans la trame romanesque, c'est sans conteste Usbek.

Usbek, personnage pivot dans le roman

C'est autour de lui et de sa configuration psychologique que le « roman » s'organise en sphères définies. D'abord, l'ensemble de l'œuvre révèle l'évolution majeure du personnage : Usbek, peu à peu, s'occidentalise. Cette occidentalisation est bien plus nette que celle que subit Rica dont l'humeur gaie est permanente. Les premières lettres d'Usbek témoignent de son attachement à sa culture, notamment lorsqu'il demande conseil au mollah Méhémet-Hali dans la lettre XVI. Dans la lettre XIX, sa haine des Turcs montre combien il est patriote. Puis la lettre XLVIII constitue une charnière : « Notre air étranger n'offense plus personne ». À partir de là, Usbek va s'exprimer en homme de raison, en citoyen du monde, en précurseur des Lumières : « J'ai recherché quel était le gouvernement le plus conforme à la raison », écrit-il dans la lettre LXXX. Cependant, ce cosmopolitisme, cette élévation initiatique vers une réflexion de plus en plus ouverte et tolérante, ne prennent pas leur essor

par un mouvement continu. Ainsi la lettre CVI marque-t-elle une hésitation entre Orient et Occident : « Penses-tu, Rhédi, que la religion que notre Saint Prophète a apportée du ciel soit pernicieuse parce qu'elle servira à confondre les perfides chrétiens ? » Même déchirure entre Orient et Occident lorsqu'il est question des femmes. Dans la lettre XCIV, Usbek compare les Persanes et les Françaises : « Il est difficile de ne point aimer les premières et de ne point se plaire avec les secondes. » Quoique éclairé par la pensée occidentale, il reste attaché à la polygamie et continue à régner en tyran sur son sérail, qu'il foudroie de sa colère aveugle lors du dénouement.

En fait, deux mouvements psychologiques luttent l'un contre l'autre tout au long du roman : l'ascension intellectuelle qui occidentalise Usbek coexiste avec la plongée dans les affres de la jalousie. Ainsi, dans la lettre CXLVIII : « Que tout vive dans la consternation ; que tout fonde en larmes devant vous. »

Dans la lettre CLV, il écrit à Nessir : « Je vis dans un climat barbare, présent à tout ce qui m'importune, absent à tout ce qui m'intéresse ». Usbek vit alors l'exil comme une situation bloquée, une impasse. Il ne sera plus jamais persan, et ne deviendra pas non plus français. Son exil est « affreux », comme il le qualifie dans cette même lettre CLV, car il est devenu absolu.

Usbek est déchiré entre passion et raison, entre Orient et Occident, et il est aussi un homme semblable à tous les hommes, lucide et pourtant tourmenté par des forces obscures, capable d'élévation intellectuelle et de barbarie.

Les autres personnages sont mineurs. Leurs caractères se dégagent assez mal de trop rares lettres.

Les femmes : Zachi, Zéphis, Fatmé et Roxane

Elles forment un ensemble et pourraient sembler indistinctes les unes des autres. Elles apparaissent en groupe dans la lettre III, où Zachi relate comment elles font toutes assaut de séduction pour conquérir leur mari pour la nuit. Cette même lettre les confond aussi dans une partie de campagne. Au début du roman, lorsque se met en place l'histoire du sérail, toutes les lettres qu'écrivent ces épouses disent leurs regrets d'être privées d'Usbek, et elles sont l'occasion de donner quelques détails exotiques qui ne peuvent manquer de faire rêver le lecteur occidental.

Parmi les femmes, il faut toutefois distinguer Roxane. Par son courage et son intelligence, elle impose le respect, et elle va symboliser, par son suicide qui sert de dénouement au roman, le triomphe ultime de l'amour et de la liberté.

Les eunuques

Ils paraissent servir la couleur locale, mais ils sont au centre d'une réflexion à la fois politique et érotique : ils sont à la croisée des deux principaux chemins que le roman parcourt, deux trajectoires qu'on pourrait croire séparées mais qui sont en fait profondément unies, indissociables, dans la pensée de Montesquieu. Les eunuques sont des victimes, comme les femmes sur lesquelles ils règnent. Ils sont aussi des bourreaux : l'un d'eux est traité de « monstre noir » par Zéphis dans la lettre IV. Leur destin scelle la violence à l'impuissance : la destinée les a placés au cœur du paradoxe propre à toute tyrannie, quelle qu'elle soit. À cette réflexion poli-

tique sous-jacente s'associe une réflexion sur le désir, qui s'exalte d'être empêché, mais s'adoucit lorsqu'il est respecté. Une lettre particulièrement pathétique se détache de celles écrites par les eunuques, la lettre IX : le Premier Eunuque y narre les souffrances qu'il a subies lors de sa castration. Il y raconte aussi celles qui ont suivi, puisqu'il a continué de désirer les femmes. Le Premier Eunuque noir fait part à Usbek de son projet de faire eunuque un esclave. Celui-ci, Pharan, résiste et écrit à Usbek (XLIII[e] lettre) qui lui accorde finalement sa grâce : est-ce la preuve qu'Usbek a évolué et qu'il a pris ses distances par rapport au sérail et à la barbarie de ses mœurs ? Une autre curiosité : la lettre LIII qui évoque le mariage d'un eunuque blanc.

Au travers de ces personnages prisonniers du sérail, femmes et eunuques, la réflexion sur le pouvoir s'approfondit : la domination des hommes sur les femmes reflète celle de tous les tyrans, orientaux ou occidentaux. Les *Lettres persanes* s'interrogent autant sur les difficultés, pour l'homme et pour la femme, de parvenir à une entente sereine, que sur celles, pour un peuple, de trouver un système politique stable et harmonieux : comment trouver la voie raisonnable du bonheur ? Question aussi bien intime que politique, question lancinante dans toute l'œuvre.

La satire dans les *Lettres persanes*

La satire a été longtemps considérée comme essentielle dans les *Lettres persanes*, alors que le roman du sérail passait pour n'être qu'un plaisant enrobage. L'étymologie en est connue : le latin *satura* signifie « pot-pourri, mélange », ce qui peut nous aider à définir la satire en tant que **genre**. Peu importe que la satire soit en vers (ce qu'elle était à l'origine sous la plume de Juvénal) ou en prose ; toujours est-il qu'elle se fonde sur l'hétérogénéité thématique, sur le disparate. Elle suppose donc une discontinuité, une fragmentation, celles de poèmes ou de textes en prose qui se succèdent, mais gardent, chacun à part soi, une certaine autonomie. C'est pourquoi le roman épistolaire s'accorde avec la satire. Les lettres sont certes unies par un lien solide, mais souple, et chacune reste indépendante : l'esthétique de la variété propre à la satire s'épanouit avec bonheur dans un roman épistolaire polyphonique.

Dans les *Lettres persanes*, la satire, conformément à la tradition, ne suit pas un ordre précis, mais elle juxtapose des thèmes différents. Elle saisit surtout les dysfonctionnements, les comportements extravagants, le manque de profondeur et de raison des hommes, victimes de leur vanité. Elle donne à voir plusieurs facettes d'une société française déréglée, dérèglement auquel a puissamment contribué l'énorme crise financière provoquée par l'effondrement du système de Law.

La satire se définit aussi et surtout par son **registre** : critique, polémique même, fondé sur la dérision dans les

lettres de Rica, et souvent sur l'invective dans celles d'Usbek. Ses remises en cause, ses dénonciations, sont si audacieuses dans les *Lettres persanes* qu'elles justifient que la publication ait été protégée par l'anonymat : la satire conduit à la subversion des valeurs établies. Elle met donc en danger son auteur, sous l'Ancien Régime.

Ces lettres satiriques se concentrent dans la période qui va de l'arrivée des héros à Paris jusqu'à la mort du roi Louis XIV. Elles sont souvent adressées à Ibben et à Rhédi, qui sont des amis proches, en contact avec l'Occident : le premier est à Smyrne, porte de l'Occident, le second est à Venise pour s'instruire (17 lettres sont toutefois adressées à un destinataire inconnu).

La satire est polémique, elle a donc des cibles qui pourront être **sociales, politiques** ou **religieuses**.

La satire sociale

C'est la plus traditionnelle. Elle va concerner, par exemple, les embarras des rues (lettre XXIV), ce qui rappelle une satire célèbre de Boileau. Elle donne lieu à une cinquantaine de lettres-portraits, notamment la lettre XLVIII où défilent un financier, un directeur, un poète, un vieil officier, un homme à bonnes fortunes. Elle s'attaque surtout aux mondains victimes de l'amour-propre, aux femmes qui se soucient trop de leur apparence (lettre LII ou CX). D'une manière générale, sont visés par la satire de mœurs ceux qui cultivent les apparences, comme les habitants de Paris qui, dans la lettre XXX, confondent l'homme avec son habit. Montesquieu, conformément à une tradition moraliste héritée du siècle précédent, s'en prend aux faux-semblants de l'amour-propre, aux vanités (lettres XLIV sur la vanité des Français et de

tous les hommes et lettre L). Mais elle épingle aussi les personnages hors normes, tel l'alchimiste de la lettre LXXIII. On pense alors à La Bruyère et à ses extravagants, d'autant que cette défiance à l'égard des excentriques n'est pas sans évoquer, *a contrario*, l'idéal de mesure qu'incarnaient les honnêtes hommes de l'âge classique. La satire sociale est donc tournée vers le passé. Il n'en va pas de même lorsqu'elle s'attaque au roi ou au pape : elle est alors annonciatrice de l'esprit critique que déploieront les philosophes des Lumières, elle se tourne vers l'avenir, envisageant les progrès que pourrait faire l'humanité.

La satire politique

La réflexion politique est continuelle dans le roman, mais elle ne prend pas toujours la forme de la satire. Nous avons vu qu'elle est partie prenante du roman du sérail et qu'elle peut aussi emprunter le genre de l'apologue, comme c'est le cas avec les lettres sur les Troglodytes. Cependant, les rois sont souvent présentés comme ridicules : les rois perses sont ivrognes, comme on l'apprend dans les lettres XXXIII et XXXIV ; le Mogol, en Inde, ne fait que s'engraisser (lettre XL) ; le roi de Guinée ou celui des Tartares se prennent pour des maîtres du monde. Les rois de France ne sont pas en reste : la lettre XXXVII raille Louis XIV ; il s'est choisi une maîtresse de 80 ans et un ministre de 18 ans ! Est clairement satirique aussi, par l'audace de la dénonciation, la lettre LVII qui présente la jeunesse de Louis XV en critiquant violemment certains abus : l'importance exagérée, maléfique, des confesseurs et des femmes. La satire politique vise en effet davantage les conseillers que les princes eux-mêmes (lettres CXXVII et CXXXVIII).

La satire religieuse

Montesquieu, en précurseur des Lumières, dénonce l'intolérance et s'attaque aux clergés, mais il ne veut pas que disparaissent les religions. Car il pense qu'elles protègent l'ordre moral en indiquant aux hommes la voie du bien, en garantissant la justice. Ce n'est donc pas le catholicisme, mais le pape, qui est objet de satire, dans la lettre XXIX. Il a écrit la bulle *Unigenitus* contre les jansénistes, ce qui constitue un acte intolérant que Montesquieu dénonce comme tel. Notre auteur s'en prend aussi au célibat des prêtres, lequel a un effet sur la dépopulation de la planète (lettre CXVII). La lettre LVII attaque les confesseurs et les casuistes qui appliquent au cas par cas la justice divine, quitte à pardonner des péchés majeurs ; on pense au Pascal des *Provinciales*, qui, pareillement, s'attaque aux « bons pères » jésuites prêts à pardonner les mauvaises actions des puissants qui les favorisent. La satire religieuse n'épargne pas davantage l'Orient. Ainsi, la lettre XVIII donne une explication abracadabrante à l'interdiction de manger du pourceau, et pointe ainsi du doigt l'imbécillité des superstitions qui étouffent les religions. Montesquieu montre à quelle folie peuvent conduire les dogmes, les rites, les interdits, tout ce qui s'impose à la pensée sans pouvoir être passé au crible de la raison.

Les moyens littéraires

La satire veut frapper les esprits. C'est pourquoi elle recourt à l'hyperbole, grossissant les traits, exagérant sans cesse : « [...] nous achetâmes, non seulement un carrosse, mais encore pour cent mille francs de marchandises en moins d'une heure » (lettre XLV).

Elle tend aussi à « mécaniser » les comportements et à les généraliser, en effaçant les particularités propres à l'indi-

vidu. La reprise des mêmes structures grammaticales, les anaphores, les accumulations font entrer les comportements humains satirisés dans une logique de répétition qui tourne à vide, et révèle toute son absurdité. Ainsi rencontre-t-on souvent des phrases énumératives ou accumulatives : « Ils ont tout fait, tout vu, tout dit, tout pensé » (lettre L). Les lettres XXIV ou XXX montrent des mouvements de foule qui uniformisent les comportements et dissolvent les individus dans une masse grégaire. Le portrait satirique s'achève souvent par une pointe, comme par exemple dans la lettre LXXII brossant le portrait d'un homme content de lui : « Je le laissai parler et il décide encore. » La pointe est ici fondée sur le brusque passage du passé simple au présent.

La satire est aussi un lieu où souffle l'esprit, où brillent les figures de pensée : l'ironie et l'humour. L'ironie est l'un des registres les plus employés par la satire. Rappelons que cette figure de pensée est d'essence polémique et qu'elle dissocie l'esprit de la lettre, théâtralisant l'attitude de celui ou de ceux qu'elle a pris pour cibles, pour que leurs propos ou leurs comportements apparaissent, non seulement dérisoires, mais surtout scandaleux. Rica est un grand ironiste. Le ton ironique dont il enveloppe beaucoup de ses propos est par exemple très sensible dans la fameuse lettre XXX. Lorsqu'il s'exclame : « Chose admirable ! je trouvais de mes portraits partout [...] », il laisse entendre que ce qu'il feint d'« admirer », ce qui l'étonne, est en fait parfaitement dérisoire. L'humour est aussi l'un des registres qu'utilise volontiers la satire. Il montre la réalité sous un aspect insolite, sans dissocier l'information qu'il veut transmettre de l'énoncé qu'il produit (il ne dit pas le contraire ou autre chose que ce qu'il prétend dire, il ne relève donc pas, à la différence

de l'ironie avec laquelle il ne faut pas le confondre, du double langage) : « Le Pape est le Chef des Chrétiens. C'est une vieille idole qu'on encense par habitude. » Dans cet exemple tiré de la lettre XXIX de Rica à Ibben, l'humour tient à l'incongruité du prédicat « vieille idole », présentant d'une manière pour le moins inhabituelle et démystificatrice le chef de la religion catholique.

Fonction de la satire

La satire est destinée à déjouer les apparences, à aiguiser notre regard et notre réflexion. Elle détruit les préjugés, fait voler en éclats les idées reçues et les pensées dogmatiques. Elle vivifie le jugement, en lui redonnant toute sa vigueur, celle d'un regard neuf et « perçant ». Elle dénonce un monde dans lequel règnent la disproportion et l'excès. Toutefois, il n'est pas certain qu'elle amène, dans les *Lettres persanes*, à vouloir le changer. La satire est un genre traditionnel, reprenant des thèmes (l'amour-propre, l'être opposé au paraître) rattachés à une nature humaine donnée comme éternelle, intangible.

Montesquieu se contente-t-il de faire allégeance à cette tradition propre au genre de la satire ? Sans vouloir précisément changer le monde, il peint une société française en proie au vertige. Toutes les énergies se disséminent pour se perdre en futilités. L'agitation semble se déployer dans le vide et Law est représenté en Éole, vendant des outres gonflées de vent. La satire des *Lettres persanes* ne se contente pas de révéler une décadence. Sous le sourire de l'ironie et de l'humour, c'est une vision étonnamment pessimiste du monde et de la condition humaine qu'elle impose. Et pourtant Montesquieu veut libérer la pensée de sa gangue de préjugés : il croit donc aussi au progrès, il annonce les Lumières.

Correspondances

- La Bruyère, *Caractères* (1688) : « Des biens de fortune », 47 ; « De la société et de la conversation », 6 ; « De la mode », 8.
- Mathurin Régnier, *Satire VI*.

1

Parmi les satiristes renommés qui ont précédé Montesquieu, on peut distinguer Mathurin Régnier (1573-1613) et Boileau (1636-1711). Mais sans doute est-ce surtout **La Bruyère** et ses *Caractères* qui ont directement inspiré l'auteur des *Persanes*. Le ridicule de certains jargons (texte 2) attire l'attention sur les excentricités, les dérèglements que donne à voir le monde. Quant à la dénonciation de la mode (texte 3), elle se rattache au mépris des apparences, et donc à l'attitude « philosophique » du satiriste, à son absence de « vanité », à sa quête du vrai et de l'essentiel. Quant au premier texte, il dénonce les injustices sociales et montre un La Bruyère précurseur des Lumières, très en avance sur l'âge classique, capable de développer l'esprit critique et le sens de la justice animant la plume satirique de Montesquieu.

Il y a des misères sur la terre qui saisissent le cœur. Il manque à quelques-uns jusqu'aux aliments ; ils redoutent l'hiver ; ils appréhendent de vivre. L'on mange ailleurs des fruits précoces ; l'on force la terre et les saisons pour fournir à sa délicatesse : de simples bourgeois, seulement à cause qu'ils étaient riches, ont eu l'audace d'avaler en un seul morceau la nourriture de cent familles. Tienne qui voudra contre de si grandes extrémités ; je ne veux être, si je puis, ni malheureux ni heureux ; je me jette et je me réfugie dans la médiocrité.

La Bruyère, *Caractères*, « Des biens de fortune », 47.

L'on voit des gens qui, dans les conversations ou dans le peu de commerce que l'on a avec eux, vous dégoûtent par leurs ridicules expressions, par la nouveauté, et j'ose dire par l'impropriété des termes dont ils se servent, comme par l'alliance de certains mots qui ne se rencontrent ensemble que dans leur bouche, et à qui ils font signifier des choses que leurs premiers inventeurs n'ont jamais eu intention de leur faire dire. Ils ne suivent en parlant ni la raison ni l'usage, mais leur génie, que l'envie de toujours plaisanter, et peut-être de briller, tourne insensiblement en un jargon qui leur est propre, et qui devient enfin leur idiome naturel ; ils accompagnent un langage si extravagant d'un geste affecté et d'une prononciation qui est contrefaite. Tous sont contents d'eux-mêmes et de l'agrément de leur esprit, et l'on ne peut pas dire qu'ils en soient entièrement dénués ; mais on les plaint de ce peu qu'ils en ont ; et, ce qui est pire, on en souffre.

Id., *ibid.*, De la société et de la conversation, 6.

Une personne à la mode ressemble à une fleur bleue qui croît de soi-même dans les sillons, où elle étouffe les épis, diminue la moisson, et tient la place de quelque chose de meilleur ; qui n'a de prix et de beauté que ce qu'elle emprunte d'un caprice léger qui naît et qui tombe presque dans le même instant : aujourd'hui elle est courue, les femmes s'en parent ; demain elle est négligée, et rendue au peuple.

Une personne de mérite, au contraire, est une fleur qu'on ne désigne pas par sa couleur, mais que l'on nomme par son nom, que l'on cultive pour sa beauté ou pour son odeur ; l'une des grâces de la nature, l'une de ces choses qui embellissent le monde ; qui est de tous les temps et d'une vogue ancienne et populaire ; que nos pères ont estimée, et que nous estimons après nos pères ; à qui le dégoût ou l'antipathie de quelques-uns ne sauraient nuire : un lis, une rose.

Id., *ibid.*, De la mode, 8.

2

C'est par la liste, par l'accumulation, que procède Mathurin Régnier. Or il énumère les grands thèmes de la satire traditionnelle, critiquant l'Église, les États, se plaignant de l'absence de justice. C'est la corruption des mœurs qui est surtout vilipendée : le satiriste dépeint une société décadente.

Or ce n'est point de voir en règne la sottise,
L'avarice, le luxe entre les gens d'Église,
La Justice à l'encan[1], l'innocent oppressé,
Le conseil corrompu suivre l'intéressé,
Les États pervertis, toute chose se vendre,
Et n'avoir du crédit qu'au prix qu'on peut dépendre[2] ;
Ni moins que la valeur n'ait ici plus de lieu,
Que la noblesse courre en poste à l'Hôtel Dieu,
Que les jeunes oisifs aux plaisirs s'abandonnent,
Que les femmes du temps soient à qui plus leur donnent,
Que l'usure ait trouvé (bien que je n'ai de quoi
Tant elle a bonnes dents) que mordre dessus moi.
Tout ceci ne me pèse et l'esprit ne me trouble ;
Que tout s'y pervertisse, il ne m'en chaut d'un double[3],
Du temps ni de l'état il ne faut s'affliger,
Selon le temps qu'il fait, l'homme doit naviguer.

> Mathurin Régnier, *Satire VI* (extrait).

1. **À l'encan** : à vendre aux enchères.
2. **Dépendre** : dépenser.
3. **Il ne m'en chaut d'un double** : cela m'est égal (comme s'il s'agissait d'un double, monnaie sans valeur).

Religion et fanatisme dans les *Lettres persanes*

Montesquieu réfléchit longuement sur les religions. C'est là un thème majeur de son œuvre. Il apparaît pour le moins méfiant et même plutôt critique à l'égard de l'Église, comme à l'égard des dogmes et des rites de toutes les religions. C'est qu'il est hostile à ce qui enferme et emprisonne la pensée, et peut se définir comme un « libre-penseur ». Dans sa lutte contre les superstitions et le fanatisme, dans sa satire des clergés, il rejoint Voltaire. D'ailleurs, comme celui-ci, il préfère que l'homme garde un Dieu qui lui serve de garde-fou et le protège contre ses mauvais penchants naturels. Est-il, comme Voltaire, déiste ou théiste ? Y a-t-il une religion de Montesquieu ou bien est-il athée ?

Critique de l'Église temporelle

La lettre XXIX de Rica à Ibben commence en ces termes : « Le Pape est le Chef des chrétiens. C'est une vieille idole qu'on encense par habitude. » Le regard étranger peut-il justifier pareille démystification qui frôle le blasphème ? Le pouvoir du pape est discrédité, réduit à néant en même temps que celui des évêques, et des discussions stériles qui n'empêchent aucune guerre de religion. C'est d'abord la tiédeur de la foi qui est épinglée, tout ce qu'on ne fait que « par habitude ». Mais c'est surtout l'intolérance et sa plus grande manifestation, l'Inquisition, qui doivent conduire à remettre en cause le pouvoir temporel des religions. Montesquieu s'intéresse aux hérésies, aux querelles de chapelle, aux disputes théologiques pour en montrer, souvent par l'ironie, la dangereuse vanité, l'effroyable ineptie. En Espagne et au

Portugal, les inquisiteurs n'hésitent pas à « brûler un homme comme de la paille », lorsqu'il est convaincu d'hérésie. Pareille lettre pourra être rapprochée du chapitre du *Candide* de Voltaire sur *l'auto-da-fé*, et de son *Traité sur la tolérance*. Les manifestations du fanatisme poussent les philosophes à se défier des religions.

Les lettres XXXV, LV et LXXXV abordent à leur tour ce problème de l'intolérance : « J'avoue que les histoires sont remplies de guerres de religion. Mais, qu'on y prenne bien garde : ce n'est point la multiplicité des religions qui produit ces guerres, c'est l'esprit d'intolérance, qui animait celle qui se croyait la dominante. » (Lettre LXXXV) Il y aurait donc une utilité du pluralisme, à condition, comme le préconise aussi Bayle dans sa *Critique générale de l'histoire du calvinisme* et Voltaire dans les *Lettres philosophiques*, que chaque religion se pique de montrer qu'elle pratique plus qu'une autre les bonnes mœurs, que l'émulation soit humainement positive au lieu de dégénérer en guerre.

La lettre IL s'en prend aux missions d'évangélisation. Nous assistons à un dialogue entre Rica, auteur de la lettre, et un prêtre missionnaire qui a le projet d'aller en Perse. Avec une ironie cinglante, Rica (et derrière lui Montesquieu) affirme l'inutilité de ces missions qui cachent des désirs colonialistes. La lettre LVII révèle aussi le manque de spiritualité des confesseurs qui, comme les « bons Pères », cibles de l'ironie de Pascal dans *Les Provinciales*, tolèrent les péchés lorsqu'ils sont commis par des gens puissants et fortunés, desquels ils tirent bien évidemment profit. La « casuistique » (étude des péchés au cas par cas, adaptation de la règle générale à chacun, sorte de jurisprudence permettant souvent de contourner la loi religieuse) des jésuites est ainsi vilipen-

dée : « Or, tout notre art consiste à bien distinguer ces deux sortes de péchés (véniels et mortels) : car, à la réserve de quelques libertins, tous les chrétiens veulent gagner le paradis. » Voici la réponse de Rica à ce confesseur qui est aussi un casuiste : « Mon père, lui dis-je, cela est fort bon ; mais comment vous accommodez-vous avec le Ciel ? Si le Sophi avait à sa cour un homme qui fît à son égard ce que vous faites contre votre Dieu, qui mît de la différence entre ces ordres, et qui apprît à ses sujets dans quel cas ils doivent les exécuter, et dans quel autre ils peuvent les violer, il le ferait empaler sur l'heure. »

Dans la lettre CXXXIV, la mystique est présentée par Rica comme un délire : « Cet état est le délire de la dévotion » fait dire Montesquieu à un Père avec lequel l'épistolier dialogue. Dans cette même lettre, est à nouveau dénoncée l'attitude scandaleuse des casuistes : ils sont accusés de se complaire à mettre au jour « les monstres que le Démon d'Amour peut produire ». Ils sont donc accusés d'être pervers, d'être en quelque sorte des obsédés sexuels, et plus généralement de contribuer à la perversion des mœurs.

Critique des dogmes et des rites religieux

Elle concerne le christianisme et la religion musulmane.

Le christianisme

La Trinité (son mystère est que le Père, le Fils et le Saint-Esprit ne font qu'un) et la transsubstantiation (le corps du Christ partagé dans le pain et le vin de la messe) sont déclarées contraires à l'évidence sensible et arithmétique dans la lettre XXIV. Cette lettre fait d'abord du roi puis du pape un « magicien » : « Ce magicien s'appelle le Pape. Tantôt il lui fait croire que

trois ne sont qu'un, que le pain qu'on mange n'est pas du pain, ou que le vin qu'on boit n'est pas du vin et mille autres choses de cette espèce. »

La lettre CXXXIV montre l'obscurité de la Bible : il y a de nombreux points de contestation : « S'il y en a, bon Dieu ! s'il y en a ! me répondit-il. Il y en a presque autant que de lignes. » Ce sont les traductions de la Bible et les commentaires qu'en ont fait les Pères de l'Église qui sont ici visés.

Une seule lettre traite d'une question théologique, la lettre LXIX, qui évoque la contradiction entre la prescience de Dieu et le libre arbitre des hommes. Il faut se rappeler que la position janséniste est née de ce paradoxe. Pour les jansénistes, si Dieu est omniscient, les hommes ne peuvent qu'être prédestinés à la damnation ou à la vie éternelle. Le libre arbitre des hommes n'existe donc pas véritablement. Dans cette même lettre, le fait que Dieu soit incompréhensible semble rendre son existence douteuse. La lettre XLVI remet en cause les rites, du fait de leur diversité contradictoire. Ils varient tellement selon les religions qu'ils finissent par paraître vides de sens.

D'une manière générale, Montesquieu voudrait épurer le christianisme, le débarrasser des superstitions qui l'encombrent, en réduire aussi le vain apparat, le contraindre à plus de rigueur et de cohérence. Cette volonté de réformer le christianisme par la raison rapproche notre auteur des protestants et l'éloigne des catholiques.

La religion musulmane

Les lettres XVI, XVII, XVIII échangées entre Usbek et le mollak Méhémet-Hali mettent en question l'opposition pureté/impureté : « D'où vient que notre législateur nous prive de la chair des pourceaux et de toutes les

viandes qu'il appelle *immondes* ? [...] Il me semble que les choses ne sont en elles-mêmes ni pures ni impures » (lettre XVII). La lettre XVIII émanant de Méhémet-Hali fait semblant de répondre à cette interrogation d'Usbek. Mais elle déverse des superstitions qui paraissent absurdes par leur enchaînement même et sont pourtant censées donner une raison. L'ironie naît du décalage entre le désir de comprendre d'Usbek (exprimé dans la lettre XVII) et le développement absurde d'une histoire de cochon qui, dans l'arche de Noé, naquit des ordures d'un éléphant (lettre XVIII). Cet assemblage qui prête à rire est destiné à ridiculiser certains des rites sur lesquels se fonde la religion musulmane. De même la lettre XXXIX peint-elle la naissance merveilleuse de Mahomet pour révéler la naïveté des croyances sur lesquelles se fonde la foi : « Il vint au monde circoncis, et la joie parut sur son visage dès sa naissance. La terre trembla trois fois, comme si elle eût enfanté elle-même [...] Selon le témoignage d'Isben Aben, historien arabe, les générations des oiseaux, des nuées, des vents et tous les escadrons des Anges, se réunirent pour élever cet enfant et se disputèrent cet avantage. »

La lettre XCVII d'Usbek au dervis de la montagne de Jaron remet en cause l'explication religieuse de la naissance du monde, au nom de la science et des vérités scientifiquement établies : « La connaissance de cinq ou six vérités a rendu leur philosophie pleine de miracles et leur a fait faire presque autant de prodiges et de merveilles que tout ce qu'on nous raconte de nos saints prophètes. » Dans cette même lettre, Usbek critique aussi le « style figuré » du Coran (« notre Alcoran ») : il lui semble que le langage vient de Dieu mais que les pensées viennent des hommes.

Qu'il satirise la religion chrétienne ou la religion musulmane, Montesquieu s'en prend surtout aux superstitions et aux rites. Il ne condamne pas le sentiment religieux en soi, mais il vilipende la naïveté avec laquelle certains hommes manifestent leur foi. Il cherche en fait à concilier foi et raison, religion et rationalité. Montesquieu rêve d'une religion éclairée, intelligente et donc profondément tolérante.

Montesquieu croit-il en Dieu ?

Il est difficile de trancher parce que la forme épistolaire entraîne qu'il ne s'exprime jamais en son nom propre, mais toujours par le truchement des Persans. On peut signaler qu'il fut catholique et mourut en chrétien, et que sa femme était protestante ; mais cela ne permet pas d'affirmer qu'il a eu sincèrement la foi. Il s'est davantage intéressé à l'aspect social et politique de la religion qu'à son aspect métaphysique.

Ce qu'il retient, c'est le fait que Dieu puisse être un principe de justice et de morale. La lettre LXXXIII pose ainsi la nécessité de la justice de Dieu : « S'il y a un Dieu, mon cher Rhédi, il faut nécessairement qu'il soit juste : car s'il ne l'était pas, il serait le plus mauvais et le plus imparfait de tous les êtres. » Dieu étant juste, il ne peut agir selon son bon plaisir et ne peut donc être tout-puissant.

Pour Montesquieu, l'important, dans une religion, ce ne sont ni ses dogmes, ni ses rites (leur diversité révèle d'ailleurs leur peu d'importance) : c'est la morale. Si une religion rend les hommes plus justes et meilleurs les uns avec les autres, alors, c'est une bonne religion. Cette idée que la religion puisse être socialement utile et qu'elle doive être un rempart contre les mauvais penchants des hommes se trouve aussi chez Voltaire. La

lettre XLVI dit clairement que le premier objet d'un religieux est de pousser les hommes à bien se conduire : « Il faut bien que l'on suppose que Dieu aime les hommes, puisqu'Il établit une religion pour les rendre heureux ; que s'Il aime les hommes, on est assuré de Lui plaire en les aimant aussi, c'est-à-dire en exerçant envers eux tous les devoirs de la charité et de l'humanité. »

Alors, Montesquieu est-il, comme Voltaire, déiste ? Il ne manifeste, en tout cas, aucune ferveur religieuse. Dieu est surtout reconnu pour son utilité, sa capacité à éveiller et à développer dans le cœur des hommes un sentiment de justice. Montesquieu croit d'ailleurs que ce sentiment de justice est inné. L'existence de Dieu ne vaut que comme nécessité morale.

Correspondances

- Montaigne, *Essais* (1588).
- Voltaire, *Traité sur la tolérance* (1763).
- Voltaire, *Candide* (1759).
- Pascal, *Les Provinciales* (1656-1657).

1

Montaigne, dans ses *Essais,* traite des guerres de religion, celles des catholiques contre les protestants. Il regrette que la justice soit « alléguée » par les deux partis sans pour autant être « épousée » par aucun. Deux idées fortes ici exprimées par Montaigne trouveront un écho chez Montesquieu : les hommes se servent de la religion au lieu de la servir ; la règle que Dieu nous inspire est triturée par eux comme de la cire. Cette métaphore est destinée à frapper les esprits, à montrer que ce sont les hommes qui déforment les belles lois que la

religion leur inspire. Montaigne n'attaque pas la religion, mais il révèle la façon dont les hommes l'altèrent. Ce sont les hommes qui sont coupables, et non Dieu ou les religions.

Et nous trouvons étrange si, aux guerres que pressent à cette heure notre État, nous voyons flotter les événements et diversifier d'une manière commune et ordinaire. C'est que nous n'y apportons rien que le nôtre. La justice qui est l'un des partis, elle n'y est que pour ornement et couverture ; elle y est bien alléguée mais elle n'y est ni reçue, ni logée, ni épousée ; elle y est comme dans la bouche de l'avocat, non comme dans le cœur et affection de la partie. Dieu doit son secours extraordinaire à la foi et à la religion, non pas à nos passions. Les hommes y sont conducteurs et s'y servent de la religion : ce devrait être tout le contraire.
Sentez si ce n'est pas par nos mains que nous la menons, à tirer comme de cire tant de figures contraires d'une règle si droite et si ferme. Quand c'est-il vu mieux qu'en France en nos jours ? Ceux qui l'ont prise à gauche, ceux qui l'ont prise à droite, ceux qui disent le noir, ceux qui disent le blanc l'emploient si pareillement à leurs violentes et ambitieuses entreprises, s'y conduisent d'un progrès si conforme en débordement et injustice, qu'ils rendent douteuse et malaisée à croire la diversité qu'ils prétendent de leurs opinions en choses de laquelle dépend la conduite et loi de notre vie. Peut-on voir partir de même école et discipline des mœurs plus unies, plus unes ?

Montaigne, *Essais*.

2

Voltaire est obsédé par la question du fanatisme religieux. Il l'aborde constamment dans son œuvre. Nous citerons tout d'abord deux extraits révélateurs de son *Traité sur la tolérance* (1763). Le premier texte montre que la fana-

tisme est contraire à toutes les lois qu'impose une religion. Celle-ci ne devrait jamais, sous aucun prétexte, faire usage de la force, de la violence, puisqu'elle repose sur la foi, c'est-à-dire sur cette adhésion sensible, affective, sur un amour qui, comme tous les amours, ne peut être contraint. Pour Voltaire, comme pour Montaigne ou Montesquieu, ce sont les hommes qui portent l'entière responsabilité du fanatisme, et non la religion.

C'est ce qui justifie que Voltaire, pour clore son *Traité sur la tolérance*, s'adresse à Dieu, et non aux hommes.

Chapitre XV
Témoignages contre l'intolérance

C'est une impiété d'ôter, en matière de religion, la liberté aux hommes, d'empêcher qu'ils ne fassent choix d'une divinité : aucun homme, aucun dieu ne voudrait d'un service forcé. (Apologétique, chap. XXIV.)

Si on usait de violence pour la défense de la foi, les évêques s'y opposeraient. (Saint Hilaire, livre I[er].)

La religion forcée n'est plus religion : il faut persuader et non contraindre. La religion ne se commande point. (Lactance, livre III.)

C'est une exécrable hérésie de vouloir attirer par la force, par les coups, par les emprisonnements, ceux qu'on n'a pas pu convaincre par la raison. (Saint Athanase, livre I[er].)

Rien n'est plus contraire à la religion que la contrainte. (Saint Justin, martyr, livre V.)

Persécuterons-nous ceux que Dieu tolère ? dit saint Augustin, avant que sa querelle avec les donatistes l'eût rendu sévère.

Qu'on ne fasse aucune violence aux juifs. (Quatrième concile de Tolède, cinquante-sixième canon.)

Conseillez, et ne forcez pas. (Lettre de saint Bernard.)

Nous ne prétendons point détruire les erreurs par la violence. (Discours du clergé de France à Louis XIII.)
Nous avons toujours désapprouvé les voies de rigueur. (Assemblée du clergé, 11 auguste 1560.)

Voltaire, *Traité sur la tolérance.*

Voltaire est sincèrement déiste. La « Prière à Dieu » qui suit est pour lui l'occasion de donner aux hommes une leçon de sagesse. En montrant la diversité des rites religieux, il en révèle le peu d'importance. Toutes les façons de s'adresser à Dieu et de l'adorer sont également bonnes, car ce n'est pas la forme, variable, qui importe, mais le fond, qui ne devrait jamais varier : le respect profond, absolu, de chaque frère humain.

Chapitre XXIII
Prière à Dieu

Ce n'est donc plus aux hommes que je m'adresse ; c'est à Toi, Dieu de tous les êtres, de tous les mondes, et de tous les temps : s'il est permis à de faibles créatures perdues dans l'immensité, et imperceptibles au reste de l'univers, d'oser te demander quelque chose, à Toi qui as tout donné, à Toi dont les décrets sont immuables comme éternels, daigne regarder en pitié les erreurs attachées à notre nature ; que ces erreurs ne fassent point nos calamités. Tu ne nous as point donné un cœur pour nous haïr, et des mains pour nous égorger ; fais que nous nous aidions mutuellement à supporter le fardeau d'une vie pénible et passagère ; que les petites différences entre les vêtements qui couvrent nos débiles corps, entre tous nos langages insuffisants, entre tous nos usages ridicules, entre toutes nos lois imparfaites, entre toutes nos opinions insensées, entre toutes nos conditions si disproportionnées à nos yeux, et si égales

devant toi ; que toutes ces petites nuances qui distinguent les atomes appelés *hommes* ne soient pas des signaux de haine et de persécution ; que ceux qui couvrent leur robe d'une toile blanche pour dire qu'il faut t'aimer ne détestent pas ceux qui disent la même chose sous un manteau de laine noire ; qu'il soit égal de t'adorer dans un jargon formé d'une ancienne langue, ou dans un jargon plus nouveau ; que ceux dont l'habit est teint en rouge ou en violet, qui dominent sur une petite parcelle d'un petit tas de la boue de ce monde, et qui possèdent quelques fragments arrondis d'un certain métal jouissent sans orgueil de ce qu'ils appellent *grandeur et richesse*, et que les autres les voient sans envie : car tu sais qu'il n'y a dans ces vanités ni de quoi envier, ni de quoi s'enorgueillir.

Voltaire, *Traité sur la tolérance*.

—3

Ce texte extrait de *Candide* utilise l'ironie et l'humour, comme le fait aussi Montesquieu dans sa satire de la religion, pour que le scandale de l'Inquisition apparaisse avec éclat. La disproportion entre les motifs de culpabilité (« avoir épousé sa commère », avoir, comme les juifs, « arraché le lard » des poulets) et la peine endurée révèle toute la cruauté de ceux qui se croient investis par Dieu. Le texte dédramatise ironiquement cette cérémonie : « bel *auto-da-fé* », « on orna leurs têtes de mitres de papier », « une belle musique en faux-bourdon »… C'est bien sûr pour que son effroyable inhumanité frappe le lecteur.

Comment on fit un bel auto-da-fé pour empêcher les tremblements de terre, et comment Candide fut fessé.

Après le tremblement de terre qui avait détruit les trois quarts de Lisbonne, les sages du pays n'avaient pas trouvé un moyen plus efficace pour prévenir une ruine totale que de

donner au peuple un bel auto-da-fé ; il était décidé par l'université de Coïmbre que le spectacle de quelques personnes brûlées à petit feu, en grande cérémonie, est un secret infaillible pour empêcher la terre de trembler.

On avait en conséquence saisi un Biscayen convaincu d'avoir épousé sa commère[1], et deux Portugais qui en mangeant un poulet en avaient arraché le lard[2] : on vint lier après le docteur Pangloss et son disciple Candide, l'un pour avoir parlé et l'autre pour avoir écouté avec un air d'approbation : tous deux furent menés séparément dans des appartements d'une extrême fraîcheur, dans lesquels on n'était jamais incommodé du soleil ; huit jours après ils furent tous deux revêtus d'un san-benito, et on orna leurs têtes de mitres de papier : la mitre et le san-benito de Candide étaient peints de flammes renversées et de diables qui n'avaient ni queues ni griffes ; mais les diables de Pangloss portaient griffes et queues, et les flammes étaient droites. Ils marchèrent en procession ainsi vêtus, et entendirent un sermon très pathétique, suivi d'une belle musique en faux-bourdon. Candide fut fessé en cadence, pendant qu'on chantait ; le Biscayen et les deux hommes qui n'avaient point voulu manger de lard furent brûlés, et Pangloss fut pendu, quoique ce ne fût pas la coutume. Le même jour la terre trembla de nouveau avec un fracas épouvantable.

Voltaire, *Candide*.

1. **Commère** : « marraine » ; épouser sa marraine était interdit par la religion catholique.
2. La religion contraint les juifs à ne pas manger de lard.

−4

Enfin nous évoquerons Pascal (1620-1662), et ses *Provinciales* (1656-1657), non qu'il fût le chantre de la tolérance (il fut au contraire un fervent défenseur du jansénisme), mais parce qu'il a critiqué les jésuites et notamment les casuistes. Montesquieu se souvient de ses attaques ironiques, par exemple dans la lettre LVII. *Les Provinciales* sont en fait des *Lettres écrites à un provincial* (vrai titre de l'œuvre), ce qui nous rapproche des *Persanes,* même si les *Persanes* ont plusieurs épistoliers, au contraire des *Provinciales* qui n'en ont qu'un seul.

Neuvième lettre

De Paris, ce 3 juillet 1656

Monsieur

Je ne vous ferai pas plus de compliment que le bon Père m'en fit la dernière fois que je le vis. Aussitôt qu'il m'aperçut, il vint à moi et me dit, en regardant dans un livre qu'il tenait à la main : *qui vous ouvrirait le Paradis, ne vous obligerait-il pas parfaitement ? Ne donneriez-vous pas les millions d'or pour en avoir une clef, et entrer dedans quand bon vous semblerait ? Il ne faut point entrer en de si grands frais ; en voici une, voire cent, à meilleur compte.* Je ne savais si le bon Père lisait ou s'il parlait de lui-même. Mais il m'ôta de peine en disant : Ce sont les premières paroles du beau livre du P. du Barry de notre Société[1], car je ne dis jamais rien de moi-même. Quel livre, lui dis-je, mon Père ? En voici le titre, dit-il :
Le Paradis ouvert à Philagie, par cent dévotions à la Mère de Dieu, aisées à pratiquer. Eh quoi ! mon père, chacune de ces dévotions aisées suffit pour ouvrir le ciel ? Oui, dit-il ; voyez-le encore dans la suite des paroles que vous avez ouïes : *Tout autant de dévotions à la Mère de Dieu que*

1. Société de Jésus.

vous trouverez en ce livre sont autant de clefs du ciel qui vous ouvriront le Paradis tout entier, pourvu que vous les pratiquiez : et c'est pourquoi il dit dans sa conclusion, qu'*il est content si l'on en pratique une seule.*

Plus loin dans cette même neuvième lettre des *Provinciales*, c'est à la casuistique que s'attaque Pascal :

Cela suffit sur ce sujet, et je veux maintenant vous parler des facilités que nous avons apportées pour faire éviter le péché dans les conversations et dans les intrigues du monde. Une chose des plus embarassantes qui s'y trouve est d'éviter le mensonge, et surtout quand on voudrait bien faire accroire une chose fausse. C'est à quoi sert admirablement notre doctrine des équivoques, par laquelle *il est permis d'user de termes ambigus, en les faisant entendre en un autre sens qu'on ne les entend soi-même*, comme dit Sanchez, *Op. mor.*, p. 2, chap. 6, n° 13. Je sais cela, mon Père, lui dis-je. Nous l'avons tant publié, continua-t-il, qu'à la fin tout le monde en est instruit. Mais savez-vous bien comment il faut faire, quand on ne trouve point de mots équivoques ? Non, mon père. Je m'en doutais bien, dit-il, cela est nouveau : c'est la doctrine des restrictions mentales. Sanchez la donne en même lieu : *On peut jurer*, dit-il, *qu'on n'a pas fait une chose, quoiqu'on l'ait faite effectivement, en entendant soi-même qu'on ne l'a pas faite un certain jour ou avant qu'on fût né, ou en sous-entendant quelque autre circonstance pareille, sans que les paroles dont on se sert aient aucun sens qui le puisse faire connaître ; et cela est fort commode en beaucoup de rencontres, et est toujours très juste quand cela est nécessaire ou utile pour la santé, l'honneur ou le bien.*
Comment ! mon Père, et n'est-ce pas là un mensonge et même un parjure ? Non, dit le Père : Sanchez le prouve au même lieu, et notre P. Filiutus aussi, tr. 25, c. 11, n° 331, parce, dit-il, *que c'est l'intention qui règle la qualité de l'action.* Et il y donne encore, n° 338, un autre moyen : c'est qu'après avoir dit tout

haut : *Je jure que je n'ai point fait cela,* on ajoute tout bas, *aujourd'hui* ; ou qu'après avoir dit tout haut : *Je jure,* on dise tout bas, *que je dis,* et que l'on continue ensuite tout haut, *que je n'aie point fait cela.* Vous voyez bien que c'est dire la vérité. Je l'avoue, lui dis-je ; mais nous trouverions peut-être que c'est dire la vérité tout bas, et un mensonge tout haut : outre que je craindrais que bien des gens n'eussent pas assez de présence d'esprit pour se servir de ces méthodes. Nos Pères, dit-il, ont enseigné au même lieu, en faveur de ceux qui ne sauraient pas user de ces restrictions, qu'il leur suffit, pour ne point mentir, de dire simplement *qu'ils n'ont point fait* ce qu'ils ont fait, pourvu *qu'ils aient en général l'intention de donner à leurs discours le sens qu'un habile homme y donnerait.*

<div align="right">Pascal, Les Provinciales, lettre IX.</div>

La réflexion politique dans les *Lettres persanes*

Montesquieu se fixe pour tâche philosophique de réfléchir sur la cité, sur la meilleure façon d'y maintenir un ordre social harmonieux. La question du pouvoir politique est sans doute celle que l'œuvre pose avec le plus de constance et d'acuité. À l'absolutisme royal qu'incarne Louis XIV (et Charles XII) en Occident fait pendant le despotisme traditionnel et immémorial de l'Orient. Ce qui se joue à l'échelle des pays se joue aussi dans l'intimité du sérail : on y constate la même tendance, pour une puissance fondée sur la terreur, à s'inverser brutalement en impuissance. Ces questions sur la politique et la force, Montesquieu se les posera toute sa vie. Elles seront les inspiratrices de son œuvre majeure, *L'Esprit des lois*, où il essaie de penser le pouvoir à l'échelle des mondes et en s'appuyant sur l'Histoire.

L'Orient et le despotisme

Le roman oriental n'est pas seulement un ingrédient érotique, il ne se situe pas seulement du côté du pur divertissement. Car il est à l'origine d'une réflexion approfondie sur le despotisme, qui s'appréhende au niveau de l'État et au niveau du sérail. En réfléchissant sur la tyrannie dans la lettre CIII, Montesquieu montre que sa violence engendre presque mécaniquement la violence, qu'à un despote ne peut succéder qu'un autre despote : « Un mécontent, en Asie, va droit au Prince, étonne, frappe, renverse ; il en efface jusqu'à l'idée : dans un instant, l'esclave et le maître, dans un instant, usurpateur et légitime. Malheureux le roi qui n'a qu'une tête ! Il semble ne réunir sur elle toute sa puissance que pour indiquer au premier ambitieux l'endroit où il la trouvera tout entière. » Le despotisme est donc extrêmement fragile et prisonnier d'un déterminisme de la violence : il naît et disparaît par elle ; il ne se maintient que par elle aussi : il n'a pour seul rempart que l'armée (lettre LXXXIX). La lettre CXXXI précise que ni l'Afrique ni l'Asie n'ont jamais entendu parler de république, la Russie non plus comme le stipule la lettre LI. Or Usbek a signalé dans la lettre LXXXIX que le despotisme abrutissait les sujets et engendrait une stérilité économique et technique ; il l'avait déjà dit dans la lettre XIX. De nombreux dysfonctionnements accompagnent le despotisme, dès lors qu'il échappe à toute raison et que la politique recherche le bon plaisir du prince : les rois perses sont ivrognes selon la lettre XXXIII et la lettre XXXIV. Le Mogol, en Inde, ne vaut guère mieux, et ne vit que pour s'engraisser afin de peser plus lourd, ce qui réjouit son peuple : « Quand je vois les peuples se réjouir de ce que ce prince est devenu plus matériel, c'est-

à-dire moins capable de les gouverner : j'ai pitié, Ibben, de l'extravagance humaine » (lettre XL, d'Usbek). Le roi de Guinée et celui des Tartares se prennent pour des maîtres du monde (lettre XLIV). Le despotisme devient, sous la plume de Montesquieu, une sorte de maladie du pouvoir, maladie à laquelle il n'y a pas de remède. C'est peu à peu, et au fil d'analyses qui courent sur les lettres XIX, XXXIII, XXXIV, LI, LXIII, que Montesquieu mène l'analyse du despotisme, de ses extravagances et de ses conséquences funestes. Il faut qu'Usbek puisse se détacher suffisamment de son pays pour conduire cette analyse ; il faut qu'il observe le monde dont il est issu avec un regard occidentalisé. Mais les Persans perçoivent et révèlent aussi les dysfonctionnements des systèmes politiques de l'Occident.

L'Occident et la monarchie

La plupart des gouvernements occidentaux sont monarchiques. Or toute monarchie est en danger de sombrer dans le despotisme, ce qui rapproche Orient et Occident : « La plupart des gouvernements d'Europe sont monarchiques, ou plutôt sont ainsi appelés : car je ne sais pas s'il y en a jamais eu véritablement de tels ; au moins est-il difficile qu'ils aient subsisté longtemps dans leur pureté. C'est un état violent qui dégénère toujours en despotisme ou en république : la puissance ne peut jamais être également partagée entre le peuple et le prince ; l'équilibre est trop difficile à garder. » On note au passage que la république n'est pas préconisée par Montesquieu, pour qui elle est un danger, autant que la tyrannie d'un roi. Montesquieu rêve plutôt d'une monarchie éclairée et tempérée par des parlements.
Ce sont les dysfonctionnements et l'absence de rationalité qui vont rapprocher despotisme oriental et monarchie occi-

dentale. Montesquieu note, en ce qui concerne notre monarchie française, des aberrations : Louis XIV choisit une maîtresse de 80 ans et un ministre de 18 (lettre XXXVII). Les courtisans et les ministres sont particulièrement dangereux. Rica prend l'exemple du roi de Suède dans la lettre CXXVII, pour affirmer que la méchanceté ne vient pas des princes eux-mêmes mais de leurs conseillers : « L'ambition des princes n'est jamais si dangereuse que la bassesse d'âme de ses conseillers. » Sont également dangereux pour le prince les femmes et les confesseurs, surtout pour un jeune monarque : « On dit que l'on ne peut jamais connaître le caractère des rois d'Occident, jusqu'à ce qu'ils aient passé par les deux grandes épreuves, de leur maîtresse et de leur confesseur. » Et en effet, les femmes, selon Montesquieu, ont trop d'importance, ce qui ne peut manquer de dérégler le pouvoir : « Lorsque j'arrivai en France, je trouvai le feu roi absolument gouverné par les femmes. » Il faudrait en fait que les princes cessent d'être entourés, comme c'est le cas en Occident, par des proches qui exaltent leur passion au lieu de les éclairer par la raison, par des ambitieux qui ne voient que leur intérêt propre, sans se soucier du bien commun. La lettre XXX-VII montre aussi que tout prince est déchiré entre l'ambition de ses ministres, l'attrait du plaisir et la peur de Dieu. Le portrait que brosse Usbek du vieux roi Louis XIV dans la lettre XXXVII énumère dérèglements et extravagances. Il lui reproche surtout de distribuer de l'argent autant à ceux qui le servent vraiment par leur courage qu'aux courtisans qui n'ont pour mérite que d'être assidus à la cour.

Quelles limites faut-il donner au pouvoir des rois ?

C'est la question essentielle que pose Montesquieu. Le prince a-t-il tous les droits, au nom de la raison d'État, ou bien les sujets peuvent-ils exercer un contre-pou-

voir ? Et si les sujets peuvent participer au gouvernement de l'État, quelles seront les modalités de cette participation ? On a vu en effet que Montesquieu était hostile à l'idée d'une république. Il va utiliser, comme Voltaire, l'exemple de l'Angleterre dans la lettre CIV. Mais à la différence du Voltaire des *Lettres anglaises*, il n'en fait pas un modèle dont devraient s'inspirer la France et les autres pays d'Europe.

Pour les Anglais, il est normal de renverser un prince qui ne se soucierait plus de ses sujets : « Mais si un prince, loin de faire vivre ses sujets heureux, veut les accabler et les détruire, le fondement de l'obéissance cesse […] Ils soutiennent que tout pouvoir sans borne ne saurait être légitime, parce qu'il n'a jamais pu avoir d'origine légitime. » Montesquieu fait indirectement allusion à Cromwell et à la révolution de 1648 : les partisans de Cromwell mettaient en avant le fait que Charles Ier avait rompu le contrat moral qui le liait à son peuple en lui retirant sa protection. L'Angleterre se retrouve donc aux antipodes de la Perse : la Perse annihile toute liberté du sujet, l'Angleterre reconnaît aux sujets le droit de légitimer ou pas le pouvoir de leur prince. La France et les autres États européens vacilleraient entre ces deux pôles. Toutefois, l'exemple anglais est problématique et le message que délivre la lettre CIV est ambigu : donner du pouvoir aux sujets n'est pas sans danger, selon Montesquieu, car à donner trop de prérogatives aux citoyens, on risque la dégénérescence en anarchie, le pouvoir du peuple étant, comme tout pouvoir, prêt à franchir toutes les bornes.

Tous les dangers viennent en fait de cette maladie endémique du pouvoir : il cherche d'un mouvement naturel, spontané, à toujours s'étendre, à outrepasser les limites qui le contiennent. Il faut donc réfléchir à la solidité de ces limites, qui devront, plutôt que par le peuple, être fixées par des corps

constitués (des parlements, des chambres). Le pessimisme de Montesquieu en matière de politique n'est d'ailleurs pas sans rappeler celui qui est le sien en matière de religion : celle-ci a naturellement tendance à l'intolérance. Intolérance et tyrannie sont les deux fléaux menaçant sans cesse l'humanité, l'empêchant de vivre dans la paix et l'harmonie sociale.

Correspondances

- Fénelon, *Aventures de Télémaque* (1699).
- Rousseau, *Le Contrat social* (1762).
- Mirabeau, *Discours à l'Assemblée des communes*, le 16 juin 1789.

─1─────────────────────────────

On pourra rapprocher la pensée politique de Montesquieu de celle qui s'exprime dans les *Aventures de Télémaque* de Fénelon (1651-1715), qui fut le précepteur du duc de Bourgogne de 1689 à 1694 et dont les vues politiques hardies émurent Louis XIV. Mentor est chargé de l'éducation de Télémaque.

Pour les enfants, Mentor disait :
– Ils appartiennent moins à leurs parents qu'à la république ; ils sont les enfants du peuple, ils en sont l'espérance et la force ; il n'est pas temps de les corriger quand ils sont corrompus. C'est peu de les exclure des emplois, lorsqu'on voit qu'ils s'en sont rendus indignes ; il vaut mieux prévenir le mal que d'être réduit à le punir. Le roi, ajoutait-il, qui est le père de tout son peuple, est encore plus particulièrement le père de toute la jeunesse, qui est la fleur de toute la nation. C'est dans la fleur qu'il faut préparer les fruits : que le roi ne dédaigne donc pas de veiller et de faire veiller sur l'éducation qu'on donne aux enfants. Qu'il tienne ferme pour faire observer les lois de Minos, qui ordonne qu'on élève les enfants dans le mépris de la douleur et de la mort ; qu'on mettre l'honneur à fuir les délices et les richesses ;

que l'injustice, le mensonge, l'ingratitude et la mollesse passent pour des vices infâmes ; qu'on leur apprenne, dès leur tendre enfance, à chanter les louanges des héros qui ont été aimés des dieux, qui ont fait des actions généreuses pour leurs patries et qui ont fait éclater leur courage dans les combats.

Fénelon, *Aventures de Télémaque*, onzième livre.

2

On pourra prolonger la réflexion en relisant certaines pages du *Contrat social* de Rousseau, pacte par lequel chaque associé renonce à sa liberté naturelle au profit de la communauté dont il reçoit en retour la liberté civile. La souveraineté du peuple est alors une et indivisible.

Je suppose les hommes parvenus à ce point où les obstacles qui nuisent à leur conservation dans l'état de nature l'emportent, par leur résistance, sur les forces que chaque individu peut employer pour se maintenir dans cet état. Alors cet état primitif ne peut plus subsister : et le genre humain périrait s'il ne changeait de manière d'être.

Or, comme les hommes ne peuvent engendrer de nouvelles forces, mais seulement unir et diriger celles qui existent, ils n'ont plus d'autre moyen pour se conserver que de former par agrégation une somme de forces qui puisse l'emporter sur la résistance, de les mettre en jeu par un seul mobile, et de les faire agir de concert.

Cette somme des forces ne peut naître que du concours de plusieurs : mais la force et la liberté de chaque homme étant les premiers instruments de sa conservation, comment les engagera-t-il sans se nuire et sans négliger le soin qu'il se doit ? Cette difficulté, ramenée à mon sujet, peut s'énoncer en ces termes :

« Trouver une forme d'association qui défende et protège de toute la force commune la personne et les biens de chaque associé, et par laquelle chacun, s'unissant à tous, n'obéisse pourtant qu'à lui-même et reste aussi libre qu'auparavant. »

Rousseau, *Le Contrat social*.

3

On peut aussi citer un extrait de discours politique, tel celui que fit Mirabeau à l'Assemblée des communes le 16 juin 1789 :

On a cru m'opposer le plus terrible dilemme en me disant que le mot peuple signifie nécessairement ou trop, ou trop peu ; que si on l'explique dans le même sens que le latin *populus*, il signifie la nation, et qu'alors il a une acception plus étendue que le titre auquel aspire la généralité de l'Assemblée ; que si on l'entend dans un sens plus restreint, comme le latin *plebs*, alors il suppose des ordres, des différences d'ordres, et que c'est là ce que nous voulons prévenir. On a même été jusqu'à craindre que ce mot ne signifiât ce que les Latins appelaient *vulgus*, ce que les Anglais appellent *mob*, ce que les aristocrates, tant nobles que roturiers, appellent insolemment *canaille*…

À cet argument je n'ai que ceci à répondre : c'est qu'il est infiniment heureux que notre langue, dans sa stérilité, nous ait fourni un mot que les autres langues n'auraient pas donné dans leur abondance ; un mot qui présente tant d'acceptions différentes ; un mot qui, dans ce moment où il s'agit de nous constituer sans hasarder le bien public, nous qualifie sans nous avilir, nous désigne sans nous rendre terribles ; un mot qui ne puisse nous être contesté, et qui, dans son exquise simplicité, nous rende chers à nos commettants, sans effrayer ceux dont nous avons à combattre la hauteur et les prétentions ; un mot qui se prête à tout, qui, modeste aujourd'hui, puisse agrandir notre existence à mesure que les circonstances le rendront nécessaire, à mesure que, par leur obstination, par leurs fautes, les classes privilégiées nous forceront à prendre en main la défense des droits nationaux, de la liberté du peuple.

Mirabeau, *Discours* du 16 juin 1789.

Bonheur et passion
dans les *Lettres persanes*

Le bonheur semble introuvable dans Les *Lettres persanes* où se déchaînent les passions. Ni Usbek ni ses femmes ne connaissent la félicité amoureuse. Rica est certes gai, mais on ignore tout de sa vie privée, et cette gaieté ne semble pas recouvrir un vrai bonheur ; elle tient à la mise à distance, au refus de s'engager affectivement au cœur du monde.

La nocivité des passions

À lire l'Histoire d'Ibrahim et d'Anaïs, conte persan inséré par Rica dans la lettre CXLI, on peut croire que la passion amoureuse est pourvoyeuse de bonheur car c'est au paradis qu'Anaïs se retrouve après le coup de poignard donné par un odieux mari. Anaïs, au milieu des délices dont la comblent ses amants au paradis, veut aider ses anciennes compagnes demeurées dans le sérail. Elle leur envoie l'un de ses amants qui se substitue au mari et le chasse, puis comble ses femmes et transforme leur prison en maison ouverte au monde. Le bonheur peut donc s'établir, mais dans un conte de fée où un ange remplace un mari jaloux. L'histoire est merveilleuse, et elle n'a par conséquent nulle prétention à être « réaliste ». Le paradis où vit Anaïs est une sorte de monde à l'envers, dans lequel les femmes ont un sérail d'hommes et sont absolument comblées.

Mais dans la vie réelle du sérail, les femmes sont en permanence, au contraire, frustrées, la satisfaction étant un privilège masculin. Il n'est besoin que de lire la lettre LXII de Zélis à Usbek : « La Nature, industrieuse

en faveur des hommes, ne s'est pas bornée à leur donner des désirs : elle a voulu que nous en eussions nous-mêmes et que nous fussions des instruments animés de leur félicité ; elle nous a mises dans le feu des passions pour les faire vivre tranquilles ; s'ils sortent de leur insensibilité, elle nous a destinées à les y faire rentrer, sans que nous puissions jamais goûter cet heureux état où nous les mettons. »

La passion, dans le sérail, va de pair avec la frustration des eunuques et celle des femmes, qu'évoquent la lettre III de Zachi et la lettre VII de Fatmé. Le sérail repose sur la frustration des femmes, sur leur malheur et leur totale soumission.

Cet asservissement de la femme est à la mesure de la peur que le pouvoir féminin inspire aux hommes. C'est le thème de « l'empire de ce sexe » que développent surtout les eunuques, comme par exemple dans la lettre XXII : « Je sais comment je dois me conduire avec ce sexe, qui, quand on ne lui permet pas d'être vain, commence à devenir superbe, et qu'il est moins aisé d'humilier que d'anéantir. » Dans la lettre LXXIX, relatant l'achat d'une Circassienne, le Grand Eunuque noir dénude la nouvelle femme d'Usbek pour révéler tout « l'empire de ce sexe ». Cet infini pouvoir du féminin est exprimé par Usbek, qui avoue sa peur dans la lettre XXVII, où il parle de la « voix flatteuse de ce sexe qui se fait entendre aux rochers et remue les choses inanimées ».

Peut-on échapper au pouvoir des femmes, au désir et aux passions ? Usbek, par la séparation et le voyage, prétend être devenu insensible dans la lettre VI : « Ce n'est pas, Nessir, que je les aime. Je me trouve à cet égard dans une insensibilité qui ne me laisse point de désirs. » Mais cette soi-disant « insensibilité » n'em-

pêche en rien la jalousie. Le sérail et la clôture des femmes ont pour seule justification l'amortissement des passions et la protection contre la puissance féminine, comme l'exprime Usbek dans la lettre LVI : « L'amour, parmi nous, ne porte ni trouble ni fureur ; c'est une passion languissante, qui laisse notre âme dans le calme : la pluralité des femmes nous sauve de leur empire ; elle tempère la violence de nos désirs. » Toutefois, cette tranquillité apparente contient mal l'ébullition des passions, qui se répandent sans frein lors du désordre final. Le sérail n'est donc pas un bon système pour se protéger des passions. Au contraire, il les condense et les renforce.

Le bonheur est dans la vertu

Si l'homme peut être heureux, c'est en pratiquant la vertu. Sur le plan social, il s'agit de subordonner son intérêt personnel au bien commun. Montesquieu fait l'apologie des liens familiaux et de l'amour conjugal. La reine de Suède, qui renonce au pouvoir en faveur de son époux, donne, dans la lettre CXXXIX, « un grand exemple de la tendresse conjugale ». Dans l'histoire des Troglodytes, la vertu sociale est indissociable de la vertu familiale. D'ailleurs les Troglodytes « aimaient leur femme et en étaient tendrement chéris » (lettre XII). La lettre X, de Mirza à Usbek, dit clairement que c'est par la vertu et non par la satisfaction des sens que l'homme accède au bonheur : « Hier, on mit en question si les hommes étaient heureux par les plaisirs et les satisfactions des sens, ou par la pratique de la vertu. Je t'ai souvent ouï dire que les hommes étaient nés pour être vertueux, et que la justice est une qualité qui leur est aussi propre que l'existence. » Ce

problème du bonheur et de la vertu a d'ailleurs été évoqué à l'Académie de Bordeaux. Pour Montesquieu, le sens de la justice est inné. C'est une loi naturelle qui, lorsqu'on la respecte, conduit au bonheur. Ne vivre que selon le désir est en revanche une impasse. Lettre CXLI, au paradis, Anaïs mène cette vie avant de s'élever à la vertu et de ressentir de la compassion pour ses anciennes compagnes d'infortune : « Ainsi elle sortit peu à peu de l'ivresse des plaisirs [...] elle se sentit portée à les secourir. » Anaïs, parce qu'elle est philosophe, quitte l'égocentrisme des plaisirs pour accéder à un vertueux altruisme. Tel doit être le cheminement intérieur de quiconque cherche le bonheur.

Le bonheur se trouve plutôt, pour Montesquieu, dans des sentiments tempérés comme la tendresse paternelle, filiale, conjugale et la compassion pour son prochain. Il n'est ni dans la démesure des passions, ni dans l'insensibilité. Le bonheur repose sur la liberté, en aucun cas sur la contrainte : car c'est librement qu'un homme ou une femme peut faire le choix de pratiquer la vertu, seule façon d'être en repos avec soi-même et les autres. Montesquieu annonce les drames sérieux ou bourgeois du XVIII^e siècle, de Diderot (*Le Père de famille*, *Le Fils naturel*) ou ceux de Beaumarchais (*Les Deux amis*, *La Mère coupable*), dans lesquels le bonheur est également indissociable de la pratique de la vertu.

Correspondances

- Rousseau, *Émile ou De l'éducation* (1762).
- Diderot, *Le Fils naturel* (1757).
- Condorcet, *Esquisse d'un tableau historique des progrès de l'esprit humain* (écrit en 1793).

—1

L'idée que le bonheur ne peut se fonder que sur la pratique de la vertu est très répandue au XVIIIᵉ siècle. Les philosophes des Lumières veulent faire progresser l'humanité en la mettant sur la voie du bien commun.

Chacun, dit-on, concourt au bien public pour son intérêt. Mais d'où vient que le juste y concourt à son préjudice ? Qu'est-ce qu'aller à la mort pour son intérêt ? Sans doute nul n'agit que pour son bien ; mais, s'il n'est un bien moral dont il faut tenir compte, on n'expliquera jamais par l'intérêt propre que les actions des méchants ; il est même à croire qu'on ne tentera pas d'aller plus loin. Ce serait une trop abominable philosophie que celle où l'on serait embarrassé des actions vertueuses, où l'on ne pourrait se tirer d'affaire qu'en leur controuvant[1] des intentions basses et des motifs sans vertu ; où l'on serait forcé d'avilir Socrate et de calomnier Régulus[2]. Si jamais de pareilles doctrines pouvaient germer parmi nous, la voix de la nature ainsi que celle de la raison s'élèveraient incessamment contre elles, et ne laisseraient jamais à un seul de leurs partisans l'excuse d'être de bonne foi.
[...]
Conscience ! Conscience ! instinct divin, immortelle et céleste voix : guide assuré d'un être ignorant et borné, mais intelligent et libre, juge infaillible du bien et du mal, qui rends l'homme semblable à Dieu ! c'est toi qui fais l'excellence de sa nature et la moralité de ses actions ; sans toi, je ne sens rien en moi qui m'élève au-dessus des bêtes, que le triste privilège de l'égarer d'erreurs en erreurs à l'aide d'un entendement sans règle et d'une raison sans principe.

Rousseau, *Émile ou de l'éducation* (livre IV).s

1. *Controuver* : inventer faussement.
2. *Régulus* : Romain devenu illustre par son sens du devoir.

—2—

CONSTANCE. – Dorval, vous vous trompez, pour être tranquille, il faut avoir l'approbation de son cœur, et peut-être celle des hommes. Vous n'obtiendrez pas celle-ci et vous n'emporterez point la première, si vous quittez le poste qui vous est marqué. Vous avez reçu les talents les plus rares ; et vous en devez compte à la société. Que cette foule d'êtres inutiles, qui s'y meuvent sans objet et l'embarrassent sans la servir, s'en éloignent s'ils veulent. Mais vous, j'ose le dire, vous ne le pouvez sans crime. C'est à une femme qui vous aime à vous arrêter parmi les hommes ; c'est à Constance à conserver à la vertu opprimée un appui, au vice arrogant, un fléau ; un frère à tous les gens de bien ; à tant de malheureux, un père qu'ils attendent ; au genre humain, son ami ; à mille projets honnêtes, utiles et grands, cet esprit libre de préjugés et cette âme forte qu'ils exigent, et que vous avez... Vous, renoncer à la société ! J'en appelle à votre cœur ; interrogez-le, et il vous dira que l'homme de bien est dans la société, et qu'il n'y a que le méchant qui soit seul[1].

DORVAL. – Mais le malheur me suit et se répand sur tout ce qui m'approche. Le ciel qui veut que je vive dans les ennuis, veut-il aussi que j'y plonge les autres ? On était heureux ici, quand j'y vins.

CONSTANCE. – Le ciel s'obscurcit quelquefois ; et si nous sommes sous le nuage, un instant l'a formé, ce nuage ; un instant le dissipera. Mais, quoiqu'il arrive, l'homme sage reste à sa place et y attend la fin de ses peines.

DORVAL. – Mais ne craindra-t-il pas de s'éloigner, en multipliant les objets de son attachement ?... Constance, je ne suis point étranger à cette pente si générale et si douce qui entraîne tous les êtres, et qui les porte à éterniser leur espèce. J'ai senti dans mon cœur que l'univers ne serait jamais pour moi qu'une vaste solitude sans une compagne qui partageât mon bonheur et ma peine... Dans mes accès de mélancolie, je l'appelais cette compagne.

CONSTANCE. – Et le ciel vous l'envoie.

Diderot, *Le Fils naturel*, acte IV, scène 3.

1. Rousseau prit cette dernière phrase comme malveillante à son égard.

3

Les hommes ne pourront s'éclairer sur la nature et le développement de leurs sentiments moraux, sur les principes de la morale, sur les motifs naturels d'y conformer leurs actions, sur leurs intérêts, soit comme individus, soit comme membres d'une société, sans faire aussi dans la morale pratique des progrès non moins réels que ceux de la science même. L'intérêt mal entendu n'est-il pas la cause la plus fréquente des actions contraires au bien général ? La violence des passions n'est-elle pas souvent l'effet d'habitudes auxquelles on ne s'abandonne que par un faux calcul, ou de l'ignorance des moyens de résister à leurs premiers mouvements, de les adoucir, d'en détourner, d'en diriger l'action ? L'habitude de réfléchir sur sa propre conduite, d'interroger et d'écouter sur elle sa raison et sa conscience, et l'habitude des sentiments doux qui confondent notre bonheur avec celui des autres, ne sont-elles pas une suite nécessaire de l'étude et de la morale bien dirigée et d'une plus grande égalité dans les conditions du pacte social ? Cette conscience de sa dignité qui appartient à l'homme libre, une éducation fondée sur une connaissance approfondie de notre constitution morale, ne doivent-elles pas rendre communs à presque tous les hommes ces principes d'une justice rigoureuse et pure, ces mouvements habituels d'une bienveillance active, éclairée, d'une sensibilité délicate et généreuse, dont la nature a placé le germe dans tous les cœurs, et qui n'attendent, pour s'y développer, que la douce influence des lumières et de la liberté ? De même que les sciences mathématiques et physiques servent à perfectionner les arts employés pour nos besoins les plus simples, n'est-il pas également dans l'ordre nécessaire de la nature que les progrès des sciences morales et politiques exercent la même action sur les motifs qui dirigent nos sentiments et nos actions ?

Condorcet, *Esquisse d'un tableau historique des progrès de l'esprit humain* (Xe époque).

Jugements critiques sur les *Lettres persanes*

« Entre les sujets hardis que Montesquieu se choisit et sur lesquels il me paraît le plus briller, le sujet qui réussit le mieux à l'ingénieuse vivacité de ses idées, c'est celui de la Religion et des choses qui ont un rapport avec elle. Je voudrais qu'un esprit aussi fin que le sien eût senti qu'il n'y a pas un si grand mérite à donner du *joli* et du *neuf* sur de pareilles matières et que tout homme qui les traite avec quelque liberté peut s'y montrer spirituel à peu de frais ; non que parmi les choses sur lesquelles il se donne un peu de carrière il n'y en ait d'excellentes en tous sens, et que même celles où il se joue le plus ne puissent recevoir une interprétation utile ; car enfin, dans tout cela, je ne vois qu'un homme d'esprit qui badine, mais qui ne songe pas assez qu'en se jouant il engage quelquefois un peu trop la gravité respectable de ces matières : il faut là-dessus ménager l'esprit de l'homme qui tient faiblement à ses devoirs et ne les croit presque plus nécessaires dès qu'on les lui présente d'une façon peu sérieuse. »

Marivaux, *Le Spectateur français*, Huitième feuille, 1722.

« C'est un maître écrivain qui excelle à mettre en scène, comiquement, un travers, un préjugé. Mais [...] Montesquieu est tout juste apte à railler la curiosité frivole des badauds parisiens, la brillante banalité des conversations mondaines, à noter que les femmes sont coquettes, et les diverses formes de fatuité qui se rencontrent dans le monde. Il n'y a pas ombre de pénétration psychologique dans les *Lettres persanes*. [...]
Montesquieu est foncièrement irréligieux : il ne comprend pas plus le christianisme que l'islamisme. Le principe inté-

rieur de la religion lui échappe, comme au reste le principe de l'art et de la poésie. »

G. Lanson, *Histoire de la littérature française*, 1903.

« Ce livre est incroyable de hardiesse. On admire que l'auteur pour tout ennui n'ait eu que la crainte passagère de manquer son fauteuil à l'Académie ; et ce ne fut qu'un léger nuage. Il eut la gloire, le fauteuil et une vente prodigieuse. La liberté de l'esprit était si grande en ce temps-là, que ces lettres frivoles et si célèbres ne gênèrent pas le moins du monde la carrière du président et du philosophe. L'hypocrisie est une nécessité des époques où il faut de la simplicité dans les apparences, où la complexité humaine n'est pas admise, où la jalousie du pouvoir ou bien la stupidité de l'opinion impose un modèle aux personnes. Le modèle est promptement pris pour un masque. [...] »

« Entre un Orient de fantaisie et un Paris réduit à ses facettes, instituer un commerce de lettres par quoi le sérail, les salons, les intrigues des sultanes et les caprices des danseuses, les Guèbres, le Pape, les muftis, les propos de café, les rêves du harem, les constitutions imaginaires, les observations politiques s'entrecroisent, c'était donner le spectacle d'un esprit dans sa pleine vivacité, quand il n'a d'autre loi que d'étinceler, de rompre ce qu'il vient d'être, de se montrer à soi-même sa justesse, sa vitesse et son ressort. C'est un conte, c'est une comédie, c'est presque un drame, et le sang coule ; mais il coule fort loin, et même les fureurs et les exécutions secrètes sont ici autant littéraires qu'il est souhaitable. »

P. Valéry, *Variétés II*, 1930.

« Quand parurent les Persans de Montesquieu, l'année 1721, ils furent salués avec transport. Ah ! qu'ils étaient spirituels ! Qu'ils étaient incisifs, lorsque oubliant leurs histoires de sérail, ils faisaient le récit de leurs étonnements naïfs ! Ils transposaient ; et par la vertu de cette opération si

simple, la vie française se dépouillait brusquement des habitudes qui la recouvraient ; les préjugés masqués par l'usage courant et par le caractère familier de leur pratique, justifiés quelquefois par les transactions nécessaires à une société qui ne peut vivre qu'imparfaite, tout d'un coup ne paraissaient plus être que ce qu'ils étaient réellement, des préjugés. Les institutions, dépouillées de leur prestige conventionnel, des obligations qui les avaient fondées, du souvenir des services qu'elles avaient rendus, des longues indulgences qui les avaient protégées, se montraient à nu, décrépites. Le voile de révérence se déchirait, et derrière le voile il n'y avait qu'illogisme, qu'absurdité. Ce travail, les Persans l'accomplissaient avec un mélange si savamment dosé d'habileté et de naturel, avec tant de gaîté et de gaminerie, avec une volonté de bravade si décidée, qu'on était pris au jeu et qu'on se mettait inconsciemment de la partie ; bien sot qui ne serait pas devenu leur complice. »

P. Hazard, *La Pensée européenne au XVIIIe siècle*, 1946.

« L'étonnement de Rica et d'Usbek oblige les Français à s'étonner à leur tour. Ces usages, ces coutumes, ces croyances paraissent insensés aux visiteurs orientaux ; mais quel est pour nous leur sens et leur raison ? Leur fondement est-il solide ? La relativité du sens et du non-sens éclate à nos yeux. Et prendre conscience de cette relativité c'est rompre nos chaînes, c'est cesser d'être dupe. Le possible s'ouvre à nous : ce qui est disposé ainsi pourrait l'être autrement. Tout ce que nous respections, tout ce qui réclamait notre foi, devient l'objet d'une connaissance *détachée* et désormais libre. Le *préjugé* qui nous asservissait a dévoilé sa vraie nature : imaginaire, c'est-à-dire *nulle* aux yeux de la raison. Nous allons enfin pouvoir juger clairement : le jour commence ; nous nous éveillons et les jours anciens n'obscurcissent plus notre vue. Ayant dégagé de nous-même ce qu'il y a de plus pur et de plus inaltérable, nous serons ce regard, pour nous faire spectateurs de ce qui fut notre lourde gravité, notre vani-

teuse et sotte futilité. Une réflexion devient possible, dans laquelle notre civilisation se voit de loin, comme si elle était brusquement devenue étrangère à elle-même. Ayant découvert que les autres civilisations et les autres croyances sont, au même degré, légitimes, elle est devenue à son tour une autre pour elle-même. Elle ne peut plus vivre tranquillement sa certitude traditionnelle depuis qu'elle sait que la certitude des autres n'est ni plus mal ni mieux fondée que la sienne. Vérité dont l'une des premières conséquences est d'inviter à la tolérance. Mais qui ne voit cette autre conséquence, plus importante encore : ainsi mises au contact les unes des autres, les certitudes contradictoires s'annulent algébriquement. Elles sont, les unes et les autres, vaincues dans le combat qui les oppose : elles ont toutes raison, elles ont tort ensemble. [...]

La bonne nouvelle qu'apportait les *Lettres persanes* aux lecteurs européens de 1721 était celle de l'universelle facticité. Les hommes sont tels que leurs habitudes, leur climat, leur éducation les ont faits. Quand les Persans iront dans Paris, demandant le pourquoi de chaque coutume, de chaque rite, l'important ne sera pas la réponse à ce pourquoi. Et cette simple question dévoile instantanément l'absurdité des croyances et des rites, qui ne subsistaient que parce qu'on ne s'était jamais avisé d'en demander le pourquoi. Il y a là un : *Comment peut-on être Français ?* qui répond implicitement au : *Comment peut-on être Persan ?* »

J. Starobinski, *Montesquieu par lui-même*, 1957.

« Loin, comme on tend à le dire pour excuser malencontreusement Montesquieu, auteur classique et scolaire, d'être un conteur galant, que l'intrigue de sérail soit attribuée à l'influence délétère de la Régence et doive par conséquent être mise entre parenthèses, elle est la trouvaille qui lui a permis de transposer dans son roman les deux tendances de l'esprit du temps, la philosophie et la galanterie. [...]

Parce que la confrontation de l'Orient et de l'Occident est vécue

par le héros qui sort déchiré de son aventure, les *Lettres persanes* ne sont pas un traité, mais un magnifique roman. Dans ce roman, se reflète la tragédie de l'époque. Les *Lettres* sont la première expression littéraire de la contradiction qui a tourmenté tous les philosophes du XVIIIe siècle, la contradiction entre la sensibilité et la raison, entre la tradition et le progrès. »

<div align="right">R. Laufer, R.H.L.F., 1961.</div>

« Les trois problèmes liés du bonheur, de la vertu et de la liberté sont posés dans tous les développements théoriques comme dans tous les épisodes du roman et dans tous les récits insérés. Ces épisodes et ces récits étant groupés en récits contrastés, l'unité du livre est assurée sur le plan de la signification par la permanence des vrais problèmes. [...] L'intrigue du sérail n'est plus un ornement extérieur, elle est incorporée au dessein du livre et démontre que la liberté est nécessaire au bonheur et à la véritable vertu, comme le démontrent aussi l'histoire des Troglodytes et l'anecdote d'Ibrahim et d'Anaïs. [...]
Montesquieu se sert d'Usbek comme d'un révélateur. Grâce à Usbek il va en Orient sans quitter la France et sans s'exposer à y perdre pied. Usbek court un risque et y succombe, pour que Montesquieu soit à l'abri. Mortel pour l'un, qui le vit, le dépaysement est un plaisir et un stimulant de l'intelligence pour l'autre, qui l'imagine. [...]
Les *Lettres persanes* sont un roman philosophique et non un véritable roman parce que la fiction y est subordonnée à la pensée et qu'au fond l'auteur s'adresse à notre raison plus qu'à notre cœur. [...] L'importance et le nombre des dissertations n'en seraient peut-être pas une preuve ; mais l'accent n'est pas trompeur : ce n'est pas celui du scepticisme, encore moins celui du désarroi, c'est celui de l'intelligence heureuse, vive dans ses démarches et sûre de ses buts. »

<div align="right">H. Coulet, Le Roman français jusqu'à la Révolution, 1967.</div>

« [...] Malgré l'essoufflement sensible en fin de recueil et la brutalité du dénouement, le dosage des thèmes est d'une habileté consommée. Montesquieu joue en virtuose sur les motifs alternés de l'Orient et de l'Occident, entrelace questions et décors, varie les tons et fait accepter par la violence des contrastes ce que telle lettre sur la nature de Dieu aurait de trop austère, ou telle autre sur la condition de l'eunuque de trop violemment exotique. Le charme réel des *Lettres persanes*, qui leur permet d'échapper aux modes et à l'usure des siècles, n'est pas seulement dans le langage comme le croyait Stendhal ; il ne saurait être dans l'effort de vraisemblance chronologique qui se borne à satisfaire l'esprit, non plus que dans le lien romanesque, cette "chaîne secrète" qui, aux yeux de l'auteur, faisait le principal mérite de l'ouvrage. Lorsqu'on pense à l'ordre de La Bruyère, au classement scolaire des *Caractères*, il ne faut pas chercher ailleurs que dans cette série continue de petits chocs qui traduisent l'étonnement du lecteur, dans cette attente ravie et jamais déçue de la surprise et, pour tout dire, dans cette esthétique du contraste qui fait des *Lettres persanes*, au sortir de l'ère classique, le premier témoignage littéraire de la renaissance baroque. »

P. Vernière, Introduction à l'édition Classiques Garnier des *Lettres persanes*,1975.

« Mais au premier chef Montesquieu est un beau styliste, net et dur, exquis et concis, sans vague, sans bavure, et à cette révision je comprends pourquoi Valéry l'admirait tant et a si bien parlé de lui dans sa lumineuse préface pour les *Lettres persanes* reproduite dans *Variétés*. »

E. Henriot, *Courrier littéraire du XVIII^e siècle*, 1961.

Calendrier persan/grégorien

Maharram : mars
Saphar : avril
Rebiab I : mai
Rebiab II : juin
Gemmadi I : juillet
Gemmadi II : août
Rhegeb : septembre
Chabbam : octobre
Rhamazan : novembre
Chalval : décembre
Zilcadé : janvier
Zilhagé : février

Classement des lettres
par thèmes

• **Orient**

Contes et apologues :
Troglodytes : 11 à 14.
Asphéridon : 67
Anaïs : 141.

Sérail : 3, 4, 6, 7, 9, 15, 20, 21, 22, 26, 27, 41, 42, 43, 47, 53, 62, 64, 65, 70, 71, 79, 96, 114, 115, 147 à 161.

Religion : 16, 17, 18, 39, 85, 93, 125, 143.

Politique : 19, 80, 81, 88, 103, 123.

• Occident

Mœurs : 24, 28, 30, 32, 33, 36, 45, 48, 50, 52, 54, 55, 56, 57, 58, 59, 60, 61, 63, 66, 68, 72, 73, 74, 82, 84, 86, 87, 91, 92, 98, 99, 107, 108, 109, 110, 128, 130, 132, 133 à 137 (des bibliothèques), 140, 144, 145.

Philosophie : 69, 76, 77, 83, 94, 97, 105, 106, 143.

Politique : 24, 37, 44, 80, 88, 90, 92, 94, 95, 100, 102, 103, 104, 107, 111, 112 à 122 (de la dépopulation), 124, 126, 127, 129, 131, 138, 142, 146.

Religion : 29, 35, 46, 49, 57, 60, 61, 75, 101.

Venise : 31.

Russie : 51.

Espagne : 78.

Angleterre : 104.

Suède : 139.

Compléments notionnels

Accumulation

Assemblage de mots occupant la même fonction dans une phrase, énumération.

Allégorie

Image développée sous la forme d'un récit ou d'un tableau, utilisant une succession de métaphores (plus accessoirement des métonymies) pour permettre à la fois une lecture littérale et une lecture symbolique. L'allégorie est donc faite d'images organisées en un réseau cohérent.

Apocryphe

Adjectif s'appliquant, à l'origine, à des textes que l'Église ne reconnaît pas, et par extension, à des textes dont l'authenticité, l'origine sont douteuses.

Apologue

Tout récit porteur de signification morale ; récit le plus souvent allégorique, destiné à illustrer une leçon de morale.

Antiphrase

Expression dans laquelle l'esprit s'oppose à la lettre, formulation destinée à transmettre une information opposée à l'expression littérale.

Antithèse

Opposition entre deux idées dont l'une met l'autre en relief.

Casuistique

Partie de la théologie et de la morale qui traite des cas de conscience.

Connecteur

Terme permettant de regrouper l'usage de conjonctions de coordination et celui des adverbes placés en tête de phrase, et assurant la cohérence temporelle ou argumentative et la logique du discours.

Connotation

Signification secondaire, et souvent en partie subjective, d'un terme ou d'une expression. La connotation s'oppose à la *dénotation* qui désigne le ou les sens stables et communément admis.

Dogmatique

Adjectif renvoyant aux dogmes, c'est-à-dire aux points de doctrine admis comme vérités ; plus couramment, l'adjectif caractérise des vérités considérées comme impossibles à remettre en cause, affirmées de manière péremptoire.

Embrayeurs

Terme de linguistique (traduit de l'anglais *shifters*), emprunté à Roman Jakobson, désignant les termes comme « je », « ici », « maintenant » qui n'ont de sens que rapportés à la situation d'énonciation.

Énonciation

On appelle énonciation tout acte individuel de production de langage, toute mise en œuvre de la langue par un locuteur ; l'énoncé est le produit linguistique singulier de cet acte de langage.

Euphémisme

Figure tendant à adoucir l'expression d'une réalité grossière, brutale, ou susceptible de provoquer des sentiments de crainte ou de gêne.

Focalisation

Elle désigne le point de vue adopté par le narrateur dans la conduite du récit. La focalisation de degré zéro (omniscience ou « regard par-derrière ») fournit au lecteur toutes les informations nécessaires. La focalisation interne ou « regard avec » restreint les informations au point de vue d'un personnage. La focalisation externe ou « vision du dehors » se caractérise par un déficit d'informations, le narrateur en sachant moins que ses personnages.

Humour

Figure de pensée, l'humour est un état d'esprit (étymologiquement une *humeur*) particulier qui consiste à présenter la réalité de façon à en dégager les aspects plaisants, le plus souvent insolites. Il joue sur les décalages, les incongruités. Il s'adresse à l'intelligence. À la différence de l'ironie, il n'est pas agressif et n'a pas de cible.

Hyperbole

Ensemble des procédés d'exagération de l'expression. Il s'agit d'augmenter ou de diminuer exagérément une réalité que l'on veut exprimer, de manière à produire une forte impression.

Hypotaxe

Prédilection pour la subordination, pour les phrases complexes (son antonyme est la parataxe).

Hypotypose

Description qui actualise la représentation d'un être ou d'un objet, d'un paysage, pour en faire un tableau saisissant, fascinant même.

Ironie

Figure de pensée, l'ironie procède de l'intention de railler (elle a donc une cible). Elle suscite une contradiction entre ce que semble dire un énoncé, et ce qu'il dit véritablement. L'ironie laisse donc entendre deux voix (et peut donc se décrire comme une polyphonie) : celle de l'ironisé qui tient des propos absurdes ou scandaleux, et celle de l'ironiste qui met à distance ces propos en en montrant l'aspect ridicule.

Jansénisme

(de Jansen ou Jansénius, 1585-1638, évêque d'Ypres) : doctrine théologique sur la grâce, selon laquelle les hommes seraient prédestinés au salut ou à la damnation.

Jésuites

Religieux appartenant à la Compagnie ou Société de Jésus, ordre fondé en 1534 par Ignace de Loyola. Opposés aux jansénistes et accusés de pratiquer la casuistique de manière laxiste, de rechercher le pouvoir de manière hypocrite.

Paradoxe

Raisonnement qui contredit une idée généralement admise, association d'idées contradictoires.

Parataxe

Absence de subordination (par opposition à l'hypotaxe), prédilection pour les propositions simples, juxtaposées ou coordonnées.

Parodie

(du grec *para*, « contre », et *ôdê*, « chant ») : la parodie imitation railleuse du style d'un écrivain.

Périphrase

(du grec *peri*, « autour », et *phrasis*, « expression ») : formulation qui contourne et définit en même temps un terme, en utilisant plus de mots que nécessaire.

Polyphonie

(du grec *polus* « nombreux », et *phonêma*, « son de la voix ») : désigne les différentes voix qui se font entendre dans une même oeuvre (un roman par lettres polyphonique a plusieurs épistoliers), un même discours, un même énoncé.

Satire

(du latin *satura*, « pot-pourri, mélange ») : texte critique et moqueur attaquant les vices, les travers de la société ou de certains hommes.

Topos

(pluriel topoi) : lieu commun, idée reçue, cliché.

Utopie

Pays imaginaire où règne l'harmonie, où l'ordre et le pouvoir s'organisent de sorte que tout le monde soit heureux ; conception imaginaire, idéale, irréalisable.

Estampe du temps.

BIBLIOGRAPHIE

Éditions de l'œuvre

• Becq A., Gallimard, coll. « Foliothèque », 1999.

• Caillois R., Gallimard, coll. « Bibliothèque de la Pléiade », 1990.

• Starobinski J., Gallimard, coll. « Folio », 1973.

• Vernière P., Classiques Garnier, 1960.

• Versini L., Imprimerie Nationale, coll. « Lettres françaises », 1986.

Montesquieu et son œuvre

• Benrekassa G., *Montesquieu, la liberté et l'histoire*, Le Livre de poche, coll. « Biblio-Essais », 1987.

• Binoche B., *Introduction à De L'esprit des lois de Montesquieu*, PUF, 1998.

• Drei H., *La Vertu politique : Machiavel et Montesquieu*, L'Harmattan, 1998.

• Desgraves L., *Chronologie critique de la vie et des œuvres de Montesquieu*, Honoré Champion, 1998.

• Goyard-Fabre S., *Montesquieu, la nature, les lois, la liberté*, P. U. F., 1993.

• Shackleton R., *Montesquieu, une biographie critique*, Presses universitaires de Grenoble, 1977.

• Starobinski J., *Montesquieu par lui-même*, coll. Seuil, « Écrivains de toujours », 1953. Troisième édition mise à jour en 1994.

Les *Lettres persanes*

• Dédéyan C., *Montesquieu ou l'alibi persan*, SEDES, 1988.

• *Europe*, n° 574, février 1977, numéro spécial sur Montesquieu.

• Ehrard J., *La Signification politique des Lettres persanes*, Minard, « Archives des lettres modernes », 1970.

• Goldzink J., *Lettres persanes*, PUF, coll. « Études littéraires », 1989.

• Goulemot J.-M., « Questions sur la signification politique des *Lettres persanes* », *Approches des Lumières, mélanges à J. Fabre*, Klincksieck, 1974.

• Nardin P., « La Recette stylistique des *Lettres persanes* », *Le Français moderne*, n° 20-21, 1952-1953.

• Schneider J.-P., « Les Jeux du sens dans les *Lettres persanes*, temps du roman et temps de l'histoire », *Études sur le XVIIIe siècle*, Société d'études du XVIIIe siècle, 1983.

• Spector C., *Montesquieu, Lettres persanes : de l'anthropologie à la politique*, PUF, 1997.

CRÉDIT PHOTO : p. 9 Bibliothèque Nationale, Paris • p.10 reprise • p. 40 Ph.© Photothèque Bordas • p.15 Ph.©
Archives Larbor • p. 25 Ph.© Bibliothèque nationale, Paris • p. 399 Ph.© Bibl. Nat., Photeb • p. 461 © Estampe du
Musée Carnavalet, D.R.

Direction de la collection : Pascale MAGNI.
Direction artistique : Emmanuelle BRAINE-BONNAIRE.
Responsable de fabrication : Jean-Philippe DORE.
Révision des textes : Luce CAMUS.
Édition : Charlotte DAVREU.

Compogravure : P.P.C. – Imprimé en France par MAME N° 02062297.
Dépôt légal : août 2002. - N° de projet : 10089934 (I)12 (OSB 60°).